Colección: PEDAGOGÍA
Educación crítica

Formación del profesorado y condiciones sociales de la escolarización

Por

Daniel P. Liston
Kenneth M. Zeichner

Traducción de

Pablo Manzano

Con la denominación de PAIDEIA se constituye en Galicia (1986) una Fundación de interés público. Su finalidad y objetivo permanente consiste en crear un espacio abierto para la reflexión, el debate, la formación y la investigación en las Ciencias Humanas y Sociales, particularmente en su interacción e intersección con las áreas de las Ciencias de la Salud, la Educación y los Servicios Sociales.

Para llevar a cabo estos objetivos, la Fundación promueve y apoya las siguientes líneas de actuación:

Actualización y formación permanente de los profesionales de las Ciencias Sociales y Humanas a través de cursos y seminarios de especialización.

Promoción de estudios e investigaciones coherentes con su campo de actuación.

Divulgación: debates, conferencias, mesas redondas en torno a temas relacionados con las Ciencias Sociales y Humanas.

Publicaciones derivadas de sus actividades de formación e investigación y de aquellas otras que estimen de interés el Patronato y la Comisión Científica de la Fundación.

Colaboraciones, convenios y ayudas que favorezcan la consecución de sus objetivos.

La Fundación, en su sede central, dispone de una biblioteca y de bases de datos especializados en las áreas en las que desarrolla su actividad.

Daniel P. LISTON
Kenneth M. ZEICHNER

Formación del profesorado y condiciones sociales de la escolarización

Director de la colección: Jurjo Torres Santomé

FUNDACIÓN PAIDEIA
Riego de Agua, 13-15
15001 - LA CORUÑA

EDICIONES MORATA, S.L.
Fundada por Javier Morata, Editor, en 1920
C/ Mejía Lequerica, 12 - 28004 - MADRID

Título original de la obra:
*Teacher education and the social
conditions of schooling*

© 1990 by Routledge, Chapman and Hall, Inc.
Spanish language edition published by
arrangement with Routledge, Chapman and Hall, Inc.

© de la presente edición:
EDICIONES MORATA, S. L. (1993)
Mejía Lequerica, 12. 28004 - MADRID

FUNDACIÓN PAIDEIA
Riego de Agua, 13-15. 15001 - La Coruña

Derechos reservados
Depósito legal: M.33.834-1993
ISBN: 84-7112-384-3

Compuesto por: ARTEDITA
Printed in Spain - Impreso en España

Imprime Closas-Orcoyen, S. L. Polígono Igarsa
Paracuellos del Jarama (Madrid)
Diseño de la cubierta: DYGRA. La Coruña

CONTENIDO

AGRADECIMIENTOS

Deseamos manifestar nuestro agradecimiento a las siguientes personas que han leído y comentado diversas partes del manuscrito en distintos momentos de su elaboración: Michael APPLE, Lanny BEYER, Greg BIRCHALL, Michael DALE, Kathleen DENSMORE, Mary Ann DZUBACK, Sharon FEIMAN-NEMSER, Jesse GOODMAN, Morwena GRIFFITHS, Martin HABERMAN, Dona KAGAN, Herb KLIEBARD, Gloria LADSON-BILLINGS, Susan NOFFKE, Sorca O'CONNOR, Dan PEKARSKY, Louis SMITH, Bob TABACHNICK y Wally ULLRICH. Asimismo, agradecemos a Lois DYKSTRA, Donna MLSNA y John PINGREE su cuidadosa preparación del manuscrito. También queremos agradecer el trabajo realizado por Scott FLETCHER y Liza FINKEL con los índices. Por último, agradecemos a la *National Academy of Education* y a la *Washington University-St. Louis* el apoyo brindado a Dan LISTON para trabajar en este proyecto.

Deseamos agradecer los permisos concedidos por los editores de *American Educational Research Journal, Journal of Education for Teaching* y *Journal of Teacher Education* para publicar materiales aparecidos con anterioridad en sus respectivas revistas.

A Michele, con cariño: D. L.
A Andrea, con cariño: K. Z.

Introducción

Por Michael W. Apple*

Gran parte de las propuestas en torno a la formación del profesorado se hacen en el vacío. Dejan de lado el contexto político y económico en el que se desarrolla la educación en su conjunto. Tratan la cuestión como algo aparte de las relaciones de desigualdad que dominan nuestra sociedad[1]**. Con frecuencia, cuando estas propuestas se desarrollan, no se oponen al reparto de poderes económicos, políticos y culturales que prevalecen en ella.

Al mismo tiempo, carecen de perspectiva respecto a las condiciones cotidianas en las que se desarrolla el trabajo de los profesores. En una época en que la restauración conservadora ha provocado una situación en la que se culpa a las escuelas de casi todo lo que funcina mal en la sociedad, en la que existe una profunda desconfianza hacia los docentes y los *curricula,* es muy difícil ser profesor. Están, además, los efectos de la auténtica crisis económica que afecta a gran cantidad de nuestras ciudades y zonas rurales, en las que muchos profesores y alumnos trabajan en condiciones que serían de risa si no fuesen tan trágicas.

A pesar de toda la palabrería sobre la enseñanza y la profesionalización, sobre el reforzamiento del poder de los profesores y el aumento de salarios y de respeto, la realidad de la vida de muchos docentes tiene poco que ver con tales discursos. En vez de ir en pos de una mayor autonomía, en demasiados casos la vida cotidiana de los profesores en las aulas de muchas

---

*Michael W. Apple es ''John Bascom Professor'' de Educación de la Universidad de Wisconsin (Madison) y dirige la colección a la que pertenece este libro en su versión original en lengua inglesa. *(N. del E.)*

[1]Véase Michael W. Apple: *Ideology and Curriculum* (2.ª ed.). Nueva York y Londres, Routledge, 1990.

**Diversas obras citadas en las notas han sido publicadas en castellano. Para ver datos de la edición española, consúltese la bibliografía. *(N. del E.)*

naciones está cada vez más controlada, más sometida aún a la lógica administrativa que trata de llevar las riendas de los procesos de enseñanza y del *curriculum*. El discurso puede versar sobre el desarrollo, la cooperación y el "refuerzo" del profesor, pero las tendencias más fuertes son las de la centralización, la normalización y la racionalización. En Gran Bretaña y en los Estados Unidos, por poner sólo dos ejemplos, los planes de exigencia de responsabilidades (en sentido restringido) y de evaluación del profesorado han tomado tal carta de naturaleza que, en unos pocos años más, habremos borrado de nuestra memoria colectiva cualquier posibilidad de diferencia. En los Estados Unidos, hay zonas en donde los docentes están obligados a enseñar *sólo* el material que aparece en el libro de texto aprobado. Si van más allá de lo "aprobado" se arriesgan a sufrir sanciones administrativas.

Esta situación es el producto de una desdichada combinación de fuerzas. Renovadores económicos, expertos en eficacia educativa, neoconservadores, grupos de la nueva derecha, muchos padres pertenecientes a las clases trabajadora y media baja, cuya propia movilidad depende del conocimiento técnico u orientado al terreno administrativo, han constituido una alianza tensa y contradictoria para volver a "los saberes básicos", a los valores y disposiciones "adecuados", a "la eficacia y la responsabilidad" y a una íntima conexión entre las escuelas y una economía en crisis[2].

Aunque tenemos que ser cautos para no caer en un excesivo economicismo en nuestro análisis, los educadores son testigos de un intento masivo (que ha tenido un éxito nada despreciable) de exportar la crisis de la economía y de las relaciones de autoridad *desde* las prácticas y normas de los grupos dominantes *a* las escuelas. Se supone que, si las escuelas, sus docentes y *curricula,* así como nuestras instituciones de formación de profesores, estuvieran sometidas a un control más rígido, más vinculadas con la "tradición occidental" y con las necesidades de los negocios y la industria, con una orientación más técnica, haciendo mayor hincapié en los valores tradicionales y en las normas y disposiciones del mercado de trabajo, los problemas de aprovechamiento, desempleo, competitividad económica internacional, desintegración del centro de las ciudades, etc., desaparecerían en gran medida.

En los Estados Unidos, hay una multitud de informes que nos dicen que la nación está en peligro a causa de la ineficacia de nuestro sistema educativo y la baja calidad de nuestros profesores y *curricula*. En Gran Bretaña pueden escucharse afirmaciones semejantes. Se piensa que los docentes mantienen en vigor un *curriculum* "inadaptado a las modernas necesidades técnicas e industriales que, en general, promueve el sentimiento antiindustrial de los estudiantes. En todos los aspectos, las escuelas y profesores aparecen como auténticos fracasos para la nación". La industria se ha con-

---

[2]Véase Michael W. Apple: *Teachers and Texts: A Political Economy of Class and Gender Relations in Education*. Nueva York y Londres, Routledge, 1988; y Michael W. Apple: "Redefining Equality", *Teachers College Record,* 90 (invierno 1988), págs. 167-184.

vertido en una "palabra malsonante", hecho que ha contribuido en gran medida —según algunos— al declive industrial de la nación[3].

Como he afirmado ampliamente en *Education and Power* y en *Teachers and Texts*[4], en la actualidad hay enormes presiones no sólo dirigidas a redefinir la forma en que se desarrolla la educación sino *cuál es,* en realidad *su fin.* Éstas no se han limitado al exterior de las aulas, sino que están entrando con celeridad en la vida de las mismas. Esto ha modificado nuestras definiciones de lo que es importante para una buena enseñanza y lo que constituye una formación adecuada para nuestros futuros profesores.

La bibliografía profesional y los escritos populares están llenos de peticiones de cambios (unos de detalle; otros más radicales) en la formación del profesorado. Sin embargo, la mayoría —intencionadamente o no— se ajusta con excesiva facilidad a las tendencias conservadoras[5]. Lo que en realidad hace falta es una alternativa progresiva, que se ocupe de forma directa de las masivas desigualdades de poder y de recursos que tanto abundan en esta sociedad y que indique el sentido en el que ha de orientarse la formación de los profesores para que se produzca un cambio significativo. Es obvio que esto conlleva adoptar una postura crítica patente del funcionamiento de nuestras organizaciones económicas, políticas y educativas.

LISTON y ZEICHNER reconocen esto de forma expresa. Dicen:

La formación del profesorado desempeña un importante papel en relación con la actual crisis de nuestras escuelas y de la sociedad. En contra del punto de vista popular de que los formadores de profesores deberían mantener un tipo de neutralidad política, creemos que todo plan de formación de profesores adopta una postura, implícita al menos, respecto a la forma institucional y al contexto social de la escolarización vigentes. Los programas de formación del profesorado pueden servir para introducir a los futuros docentes en la lógica del orden social actual o para promover una situación en la que los futuros profesores sean capaces de ocuparse de la realidad con sentido crítico con el fin de mejorarla.

Basándose explícitamente en una de las tradiciones más vitales de la enseñanza, la del reconstruccionismo social, LISTON y ZEICHNER elaboran un conjunto de propuestas para la formación del profesorado que adoptan este proyecto sociológicamente crítico, con la seriedad que merece. Sin embargo, no sólo hay que considerar la formación de los profesores en relación con las desigualdades vigentes en la sociedad en general. La misma enseñanza ha de entenderse en términos de género*, raza y clase social.

---

[3]Stephen BALL: "Staff Relations During the Teachers' Industrial Action", *British Journal of Sociology of Education,* 9 (3), 1988, pág. 290.

[4]Michael W. APPLE: *Education and Power.* Nueva York y Londres, Routledge, 1985; y APPLE: *Teachers and Texts.*

[5]Véase, por ejemplo: Michael W. APPLE: *"Will the Social Context Allow a Tomorrow for Tomorrow's Teachers?",* en Jonis SOLTIS (Comp.): *Reforming Teacher Education.* Nueva York, Teachers College Press, 1987.

*En España actualmente se establece una distinción entre "género" (diferenciación social entre lo masculino y lo femenino) y "sexo" (diferenciación biológica entre varones y hembras). En esta obra hemos traducido *gender* por *género* y *sex* por *sexo,* respetando el criterio de los autores. *(N. del E.)*

© Ediciones Morata, S.L.

Tomemos el género como ejemplo. Este aspecto reviste especial importancia si tenemos en cuenta la historia de la enseñanza como "oficio de mujeres" ante todo. En su detallado volumen: *Teachers' Work*, R. W. CONNELL nos recuerda que "la división sexual del trabajo constituye uno de los hechos más destacados respecto a la mano de obra docente, con influencia tanto entre sectores diferentes de la educación como dentro de las escuelas. Más allá de las especializaciones de asignaturas, entran en juego los supuestos generales respecto al carácter y capacidades masculinas y femeninas"[6].

En este caso es fundamental la sensibilidad histórica. El hecho de que la enseñanza se asociase con el trabajo de la mujer "en una época en que, en la vida norteamericana, cualquier otra profesión estaba prácticamente dominada por los varones", significaba que los profesores tenían que mantener una lucha constante para adquirir una categoría social superior[7]. Sencillamente, se desconfiaba de muchos profesores. En muchas áreas de los Estados Unidos se daba por supuesto que sólo el control centralizado de los *curricula,* textos y enseñanza podría elevar la calidad.

Las opiniones de Stratton Brooks, inspector de las escuelas de Boston en la primera década de este siglo, ponen en parte de manifiesto esta actitud a favor de la centralización. Preguntado acerca de la medida en que los profesores podían tener algo que decir respecto a la política escolar, su respuesta fue rotunda y carente de ambigüedad: "Me parece claro que la respuesta es: en absoluto"[8]. Por desgracia, esta actitud no pertenece sólo al pasado.

Mucho más puede decirse, y no sólo sobre las formas de construcción de la enseñanza en torno a la dinámica del género que existe en la sociedad, sino a las de la raza y la clase social. Estas cuestiones no sólo revisten importancia histórica. La composición restringida de nuestros cuerpos de profesores en la actualidad dice mucho sobre nuestra capacidad de hacer frente de manera adecuada a la cambiante población del país. Y las formas de preparación de estos docentes (por regla general, sin prestar una atención crítica suficiente a las relaciones de poder dentro y fuera de la educación) los hace menos capaces de lo que podrían para afrontar las condiciones en las que se desenvuelven a diario.

¿Y qué decir de esas mismas condiciones? Lo que LISTON y ZEICHNER denominan "condiciones sociales del trabajo de los profesores" se caracteriza a menudo por presiones como la falta de destrezas y el trabajo intensivo, el aumento de la pobreza y la desintegración de la comunidad, los ataques derechistas contra las escuelas y la burocratización del control que, a veces, parece recordar a Stratton Brooks[9]. Incluso los profesores que trabajan en

---

[6]R. W. CONNELL: *Teachers' Work.* Boston: George Allen and Unwin, 1985, pág. 83.

[7]John RURY: "Who Became Teachers? The Social Characteristics of Teachers in American History", en Donald WARREN (Comp.): *American Teachers: Histories of a Profession at Work.* Nueva York, Macmillan, 1989, pág. 10. Puede verse un análisis más detallado de cómo y por qué la enseñanza se convirtió en un "trabajo de mujeres" y qué efectos produjo en: APPLE: *Teachers and Texts.*

[8]James W. FRASER: "Agents of Democracy: Urban Elementary-School Teachers and the Conditions of Teaching", en WARREN (Comp.): *American Teachers,* pág. 127.

[9]APPLE: *Education and Power,* y APPLE: *Teachers and Texts.*

zonas de mayor prosperidad económica tienen que hacer frente a presiones que amenazan convertir su trabajo en mera correa de transmisión de los conocimientos y valores de los poderosos. En consecuencia, pocos profesores están dispuestos a aceptar una redefinición de sus roles del tipo apuntado, *a causa,* en parte, de lo que afrontan a diario.

En un sentido puramente físico, la enseñanza puede ser un trabajo "ligero", pero, en términos de lo que podríamos llamar trabajo *emocional,* es uno de los más exigentes[10]. A diferencia de los demasiado frecuentes estereotipos de profesores descuidados e irresponsables que actúan de forma mecánica y sólo les importa cobrar a fin de mes, la realidad de la participación efectiva de la mayoría de los docentes es radicalmente distinta. La consistente disposición de los profesores a preocuparse en profundidad de sus alumnos tiene una importancia fundamental para entender su vida. "Es uno de los activos más importantes, aunque menos tangibles, con los que cuenta el sistema educativo... Para la mayoría de los profesores... esta capacidad de estar al tanto tiene un... peso real en su trabajo"[11]. Pensemos en lo que significa estar con un grupo de niños durante la mayor parte del día y en el transcurso de todo un año; tratar de enseñarles en general al máximo de la propia capacidad. Por eso el "fracaso" de los alumnos en relación con el aprendizaje influye personalmente de forma tan devastadora sobre los profesores[12].

Por desgracia, en las escuelas en donde los docentes tienen que enfrentarse día a día con las inmensas consecuencias de la pobreza y de todo lo que ella lleva consigo, un factor fundamental en las experiencias de muchos profesores consiste precisamente en esto: la posibilidad del fracaso. Como los docentes se consideran en realidad personalmente responsables del aprendizaje de los alumnos (aun cuando los escollos creados por las condiciones económicas y las propias de las comunidades locales hagan muy difícil el éxito), el hecho de que muchos estudiantes no aprovechen lo suficiente constituye una auténtica carga para la moral, el entusiasmo y la autoestima de los profesores[13]. No obstante, y a pesar de ello, siguen luchando, trabajando con seriedad en condiciones que, como mínimo, no son las mejores, para muchos de ellos.

Todos estos aspectos ponen de manifiesto algo muy importante en relación con la formación del profesorado: ¿cómo podemos formar a los docentes de manera que unan a su conciencia crítica las destrezas y disposiciones que les permitan salir airosos en sus asuntos cotidianos *y* ser capaces de reestructurar estas realidades de forma más democrática? ¿Cómo combinar todo esto con una ética de preocupación por el alumno? El primer paso consiste en comprender lo que ocurre en realidad en las aulas, las complejas, densas y a veces agotadoras experiencias cotidianas de los docentes.

---

[10]CONNELL: *Teachers' Work,* pág. 116.
[11]*Ibid.,* pág. 121.
[12]*Ibid.*
[13]*Ibid.,* pág. 124.

Toda propuesta de formación de profesorado que no se base en la comprensión crítica de las condiciones sociales y educativas de su vida carece casi de sentido. Este reconocimiento otorga mayor fuerza aún a *Formación del profesorado y condiciones sociales de la escolarización* y a su análisis de alternativas para la formación de los profesores y de la política curricular y de investigación que aquéllas llevan consigo.

La perspectiva que subyace al libro es evidente. Precisamos una clase de realismo que capacite a los profesores actuales y futuros para adoptar un punto de vista crítico respecto a sus situaciones, sin caer en el cinismo[14], y que no se limite a seguir las líneas ni a entrar en el juego de la restauración conservadora, que tanta fuerza presenta hoy día. Una vez más, es preferible utilizar las propias palabras de los autores:

> Esperamos que este libro, que organiza un conjunto específico de propuestas para la formación del profesorado en los Estados Unidos (conjunto de propuestas que definimos como reconstruccionistas sociales, en cuanto a su estirpe), contribuirá de alguna manera a fijar la atención, en cuanto a la formación del profesorado, en la necesidad de ampliar el interés que en la actualidad se centra exclusivamente en la excelencia y en el fortalecimiento de la competencia intelectual en la formación de los profesores para que abarque también un compromiso apasionado a favor de la igualdad educativa y de la eliminación de las condiciones de pobreza en los Estados Unidos. La formación del profesorado tiene un importante papel que desempeñar en el movimiento a favor de una sociedad más justa y humana.

LISTON y ZEICHNER reclaman una historia valorada que responda a lo que los profesores y formadores de docentes críticos han defendido y hecho en el pasado. En conjunto, los profesores nunca han limitado sus actividades a las de simples "instructores" dependientes de lo que otros decidieran que tenían que enseñar. Muchos profesores han sido planificadores curriculares, dirigentes y organizadores comunitarios y activistas políticos en movimientos a favor de una sociedad más justa. ¿Hemos de prever lo mismo en la actualidad? ¿Acaso no es esto lo que debe aportar la formación del profesorado? *Formación del profesorado y condiciones sociales de la escolarización* nos da motivos de optimismo respecto a que la respuesta a estas cuestiones sea *sí*, si su análisis reflexivo y provocador y sus propuestas para la acción se llevan a la práctica.

---

[14]*Ibid.*, pág. 153.

Prefacio

Presentamos en este libro un conjunto de propuestas que aspiran a mejorar los programas de formación de profesores* y las condiciones de la escolarización en los Estados Unidos. Estas propuestas, que hacen hincapié en el análisis reflexivo y en la deliberación moral de los profesores actuales y futuros sobre los dilemas que plantean el ejercicio docente, la escolarización y la sociedad, provienen, en parte, de nuestro propio trabajo como formadores de profesores en activo. Uno de nosotros es director de un programa de formación de estudiantes de magisterio; el otro imparte clases de fundamentos de la educación a futuros profesores de enseñanza elemental. Algunas de las reformas conceptuales y programáticas que describimos en este libro han sido y siguen siendo puestas en práctica, estudiadas y perfeccionadas en los programas de formación de profesores de nuestras respectivas instituciones.

Nuestras propuestas surgen también de nuestro profundo sentimiento de agravio: por la cantidad de injusticias que siguen invadiendo nuestro sistema público de escolarización en los Estados Unidos, a pesar de la retórica de igualdad y justicia, y por las condiciones sociales, económicas y políticas del conjunto de la sociedad que contribuyen a estas desigualdades y ayudan a justificarlas. Muchos autores actuales que han examinado el sistema público de escolarización de los Estados Unidos han demostrado la persistencia de una "crisis de desigualdad" en nuestras escuelas, que parece empeorar, a pesar de las numerosas 'innovaciones'' que se han ido implementando en la última década (*National Coalition of Advocates for Students,* 1985; Bastian y cols., 1985; Carnegie, 1988). Es obvio que la calidad de la educación que recibe un niño en nuestras escuelas públicas sigue dependiendo en un grado importante de la raza y de la clase social de procedencia del mismo (Katznelson y Weir, 1985). En cierta medida, siempre ha sido cierto, con pocas excepciones, que las escuelas públicas cuyos alumnos son de familias acomodadas, son centros más vivos, imaginativos e interesantes que

---

*A lo largo del texto utilizamos la palabra profesor o profesora, refiriéndonos a la figura docente de cualquiera de los niveles educativos. En España, la LOGSE denomina ''maestro'' y ''maestra'' a quien desempeña funciones docentes en los niveles educativos de educación infantil y primaria, y ''profesor'' o ''profesora'' a quien trabaja en los demás niveles. *(N. del E.)*

© Ediciones Morata, S.L.

aquéllas cuyos alumnos son pobres (GRAHAM, 1988). Un informe reciente del *New York State Task Force on the Education of Children and Youth at Risk* (KOLBERT, 1988) concluye, por ejemplo, que su sistema escolar público estatal es en la actualidad un sistema dividido en dos estratos que ni siquiera consigue proporcionar una educación mínimamente adecuada a sus alumnos más necesitados. Este informe concluye que en las escuelas correspondientes al primer estrato, situadas por regla general en comunidades ricas y estables, las expectativas puestas en los alumnos son elevadas. Por otra parte, en las escuelas del segundo estrato, situadas en general en las zonas del centro de nuestros núcleos urbanos*, las expectativas y aspiraciones limitadas se comunican a menudo a los alumnos a quienes, en su mayoría, no se les facilitan oportunidades de éxito. Este fracaso nuestro en relación con la provisión de niveles mínimos de calidad educativa al segmento de nuestra población escolar que pertenece en su mayoría a la clase trabajadora, pobre y de raza no blanca[1], ha alcanzado proporciones críticas en el centro de nuestras ciudades, en donde se estima que, en algunos casos, entre el 50 y el 80% de los estudiantes no acaba el bachillerato (BASTIAN y cols., 1986).

Tanto la raza como la clase social tienen mucho que ver con el fracaso escolar de los estudiantes. La probabilidad de que los alumnos pobres salgan de los centros escolares antes de finalizar sus estudios es tres veces mayor que la de estudiantes de familias más acomodadas (*Committee on Policy for Racial Justice,* 1989). Las escuelas con mayores concentraciones de alumnos pobres presentan tasas de abandono significativamente más elevadas que las que cuentan con menos alumnos pobres (*Council for Economic Development,* 1987; NECKERMAN y WILSON, 1988). PALLAS, NATRIELLO y MCDILL (1989) muestran cómo se relaciona la raza con desventajas escolares:

> Los resultados del *National Assessment of Educational Progress* (NAEP) han puesto de manifiesto que las destrezas de lectura y escritura de los niños negros e hispanos son sustancialmente inferiores a los de niños blancos, en cada uno de los grados 3, 7 y 11 (BEATON, 1986; NAEP, 1985). Además, es menos probable que los jóvenes hispanos y negros acaben el bachillerato (EKSTROM, GOERTZ, POLLACK y ROCK, 1986). Hay pruebas anecdóticas que indican que, en algunas

---

*En España puede causar extrañeza la alusión de los autores al "centro" de las ciudades como núcleos de residencia de personas económicamente menos favorecidas. En muchas ciudades de Estados Unidos las personas con mayor poder adquisitivo han ido abandonando el centro de las poblaciones para alojarse en zonas residenciales distantes de las mismas, por lo que las áreas de viviendas más próximas al centro, más antiguas y peor dotadas, han sido ocupadas por inquilinos que no pueden permitirse los gastos que origina el vivir fuera del casco urbano y en viviendas más cómodas. *(N. del R.)*

[1]Según ORNSTEIN y LEVINE (1989), en algunas de nuestras mayores ciudades, se estima que las tasas de abandono oscilan entre el 40 y el 60%. COMER (1988) y CUBAN (1989) consideran que, en nuestras ciudades, las tasas de abandono se sitúan en torno al 50%. En las escuelas a las que asiste la mayoría de los estudiantes de la clase inferior, las tasas de abandono se sitúan entre el 75 y el 80% (HAHN, DANZERGER y LEFKOWITZ, 1987). En toda la nación, la tasa de finalización del bachillerato se sitúa en torno al 75% (CUBAN, 1989). Según los datos de 1985, la tasa de terminación de estudios fue del 76,7% entre los blancos; del 62,8% entre los negros, y del 59,8% entre los hispanos.

ciudades, la tasa de abandono escolar de los jóvenes negros e hispanos supera el 60%. (ASPIRA, 1983)

Un estudio reciente realizado en Chicago muestra que "de los 25.500 estudiantes negros e hispanos matriculados en institutos' de bachillerato no selectivos del centro de la ciudad, el 63% no se graduó. De los 9.500 que lo hicieron, sólo 2.000 alcanzan o superan la media nacional" (SCHORR, 1988, pág. 9). Las semejanzas existentes en estas pautas de estratificación según la raza y la clase social no son en absoluto sorprendentes, dada la pronunciada relación entre raza y pobreza en los Estados Unidos. "Si una escuela tiene una proporción elevada de negros e hispanos, es muy probable que tenga un importante componente de pobres. En la Norteamérica urbana hay poquísimas escuelas de blancos de bajo nivel de renta. Hay muy pocas de negros e hispanos sin una cantidad importante de niños pobres" (ORFIELD, 1988, pág. 52). El *Council for Economic Development* (1987, pág. 9) concluye que, aunque la mayor parte de las personas que viven en la pobreza en los Estados Unidos son blancos, los negros y los hispanos son pobres con mayor probabilidad que los blancos.

Más del 20% de los niños menores de 18 años viven en familias cuyas rentas están por debajo del límite de pobreza y el 25% de todos los niños menores de 6 años vive en la actualidad en la pobreza. Aunque casi dos tercios de todos los niños pobres son blancos, es mucho más probable que tanto negros como hispanos sean pobres; el 43% de los niños negros y el 40% de los hispanos viven en la pobreza. Es casi tres veces más probable que los niños negros vivan en la pobreza que los niños blancos... (*Council for Economic Development*, 1987, pág. 9).

Este fracaso a la hora de proporcionar una educación mínimamente adecuada a miles de niños pobres ha alcanzado tal magnitud que ORFIELD (1988) ha dicho que las pautas subyacentes de estratificación según raza y clase social son tan grandes que permiten una previsión fiable de las puntuaciones en un test escolar sin información alguna sobre el programa educativo de una escuela o distrito escolar. Estos problemas de desigualdad no se limitan a nuestros centros urbanos con grandes concentraciones de pobres y familias pertenecientes a minorías étnicas. Incluso en lugares tan típicos de clase media y de raza blanca como Madison (Wisconsin), por ejemplo, esta crisis puede observarse en los niveles diferenciales de aprovechamiento de los alumnos blancos y afroamericanos del sistema escolar público (PTAK, 1988). Estos problemas también pueden observarse fuera de las áreas urbanas, donde la pobreza y la desigualdad sirven de obstáculo a muchos alumnos del medio rural (ORNSTEIN y LEVINE, 1989). En realidad y en oposición al estereotipo, una cantidad desproporcionada de familias pobres, la mayor parte de las cuales son de raza blanca, viven en zonas rurales. Durante la última década, la situación económica de las zonas rurales ha empeorado de manera espectacular. Desde 1978, la pobreza ha aumentado el doble en las zonas rurales que en las urbanas (ROSEWATER, 1989; SOMERSAN, 1988).

Una consecuencia de estos problemas ha sido que las clases media y alta han abandonado nuestras escuelas públicas, quedando éstas en gran medida para los pobres, la clase trabajadora y las personas de color. Boston constituye un caso típico. En esta ciudad, en la que, más o menos, el 60% de sus 600.000 habitantes son blancos, los alumnos de las escuelas públicas se reparten en las siguientes proporciones, aproximadamente: 24% de blancos, 48% de afroamericanos, 19% de hispanos y 8% de asiáticoamericanos (GOLD, 1988). Esta desproporción refleja la situación de casi todos los grandes centros urbanos de los Estados Unidos[2]. Aunque pueden mencionarse muchos ejemplos aislados de profesores entregados a su labor y de escuelas concretas que ofrecen una educación de buena calidad a quienes, en general, no suelen asistir a la escuela pública, es totalmente cierto que nuestro sistema público de escolarización perpetúa y refuerza la estratificación según la clase social y la raza mediante: la distribución desigual de recursos entre las diversas escuelas (KOFF, 1985)[3], las disposiciones estructurales con las que se presentan las asignaturas (OAKES, 1985), las expectativas y prácticas de los profesores (por ejemplo: RIST, 1970; PERSELL, 1977; SHANNON, 1985) y los contenidos de los materiales curriculares (ANYON, 1979).

Además de todas estas pruebas de las desigualdades raciales y de clase social de nuestras escuelas públicas, existe también una gran cantidad de bibliografía que pone de manifiesto la necesidad de fijarse en el género. APPLE y cols. (1989), por ejemplo, exponen distintas formas mediante las que las escuelas, tal como están constituidas por regla general, reproducen relaciones de tipo patriarcal: 1) en las pautas de autoridad y de clasificación del personal que presta sus servicios en los centros, en donde la mayor parte del profesorado es femenino y la mayoría de los administradores es masculina; 2) en la distribución del profesorado según las asignaturas, centrándose la mayoría de las profesoras en lengua, artes e idiomas extranjeros, siendo relativamente pocas las que se dedican a las matemáticas y a la mayor parte de las ciencias; 3) en la ausencia y deformación de las perspectivas y la historia de las mujeres en el *curriculum* escolar formal; 4) en la distribución diferencial del conocimiento en las aulas según el género que, en parte, se debe a las interacciones diferenciales entre profesores y alumnos, y 5) en la persistente contribución de la orientación escolar a la desigualdad por razón del género (véanse también: KELLY y NIHLEN, 1982; APPLE, 1986 y LEACH, 1988).

---

[2]De los 98.000 alumnos de las escuelas públicas de Milwaukee (Wisconsin), por ejemplo, alrededor del 70% pertenece a grupos minoritarios y en torno al 60% vive en el nivel de pobreza o muy cerca de él (GOLDBERG, 1990). La ciudad de Milwaukee está habitada por un 64% de blancos, 24% de negros, 10% de hispanos y 2% de asiáticos y otros grupos, de acuerdo con los funcionarios escolares (comunicación personal: febrero, 1990).

[3]Un claro ejemplo de la desigual asignación de recursos a las escuelas que prestan servicios a los hijos de los pobres consiste en la existencia de escasez de profesores en las barriadas más pobres de nuestras áreas urbanas (véase BERGER, 1990). También hay desigualdades en la asignación de fondos a los sistemas escolares. Por ejemplo, aunque alrededor del 80% de los niños bilingües y más de la mitad de los niños más pobres de Illinois asisten a las escuelas públicas de Chicago, éstas tienen que funcionar con un 15% menos de dinero por alumno que las de los distritos circundantes (AYERS, 1989, pág. 7).

Estos aspectos de la desigualdad en las escuelas en virtud del género se complementan con la creciente feminización de la pobreza en el conjunto de la sociedad (GARFINKEL y MCLANAHAN, 1985). Una consecuencia de la mayor relación entre pobreza y familias a cuyo frente está una mujer consiste en que, en la actualidad, gran cantidad de niños son criados en familias pobres dirigidas por mujeres. El caso de los afroamericanos tiene especial relieve al respecto, pues se estima que alrededor del 50% de los niños afroamericanos vive en familias de un solo progenitor femenino (KNIESNER, MCELROY y WILCOX, 1986).

Hemos de tener mucho cuidado para evitar dar la impresión de que pensamos que esta crisis de desigualdad, manifestada en el tratamiento diferencial y en los resultados escolares de los alumnos, según su raza, clase social y/o género se origina en las escuelas y surge de las actitudes y prácticas del profesorado, de las estructuras organizativas o de ambas. Del mismo modo, rechazamos por completo el punto de vista que todavía predomina en los ambientes educativos de que las causas del fracaso escolar se encuentren en deficiencias inherentes a los propios alumnos o a sus padres (CLAYTON, 1989). Estos problemas de desigualdad y fracaso escolar están relacionados con un conjunto diferente de "pésimos resultados" extraescolares e independientes de las características de los niños concretos y sus familias (SCHORR, 1988). La tan aireada crisis de las escuelas de los Estados Unidos es, en realidad, el reflejo de la crisis general del conjunto de la sociedad.

Estudios recientes indican con toda claridad las íntimas relaciones entre la pobreza y diversos problemas de la infancia, incluyendo las situaciones escolares desventajosas[4]. Los demás pésimos resultados son la probabilidad mucho mayor de alojamientos deficientes, malnutrición, problemas reiterados y no tratados de salud, malos tratos, tensiones físicas y psicológicas, embarazos infantiles, delitos violentos en la adolescencia y abuso de las drogas (SCHORR, 1988; ROSEWATER, 1989). Unos trece millones de niños viven en la actualidad en los Estados Unidos en condiciones de pobreza, lo que les hace muy proclives a estos perniciosos resultados (*U. S. Children and Their Families,* 1987)[5]. De todo ello se desprende, sin lugar a dudas, que las intervenciones educativas no pueden, por sí solas, resolver los problemas de desigualdad en nuestras escuelas. No obstante, esto no quiere decir que no importe lo que hagamos en ellas o en la formación del profesorado. Por el contrario, uno de los argumentos principales que presentaremos en este libro es que todo lo que hagamos en la formación de los profesores está relacionado necesariamente con estos problemas de pobreza, sufrimiento y desesperanza de nuestros niños, sean patentes o no.

---

[4]"Los niños están en inferioridad de condiciones educativas si no pueden sacar provecho de las oportunidades disponibles o si los recursos pedagógicos puestos a su disposición son en sí desiguales" (*Committee for Economic Development,* 1987, pág. 5).

[5]EDELMAN (1989) estima que "alrededor de la mitad de los niños negros, casi dos quintos de los niños hispanos y un séptimo, más o menos, de los niños blancos de los Estados Unidos son pobres" (pág. 23).

La formación del profesorado desempeña un papel importante en relación con la crisis actual de nuestras escuelas y de la sociedad. En contra de la apreciación popular de que los formadores de profesores deben mantener una neutralidad política, creemos que todo plan de formación de profesorado adopta una postura, al menos implícita, respecto al modo institucional vigente y al contexto social de la escolarización (CRITTENDEN, 1973). Los programas de formación del profesorado pueden servir para integrar a los futuros docentes en la lógica del orden social actual o para promover una situación en la que los futuros profesores pueden adoptar una postura crítica frente a la realidad con el fin de mejorarla. La postura dominante en la comunidad de formación del profesorado de los Estados Unidos durante la mayor parte del siglo XX ha consistido, con pocas excepciones, en aceptar tal cual el contexto social de la escolarización, aunque se hayan hecho esfuerzos para modificar la forma institucional de ella y de la formación del profesorado. La educación de los docentes en los Estados Unidos siempre se ha mantenido muy distante de los intentos de reestructuración social.

> El patrón normal de formación del profesorado enseñaba que la escuela tenía que *dar por sentada* la herencia social, sin valorar el orden social ni, mucho menos, tratar de cambiarlo. Los profesores tenían que adaptarse a la sociedad. (RUGG, 1952, pág. 22)

Esta tendencia de los fundadores de nuestro actual sistema de formación del profesorado a adoptar lo que RUGG (1952) llamaba "postura conformista" se ha prolongado en las generaciones posteriores de formadores de profesores, a menudo con la aprobación de los alumnos que, en su mayoría, apoyan el *status quo* en la escolarización y en la sociedad (LORTIE, 1975; GINSBURG, 1988)[6]. Durante este siglo [con la excepción de relativamente pocos intentos, como los programas del *National Teachers Corps* (NTC) y *Trainers of Teacher Trainers* (TTT), y los realizados para integrar perspectivas multiculturales y cursos de fundamentos sociales en el *curriculum* de la formación del profesorado], la formación de los docentes en los Estados Unidos ha demostrado la falta de compromiso respecto a la reducción de las desigualdades sociales y económicas que trascienden el marco escolar. A pesar de toda la atención prestada a la enseñanza eficaz y a los fundamentos del saber de la formación de los docentes, la comunidad de formadores de profesores ha hecho muy poco para asegurar que todos los niños se beneficien de la excelencia que se nos ha prometido y que dicen producirán las reformas propuestas. La crisis de desigualdad de nuestras escuelas públicas y las patentes faltas de equidad, injusticias y faltas de humanidad de nuestra

---

6Aunque LORTIE (1975) concluía que, entre los estudiantes de profesorado, hay pocos "contraejemplos" que sean críticos del *status quo,* parece que en determinados programas, como el *Teacher Corps* (SMITH, 1980) y el programa experimental de ELLNER y BARNES (1977) del *Clarmount College,* predominan tales alumnos (véase TABACHNICK, 1981).

sociedad sólo se mencionan, si acaso, en la bibliografía contemporánea sobre la formación del profesorado. Estamos de acuerdo con FINE (1987), que afirma que esta aceptación tácita de la estratificación social como algo que gravita de forma inevitable sobre la escolarización pública refuerza esa estratificación, con independencia de lo bien intencionadas que sean las intervenciones de los educadores en las escuelas[7].

Esperamos que este libro, que plantea un conjunto de propuestas específicas para la formación del profesorado en los Estados Unidos (conjunto de propuestas que reconocemos pertenecen a la tradición reconstruccionista social), contribuya de alguna manera a llamar la atención sobre la necesidad de ampliar los intereses al uso en el campo de la formación del profesorado. Su objetivo no debe limitarse sólo a conseguir la excelencia y a fortalecer la competencia intelectual, sino que debe incluir un compromiso apasionado a favor de la igualdad educativa y la eliminación de las condiciones de pobreza en los Estados Unidos. Salvo que podamos conseguir como colectividad una sociedad en la que todos los niños tengan garantizados sus derechos humanos básicos a una vivienda, alimentación y atención sanitaria adecuadas y la promesa firme de una educación de gran calidad y de un trabajo digno, todas nuestras peroratas sobre la excelencia en la educación lograrán muy poco. La formación de los profesores tiene que desempeñar un importante papel en el movimiento a favor de una sociedad más justa y humana. Este libro pretende avanzar hacia la realización de unos Estados Unidos más justos y humanos.

Los análisis que presenta este libro tienen algunas limitaciones que queremos señalar desde el principio. *En primer lugar,* aunque consideramos que la formación del profesorado constituye un proceso que continúa a través de la carrera docente, el libro se centra en la formación inicial de los profesores, previa a la obtención del título profesional correspondiente. Es más, nuestras ideas se centran en la esencia del *curriculum* de la formación inicial del profesorado y no en las estructuras organizativas concretas a través de las cuales se desarrolla ese *curriculum.* Nuestras propuestas son susceptibles de aplicación a los programas de formación inicial del profesorado que ofrecen distintos tipos de instituciones (por ejemplo: universidades, *colleges* de artes liberales), a programas de duración diversa y a los que se ofrecen en niveles pre y posgraduados. Aunque en el libro prestamos alguna atención (sobre todo en el Capítulo VII) a los numerosos obstáculos institucionales que creemos necesario superar para conseguir los objetivos que pensamos deben cumplir los programas de formación de profesores, no nos ocupamos aquí de las múltiples cuestiones estructurales (por ejemplo: la duración de los programas) de las que suele ocuparse la bibliografía. Creemos que estas

---

[7]En el reciente estudio de una muestra representativa de programas de formación del profesorado de los Estados Unidos *(The Study of the Education of Educators),* de EDMUNDSON (1990), se dice que sólo el 2% de los profesores universitarios y el 3% de los alumnos cree que las desigualdades sociales y la necesidad de transformar el orden social recibieron una atención significativa en sus programas de formación de profesorado.

cuestiones de organización son, en último término, menos importantes que las decisiones respecto al objetivo y esencia de nuestros programas de formación de profesores.

Por último, aunque estamos convencidos de que la formación de los profesores constituye una responsabilidad que ha de tomarse muy en serio en todas las áreas de nuestros centros universitarios, así como en algunas de nuestras escuelas públicas, al menos, que asumen un rol especial en la preparación de los profesores[8], en este libro nos centramos en la parte dedicada a los estudios educativos de los programas de formación inicial del profesorado, los cursos sobre fundamentos, métodos y experiencias clínicas que ofrecen los profesores de facultades, departamentos y centros universitarios de educación. Aunque este interés por el componente de estudios educativos de los programas de formación inicial de profesores se ocupa sólo de una parte de lo que hace falta debatir en la reforma de la formación del profesorado en los Estados Unidos[9], esa parte del *curriculum* de la formación inicial de los docentes es la que está sometida al control del profesorado de pedagogía y de los formadores de profesores de las escuelas, a quienes se dirige este libro. Aunque nos ocupemos directamente de los estudios educativos, gran parte de lo que digamos sobre el tipo de deliberación moral que creemos necesario en los programas de formación de profesores es aplicable también a los componentes académicos de los programas de formación del profesorado[10].

Esquema del libro

En el Capítulo Primero: "Las tradiciones de reforma de la formación del profesorado en los Estados Unidos", describimos cuatro tradiciones de reforma del siglo XX en la formación del profesorado en los Estados Unidos: la académica, la de eficacia social, la evolutiva y la reconstruccionista social. Cada tradición se ilustra con ejemplos tomados de la primera mitad del siglo y de los programas contemporáneos de formación de profesores. El objetivo

---

[8]Nos referimos aquí a nuestro apoyo general a la idea de las escuelas de desarrollo profesional (Holmes Group, 1990) o a las escuelas de prácticas (Carnegie, 1986). Estas escuelas públicas con diversas poblaciones estudiantiles recibirían unos recursos especiales para cumplir su papel en la formación inicial del profesorado y, si se adoptaran en gran escala, supondrían cambios sustanciales en la formación práctica del profesorado.

[9]Como apunta RHOADES (1985), en los Estados Unidos existe una mitología sobre el supuesto predominio de los estudios educativos en la formación del profesorado. En realidad, la mayor parte de la carrera de los futuros profesores en los centros universitarios (incluyendo la mayoría de los futuros docentes de primaria) consiste en asignaturas impartidas por facultades, departamentos y *colleges* distintos de los de educación.

[10]Cuando hablamos de "académico", nos referimos a las asignaturas de enseñanza general, de especialidad y complementarias de la formación de los estudiantes. Evitamos deliberadamente utilizar la expresión "componentes de estudios liberales" porque el mensaje que transmite implica que las asignaturas correspondientes a los estudios de educación no pueden producir efectos liberalizadores en los estudiantes (BORROWMAN, 1956).

principal que perseguimos al presentar estas tradiciones de reforma consiste en situar nuestras propias propuestas reconstruccionistas sociales para la formación del profesorado en medio de un conjunto más amplio de alternativas.

En el Capítulo II: "Los objetivos de la formación del profesorado", presentamos lo que creemos deben constituir los objetivos centrales de un programa de formación del profesorado. Sostenemos que los formadores de profesores deben preparar a los futuros docentes para que sean capaces de dar buenas razones que avalen sus acciones educativas. Desde nuestro punto de vista, este objetivo se consigue mejor cuando los futuros profesores comprenden las diversas formas de definir el rol de los educadores, la actividad docente y el contexto social de la enseñanza según las distintas tradiciones educativas.

En el Capítulo III: "Los conocimientos de los profesores, los modelos de investigación y el contexto social de la escolarización", afirmamos que: 1) muchas concepciones actuales del saber de los profesores no reflejan adecuadamente las percepciones que tienen del contexto social y político general y de cómo afectan esas percepciones a su ejercicio docente; 2) los modelos dominantes de investigación propuestos para examinar las prácticas de los profesores no atacan lo bastante sus supuestos básicos ni sus creencias sobre el contexto social de la escolarización y 3) nuestro conocimiento y comprensión del contexto social de la escolarización tienen valor educativo e instrumental para los futuros profesores.

En el Capítulo IV: "El contexto social de la escolarización en la formación del profesorado", sostenemos que puede modificarse en parte el sesgo individualista de la formación del profesorado incluyendo contenidos curriculares que se ocupen de los contextos institucionales y sociales de la escolarización. Presentamos un conjunto de temas generales y de cuestiones específicas que creemos estimulará a los futuros profesores para que piensen sobre los contextos institucionales y sociales de la escolarización. Resaltamos la importancia de una amplia comprensión cultural para los futuros profesores con ejemplos de cómo aplicar nuestro marco al análisis de las condiciones de trabajo de los docentes, de cuestiones de discriminación racial y de represión por razón de género.

En el Capítulo V: "Investigación para la enseñanza y la formación del profesorado", formulamos una serie de orientaciones para investigaciones centradas en la docencia, la formación de los profesores y el contexto social de la escolarización. Fundamentalmente, abogamos por una investigación que considere a los docentes como profesionales comprometidos en "prácticas situacionales", que examine la dinámica interna y externa de las "situaciones" de los profesores y que tenga en cuenta las preocupaciones de los docentes y de sus formadores.

En el Capítulo VI: "Consecuencias programáticas del enfoque reconstruccionista social de la formación del profesorado", nos basamos en nuestras propias experiencias en la universidad de Wisconsin en Madison y en la *Washington University,* así como en las de otros proyectos reconstruccionistas sociales de formación de profesores en los Estados Unidos y en el extranjero. Describimos diversas estrategias pedagógicas y planes curriculares que apoyan nuestras propuestas para la reorientación conceptual de la formación del profesorado en los Estados Unidos.

En el Capítulo VII: "El plan reconstruccionista social en la formación del profesorado", consideramos diversos cambios estructurales e institucionales que creemos precisos para que nuestras propuestas sobre la formación del profesorado puedan llevarse a la práctica. Nos referimos a diversas acciones y campos, además de la práctica de formación del profesorado en sí, en donde se hace necesaria la presencia visible de las perspectivas reconstruccionistas sociales: política universitaria y política estatal, intervenciones para democratizar las prácticas escolares y participación en la acción política orientada a reformar las estructuras sociales y las instituciones.

CAPÍTULO PRIMERO

Las tradiciones de reforma de la formación del profesorado en los Estados Unidos*

Entendemos por tradición un argumento que se mantiene a lo largo del tiempo en el que se definen y redefinen ciertos acuerdos fundamentales en relación con dos tipos de conflictos: los que se producen con críticos y enemigos externos a la tradición que rechazan todos los aspectos de aquellos acuerdos fundamentales o, al menos, algunos clave, y los debates internos, interpretativos, a través de los cuales se expresan el significado y la base racional de los acuerdos fundamentales y mediante cuyo progreso se construye la tradición... Apelar a la tradición es reconocer que no podemos identificar de forma adecuada nuestros propios compromisos o los de otros en los conflictos en las argumentaciones del presente salvo que los situemos en el contexto de estas historias que les han hecho llegar a ser lo que son. (MACINTYRE, 1988, págs. 12-13)

Las reformas actuales de la formación del profesorado

Nuestras propuestas para el perfeccionamiento de la formación del profesorado en los Estados Unidos salen a la luz en un momento de intensas discusiones y debates sobre su futuro en nuestro país. Desde la publicación de *A Nation at Risk,* en 1983, la atención del público, del sector corporativo y de la comunidad educativa se ha centrado una vez más en las formas de selección, preparación, apoyo y evaluación de los profesores en diversos momentos de sus carreras docentes. Estos informes aparecen también en una época de creciente intervención de los organismos estatales de educa-

---

*Publicado por primera vez en *Journal of Teacher Education, 41* (2), págs. 3-20. Reimpreso con autorización.

ción en el desarrollo de los programas de formación de profesores y de disminución de los recursos (locales, estatales y federales) para apoyar esos programas (CUSHMAN, 1975; CRONIN, 1983). En la última década, más o menos, se han realizado muchos informes que proporcionan una valoración del nivel actual de los programas de formación del profesorado y hacen propuestas específicas de reforma. Dichos informes han sido presentados por formadores de profesores a título individual (por ejemplo: SMITH, 1980; GIDEONSE, 1982; KERR, 1983; JOYCE y CLIFFT, 1984; NODDINGS, 1986; GIROUX y MCLAREN, 1987); por organizaciones y por directores de escuelas, departamentos y decanos de facultades de educación (por ejemplo: *National Commission for Excellence in Teacher Education,* 1985; *Holmes Group,* 1986, 1990; TRAVERS y SACKS, 1987); por asociaciones de profesores (por ejemplo: *American Federation of Teachers,* 1986; *National Education Association,* 1982); organizaciones de instituciones de educación superior (JOHNSTON y cols., 1989); TRAVERS y SACKS, 1987); grupos de trabajo de universidades completas (por ejemplo: *University of Wisconsin System*, 1990); comisiones patrocinadas por departamentos estatales de educación (por ejemplo: *California Commission on the Teaching Profession,* 1985); comisiones e informes patrocinados por el gobierno federal (*Study Commission,* 1976), y por grupos de trabajo y comisiones convocados por fundaciones (por ejemplo: *Carnegie Forum on Education and the Economy,* 1986, 1989). Toda esta actividad centrada en la reforma de la formación del profesorado se ha producido en una época en la que toda la educación no universitaria de los Estados Unidos ha estado sometida a grandes discusiones y debates críticos (por ejemplo: *National Institute of Education,* 1984; BOYER, 1987).

Las reformas de la formación del profesorado propuestas en todos estos informes son muy diversas. Contemplan cambios en la forma de contratar y seleccionar a los futuros profesores, en el contenido, organización, estructura y control de los programas de formación inicial y permanente, en las condiciones institucionales de la escolarización que facilitan u obstaculizan el trabajo de los profesores y demás personal y en la estructura y organización del trabajo docente. Muchos informes contemporáneos coinciden en que la mejora de la formación del profesorado de los Estados Unidos debe ir unida a esfuerzos generalizados para reformar las condiciones institucionales en las que se desarrollan los programas de formación de profesores y las condiciones institucionales de la escolarización, en las que han de trabajar los graduados de los programas de formación del profesorado. Tanto en muchos de estos informes como en el nuestro se pone en evidencia la preocupación por el lugar que ocupan los programas de formación del profesorado en relación con nuestras instituciones de enseñanza superior. No obstante, como mencionamos antes, en muchos informes contemporáneos se echa de menos alguna alusión a las condiciones sociales que han de tenerse en cuenta para hacer posibles los tipos de cambios propuestos para la escolarización y la formación del profesorado. Muchos de estos cambios que ahora se proponen para la formación de los profesores y en relación con las condiciones institucionales de la escolarización en los Estados Unidos, por ejemplo, requieren una importante inversión de nuevos recursos.

Creemos que muchos de los persistentes problemas de la formación del profesorado que han obstaculizado las reformas a lo largo de este siglo sólo pueden superarse si se cumplen determinados prerrequisitos sociales y políticos que llevan consigo la redistribución de los recursos públicos en toda la sociedad. No quiere decir esto que baste con aportar más recursos para que se resuelvan los problemas de la formación del profesorado. Los incrementos de recursos deben ir unidos a cambios en el contenido, organización y relaciones pedagógicas y sociales de los programas, aspecto que estudiaremos a lo largo de este libro. Un punto importante de nuestra argumentación consiste en que, para que se produzcan mejoras significativas en la formación del profesorado, hemos de tener presente tanto una concepción democrática de la escolarización como una visión democrática de la sociedad.

No pretendemos catalogar y criticar aquí todas las propuestas de reforma que aparecen en los informes contemporáneos sobre la formación del profesorado, como las de elevar los niveles necesarios para acceder a los programas y para graduarse en ellos, aumentos y disminuciones diversos del trabajo de los cursos, alargar los programas o conseguir que la formación del profesorado tenga carácter de licenciatura universitaria[1]. En este primer capítulo, nuestro objetivo consiste en identificar y centrar los compromisos fundamentales de nuestras propias propuestas, situándolos en el discurso general de la reforma de la formación del profesorado durante este siglo.

Una de las características más notables de los informes contemporáneos sobre la formación de los profesores es su falta de conciencia histórica. Es difícil encontrar en estos documentos referencias explícitas a algunos de los principales esfuerzos realizados para estimular la reforma de la formación del profesorado llevados a cabo por fundaciones, organismos gubernamentales o formadores de profesores durante los últimos cincuenta años[2]. Se han dedicado cientos de millones de dólares y años de denodado trabajo a poner en práctica y estudiar muchas de las reformas específicas que ahora se proponen (SARASON, DAVIDSON y BLATT, 1986). Aunque han aparecido varios análisis recientes de la evolución de los programas de formación del profesorado en colegios universitarios y universidades durante el siglo XX que han puesto de manifiesto muchas tensiones y conflictos, impidiendo la reforma de los programas universitarios de formación de profesores (POWELL, 1976; SCHNEIDER, 1987; CLIFFORD y GUTHRIE, 1988; HERBST, 1989), son escasas las tentativas de extraer lecciones de los esfuerzos específicos de reforma de la formación del profesorado y de los llevados a cabo en otras profesiones que podrían ser instructivos para los formadores contemporá-

---

[1]En los últimos años, ha ido apareciendo un volumen creciente de bibliografía que se centra sobre todo en el análisis de los distintos informes (por ejemplo, véase *Association of Teacher Educators*, 1986; POPKEWITZ, 1987a y SOLTIS, 1987).

[2]Esto resulta paradójico, porque muchos de los actores clave de los informes contemporáneos sobre formación del profesorado participaron en muchas de estas iniciativas de reforma.

neos de profesores (por ejemplo: SYKES, 1984; COLEY y THORPE, 1986; JOHNSON, 1987; ZEICHNER, 1988; PERRONE, 1989).

Un ejemplo claro de esta amnesia en la bibliografía al uso sobre la reforma tiene relación con uno de los problemas más difíciles que ha infectado los programas de formación del profesorado desde su instauración en centros universitarios: las relaciones entre el profesorado de la facultad de artes y ciencias y el de la facultad de ciencias de la educación. Han ido surgiendo diversas iniciativas importantes para hacer realidad un "enfoque pan-universitario de la formación del profesorado" y promover los proyectos cooperativos de formación de profesores entre grupos tradicionalmente enfrentados (LINDSEY, 1961; BIGELOW, 1971). Sin embargo, en los actuales esfuerzos para reorientar el problema —como el conocido *Project 30* (GIVENS, 1988)[3]—, es difícil descubrir algún intento de construir sobre lo que pudiéramos haber aprendido de aquellas experiencias.

Una consecuencia de esta amnesia histórica en el actual movimiento de reforma de la formación del profesorado es la falta de claridad sobre los compromisos teóricos y políticos subyacentes a las propuestas concretas de reforma. En la comunidad de formadores de profesores se mezclan e intercambian términos que se han hecho populares, como "enseñanza reflexiva", "investigación-acción", "base de conocimientos", "asignatura" y "potenciación profesional", con un elevado grado de confusión en relación con los compromisos y supuestos básicos subyacentes que distinguen unas propuestas de otras. En algunos casos (por ejemplo, en relación con la "enseñanza reflexiva"), el uso de determinados términos los ha vaciado de contenido, habida cuenta de que formadores de profesores que sostienen puntos de vista muy diferentes han expresado su conformidad con los mismos lemas (CALDERHEAD, 1989).

Las tradiciones de reforma

Durante todo el siglo XX, los distintos intentos de reforma de los programas de formación del profesorado han reflejado, a menudo implícitamente, diversos grados de compromiso y afiliación a varias tradiciones diferentes

---

[3]En una reunión nacional reciente del *Holmes Group,* Paul OLSON, un participante fundamental en el programa TTT, reflexionó sobre la forma en que este *Grand Experiment* llevado a cabo desde 1968 hasta 1973, puede ayudarnos a pensar en la reforma de la formación del profesorado en la actualidad. Por ejemplo, se informó que OLSON dijo que "la corta vida de TTT sirve como modelo negativo para *Holmes...* porque trató de transformar la enseñanza superior desde la periferia de la universidad en vez de hacerlo desde su centro. Esto significa que la reforma pasó por alto las fuerzas centrales que crean y rigen la educación superior —como las de titulación, presupuesto y procedimientos de evaluación del profesorado— y ésta fue la principal razón de su fracaso" (DEVANEY, 1989). Este tipo de enunciado reflexivo sobre los esfuerzos de reforma de la formación del profesorado en el pasado que puede ayudarnos a pensar de un modo más inteligente en el presente constituye una excepción y no la regla.

de reforma. Basándonos en el análisis de KLIEBARD (1986) sobre los distintos grupos de intereses que han procurado lograr el control del *curriculum* de los Estados Unidos en el siglo XX y en diversos análisis recientes de orientaciones conceptuales divergentes respecto a la formación del profesorado (JOYCE, 1975; ZEICHNER, 1983; KIRK, 1986 y FEIMAN-NEMSER, 1990), expondremos y discutiremos cuatro tradiciones de reforma de la formación del profesorado de los Estados Unidos en el siglo XX, para situar después nuestras propias propuestas para la formación de los profesores en relación con estas tradiciones. Son las siguientes: 1) la tradición académica; 2) la tradición de la eficacia social; 3) la tradición desarrollista, y 4) la tradición reconstruccionalista social[4]. Ninguna propuesta contemporánea para la reforma de la formación del profesorado, incluida la nuestra, puede entenderse en relación exclusiva con una sola tradición. A través de este siglo, los programas y propuestas de reforma específicos de formación del profesorado han reflejado determinadas pautas de concordancia con estas tradiciones. Presentamos este marco de tradiciones de reforma para poder situar nuestras propias propuestas en relación con los trabajos pasados y presentes de otros y para estimular la elaboración de nuevas iniciativas de reforma basadas en el conocimiento de los fracasos y éxitos de quienes nos precedieron. En vez de limitarnos a debatir los méritos de determinadas propuestas concretas en relación con la duración de los programas y la cantidad de asignaturas de las distintas áreas y temas por el estilo, queremos relacionar las propuestas específicas con las escuelas de pensamiento y los conjuntos de compromisos en los que están basadas.

La tradición académica

Antes de la aparición de los programas formales de formación del profesorado, la educación liberal clásica equivalía a estar preparado para enseñar (BORROWMAN, 1965; WOODRING, 1975). Durante el siglo XX, cuando se instauran los programas de preparación de profesores de enseñanzas primaria y secundaria en los centros universitarios, persiste en muchos la idea de que la formación seria en artes liberales, completada con una experiencia de aprendizaje en un centro docente, constituye la forma más adecuada de preparar a los profesores para su trabajo. En este período, las aportaciones de facultades, colegios universitarios y departamentos de ciencias de la educación a la formación para la enseñanza (exceptuando los estudios de magis-

---

[4]Aunque existe cierto parecido entre nuestra idea de tradiciones de reforma y ciertas categorías filosóficas abstractas, como el esquema de clasificación de BRAMELD (1955, 1962), de filosofías de la educación esencialista, perenne, progresista y reconstruccionista, es importante insistir en que las tradiciones de reforma se basan históricamente en las acciones de personas reales que han compartido ciertos compromisos ideológicos sobre la educación y han actuado de acuerdo con tales compromisos. En el Capítulo II, puede consultarse una exposición más amplia de las "tradiciones educativas".

terio) han sido muy criticadas por su presunta inferior calidad intelectual y por interferir con la formación liberal de los docentes. Esta orientación de la formación del profesorado hace hincapié en el rol del profesor en cuanto universitario y especialista en una asignatura, adoptando diversas formas según el punto de vista particular de las áreas de conocimiento en las que se han basado propuestas específicas de reforma JOYCE, 1975; FEIMAN-NEMSER, 1990).

Uno de los primeros críticos de los cursos de formación profesional para futuros profesores fue Abraham FLEXNER, mencionado con frecuencia por sus aportaciones a la reforma de la enseñanza de la medicina en los Estados Unidos. En su obra sobre las universidades europeas y americanas, FLEXNER (1930) presentó una serie de críticas que han reiterado una y otra vez los defensores de la tradición académica. Decía, por ejemplo, que el dominio de una materia es lo más importante en la formación de un profesor y que los cursos de ciencias de la educación obstaculizan la consecución de este objetivo fundamental. FLEXNER, como muchos de sus seguidores, criticaba los cursos relacionados con la enseñanza por su superficialidad intelectual, a los profesores de ciencias de la educación y a sus alumnos por sus limitados recursos intelectuales y los estudios sobre la enseñanza por su insignificancia. Aceptando el valor de unas pocas áreas de las ciencias de la educación, cuyo estudio consideraba justificado, como la filosofía de la educación y los estudios comparativos sobre la enseñanza, FLEXNER decía que todo lo que tenían que aprender los profesores, aparte de una formación seria en artes liberales podía adquirirse mediante una experiencia de aprendizaje en una escuela:

> ¿Por qué una persona formada, con amplios y profundos conocimientos de filosofía de la educación y experiencia, no puede valerse por sí misma a partir de ahí? ¿Por qué distraer su atención durante estos años fundamentales con trivialidades y aplicaciones que pueden adquirirse de forma adecuada con sentido común y tiempo? (Págs. 99-100)

FLEXNER se quejaba de que la relación de nombres de profesores del *Teachers College Columbia* ocupase nada menos que 26 páginas y que más de 200 del catálogo de cursos de esa institución estuviesen dedicadas a "materias triviales, obvias e inconsecuentes, que podrían dejarse sin inconvenientes al sentido común o a la inteligencia de cualquier persona bien formada" (pág. 100). El sesgo de FLEXNER a favor del conocimiento disciplinario se manifiesta también en sus críticas de la bibliografía educativa, incluidas las tesis doctorales:

> Los temas tratados en la bibliografía al uso son tan poco importantes, comparados con los expuestos por los físicos, químicos o científicos de la política, que parecen pensados para ahuyentar la inteligencia. (Pág. 102)

Desde la crítica de FLEXNER, una serie de conocidos y controvertidos análisis de la formación del profesorado han repetido los mismos temas respecto a la inferior calidad de cursos, alumnos y docentes de ciencias de la educación. Entre esas críticas destacan las de Lynd (1950), Bestor (1953, 1956), Koerner (1963) y Conant (1963)[5]. Estos informes, basados en algún estudio directo de instituciones de formación del profesorado en los Estados Unidos, siguen suscitando los mismos tipos de cuestiones y problemas sobre los programas de formación del profesorado que ya aparecían en la primera crítica de Flexner. Por ejemplo, Lynd (1950), que era miembro de un consejo escolar en Sharon (Massachusetts), se quejaba de la proliferación de cursos de pedagogía que se descubría al examinar una amplia muestra de boletines de centros universitarios. Presentaba antologías con listas de cursos con títulos similares para demostrar cómo el profesorado de ciencias de la educación dedica "algún curso a cada uno de los temas y subtemas imaginables de la pedagogía" (pág. 141). Decía también, como James Koerner (1963), del *Council for Basic Education,* que en estos cursos abundan las repeticiones de contenidos. La acusación de Koerner (1963) a este respecto se basaba, en parte, en un análisis de los setenta textos de pedagogía utilizados con mayor frecuencia. Descrubrió un elevado porcentaje de repeticiones tanto en cada uno de los libros revisados como entre ellos:

Tomemos, por ejemplo, el tema de cómo utilizar los "recursos" de la comunidad (sus instituciones públicas y privadas, sus ciudadanos más sobresalientés, sus instalaciones recreativas, etc.) con fines escolares. El alumno de pedagogía estudia por primera vez este material en su texto de psicología de la educación, después en su libro sobre métodos de enseñanza, de nuevo en su texto sobre medios audiovisuales, otra vez más en el libro sobre desarrollo curricular, de nuevo en su libro sobre enseñanza secundaria o primaria... Lo mismo ocurre con otros muchos temas, como la disciplina en el aula, la importancia de las diferencias individuales, la motivación de los alumnos... Cuando ha utilizado dos o tres libros de éstos, ya le suena todo. (Pág. 71)

Además de estas acusaciones de que los cursos de pedagogía eran demasiados y excesivamente repetitivos, Lynd, Koerner y Bestor (historiador de la Universidad de Illinois), criticaban estos cursos por su supuesta superficialidad:

Con independencia de lo que puedan decir que hacen y son, [los cursos de pedagogía] merecen la mala reputación que siempre han tenido entre los profesores universitarios, los no universitarios y el público en general. La mayor parte de los cursos de pedagogía son vagos, insípidos, tratan lo obvio para perder el tiempo y, quizá, no pertinentes para la enseñanza académica. (Koerner, 1963, págs. 55-56)

Bestor (1953) decía que estos cursos no podían ser útiles por su superficialidad, a causa de la formación y preparación de quienes los impartían:

---

[5]Véase la exposición de este debate en el campo de la historia en Cohen (1976).

© Ediciones Morata, S.L.

Los departamentos universitarios de pedagogía comenzaron como organismos de auténtica investigación y enseñanza interdisciplinaria. Sin embargo, cuando empezaron a contratar su profesorado entre jóvenes autodidactas, fueron perdiendo su carácter original. Han pasado ya varias generaciones universitarias y la inmensa mayoría de los actuales profesores de pedagogía ha recibido prácticamente toda su formación superior en los departamentos de pedagogía. Su conocimiento de las materias necesarias para resolver los problemas pedagógicos es, en su mayor parte, elemental y de segunda mano. Y este conocimiento se transmite, cada vez más diluido y trasnochado, a las nuevas generaciones de pedagogos profesionales. (Pág. 108)

Diez años más tarde, KOERNER (1963) reiteraba los mismos ataques tendenciosos al presentar sus impresiones tras haber conversado con cientos de profesores de pedagogía de todos los Estados Unidos. Señalando la inferior calidad intelectual del profesorado de pedagogía como la fundamental limitación del campo en cuestión, decía que

en las infinitas e imponderables formas en que se hacen comparaciones y juicios en situaciones interpersonales, que suponen claridad de discurso, sutileza, fuerza, profundidad de conocimientos, penetración intelectual..., el profesorado de pedagogía se desenvuelve peor en comparación con los docentes universitarios del mismo *campus*. (Págs. 36-37)

De todas estas clases de críticas, muy pocas se han basado en observaciones directas de las aulas en las que se impartía una enseñanza presuntamente inferior (ZEICHNER, 1988a). De los cuatro informes aquí citados, sólo KOERNER (1963) y CONANT (1963) presentan algunas pruebas que respalden sus críticas, basadas en experiencias directas de los cursos. Las observaciones a las que se refieren sólo se mencionan de forma muy general, dando pocos detalles concretos que sirvan para justificar las mordaces condenas de las clases:

Las clases que he visitado recuerdan demasiado las aulas menos satisfactorias de bachillerato que haya visto. El curso está dominado por un texto o programa y el profesor parece aferrarse al dogma de que ha de llevarse a cabo una discusión, con independencia de que el diálogo sea vivo o la clase se muestre aburrida. El ritmo y el nivel intelectual parecían adaptados a alumnos mucho menos capaces que aquellos del grupo del 30% superior del que nosotros contratamos a nuestros profesores. (CONANT, 1963, pág. 129).

No cabe duda de que algunos de los cargos imputados por estos reformadores académicos han sido y siguen siendo ciertos en determinadas situaciones. Sin embargo, hay que preguntarse hasta qué punto estas caricaturas del componente profesional de la formación del profesorado son generalmente representativas o exclusivas de los cursos de pedagogía. No hace mucho, diversos estudiosos han afirmado que quizá estas críticas de orientación académica tengan menos que ver con la calidad real de las personas, cursos y programas que con una categorización basada en las diferencias de género y clase social entre profesores y alumnos de pedagogía y los de artes y ciencias (LANIER, 1986; GINSBURG, 1988). Por ejemplo, no cabe duda de que la formación del profesorado ha sido un objetivo fácil en la universidad, en parte, a causa de la categoría marginal del mundo laboral relacionado con mujeres y niños (CLIFFORD y GUTHRIE, 1988). Aunque incluso los críticos más duros, como BESTOR, han admitido que no siempre marchan tan bien los cursos en los campos de artes y de ciencias, parece que el supuesto general de base ha sido y sigue siendo que los cursos de estos últimos campos son necesariamente liberalizadores, mientras que los de pedagogía sólo son técnicos y profesionales en el más estricto sentido de la expresión (BORROWMAN, 1956).

Las implicaciones programáticas de la tradición académica se han modificado algo con el tiempo, dependiendo de los puntos de vista concretos de una buena enseñanza de las artes liberales y de los tipos de asignaturas que los profesores necesitaran. En consonancia con el declive de la postura humanista, firmemente basada en la educación clásica de las artes liberales (KLIEBARD, 1986) y los periódicos intentos de "profesionalizar" las ofertas de asignaturas teniendo en cuenta las consecuencias pedagógicas de los cursos universitarios (BORROWMAN, 1956), la mayor parte de las manifestaciones de esta postura llevaban consigo, hasta hace poco, propuestas para la formación de los profesores basadas en las disciplinas académicas tradicionales, tal como se enseñan a todos los estudiantes, con independencia de sus futuras profesiones. Se ha repetido una y otra vez que este enfoque atraerá a la docencia de muchos estudiantes bien dotados, desde el punto de vista académico, que, de otro modo, se apartarían de la enseñanza por obligárseles a cursar muchas asignaturas de ciencias de la educación de dudoso valor intelectual. BESTOR (1953) resume esta postura, considerando que el programa de formación del profesorado más adecuado sería el siguiente:

> Un nuevo *curriculum* para la formación de profesores, basado firmemente en las artes liberales y en las ciencias, en vez de en las simples destrezas profesionales de la pedagogía, hará más para restaurar la reputación de las escuelas públicas que cualquier otra iniciativa que se adopte. No sólo se conseguirá que los profesores estén adecuadamente preparados en las disciplinas que deban impartir, sino que también se les imbuirá el respeto hacia esas disciplinas y estarán preparados para oponerse al antiintelectualismo que en la actualidad amenaza a las escuelas. Y cuando la corriente empiece a funcionar, hombres y mujeres jóvenes con auténticos intereses y capacidad intelectuales resultarán atraídos en número creciente a la profesión docente en la escuela pública. No les ahuyentará desde el principio al pedírseles que dejen de lado sus intereses intelectuales y pierdan el tiempo en los cursos de los pedagogos. (Pág. 147)

Hasta hace muy poco, la tradición académica de reforma de la formación del profesorado ha producido el máximo impacto en la preparación de los docentes de enseñanza secundaria. Con alguna notable excepción, como en el estado de California (HENDRICK, 1967) y en los *colleges* de artes liberales (TRAVERS y SACKS, 1987), los estudiantes de magisterio han tenido que superar el doble de cursos de ciencias de la educación que los futuros profesores de enseñanza secundaria y sólo en contadas ocasiones han efectuado estudios universitarios de especialización. Un caso notable de reforma fueron los esfuerzos de la *Ford Foundation* y su *Fund for the Advancement of Education* para establecer diversas fórmulas de formación superior del profesorado para reemplazar la tradicional preparación no universitaria. Durante los años cincuenta y sesenta, *Ford* patrocinó varios modelos de programas de formación superior del profesorado, entre los que se contó la tentativa de convertir el enfoque vigente en todo un Estado (Arkansas) a otro en el que todos los futuros profesores recibirían cuatro años de formación en artes liberales, con una carga reducida de cursos de formación profesional en el nivel de graduados. Durante este período, *Ford* invirtió más de 70 millones de dólares en iniciativas entre las que estaban programas de especialización de quinto año para la preparación docente de graduados en artes liberales; programas M.A.T. para profesores de enseñanza secundaria, desarrollados de forma conjunta por docentes de ciencias de la educación y de artes y ciencias, y una serie especial de programas de "ruptura" (WOODRING, 1957; STONE, 1968)[6]. Estos programas *Ford* se convirtieron en modelos de muchos otros programas graduados en todos los Estados Unidos, alguno de los cuales subsiste aún, así como de aspectos significativos del programa *National Teacher Corps* que perduró hasta 1980 (SAXE, 1965; CORWIN, 1973).

No hace mucho, han surgido diversas críticas contra la importancia concedida a la formación en artes liberales, concebida a la usanza tradicional, y a los conocimientos por asignaturas de los profesores. Una línea de investigación, desarrollada con una perspectiva feminista, critica la formación liberal tradicional por perpetuar el énfasis platónico "en la mente sin cabeza, el pensamiento sin acción, la producción sin reproducción y la razón sin emoción" (MARTIN, 1987, pág. 406). MARTIN (1985), entre otros (por ejemplo, LAIRD, 1989), ha pedido que se rechacen estos dualismos y se redefinan los ideales de las personas formadas y la formación liberal de manera que se valoren ambos aspectos de estas dicotomías:

> El proyecto que recomiendo a los formadores de profesores... no es tan simplista ni tan depauperado como para pedir que se sustituya el interés por la cabeza por el interés por la mano, la atención en el pensamiento por otra que recaiga en la acción, la importancia concedida a la razón por la que se dé a la emoción y al sentimiento, la de la individualidad por la de la conexión con los demás, la de los procesos productivos de la sociedad por la de sus procesos reproductores. Es un proyecto difícil de llevar a cabo porque sólo es posible reunir los dos extremos de las diversas dicotomías platónicas si se valoran por igual... Cuando comprendemos las raíces históricas de la educación liberal, comenzamos a ver la inadecuación del ideal educativo de PLATÓN, sostenido por los guardianes de su estado justo y del programa educativo diseñado por ellos bajo la influencia del suyo, para los futuros profesores de hoy. (Pág. 406)

Los ejemplos actuales de programas de formación del profesorado influidos por los recientes estudios feministas son el programa graduado M.A.T.

---

[6]Véase un análisis de estos problemas y su influencia en la enseñanza y la formación del profesorado en: COLEY y THORPE (1986); ELISBERG (1981) y ZEICHNER (1988b).

del *Lewis and Clark College* (TETREAULT, 1987; TETREAULT y BRAUNGER, 1989) y el programa de formación del profesorado del *Wheaton College* (MAHER, 1991). Aquí, los formadores de profesores han incluido en el *curriculum* cuestiones centradas en la mujer y en las diferencias de género que se oponen a las dicotomías platónicas y ha criticado en sus programas la pedagogía y las relaciones sociales con la óptica proporcionada por los estudios feministas.

El segundo desafío al predominio de las nociones convencionales de la tradición académica de reforma ha surgido de trabajos recientes sobre los conocimientos por asignaturas de los profesores. Estimulados en parte por las críticas de SHULMAN (1986, 1987) de la falta de atención por parte de investigadores y formadores de profesores, hacia la comprensión que tienen los docentes de las distintas asignaturas, ciertos investigadores empezaron a estudiar las interacciones entre el conocimiento de los docentes del contenido de las asignaturas y otros tipos de saberes (por ejemplo, "los conocimientos de contenidos pedagógicos")[7] y su influencia sobre la enseñanza (LEINHARDT y SMITH, 1985; WILSON, SHULMAN y RICHERT, 1986; BALL y MCDIARMID, 1989). Una consecuencia de estos esfuerzos para explicar las dimensiones del conocimiento de las asignaturas apropiadas para la formación del docente ha sido la aparición de una nueva "base de conocimientos" para la formación del profesorado mucho más amplia que la "base de conocimientos" conductista de los años sesenta y primeros setenta (véase REYNOLDS, 1989).

FEIMAN-NEMSER (1990) describe un caso contemporáneo de aplicación de esta perspectiva psicológica cognitiva a la formación del profesorado en el *Academic Learning Program* de la *Michigan State University*. Este programa hace hincapié en la preparación de profesores de enseñanzas primaria y secundaria para que impartan las asignaturas de manera que promuevan la comprensión conceptual, e incluye cursos (por ejemplo, de matemáticas) que tratan de ayudar a los futuros profesores a comprender los fundamentos conceptuales de la asignatura que impartirán (SCHRAM y cols., 1988). Otro ejemplo contemporáneo de este enfoque general está constituido por el trabajo sobre "enseñanza orientada en sentido cognitivo" (*cognitively guided instruction* —CGI—) introducida en los programas de formación de profesores de la *University of Wisconsin-Madison* (FENNEMA, CARPENTER, y PETERSON, en prensa). En los cursos con una orientación "CGI", los futuros profesores tiene oportunidad de comprender cómo piensan los niños acerca de las matemáticas, para basar después su enseñanza en su cognición y conocimientos. El objetivo del programa CGI consiste en preparar a profesores que puedan facilitar la participación mental activa de los niños en tareas matemáticas adecuadas. Aunque este enfoque evita dar normas específicas para la acción del profesor, la "ciencia de la instrucción" y la "ciencia cognitiva" pretenden proporcionar a los docentes un conjunto de principios sobre los que puedan basarse al planificar su enseñanza.

---

[7]Según SHULMAN (1987), el conocimiento pedagógico del conocimiento representa "la mezcla de contenido y pedagogía para comprender cómo se organizan, representan y adaptan tópicos, problemas o cuestiones a los distintos intereses y capacidades de los alumnos y se les presentan para enseñárselos (pág. 8).

El tercer desafío dirigido contra las ideas históricamente dominantes de reforma de la formación del profesorado de orientación académica se ha centrado en los sesgos occidentalistas, raciales blancos y de clase media del *curriculum* de artes liberales. También se han criticado los fracasos de muchas reformas de la formación del profesorado de orientación académica (por ejemplo, los programas M.A.T.) en cuanto a la preparación de los profesores para trabajar en las áreas del centro de las ciudades, económicamente deprimidas y con gran diversidad cultural (COLEY y THORPE, 1986; KEPPEL, 1986).

> A nadie puede coger de sorpresa que muy pocos estudiantes del programa de Chicago (y de muchos otros programas M.A.T. de diseño similar) trabajaran en las escuelas del centro de la ciudad o en ninguna salvo con los *curricula* preparatorios para el *college* de escuelas secundarias. Tanto los *curricula* como la preparación de los profesores surgidos del movimiento académico de reforma estaban casi necesariamente desarrollados para los más dotados desde el punto de vista académico... no es sorprendente que el estudioso intelectual se orientara hacia la educación del estudiante intelectualmente dotado, cuyo prototipo quizá fuese su propio hijo. (JOYCE, 1975, pág. 129)

Los intentos para introducir perspectivas multiculturales en los *curricula* de los programas de formación del profesorado (GAY, 1986) constituyeron una respuesta a estas tendencias elitistas en la formación del profesorado de los Estados Unidos. Este movimiento, que recibió un importante apoyo federal en los años sesenta y setenta a través de los programas de *Teacher Corps and Trainers of Teacher Trainees* (TTT) (DRUMMOND y ANDREWS, 1980), se ocupó de cuestiones relacionadas tanto con la preparación de los profesores en relación con la diversidad cultural y racial de nuestra sociedad como con la enseñanza en escuelas en las que predominasen los alumnos de color. Durante años se hizo un gran esfuerzo para analizar hasta qué punto se habían incorporado a los *curricula* de los programas de formación del profesorado de los Estados Unidos las perspectivas multiculturales (por ejemplo, GOLLNICK, 1978), a evaluar el impacto de las perspectivas multiculturales introducidas en los programas (por ejemplo, GRANT y KOSKELLA, 1986) y a proporcionar orientaciones para la acción y programas de muestra para la comunidad de formación del profesorado (por ejemplo, BAPTISTE, BAPTISTE y GOLLNICK, 1980; GOLLNICK, OSAYANDE y LEVY, 1980). CABELLO y DASH (1988) y GRANT y SECADA (1990) exponen los recientes intentos de elaborar programas de formación de profesores centrados en la diversidad cultural.

A pesar de estos desafíos dirigidos contra las ideas predominantes respecto a lo que constituye una buena formación liberal de los profesores[8], ciertas políticas estatales recientes, como las que limitan la cantidad de cursos de ciencias de la educación en los programas de formación del pro-

---

[8]Según las tradiciones de reforma que hemos identificado, deberíamos considerar que las críticas feministas y multiculturales surgen de la tradición reconstruccionista social y la crítica de los conocimientos de las asignaturas de orientación cognitiva, de la tradición desarrollista.

fesorado (IMIG, 1988) y las que establecen vías alternativas para el ingreso en la docencia con pocos o ningún curso de formación profesional (UHLER, 1987) refuerzan la desafortunada confusión señalada por BORROWMAN (1956) relativa a que un curso impartido por profesores universitarios es necesariamente liberalizador y técnico si lo patrocina una facultad de ciencias de la educación. Las tentativas actuales de limitar de forma arbitraria la cantidad de créditos de ciencias de la educación en los programas de formación del profesorado no consiguen solucionar la cuestión de la calidad académica y profesional de la formación del profesorado al pasar por alto la esencia de lo que en realidad se ofrece en cada curso concreto (ZEICHNER, 1988a). Las peticiones a favor de que se vuelva a las formas tradicionales de preparación de los profesores en artes liberales que siguen haciéndose (por ejemplo, DAMERELL, 1985) no responden a los desafíos planteados por los tres grupos de críticos.

La tradición de la eficacia social

La segunda tradición importante de reforma de la formación del profesorado en los Estados Unidos en el siglo XX, la tradición de la eficacia social, supone la fe en la capacidad del estudio científico de la enseñanza para sentar las bases para elaborar el *curriculum* de la formación del profesorado. Esta tradición surgió en gran medida en las facultades, departamentos y *colleges* de ciencias de la educación y muchos consideran que forma parte de una estrategia para reforzar la reivindicación de los especialistas en educación de que se reconozca la justificación de su presencia en la universidad (SYKES, 1984). CREMIN (1953), reflexionando sobre el desarrollo de la formación del profesorado en la primera parte de este siglo, observaba:

> A partir de esta fe [en la ciencia], se produjeron durante los años veinte innumerables intentos de dividir y analizar la tarea docente en sus partes componentes y construir un programa de formación del profesorado en torno a ese análisis técnico. (Pág. 246)

Uno de los primeros y más destacados esfuerzos de elaboración de un *curriculum* científico en la educación en los Estados Unidos fue el *Commonwealth Teacher Training Study* (CHARTERS y WAPLES, 1929). Criticando los programas de formación de profesores entonces vigentes por su falta de definición clara de objetivos y planes lógicos de procedimiento, CHARTERS y WAPLES se propusieron demostrar en 1925, con una ayuda de 42.000 dólares del *Commonwealth Fund,* que la descripción exhaustiva de los cometidos y rasgos de los profesores proporcionaría el fundamento necesario para determinar de forma sistemática lo que había que enseñar a los futuros docentes. KLIEBARD (1975) resume sucintamente los procedimientos utilizados en dicho estudio:

> Como primer paso, CHARTERS y WAPLES "se aseguraron de cuáles eran los rasgos que caracterizan a los profesores excelentes". Adaptando el enfoque de consenso, los investigadores utilizaron dos métodos: analizar la bibliografía profesional

y entrevistar a "jueces expertos". A partir de una lista de ochenta y tres rasgos, ordenada alfabéticamente desde *Accuracy* (precisión) hasta *Wittiness* (agudeza), pasando por *Foresight* (previsión) y *Magnetism* (magnetismo), los "traductores" tuvieron que dedicarse a la tarea de interpretar las afirmaciones efectuadas por escrito o en entrevistas... La fiabilidad entre traductores se determinó aplicando la fórmula de Spearman. Por último, tras reducir algunos de los rasgos originales, se prepararon listas científicamente determinadas que indicaban que los profesores de bachillerato de mayor antigüedad debían caracterizarse por veintiséis rasgos, entre los que se contaban el buen gusto y la corrección; los profesores de bachillerato más modernos por el convencionalismo (moralidad) y la apertura mental... Siguiendo con la adaptación de la técnica del análisis de tareas, los investigadores elaboraron una lista principal de mil y una actividades de los profesores. (Pág. 35)

Las actividades de los profesores se basaban en los resultados de encuestas enviadas por correo a docentes con experiencia de cuarenta y dos estados. La lista final de mil y una actividades docentes se subdividió en siete categorías principales (por ejemplo: enseñanza en clase, gestión de la escuela y del aula). Estas actividades docentes y la lista principal de ochenta y tres rasgos característicos de los buenos profesores, divididas según los distintos niveles de escolarización *(high school, junior high, intermediate grades, kindergarten y primary grades*),* ayudarían a los formadores de docentes para diseñar programas de formación del profesorado basados en la realidad de la escolarización en vez de sobre la tradición o el juicio individual. Aunque este estudio tuvo poca influencia directa en los programas de formación del profesorado, sí persistió la idea de estructurar de modo sistemático el *curriculum* de la formación docente sobre la base de un análisis cuidadoso del trabajo que los profesores tenían que desarrollar.

Una de las posteriores manifestaciones de esta perspectiva en la formación del profesorado en los Estados Unidos consistió en la aparición de la *Competency/Performance-Based Teacher Education* (C/PBTE) en los años sesenta y setenta[9]. La C/PBTE se debió en parte a las aplicaciones de la psicología conductista a la preparación del personal en la industria y el ejército durante la Segunda Guerra Mundial y a continuación de ella (McDonald, 1973), al apoyo del *U.S. Department of Education* para el desarrollo de planes para nueve programas de formación de profesorado de escuelas

---

*Se trata de niveles educativos no universitarios. *(N. del T.)*

[9]Gage y Winne (1975, pág. 148) se ocupan de los distintos significados asociados con las expresiones "basada en el rendimiento" y "basada en la competencia", cuando se aplican a la formación del profesorado. "Para algunos autores, la competencia se refiere sólo a los conocimientos cognitivos; para otros, supone unos efectos en el aprendizaje de los alumnos. En cambio, el rendimiento se sitúa entre estas concepciones, denotando la capacidad para actuar según un modelo docente." Gage y Winne continúan diciendo que los tres elementos —conocimientos, efectos y rendimiento— son necesarios para una adecuada definición del enfoque. Utilizaremos aquí C/PBTE para hacer referencia a dicho enfoque en su sentido más amplio.

elementales según el modelo basado en la competencia, que aplicaban procedimientos de análisis de tareas para el diseño del *curriculum* de formación de profesores (CLARKE, 1969) y a la exigencia del *Teacher Corps* de que todos los proyectos desarrollaran programas basados en la competencia (HOUSTON y HOWSAM, 1972). La bibliografía dio tanta importancia a la idea de la C/PBTE que fue descrita, tanto en los Estados Unidos como en el extranjero (ATKIN y RATHS, 1974; TURNEY, 1977), como la línea de desarrollo más influyente y controvertida de la formación del profesorado en los Estados Unidos en este siglo[10].

A pesar de la atención que la bibliografía especializada y la prensa popular dispensaron a la C/PBTE, ésta sólo influyó en mínima proporción en la práctica real de los programas de formación de profesores. SANDEFUR y NICKLAS (1981) concluyen, por ejemplo, que la implementación generalizada de los programas C/PBTE sólo se llevó a cabo en un 13% de las aproximadamente 1.200 instituciones asociadas a la *American Association of Colleges for Teacher Education*. JOYCE, HOWEY y YARGER (1977) y el *National Center for Education Statistics* (1977) llegaron a conclusiones semejantes en dos encuestas nacionales sobre la práctica en los programas de formación inicial del profesorado. Dos de los casos más destacados de instituciones en las que la C/PBTE se implantó fueron la *University of Houston* (GINSBURG, 1988) y la *University of Toledo* (HOWEY y ZIMPHER, 1989).

Este enfoque general de la formación del profesorado hace hincapié en la adquisición de destrezas docentes específicas y observables que se suponían relacionadas con el aprendizaje de los alumnos. Hacia los años sesenta, la investigación educativa había llegado mucho más allá de los métodos relativamente primitivos de las técnicas de encuesta y análisis utilizados en el estudio *Commonwealth*. Esta versión más reciente de la orientación de eficacia social debía establecer la justificación intelectual de la formación del profesorado, basándose en la investigación en el aula que relacionase las conductas observables de los profesores con los resultados obtenidos por los alumnos. A pesar de la creciente complejidad de los métodos de investigación, una de las principales críticas dirigidas contra este enfoque tiene relación con la validez empírica de las competencias (por ejemplo: HEATH y NIELSON, 1974; TOM, 1984). Incluso los defensores del enfoque admitieron que aún no habían alcanzado el objetivo de validar empíricamente las competencias docentes. Esperaban, no obstante, que la creciente aceptación del enfoque por parte de los profesionales y por quienes tenían que apoyar la necesaria investigación permitiría lograrlo (SYKES, 1984).

Una característica clave del enfoque C/PBTE consiste en que los conocimientos y destrezas que los futuros profesores tenían que llegar a dominar estaban especificados de antemano, en términos generalmente conductuales. Es más, los criterios que medían ese dominio eran explícitos. Se daba

---

[10]El C/PBTE recibió el apoyo entusiasta de los departamentos de educación de distintos estados y de la *American Association of Colleges for Teacher Education* (AACTE) (véase SYKES, 1984; JOYCE, 1975).

por supuesto que la medida más válida de la competencia docente consistía en la actuación, más que en la realización de los propios trabajos del curso (Houston y Howsam, 1972; Gage y Winne, 1975). Algunos intentos de diseñar programas de formación de profesores basados en la competencia se tradujeron en la especificación de cientos y, con frecuencia, miles de competencias distintas en un programa concreto (Joyce, 1975). Otro elemento importante de este enfoque es el desarrollo de sistemas de instrucción, gestión y evaluación para supervisar el dominio de los alumnos de cada una de las competencias. Desde mediados de los años sesenta hasta los primeros setenta, se produjo una serie de pasos significativos en este campo. En primer lugar, en Stanford se desarrolló la microenseñanza como método para impartir técnicas docentes específicas a los alumnos (Allen y Ryan, 1969). Para ello, se dividieron estrategias docentes complejas y comprensivas en destrezas independientes. Los alumnos de profesorado practicaron después esas destrezas con grupos de niños relativamente reducidos durante períodos breves de tiempo. A continuación, un supervisor facilitaba a cada alumno información detallada sobre su actuación en relación con la técnica aplicada, a menudo con ayuda de grabaciones en vídeo. En el supuesto de que el alumno no hubiese alcanzado la mínima destreza exigida, repetía la clase con otro grupo de niños.

Más adelante, la microenseñanza se introdujo en el *curriculum* de cursos más comprensivos de formación del profesorado, denominados "minicursos" por los profesores del *Far West Laboratory* de San Francisco (Borg, 1970). Se desarrollaron varios minicursos que, además de la microenseñanza, incluían lecturas y películas. Se pretendía que estos conjuntos curriculares permitieran a los estudiantes adquirir destrezas importantes para la enseñanza, como el planteamiento eficaz de preguntas en el nivel elemental, el desarrollo de la tutoría en matemáticas y la organización de la escuela infantil en relación con el aprendizaje independiente y el diálogo en pequeño grupo. En íntima relación con estos desarrollos, se elaboraron materiales de protocolos y de simulación con destino a los programas basados en la competencia (Cruickshank, 1984)[11], se establecieron sistemas de observación sistemá-

---

[11]Los materiales de protocolo y las simulaciones son registros de hechos que ocurren de forma natural en las clases. Después de presentar un protocolo o simulación a los alumnos de formación del profesorado, se les orienta para que lo analicen bien en relación con los conceptos educativos que ilustra (Cruickshank, 1974) o como un caso específico iluminado por la aplicación de conceptos educativos tomados de las disciplinas (por ejemplo: Smith, 1969). Cruickshank (1984, págs. 87-88) expone un programa de simulación típico de los utilizados en los programas de formación del profesorado durante los años sesenta y setenta. "Esta simulación *(Classroom Simulation)* utiliza una clase de mentira construida a propósito en la que a un estudiante en prácticas de educación elemental, tras unas orientaciones respecto a una clase de sexto curso de una escuela hipotética, se le muestran sesenta problemas de clase filmados. Después de presentársele cada problema, se le pide que dé una respuesta al mismo, mediante acciones o palabras. Un experimentador sentado al lado considera la respuesta del estudiante y decide la probable reacción de la clase o alumno. El experimentador proyecta después una parte de la película en la que el estudiante puede ver la reacción de la clase o alumno. La intención de la simulación consiste en configurar la conducta del estudiante de profesorado de manera que le parezca óptima al jurado de profesores expertos."

tica en el aula que permitiera evaluar un conjunto de conductas docentes concretas (SIMON y BOYER, 1967) y modelos de entrenamiento de destrezas, como el enfoque de "modelos de enseñanza" de JOYCE y cols., en el *Teachers College* (JOYCE, WEIL y WALD, 1974).

Estas actuaciones provocaron grandes controversias en el seno de la comunidad de formadores de profesores. Rápidamente surgió una importante bibliografía haciendo diversas críticas contra la orientación en general. Como mencionamos antes, una crítica provino de quienes cuestionaban la validez empírica de la "base de conocimientos" sobre la que se fundaban estos programas. Algunos criticaban los métodos utilizados para llevar a cabo los estudios de proceso-producto, consistentes en establecer las relaciones entre las conductas específicas de los profesores y los resultados obtenidos por los alumnos, aunque confiaban en que la posterior investigación perfeccionada superara los problemas de validez (por ejemplo GAGE, 1970). Otros planteaban sus dudas de que la investigación pudiera superar los problemas derivados de la naturaleza compleja e incierta de la enseñanza (TOM, 1980) o afirmaban que cualquier intento de conseguirlo limitaría nuestra concepción de la enseñanza a la mera "eficacia" (BROUDY, 1973).

La segunda línea de protesta contra el movimiento C/PBTE provino de los educadores "humanistas", como Art COMBS y cols., de la Universidad de Florida. Esta crítica se centraba en los supuestos de partida de la psicología conductista, subyacentes a la mayoría de los casos relacionados con este enfoque. COMBS (1972) llegaba a afirmar que "exigir a un programa de formación del profesorado que defina con precisión las conductas què se espera produzca quizá sea el modo más seguro de destruir la eficacia de sus productos" (pág. 288). Daba la sensación de que este enfoque acababa con la posibilidad de crecimiento personal, respecto al significado de las propias acciones, que se creía necesario para perfeccionarse como profesor.

La tercera crítica importante del movimiento de la C/PBTE provenía de quienes, como APPLE (1972) y NASH y AGNE (1971), criticaban las tendencias políticas conservadoras que parecían relacionadas con este enfoque. Basándose en la especificación de las competencias en las concepciones al uso del rol del profesor en un sistema que parecía necesitar una reforma fundamental, la C/PBTE acababa necesariamente con los ideales reconstruccionistas de muchos formadores de profesores, sirviendo para justificar el *status quo* en la escuela y en la sociedad. Quienes, dentro del movimiento de la C/PBTE, mantenían objetivos relacionados con la reforma y la equidad dieron una respuesta a estas acusaciones de conservadurismo y tecnicismo refiriéndose al desarrollo de competencias que creían relacionadas con las preocupaciones de los críticos humanistas y reformistas. Por ejemplo, en la fascinante descripción de un programa C/PBTE, el *SUNY-Cortland "Project Change",* podemos encontrar ejemplos de competencias docentes específicas orientadas al crecimiento personal de los estudiantes de profesorado y de sus capacidades para iniciar el cambio institucional (LICKONA, 1976).

A pesar de la baja tasa de implementación de la C/PBTE en los programas de formación del profesorado en los Estados Unidos[12], la tradición de la eficacia social surgió una vez más en los actuales debates sobre la reforma de la formación del profesorado, aunque en esta ocasión bajo la denominación de formación del profesorado "basada en la investigación". Muchas propuestas actuales de reforma de la formación de los profesores (por ejemplo, la del *Holmes Group,* 1986) sostienen que la pasada década de investigación sobre la enseñanza nos ha dejado una "base de conocimientos" que puede constituir el fundamento de un *curriculum* de formación del profesorado[13]. Según BERLINER (1984), "hace sólo muy poco hemos desarrollado un cuerpo sólido de conocimientos y un conjunto de concepciones sobre la enseñanza en la que basar la formación del docente. Por primera vez, la formación del profesorado tiene un fundamento científico" (pág. 94).

> Hemos efectuado progresos increíbles en la comprensión de conceptos de gestión durante la pasada década. Hemos aprendido mucho de las conductas del profesor que se traducen en una menor cantidad de comportamientos no pertinentes y desviados en las aulas. El primero que investigó esta cuestión fue KOUNIN, en 1970. Durante la década de los setenta, otros siguieron investigando, traduciéndose en materiales para la formación de los profesores durante los primeros años ochenta (EMMER y cols., 1984). La prueba de campo de estos materiales, basados en la investigación empírica, se ha llevado a cabo recientemente. En Nueva York y en otras partes, los resultados han sido asombrosos. Los profesores que no conseguían satisfacer los criterios de buena gestión, lograron, por primera vez en su vida profesional, controlar por completo sus aulas. Un veterano que llevaba veinte años en las escuelas de la ciudad de Nueva York dijo que la formación produjo nada menos que un milagro (RAUTH y cols., 1983). Esta técnica debe aprenderse mediante juego de roles, simulaciones y otras formas de práctica. No tiene sentido disponer de la técnica y no entrenar a las personas para que la utilicen. (BERLINER, 1985, pág. 5)

FEIMAN-NEMSER (1990) describe dos formas de interpretar esta postura de los reformadores contemporáneos de la formación del profesorado. *En primer lugar,* describe una versión tecnológica según la cual se trata de enseñar a los futuros profesores las destrezas y competencias que la investigación ha demostrado están relacionadas con resultados convenientes de los alumnos. Esta interpretación estricta es, básicamente, una reaparición de la versión conductista de la C/PBTE. FEIMAN-NEMSER (1990) pone como ejemplo de esta tendencia el trabajo de JOYCE y SHOWERS (1984) para el desarrollo de procedimientos de entrenamiento de destrezas.

La segunda tendencia contemporánea de aplicación de los hallazgos de la investigación sobre la enseñanza al diseño de *curricula* de formación del

---

[12]Además de las críticas antes expuestas, se pensaba que el elevado coste del desarrollo, implementación y evaluación de estos programas era una razón fundamental para no ponerlo en práctica. Véase una exposición de la cuestión en GAGE y WINNE (1975, págs. 162-164).

[13]Por ejemplo, *Tomorrow's Teachers* dice que "en los últimos veinte años... la ciencia de la educación prometida por DEWEY, THORNDIKE y otros a principios de siglo se ha hecho más tangible." (*Holmes Group,* 1986, pág. 52).

profesorado descrita por FEIMAN-NEMSER (1990) consiste en que los docentes utilizan los descubrimientos de la investigación como "principios de procedimiento" en un proceso más general de toma de decisiones y solución de problemas. Los defensores de esta orientación deliberativa para el empleo de la investigación sobre la enseñanza para la mejora de la formación del profesorado afirman que la realidad de la enseñanza exige un enfoque de la formación del profesorado que refleje la naturaleza compleja e incierta del trabajo. Desde este punto de vista, la tarea crucial consiste en fomentar la capacidad de los docentes para juzgar respecto al uso de las técnicas de enseñanza:

> Como ellos consideran la buena enseñanza como deliberación correcta, no les preocupa que los profesores sigan un conjunto de reglas, que nunca podrían dar cuenta de todas las circunstancias, sino que los docentes consideren que la enseñanza es un proceso en el que hay que efectuar constantemente opciones sobre medios y fines; opciones que pueden estar informadas por la investigación sobre proceso y producto, investigación descriptiva, la experiencia, la intuición y los propios valores de uno. (ZUMWALT, 1982, pág. 226)

FEIMAN-NEMSER (1990) menciona el programa *The Teacher as Decision-Maker,* de la *Michigan State University* como ejemplo de este enfoque de orientación cognitiva de la aplicación de los hallazgos de la investigación a los programas de formación del profesorado. Otro ejemplo contemporáneo de este enfoque está constituido por determinados aspectos del programa *PROTEACH* de la Universidad de Florida (ROSS y KYLE, 1987). BERLINER (1984) expone algunos hallazgos de investigación que han de constituir la base de estas deliberaciones sobre la enseñanza. Entre ellos están los que se refieren a la selección de contenidos, la distribución del tiempo de clase, las prácticas de agrupación de alumnos, la formulación de preguntas y la gestión del aula. A diferencia del movimiento C/PBTE, que se basaba exclusivamente en estudios correlacionales o de proceso-producto en la enseñanza, las versiones actuales del paradigma de eficacia social se basan también en recientes estudios descriptivos de clases, en la investigación sobre el pensamiento del profesor (por ejemplo, CLARK, 1988) o, como en el trabajo de HUNTER (GENTILE, 1988), que goza de enorme popularidad, en las relaciones entre causa y efecto que la investigación sobre el aprendizaje y la conducta humanos asegura haber establecido.

Aunque muchos instrumentos para la formación sistemática de los futuros profesores en el uso de técnicas docentes específicas, como la microenseñanza, han desaparecido de la bibliografía, versiones más modernas y compatibles con una orientación cognitiva más amplia de este enfoque han ocupado su puesto, como el programa *Reflective Teaching,* de CRUICKSHANK (1987), y el entrenamiento de destrezas mediante simulaciones en ordenadores personales (STRANG, BADT y KAUFFMAN, 1987). A pesar de las variaciones habidas en el transcurso de este siglo en los enfoques basados en la eficacia social, el vínculo que los agrupa es su confianza en el estudio científico de la enseñanza como fuente principal para determinar el *curriculum* de la formación del profesorado.

La tradición desarrollista

La tercera tradición importante de reforma de la formación del profesorado del siglo XX en los Estados Unidos, la desarrollista, hunde sus raíces en el movimiento a favor del estudio del niño iniciado por G. Stanley HALL y otros a principios de siglo. Según KLIEBARD (1986), la característica más típica de esta tradición es la asunción de que el orden natural de la evolución del aprendiz constituye la base para determinar lo que ha de enseñársele, tanto a los alumnos de las escuelas públicas como a sus profesores. La investigación tendría que determinar este orden natural del desarrollo del niño, a través de una cuidadosa observación y descripción de la conducta de los niños en las distintas etapas de su evolución. Lucy Sprague MITCHELL (1931), fundadora del *Bank Street College of Education,* decía que la necesidad más urgente de la investigación educativa consistía en "un estudio científico de la conducta de los niños, en cuanto que está condicionada por su etapa de desarrollo, y la planificación de un ambiente escolar (el *curriculum*) se basa en ese estudio evolutivo" (pág. 254).

En la primera parte del siglo, esta tradición se puso más claramente de manifiesto en la formación del profesorado en los esfuerzos de los "progresistas bohemios"[14] para preparar a los profesores a que enseñaran en las nuevas escuelas progresistas orientadas al niño que surgieron por todo el país. A este trabajo se refiere Vito PERRONE (1989) cuando escribe sobre la "tradición progresista" en la formación del profesorado en los Estados Unidos. Estos defensores de lo que a menudo se denomina enseñanza "nueva" o "moderna" fueron muy críticos ante el fracaso de las instituciones regulares de formación de profesores a la hora de proporcionarles docentes creativos imaginativos que tuvieran un conocimiento claro de la filosofía desarrollista y de las pautas de crecimiento y desarrollo de los niños. Porque, como afirmaba POLLITZER (1931): "Sólo los profesores que tengan un conocimiento completo de esa filosofía y la sientan profundamente pueden interpretar sus ideales en la práctica" (pág. 247).

> ¿Quién ha de poner los profesores para las nuevas escuelas? Los cauces "regulares" no los producen; ... en su mayoría, quienes hacen algo de provecho en las escuelas progresistas son o bien los productos no convencionales de la preparación (si no abiertamente rebeldes) o bien accidentes felices sin preparación en absoluto, en el sentido corriente. (*Progressive Education,* 1931, pág. 280).

Un elemento crítico de estas primeras ideas desarrollistas sobre la formación del profesorado consistía en que los profesores para las escuelas progresistas que ofrecieran la nueva educación centrada en el niño debían

---

[14]COWLEY (1934) habla de dos sectores del movimiento progresista de la educación que existían a principios de siglo: el bohemio, que pretendía la rebelión de los individuos contra las restricciones puritanas, y el radical, que preconizaba la revolución social contra los males del capitalismo. También tiene interés, en relación con esta exposición, el análisis de CREMIN (1961) sobre sentimentalistas y radicales en el movimiento progresista.

formarse en el mismo tipo de ambiente acogedor y estimulante que se preveía facilitasen a los niños. Los defensores de las nuevas instituciones de formación del profesorado "centradas en el estudiante" eran a menudo muy críticos frente a los métodos mecánicos que pensaban se utilizaban en la mayoría de las instituciones de formación de profesores, porque creían que esos métodos mecánicos en la preparación del profesorado llevaban a una enseñanza mecánica y carente de emoción para los niños[15].

> Todavía seguimos preparando a estos jóvenes profesores del mañana con métodos del siglo xv para conseguir objetivos del siglo xx. Seguimos tratando a estas jóvenes almas humanas como si fuesen máquinas; pulimos los engranajes con polvillo académico y las cenizas de los tabúes pedagógicos; los ponemos en orden de funcionamiento y tratamos de arrancar estas inmortales locomotoras con una magnífica futilidad vacía, bien lubricada... Cultivamos las capacidades de estos jóvenes profesores, pero no las ponemos en marcha... Su principal carencia, cuando los enviamos a un mundo por completo irracional para el que les hemos preparado de forma totalmente racional, es un propósito inflamado. (STROH, 1931, pág. 260)

Según PERRONE (1989) hay tres metáforas fundamentales relacionadas con las primeras manifestaciones de esta tradición progresista/desarrollista de formación del profesorado: 1) el profesor como naturalista; 2) el profesor como artista, y 3) el profesor como investigador. La dimensión del docente como naturalista insistía en la importancia de la destreza al observar la conducta de los niños y al construir un *curriculum* y un ambiente de aula coherente con las pautas de desarrollo del niño y sus intereses. La práctica del aula tendría que basarse en la observación minuciosa y en el estudio de los niños en medios naturales o en la bibliografía derivada del estudio del niño. La formación de los futuros profesores para llevar a cabo observaciones, aprender de ellas y planear actividades para los niños sobre la base de las observaciones eran características clave de las propuestas desarrollistas para la reforma de la formación del profesorado (PERRONE, 1989).

El aspecto del profesor como artista de la tradición desarrollista tenía dos dimensiones. Por una parte, el docente artista tiene un profundo conocimiento de la psicología evolutiva del niño y es capaz de incitar a los alumnos para que aprendan facilitándoles actividades cuidadosamente orientadas en un ambiente de aprendizaje rico y estimulante. Sin embargo, para hacer esto, necesita ser una persona muy despierta y en plenitud de facultades respecto a su propio aprendizaje. Una propuesta desarrollista habitual respecto a la formación del profesorado consistía en que se proporcionase a los futuros docentes una serie de experiencias en torno a la danza, la dramatización creativa, escritura, pintura y narración, de manera que fuesen capaces de manifestar ante sus alumnos una actitud investigadora, creativa y de apertura

---

[15]El título del artículo de Margaret POLLITZER (1931) en *Progressive Education:* "Growing Teachers for our Schools", muestra muy bien la importancia concedida a la formación del profesorado centrada en el alumno.

mental. Los comentarios del director de una escuela progresista sobre las cualidades necesarias para una docencia satisfactoria ilustran la importancia que a menudo se concedía en esta tradición al desarrollo personal y artístico del profesor, así como la influencia del psicoanálisis freudiano en la pedagogía centrada en el niño de los años veinte:

> No comprendo cómo nadie pueda enseñar en una escuela progresista si no es una persona auténtica y que haya vivido alguna forma interesante y plena de vida, o que no la esté viviendo. Si uno ha llegado a algo y vive su vida en plenitud, no tengo gran dificultad para proporcionarle las técnicas necesarias para hacer de él un excelente profesor, dado que eso va en la persona. El que se interesa por la vida y está bien equilibrado y libre, desde el punto de vista emocional, suele tener, por el mero hecho del interés adquirido, el tipo de información necesaria y sigue recogiéndola. Pienso que los cursos para profesores deberían incluir la danza y la educación física para eliminar las inhibiciones físicas; gran cantidad de contactos sociales con la vida y las personas del sexo opuesto para eliminar las inhibiciones emocionales; un porcentaje importante de trabajo y expresión dramáticos para liberar al profesor de la consciencia del yo, y el descubrimiento de algún interés vital en la vida del docente y la búsqueda de la satisfacción de ese interés en su máximo grado durante los años que pase en la escuela normal... Algunos de mis mejores profesores nunca han recibido un entrenamiento formal, pero todos ellos han vivido en un mundo de realidad. (BONSER, 1929, pág. 116)

La tercera metáfora de la tradición desarrollista de formación del profesorado era la del docente como investigador. En este caso, el centro de interés está en promover la actitud experimental del docente respecto a la práctica. El estudio del niño tenía que convertirse en el fundamento de las investigaciones del profesor y los formadores tenían que instruir a los futuros profesores sobre cómo iniciar y mantener las investigaciones ya iniciadas en su propia clase respecto al aprendizaje de niños concretos. El resumen de los objetivos de la *Cooperative School for Student Teachers* que hace Lucy Sprague MIT-CHELL (1931) ilustra la importancia concedida al desarrollo de una actitud experimental hacia la práctica y su relación con la temática artística y naturalista:

> Nuestro objetivo consiste en preparar profesores cuya actitud hacia su trabajo y hacia la vida sea científica. Para nosotros, esto significa una actitud de vigilancia, de observación alerta; un constante cuestionamiento del método antiguo a la luz de las nuevas observaciones; una utilización del mundo, así como de los libros, como material de partida; una apertura mental experimental, y un esfuerzo para conservar registros tan fiables como lo permita la situación, con el fin de basar el futuro en el conocimiento preciso de lo realizado. Del mismo modo, nuestro objetivo consiste en formar estudiosos cuya actitud hacia su trabajo y hacia la vida sea la del artista. Para nosotros, esto quiere decir una actitud de entusiasmo, de impulso emocional, una auténtica participación en alguna fase creativa del trabajo y un sentido de que la alegría y la belleza son posesiones legítimas de todos los seres humanos, jóvenes y viejos. Si podemos formar profesores con un enfoque experimental, crítico y motivado respecto a

su trabajo, estamos dispuestos a dejar en sus manos el futuro de la enseñanza. (Pág. 251)[16]

Aparte de la *Cooperative School for Student Teachers* y el trabajo posterior en el *Bank Street College* y en algunas instituciones más, como en el *Milwaukee State Teachers College* (AYER, 1931), no encontramos la transformación general de la línea principal de formación del profesorado de acuerdo con las ideas evolutivas que preveían los progresistas centrados en el niño. La forma principal de despertar una filosofía desarrollista en los futuros profesores fue y sigue siendo un sistema de aprendizaje (BEATTY, 1933)[17].

Durante los últimos años sesenta y primeros setenta, cuando volvió la atención generalizada a una pedagogía centrada en el niño y a la "enseñanza abierta" en los Estados Unidos, se inició una serie de programas experimentales de formación del profesorado, que se parecían a los de los progresistas centrados en el niño de los años veinte y treinta. CROOK (1974) analizó cuatro programas de esta última época que debían traducir los supuestos subyacentes a la "educación abierta" al *curriculum* de la formación del profesorado. Fueron los del *Center for Teaching and Learning* de la Universidad de Dakota del Norte, el *American Primary Experimental Program* de la Universidad de Vermont, el *Educational Program for Informal Classrooms* de la *Ohio State University* y el *Integrated Day Program* de la Universidad de Massachusetts. A pesar de las diferencias que encontró entre estos programas, CROOK (1974) descubrió un conjunto de temas desarrollistas en los que coincidían:

> el compromiso con el propio aprendizaje, un enfoque activo del aprendizaje en relación con la experiencia directa con los materiales, el estímulo de la comunicación entre los niños y de los futuros profesores con los niños, mediante las técnicas de observación, lectura, palabra hablada y escritura; experiencias de campo desde el principio, tanto en las artes expresivas como en las áreas académicas, y una comprensión del desarrollo de los niños que se refleja en los escritos de Jean PIAGET. (Pág. 1)

Más o menos al mismo tiempo, aparecieron en la bibliografía algunas otras versiones de la tradición desarrollista. Por ejemplo, se prestó gran atención al programa "humanista" de formación del profesorado de Art COMBS

---

[16]Citado también en PERRONE (1989, pág. 135). La *Cooperative School for Student Teachers* fue una institución creada de manera conjunta por el *Bureau of Educational Experiments* (predecesor del *Bank Street College*) y ocho escuelas progresistas. El *curriculum* de formación del profesorado abarcaba el trabajo práctico en las escuelas progresistas y seminarios, trabajo de campo y estudios en la ciudad de Nueva York.

[17]Además de la *Cooperative School for Student Teachers,* de Lucy Sprague MITCHELL, en Nueva York, muchas de las escuelas independientes más destacadas del país (por ejemplo: la *Beaver Country Day School* y la *Shady Hill School*) mantuvieron sistemas formales de aprendizaje. Una de las pocas experiencias orientadas a preparar a profesores progresistas centrados en el niño en la que participó un sistema escolar público de las que existen informes se llevó a cabo en Oakland (California), en donde todos los profesores de la *Peralta School* eran estudiantes de profesorado del *San Francisco State Teachers College,* que trabajaban bajo la supervisión de un director y cuatro profesores de la escuela pública de Oakland (BEATTY, 1933).

© Ediciones Morata, S.L.

y sus colaboradores de la Universidad de Florida (COMBS y cols., 1974; WASS y cols., 1974). Su idea del "yo como instrumento" (un buen profesor es, ante todo, una persona que trata de completarse a sí misma) recuerda mucho el interés que Lucy Sprague MITCHELL y sus contemporáneos concedían "al profesor como artista". Otro programa destacado de este período orientado en sentido evolutivo fue el *Personalized Teacher Education Program* de la Universidad de Texas, basado en los estudios de las preocupaciones de los profesores de FULLER (1972, 1974). Se intentó desarrollar este programa de manera que el *curriculum* del mismo se ocupase de las preocupaciones de los estudiantes tal como las experimentaran. Se partía del supuesto de que, si el programa se desarrollaba de acuerdo con las necesidades evolutivas de los alumnos, éstos progresarían a través de diversas "etapas de preocupaciones" hacia la madurez como profesores[18].

Otro caso más reciente de programa de formación de profesores de inspiración evolutiva, *Deliberate Psychological Education,* se desarrolló en la Universidad de Minnesota desde finales de los años setenta hasta los primeros ochenta, bajo la dirección de Norm SPRINTHALL, Lois THIES-SPRINTHALL y sus alumnos. En este caso, los formadores de profesores aplicaron teorías cognitivas y de desarrollo por etapas para diseñar los componentes del programa de formación de profesores, planteando sus objetivos para los futuros docentes sobre la base de las características de las etapas avanzadas de una o más teorías de fases. GLASSBERG y SPRINTHALL (1980), por ejemplo, rediseñaron una experiencia típica de formación para incluir en ella actividades de adopción de roles en relación con un seminario semanal. Los formadores de profesores que tomaron parte en estos planteamientos de la *University of Minnesota* afirman que su *curriculum* experimental fue capaz de estimular el desarrollo del profesor hasta alcanzar los niveles evolutivos más elevados (en SPRINTHALL y THIES-SPRINTHALL, 1975, puede verse un resumen de la investigación).

Uno de los casos contemporáneos más destacados del enfoque desarrollista de la formación del profesorado está constituido por el *Developmental Teacher Education Program,* de la *University of California-Berkeley.* Este programa graduado de dos años de duración, que culmina en un grado *master,* fue iniciado por un pequeño grupo de docentes insatisfechos por la poca importancia concedida al conocimiento del desarrollo humano en la formación del profesorado (AMAREL, 1988). Este programa, que es un ejemplo claro del interés desarrollista otorgado al profesor como naturalista, se orienta en relación con la perspectiva de que la comprensión fundamentada de los principios evolutivos constituye la mejor preparación para la docencia. En sus cursos, los alumnos entran en contacto con las teorías de la evolución cognitiva, social, moral y del lenguaje, centrándose después en diversas prácticas relacionadas con la aplicación de los principios evolutivos a la enseñanza de las matemáticas, ciencias y lectoescritura. En esos dos años, los

---

[18]Véanse críticas de esta postura en: ZEICHNER y TEITELBAUM (1982) y FEIMAN-NEMSER y FLODEN (1980).

estudiantes hacen prácticas en cinco escuelas diferentes y llevan a cabo un proyecto original de investigación sobre algún aspecto del desarrollo y la educación. Recientemente el programa ha pasado de la aplicación de principios evolutivos sin contenidos a la preocupación por el desarrollo de conocimientos específicos de materias en cada una de las asignaturas escolares básicas (AMMON y BLACK, 1988).

La tradición reconstruccionista social

La cuarta y última tradición de reforma de la formación del profesorado en los Estados Unidos, la reconstruccionista social, define la escolarización y la formación del profesorado como elementos cruciales del movimiento a favor de una sociedad más justa. Según KLIEBARD (1986), esta tradición

> extrajo su empuje fundamental de la corriente de insatisfacción respecto al sistema económico y social norteamericano... y consideró el *curriculum* como el vehículo mediante el que se corregirían la injusticia social y los males del capitalismo. Esta "corriente" existía ya en los años veinte y antes, saliendo a la luz en los años treinta. (Pág. 183)[19]

En la década de 1930, la masa crítica de progresistas radicales estaba situada en el *Teachers College*[20]. Según la contundente descripción de la postura reconstruccionista que hizo COUNTS (1932) en *Dare the School Build a New Social Order?*, azuzando a los profesores para que tomasen el poder político y condujeran la nación al socialismo, esta perspectiva de reforma siguió expresándose y debatiéndose en la *John Dewey Society for the Study of Education*[21] y en las páginas de *The Social Frontier*, desde 1934 a 1939,

---

[19]BOWERS (1969) resume de este modo las condiciones económicas presentes en los Estados Unidos a principios de los años treinta, en el momento en que los reconstruccionistas sociales empezaron a adquirir influencia en la *Progressive Education Association:* "En 1930, se estimaba que había unos cuatro millones de norteamericanos parados; a finales de 1931, las filas de los desempleados habían crecido hasta ocho millones. Quienes eran lo bastante afortunados para mantener sus empleos vieron recortadas sus horas de trabajo y reducidos sus salarios... Aun quienes tenían ahorros en el banco no se libraron de la miseria que sepultó millones de vidas; entre 1930 y 1931 quebró un total de 3.643 bancos, arruinando a cientos de miles de personas que creían tener cierta seguridad frente a la tormenta económica" (pág. 12).

[20]El radicalismo social en la educación no se redujo a este grupo relativamente pequeño de profesores del *Teachers College*. El apoyo a la petición reconstruccionista social del liderazgo político de los profesores vino, por ejemplo, de la *Progressive Education Association,* que estableció una sección de economía y sociología en 1932; de la *National Educational Association,* cuyo consejo de directores creó una comisión para los problemas sociales y económicos en 1931, y de la *American Historical Association.* Aunque no cabe duda de que estas acciones no representaban el apoyo de todos los miembros de estas organizaciones, indican que existía cierto respaldo a esta postura en todos los Estados Unidos (BOWERS, 1969; COHEN, 1976).

[21]En la actualidad es la *National Society for the Study of Education.*

y en su sucesor, *The Frontiers of Democracy,* desde 1939 a 1943[22]. Esta tradición, que cobró fuerza por la depresión económica y por la extendida inquietud social, hacía hincapié en el papel de la escuela, unida con otras fuerzas progresistas, en la planificación de una reestructuración inteligente de la sociedad estadounidense que consistiría en una distribución más justa y equitativa de la riqueza de la nación y en donde el "bien común" preponderase, en todo caso, sobre el beneficio individual. Aunque no todos los reconstruccionistas sociales considerasen esencial la propiedad colectiva de los medios de producción, la mayoría creía que regular la economía privada para ayudar a asegurar el pleno empleo, las oportunidades económicas y unos ingresos suficientes para mantener un nivel de vida digno (STANLEY, 1985). Habida cuenta de la gran cantidad de cambios ocasionados por la ciencia y la técnica, estos "educadores de la frontera"* afirmaban que el cometido de la educación consistía en "preparar a los individuos para tomar parte de forma inteligente en la gestión de las condiciones en las que tuvieran que vivir, llevándoles a comprender las fuerzas que en ellas actúan y a equiparlos con las herramientas intelectuales y prácticas mediante las que participar en la dirección de estas fuerzas" (KILPATRICK, 1933, pág. 71)[23].

Una de las principales cuestiones sometidas a debate entre los reconstruccionistas sociales era hasta qué punto los docentes y los formadores de profesores debían adoctrinar conscientemente a sus alumnos en los valores socialistas y colectivistas o basarse en el método del experimentalismo y la investigación reflexiva para conseguir mejoras sociales. COUNTS (1932) es representativo de quienes abogaban por el adoctrinamiento deliberado en los valores e ideas socialistas. En *Dare the School Build a New Social Order?,* decía que, dado el inevitable carácter partidista de toda actividad educativa y el predominio de los valores capitalistas e individualistas en todos los aspectos de la sociedad, era necesario que el profesor favoreciese conscientemente ideas y valores que apoyaran un nuevo orden social (por ejemplo, la cooperación en vez de la competición). HOLMES (1932), de Harvard, y BODE (1935), de la *Ohio State University,* se encontraban entre quienes rechazaban la idea de

---

[22]La postura reconstruccionista en la educación fue articulada antes por DEWEY, en su obra inicial *Democracy in Education,* de 1916, y en los escritos de ADAMS, VEBLEN, SINCLAIR, LIPPMAN y COUNTS. En los años treinta, empieza a prestarse atención a esta postura porque es entonces cuando los reconstruccionistas comenzaron a ocuparse de manera explícita del problema de la formación del profesorado. Sobre estos primeros reconstruccionistas educativos, puede consultarse la exposición que aparece en: CREMIN (1961, págs. 224-227) y CREMIN (1988, págs. 172-188). Una historia detallada del pensamiento reconstruccionista social respecto a la educación hasta principios de los años sesenta puede verse en BOWERS (1969).

*La alusión a la "frontera", patente en los títulos de las publicaciones antes citadas: *The Social Frontier* y *The Frontiers of Democracy,* es una metáfora relacionada con el papel de "pioneros" de los reconstruccionistas sociales, asimilable al de los adelantados que, partiendo de las primitivas trece colonias que dieron origen a los Estados Unidos de América, fueron ensanchando su territorio hasta las costas del Pacífico. En el contexto social estadounidense, dicha metáfora tiene una fuerza paradigmática, com da buena prueba la ingente cantidad de películas "del oeste". *(N. del T.)*

[23]Citado también en CREMIN (1961, págs. 229-230).

que la escuela debiera utilizarse para promover un programa social determinado de antemano. Hacían hincapié en cultivar la capacidad de pensamiento crítico de los estudiantes respecto al orden social. Esta tensión entre adoctrinamiento y promoción del pensamiento crítico ha constituido una característica de la tradición reconstruccionista desde el primer momento (STANLEY, 1985).

Como los "educadores de la frontera" reivindicaban un papel de liderazgo para la profesión docente en la reconstrucción de la sociedad norteamericana, se consideraba que la formación del profesorado tenía que desempeñar un rol clave en el proceso:

> En consecuencia, el cometido de los centros de formación de profesorado es evidente. Durante unos cuantos años, deben proporcionar a las escuelas públicas una plantilla de trabajadores que comprendan a la perfección los problemas sociales, económicos y políticos a los que se enfrenta este país, celosos en la mejora de las condiciones actuales y capaces de educar a ciudadanos dispuestos a estudiar con toda seriedad los problemas sociales, pensar críticamente sobre ellos y actuar de acuerdo con sus impulsos más nobles. (BROWN, 1938, pág. 328)

Sin embargo, para que los profesores cumpliesen su papel en la reconstrucción social, era preciso reconstruir la misma formación del profesorado. En *The Educational Frontier,* KILPATRICK (1933) y sus colegas, incluyendo a John DEWEY, criticaban los modos tradicionales de formación del profesorado por su interés por la técnica, aparte de la consideración de objetivos más amplios, reclamando una nueva preocupación social por la preparación de los profesores que hiciera hincapié en ayudar a los futuros docentes a desarrollar una filosofía social y educativa adecuada y el "celo por el perfeccionamiento de nuestra común civilización" (pág. 270). Este desarrollo de una orientación reflexiva de los futuros profesores respecto a la escolarización y la sociedad se consideraba crítica en relación con la capacidad de los docentes para dirigir una reorientación inteligente del roden social:

> En cuanto a su importancia, la educación significa, más que nada, la construcción de una visión de la vida, porque, puesta en acción, la visión de la vida incluye y ordena todo lo demás... En consecuencia, las técnicas y procedimientos quedan siempre subordinados a los objetivos generales que fijamos para la vida y la educación... Así, la construcción de una visión abarcadora y crítica de la vida y la educación ha de constituir la característica central y dominante de la formación profesional. Ninguna etapa del proceso educativo puede sopesarse ni juzgarse salvo a la luz de ese punto de vista, en permanente crecimiento a medida que cada nuevo problema se aborda de manera más reflexiva. La construcción y el empleo de la filosofía de la educación se convierte en el objetivo clave de la formación profesional. (KILPATRICK, 1933, págs. 261-262)

A diferencia de muchos planes reconstruccionistas contemporáneos de formación del profesorado, que se centran exclusivamente en lo que hay que hacer para que los futuros docentes desarrollen una consciencia social y capacidades de reforma, estos primeros "educadores de la frontera" reconocían también la tendencia dominante hacia la aceptación del *status quo* patente entre los "profesores de profesores"[24], centrando parte de sus esfuerzos en despertar la conciencia social de los formadores de profesores. Se daban cuenta de la dificultad de esta tarea, pero también de su necesidad en sus planes para la reestructuración de la sociedad:

> Es probable que, en la formación de los profesores, no haya factor más importante que la actitud social del profesorado de la institución de formación. En general, la visión y la actitud social... de los docentes de nuestra escuela normal o centro universitario de formación de profesores brilla a menudo por su ausencia. Para que los futuros docentes adquieran una visión social, es imprescindible una perspectiva social más adecuada. Es muy difícil que la enseñanza carente de inspiración social, tan habitual en los centros o escuelas normales ordinarias, tenga otro resultado que la ignorancia de nuestra situación social y la falta de preocupación inteligente que los docentes muestran respecto a la misma. Por tanto, debemos conseguir con la máxima rapidez y amplitud humanamente posible que todos los miembros de la profesión adquieran una visión social inteligente y positiva... No es sencillo crear una actitud nueva en la escuela profesional. La esperanza fundamental se basa en el trabajo de las escuelas más grandes en las que se prepara el personal de las escuelas profesionales más pequeñas... Debe estimularse a todos los profesores a que sepan de primera mano cómo viven y qué sienten los menos favorecidos de entre nosotros. Los contactos de primera mano tienen una fuerza enorme. Nos resulta fácil no tener en cuenta las necesidades de quienes no conocemos. Tenemos que trabajar de todas las formas posibles a favor de la consecución de la perspectiva social más inteligente de los docentes de nuestras instituciones de formación del profesorado. Sin ello, no podemos esperar que los profesores adquieran una preparación social. (KILPATRICK, 1933, pág. 266)

Dos destacados ejemplos de primera hora de los esfuerzos realizados para aplicar las propuestas de estos progresistas radicales a la formación del profesorado fueron el *New College,* un programa experimental y de prueba de formación de profesores desarrollado en el *Teachers College* desde 1932 a 1939, y la aparición de un componente integrado de fundamentos sociales en los programas de formación del profesorado. El *New College* se diseñó para cumplir dos objetivos fundamentales: 1) preparar profesores "de primera" de enseñanza elemental y secundaria y 2) servir de laboratorio de formación de profesores para los alumnos graduados que constituirían el personal docente de los centros universitarios de formación de profesores de toda la nación[25].

El experimento *New College* supuso un esfuerzo consciente para aplicar a la formación del profesorado la idea de que los docentes tenían que prepararse para ser los dirigentes de la reestructuración social. El primer anuncio

---

[24]RUGG (1952, pág. 6) concluye, en relación con los formadores de profesores de esa época que "ni a un pelotón de un ejército de ellos le preocupa ni la teoría ni la práctica de la reconstrucción."

[25]Durante los años treinta, se estimaba que los graduados del *Columbia Teachers College* ocupaban el 20% de los puestos docentes y administrativos de las instituciones de formación del profesorado de la nación (CREMIN, SHANNON y TOWNSEND, 1954).

del *college* citaba el manifiesto de COUNTS (1932) y recordaba a los futuros profesores que "un privilegio peculiar del docente consiste en desempeñar un papel importante en el desarrollo del orden social de la siguiente generación" (CREMIN, SHANNON y TOWNSEND, 1954, pág. 222). Los seminarios integradores, el *curriculum* "basado en problemas" y las experiencias de primera mano en relación con diversos aspectos de la vida de la comunidad fueron elementos importantes de la experiencia del *New College*. Al afirmar que el trabajo del profesor es de ámbito comunitario, el profesorado del *New College* "sostenía que un cometido fundamental de la formación profesional consiste en la ampliación del conjunto de intereses del alumno y en la profundización de su visión de los problemas básicos de la vida humana, de manera que sea capaz de considerar su tarea específica en relación con necesidades sociales más generales" (*New College*, 1936, pág. 30).

El *curriculum* del *New College* daba a los estudiantes diversas oportunidades para entrar en contacto con la vida real, que contribuían a este desarrollo de una perspectiva social. Se preveía que todos los alumnos adquirieran destrezas de planificación, participación vital y liderazgo pasando al menos un verano viviendo y trabajando en una granja que estaba a cargo de los estudiantes en el oeste de Carolina del Norte. Asimismo, tenían que trabajar en la industria durante un trimestre, estudiar y viajar al extranjero durante un verano, al menos, y participar en numerosas excursiones que les servían para conocer las distintas oportunidades culturales y comerciales de la ciudad de Nueva York. Por último, los alumnos tenían que superar un período de prácticas de un año de duración como profesores internos tras un semestre de formación para la docencia.

De acuerdo con la importancia concedida al valor de la experiencia directa en la formación del profesorado, los docentes de la institución procuraban favorecer constantemente la actividad política de los alumnos. Por ejemplo, en 1937, el director anunció la creación de dos becas que se concederían a los dos estudiantes que "... más destacasen en la superación de la neutralidad académica por su participación activa en la vida extrauniersitaria" (CREMIN, SHANNON y TOWNSEND, 1954, pág. 226). En el transcurso de los años, muchas de las asambleas de estudiantes y profesores se convirtieron en foros para el debate de cuestiones políticas. Según LIMBERT (1934), el profesorado había tomado la decisión de no permitir la graduación en su programa de formación del profesorado a quienes fuesen iletrados o indiferentes, desde el punto de vista político. LIMBERT, al describir sucesos importantes ocurridos en el *college* durante un cuatrimestre, se refiere a diversas actividades coherentes con el interés por el desarrollo de las capacidades de los estudiantes para adoptar una postura inteligente respecto a cuestiones económicas y políticas importantes:

... la celebración de diversas reuniones antibelicistas y la selección de los representantes para una asamblea de la Universidad, en la que se emprendiera una acción drástica para separar la Universidad del sistema bélico; una asamblea de todos los estudiantes y profesores para escuchar una propuesta, presentada por un docente, para la formación de un nuevo movimiento de reconstrucción de la sociedad norteamericana, revolucionario en cuanto a sus objetivos, pero fundamentalmente de acuerdo con las tradiciones norteamericanas; una inspirada crítica de profesores y estudiantes respecto a esta propuesta, que llevó a solicitar nuevas asambleas para discutir propuestas semejantes respecto al cambio social. (Pág. 118)

Otro ejemplo de los primeros intentos de aplicar el plan reconstruccionista social a la formación del profesorado fue el desarrollo, en el *Teachers College Columbia* también, de los fundamentos sociales de la educación como un componente del programa de formación del profesorado. Según COHEN (1976), RUGG y KILPATRICK encabezaron en el curso 1934-1935 "... la innovación más famosa e influyente de la formación del profesorado en Norteamérica de este siglo" (pág. 31), la iniciación del curso de dos semestres: *Education 200F: Social Foundations of Education.* Según RUGG (1952), los fundamentos de la educación, centrados en los problemas esenciales de la escuela, la sociedad y la cultura, contribuirían a que los futuros profesores elaboraran una filosofía social y educativa que les permitiera asumir el rol de líderes a la hora de establecer la política educativa. Según los docentes que crearon el programa, esta coordinación entre las disciplinas antes aisladas representaba un cambio significativo desde una visión atomista y mecanicista de la vida a otra orgánica (BORROWMAN, 1956). Este esfuerzo para desarrollar un enfoque integrado de fundamentos sociales se completaba con la tentativa de reconstruir la formación general de los profesores de manera que se eliminaran los límites convencionales entre asignaturas, como la de Frank BAKER en el *Milwaukee State Teachers College* (véase RUGG, 1952, págs. 236-237). Los fundamentos sociales de la educación ayudarían a los profesores a tomar decisiones educativas adecuadas.

Aunque el curso *Education 200F* nunca llegó a ser popular entre muchos profesores del *Teachers College,* comprometidos con una formación general basada en disciplinas independientes, la idea de los cursos de fundamentos sociales se extendió por las instituciones de formación del profesorado de los Estados Unidos. Durante los años cuarenta y cincuenta, el liderazgo del movimiento a favor de los fundamentos sociales pasó a la *University of Illinois,* en la que William O. STANLEY, Kenneth BENNE, B. Othaniel SMITH y Archibald ANDERSON constituyeron el núcleo básico del grupo de fundamentos sociales (COHEN, 1976). Estos nuevos componentes de los programas de formación del profesorado y los especialistas en educación que los impartían se convirtieron en los principales objetivos que batir para los reformadores de la tradición académica, como BESTOR, KOERNER y CONANT, que les acusaron de que su interdisciplinaridad acababa con la integridad de las disciplinas.

Otro aspecto de la tradición reconstruccionista social ha consistido en el compromiso asumido para modificar las desigualdades sociales ocupándose de la mejora de las condiciones educativas de los niños de los pobres; compromiso evidente en diversos programas financiados con fondos federales como el *Teacher Corps and TTT.* Se esperaba que el ciclo de fracaso escolar, pobreza y desesperanza de muchos niños de ámbitos rurales y urbanos pudiera romperse mediante programas que prepararan a los docentes y a los formadores de profesores para trabajar en escuelas cuyos alumnos fueran pobres[26].

Entre los ejemplos contemporáneos de la tradición reconstruccionista social en la formación del profesorado está el trabajo de Landon BEYER en los *colleges* Knox y Cornell, con la idea de la "formación del profesorado como praxis". BEYER (1988) describe sus esfuerzos para implementar un enfoque "orientado en relación con los fundamentos sociales" de la formación del profesorado, en cuanto proyecto que se rige por los principios normativos de democracia, igualdad y autonomía, comprometido con el desarrollo del juicio práctico. Una clave de estos esfuerzos ha sido el examen efectuado por los estudiantes de una serie de cuestiones y situaciones desde perspectivas múltiples e interdisciplinares. Otro componente clave es la unión que se pretende de la investigación reflexiva y de la acción práctica en la que los estudiantes tienen oportunidades continuadas de representar y examinar después sus ideas en la práctica. El compromiso de BEYER (1988) con la preparación de docentes que se inclinen hacia la reconstrucción de las escuelas y la sociedad y sean capaces de contribuir a ello es obvio:

> La formación del profesorado debe comprometerse a preparar profesionales de orientación crítica, capaces de compadecerse y de apasionarse, reflexivos y comprometidos desde el punto de vista social que puedan contribuir al proceso de mejora de la enseñanza y al cambio social. (Pág. 195)

Otros exponentes contemporáneos de la perspectiva reconstruccionista social de la formación del profesorado son Ira SHOR, Henry GIROUX y Peter MCLAREN. SHOR (1987), por ejemplo, prepara un plan para lo que él llama "formación igualitaria del profesorado". Propone un conjunto de temas que cree deben impregnar el proceso de enseñanza-aprendizaje de los programas de formación del profesorado para que ésta contribuya al cambio social (por ejemplo: enseñanza basada en el diálogo, comunicación intercultural y alfabetización cultural). GIROUX y MCLAREN (1987), en cambio, proponen un aparato conceptual para pensar en la formación del profesorado en cuanto fuerza democratizadora y antihegemónica y en los profesores como "intelectuales transformadores". Según GIROUX y MCLAREN, para que la formación del profesorado contribuya a establecer un orden social más justo, humano y equitativo, es preciso considerarla como una forma de política cultural basada en el estudio de temas tales como el lenguaje, la historia, la cultura y la política:

> El proyecto de crear un programa de formación del profesorado basado en la política cultural consiste en relacionar la teoría social crítica con un conjunto de prácticas estipuladas a través de las cuales los estudiantes de profesorado sean capaces de desmantelar y examinar críticamente las tradiciones educativas y culturales preferidas, muchas de las cuales cayeron presas de la racionalidad

---

[26]El *Teacher Corps,* que supuso el gasto de alrededor de 500 millones de dólares en sus cinco años de vida, ha sido el mayor esfuerzo unitario efectuado en la formación del profesorado de los Estados Unidos para tratar de superar los efectos de la pobreza en la educación (BUSH, 1987).

instrumental que limita o deja de lado los ideales y principios democráticos. Una de nuestras preocupaciones fundamentales se centra en desarrollar un lenguaje de crítica y desmitificación, capaz de analizar los intereses e ideologías latentes que operan para socializar a los estudiantes de forma compatible con la cultura dominante. No obstante, nos preocupa del mismo modo crear prácticas alternativas de enseñanza capaces de reforzar a los estudiantes, tanto dentro como fuera de las escuelas. (GIROUX y McLAREN, 1987, pág. 173)

Entre otros intentos contemporáneos de formación del profesorado en la perspectiva reconstruccionista social en los Estados Unidos están: el trabajo de ADLER y GOODMAN (1986), que han empleado cursos de métodos en estudios sociales para ayudar a los futuros profesores a desarrollar análisis curriculares y capacidades evolutivas que contribuyan a crear una escuela y unos contextos sociales más democráticos; los métodos de supervisión "emancipadora" desarrollados por GITLIN (SMYTH y GITLIN, 1989); nuestro propio trabajo de desarrollo de un programa de formación orientado a la investigación (ZEICHNER y LISTON, 1987; LISTON y ZEICHNER, 1987) diversas propuestas de inspiración feminista para programas de formación del profesorado que traten de corregir las desigualdades por razón de género en las escuelas y en la sociedad (MAHER y RATHBONE, 1986); la propuesta de GINSBURG (1988) a favor de una actividad política más progresista de los formadores de profesores, y la propuesta de SEARS (1985) para la formación del profesorado, basada en un análisis histórico de los esfuerzos reconstruccionistas para dicha formación. Expondremos con más detalle varios ejemplos de estos proyectos reconstruccionistas sociales de formación del profesorado en el Capítulo VI.

Más allá del deseo común de preparar docentes que se planteen perspectivas críticas sobre las relaciones entre la escolarización y las desigualdades sociales y el compromiso moral para corregir éstas por medio de sus actividades cotidianas en el aula y en la escuela, existen grandes variaciones entre estas propuestas contemporáneas de los formadores de profesores reconstruccionistas sociales. En diversos momentos, la atención se ha centrado en el contenido de los programas, las destrezas de análisis crítico y desarrollo del *curriculum,* la naturaleza de las relaciones pedagógicas entre docentes y alumnos y entre formadores de profesores y sus estudiantes o en las conexiones entre la formación del profesorado y otros proyectos políticos que tratan de ocuparse de los muchos casos de sufrimiento e injusticia que hay en nuestra sociedad.

A pesar de la existencia de todas estas propuestas, una de las características más notables de la bibliografía contemporánea sobre la formación del profesorado reconstruccionista social es su carácter marginal respecto a los programas de formación del profesorado en los Estados Unidos. Esta categoría marginal se pone en parte de manifiesto por la falta general de ejemplos de programas de formación del profesorado que traduzcan las propuestas conceptuales a componentes programáticos viables o a estrategias docentes. En algunas de las propuestas más destacadas (por ejemplo: GI-

ROUX y MCLAREN, 1987; SHOR, 1987 y GINSBURG, 1988), por ejemplo, no aparece referencia alguna a ejemplos programáticos de las propuestas de los autores. Este carácter marginal de la tradición reconstruccionista social en la formación del profesorado en los Estados Unidos se ha mantenido durante la mayor parte del siglo XX. Según KLIEBARD (1986), las ideas reconstruccionistas sociales de COUNTS y sus contemporáneos suscitaron la animosidad tanto de la izquierda política como de la derecha, sin llegar a tener gran influencia en la práctica de las escuelas. CREMIN (1988) está de acuerdo con este punto de vista y caracteriza el discurso reconstruccionista social como discusión académica carente de influencia fuera de su propio círculo, incluida la corriente principal de formación del profesorado en los Estados Unidos. El carácter marginal de las propuestas reconstruccionistas sociales respecto a la formación del profesorado en los Estados Unidos constituye una de las cuestiones más críticas de las que ha de ocuparse este grupo de formadores de profesores con ideas de reforma.

Conclusión

Creemos que las cuatro tradiciones de reforma descritas en este capítulo pueden servir como paradigmas para aclarar algunas semejanzas y diferencias entre las ideas y prácticas vigentes en la formación del profesorado que, en algunos casos, pueden parecer superficiales. Los programas de formación del profesorado, así como las propuestas para la reforma de la misma, reflejan pautas concretas que recuerdan unas u otras de estas tradiciones[27].

Nuestras propias propuestas para la formación de los profesores en los Estados Unidos (que presentaremos al comenzar el Capítulo II) representan un esfuerzo para situar las perspectivas reconstruccionistas sociales en un lugar más destacado en el discurso sobre la formación del profesorado. Aunque en la última década se ha debatido mucho la reforma de la formación del profesorado en los Estados Unidos, sólo una proporción muy pequeña de ese debate ha versado sobre el contexto social de la escolarización en una sociedad democrática, y mucho menos sobre las transformaciones sociales necesarias para que se convirtiera en realidad la educación de gran calidad para todos los niños.

No nos hemos propuesto convertir a los formadores de profesores ni a sus alumnos a ningún conjunto concreto de ideas y prácticas educativas o a nuestro particular punto de vista respecto a un orden social más justo y equitativo, pero reconocemos la naturaleza intrínsecamente política de los

---

[27]No quiere decir esto que los programas de formación del profesorado o las propuestas de reforma representen ejemplos "puros" de cualquiera de las tradiciones. Con la excepción de unos pocos pequeños programas temáticos de formación del profesorado que existen en diversas partes del país, los programas de formación de profesores reflejan en mayor o menor grado una mezcla de las tradiciones de reforma. Véase el análisis del lema "enseñanza reflexiva" en relación con las cuatro tradiciones de reforma en ZEICHNER y TABACHNICK (1991).

programas de formación del profesorado y sostenemos que es esencial que la formación de los docentes en los Estados Unidos contribuya a la construcción de una sociedad más humana y justa. Esto exige una nueva resolución de aquellos para preparar a profesores comprometidos en la enseñanza en aquellas escuelas urbanas y rurales en donde son mayores los problemas de desigualdad. Debe producirse un compromiso para preparar docentes que, con independencia de lo que enseñen, se dediquen a la realización de una educación de máxima calidad para todos los niños y que reconozcan la importancia y el valor de las diversas culturas y tradiciones que configuran nuestra nación.

En el capítulo siguiente, comenzamos presentando nuestros argumentos para resaltar la importancia de iniciar y mantener un proceso de deliberación moral en nuestros programas de formación de profesores, de manera que los futuros profesionales se hagan más conscientes de la moral y de las dimensiones éticas de su trabajo y sean capaces de articular ambas. Aunque no podemos (ni queremos) controlar de ninguna manera la forma de actuar que escojan como docentes y como ciudadanos, podemos crear en nuestros programas de formación del profesorado situaciones educativas que reflejen nuestro compromiso con determinados valores, como la justicia social, en vez del beneficio personal; con la educación y no con el adoctrinamiento, y con la atención y la compasión y no con la racionalidad a secas. Debemos llamar la atención de nuestros estudiantes sobre determinadas cuestiones relativas a la injusticia educativa y pedirles que consideren y evalúen su trabajo sobre la base de su calidad moral y ética y no sólo respecto a su perfección técnica. Si como formadores de profesores podemos hacer algo para despertar la conciencia social de los futuros docentes y proporcionarles posibilidades alternativas y concretas para realizar el objetivo de una educación de elevada calidad para todos los niños, habremos conseguido mucho. Aunque la formación del profesorado no puede por sí sola crear una sociedad mejor, puede cooperar en la lucha para hacerla realidad.

Al organizar nuestro plan de orientación reconstruccionista social para la formación del profesorado en los Estados Unidos, no decimos que carezcan de importancia para los programas de formación del profesorado los aspectos prioritarios señalados en las demás tradiciones de reforma (por ejemplo, el conocimiento que los docentes tengan de las materias y su capacidad para transmitir ese conocimiento a sus alumnos de manera que promueva la comprensión; una educación liberal que impulse a los alumnos a convertirse en participantes activos en los procesos de deliberación democrática en la sociedad; la "base de conocimientos" sobre la enseñanza elaborada a través de la investigación, y la "base de conocimientos" sobre el aprendizaje y el desarrollo tanto de los docentes como de sus alumnos, generada también mediante la investigación). Y, por supuesto, no nos oponemos al rigor académico ni a la competencia técnica en la medida en que ese rigor no excluya la atención y la compasión hacia los menos favorecidos en nuestra sociedad democrática y en la medida en que ese rigor amplíe nuestra visión del mundo, trascendiendo las visiones limitadas al mundo blanco, masculino y occidental que ha predominado durante mucho tiempo en la formación del profesorado. Nos preocupan profundamente la formación académica, la competencia técnica y una escolarización adecuada desde el punto de vista evolutivo, pero queremos ver los beneficios de esta escolarización compartida por todos.

En el próximo capítulo, presentaremos lo que creemos debe constituir el objetivo fundamental de un programa de formación del profesorado. En pocas palabras, sostenemos que los futuros docentes deben recibir una formación que les permita discernir buenas razones que avalen sus acciones educativas. Este tipo de deliberación, este dar razones, depende de las distintas concepciones del rol del profesor y de la actividad docente. Afirmamos, asimismo, que sólo en la tradición reconstruccionista social las creencias sociales y políticas de los profesores y su conocimiento del contexto social de la escolarización ocupan un lugar destacado en las deliberaciones acerca de lo que constituyen buenas razones para la acción educativa.

CAPÍTULO II

Los objetivos de la formación del profesorado

Introducción

Con frecuencia surgen quejas acerca de que los programas de formación de profesores carecen de un conjunto de objetivos y propósitos formulados con claridad, consistiendo en una colección de trabajos de clase sin relación entre sí y de trabajos de campo desconectados, que se traducen en un entrenamiento fortuito y no en la formación reflexiva de los futuros docentes. Es raro que se haga un seguimiento de las declaraciones sobre la misión de las facultades de educación. Los objetivos y propósitos institucionales se limitan al ámbito formal y la situación no tiene visos de cambiar. A veces, da la sensación de que existe una lógica institucional inexorable que se opone a la orientación hacia un fin y que los participantes en ella no han meditado de manera adecuada sobre los objetivos de la formación del profesorado. Otras veces, parece que las administraciones estatales y los organismos nacionales encargados de la expedición de títulos limitan gravemente las posibilidades de los formadores de profesores[1]. En pocas palabras, parece que existen fuerzas, tanto en el seno de las instituciones de educación superior como fuera de ellas, que pretenden arruinar el proceso. En este capítulo, comenzamos a señalar y elaborar un conjunto de objetivos que merece la pena defender. Nuestros objetivos están pensados para dar mayor sentido al proceso educativo profesional y para sentar las bases de la posterior reforma de la formación del profesorado de manera coherente con el plan reconstruccionista social. Esperamos que nuestros argumentos y observaciones estimulen a los formadores de profesores y a los futuros profesionales a examinar, aclarar y organizar sus propios puntos de vista y

---

[1]Véanse CLIFFORD y GUTHRIE (1988) y en POWELL (1980) las revisiones históricas del contexto institucional de la formación del profesorado.

creencias respecto a la educación y a examinar y someter a escrutinio el contexto social de la escolarización y de la formación del profesorado.

En el capítulo anterior, indicamos que los programas reconstruccionistas sociales de formación del profesorado han procurado:

> preparar individuos que tomen parte de manera inteligente en la gestión de las condiciones en las que viven para que consigan comprender las fuerzas que las mueven y para equiparlos con las herramientas intelectuales y prácticas a través de las cuales puedan participar en la dirección de tales fuerzas. (KILPATRICK, 1933, pág. 71)

En trabajos ya publicados, centramos nuestros análisis en las concepciones de la enseñanza reflexiva y de la formación reflexiva del profesorado, tratando de orientar y justificar nuestro trabajo en la formación de docentes. Nos ha parecido siempre que nuestros esfuerzos para elaborar, justificar y construir programas reflexivos de formación de profesores eran coherentes con el espíritu y continuadores de estos primitivos intentos reconstruccionistas. Pero, dadas las discusiones de los últimos años, es evidente que la postura reflexiva en la formación del profesorado ha llegado a utilizarse de manera tan generalizada por profesionales y teóricos tan diversos que, en la actualidad, el término carece de lo que, para nosotros, ha sido siempre una orientación social y política muy consciente. Queremos renovar el interés "social" que KILPATRICK y otros le concedieron[2]. Nuestro objetivo supremo consiste en capacitar a los futuros docentes para que adquieran una adecuada orientación social y educativa y, reiterando la preocupación de KILPATRICK y cols., desarrollen el "celo por el perfeccionamiento de nuestra civilización común" (1933, pág. 270).

Por desgracia, el discurso de los formadores de profesores ha ido haciéndose más confuso cuando términos como "refuerzo", "reflexión" y "crítico" se intercambian, sin que medien a veces muchas indicaciones explícitas de las perspectivas y compromisos que a ellos subyacen[3]. En último término, parece que el sentido de la formación del profesorado consiste en que todo vale, en la medida en que los profesores "reflexionen" sobre sus acciones y propósitos. Cuando ocurre esto, las recomendaciones a favor de una mayor reflexión carecen de fundamento, o sea, les falta una base sustancial para discernir cuáles son las razones adecuadas de las acciones educativas. Como los profesores son (y creemos que deben ser) responsables de las decisiones y acciones clave dentro del aula, es importante que los futuros docentes comiencen a considerar en qué consiste una buena razón para una acción educativa eficaz.

Con frecuencia, los profesores tienen que hacer frente a situaciones con-

---

[2]También queremos reconocer y rectificar la falta de atención prestada por los primeros reconstruccionistas sociales a la dinámica del género.

[3]Quizá en el pasado no hayamos sido tan explícitos como deberíamos. En ZEICHNER y LISTON (1987a) puede consultarse un intento anterior de identificar la perspectiva y los compromisos subyacentes a nuestro propio enfoque.

flictivas en las que no están claras las acciones u opciones que adoptar. En realidad, el aula puede describirse con bastante exactitud como un punto en el que confluyen numerosos conflictos que se centran a veces en las opciones docentes, el desarrollo del *curriculum*, las directrices administrativas, las preocupaciones de los padres, las diferencias culturales y las desigualdades socioeconómicas. Para que los profesores puedan afrontar estos conflictos sin basarse ciegamente en la autoridad ni en intereses especiales, han de ser capaces de discernir las razones adecuadas de sus acciones educativas. Sólo el reconstruccionista social presta mucha atención a las razones, la formación de propósitos y a examinar cómo afectan los contextos institucional, social y político a la formación de tales propósitos o al enmarcamiento de las razones[4]. En realidad sólo el enfoque reconstruccionista social trata de situar la acción educativa en un contexto social y político más amplio.

Creemos que la formación del profesorado debe aspirar directamente a educar a docentes capaces de identificar y organizar sus propósitos, de escoger las estrategias pedagógicas o los medios adecuados, que conozcan y comprendan los contenidos que deben enseñar, que comprendan las experiencias sociales y las orientaciones cognitivas de sus alumnos y con quienes pueda contarse para dar buenas razones de sus acciones. Estas justificaciones deben tener en cuenta la actividad docente, las comunidades más amplias de educadores y una comprensión mayor del contexto social y político de la escolarización. Es más, ese razonamiento debe contar con algún fundamento a partir del cual distinguir las buenas razones de las malas y las mejores de las peores, respecto a determinadas acciones educativas. Pero, antes de que el objetivo de "dar razones" pueda considerarse creíble o, incluso, justificable, debe establecerse algún contexto o criterio que nos permita distinguir qué razones son buenas y qué acciones son eficaces[5]. Aunque no creemos que exista un único conjunto inmutable de normas, nos parece que puede elaborarse un marco que proporcione una base más sustancial que cualquiera otra ahora articulada y antes defendida. No hace mucho, Margret BUCHMANN (1986) y C. J. B. MACMILLAN (1987) trataron de articular un fundamento para distinguir los mejores esquemas educativos racionales de los peores y los buenos de los malos. Centraremos nuestra atención en su exposición.

---

[4]Aunque otros enfoques de corte "reflexivo" pueden estimular a los futuros profesores a que examinen sus razones y objetivos, sólo el plan de reforma reconstruccionista social presta una atención adecuada a la inspección de las razones y propósitos y al contexto institucional, social y político.

[5]Algunos críticos podrían decir que el objetivo de dar razones separa la razón de la emoción y el pensamiento del sentimiento. No aceptamos la oposición dicotómica entre razón y emoción. En el Capítulo IV tratamos esta cuestión con mayor detenimiento.

Las razones en la enseñanza

En *Role over Person: Morality and Authenticity in Teaching*, Margret BUCHMANN (1986) afirma que las acciones de los profesores se fundan en la elección, y que el fundamento racional de esa elección no puede basarse sólo en razones personales. Respondiendo a la pregunta de en qué consisten las buenas razones en la enseñanza, BUCHMANN dice que las razones personales deben subordinarse a las normas externas. Sostiene que la justificación de la enseñanza requiere la existencia de una comunidad profesional, comunidad que fije normas y señale las obligaciones propias del rol de profesor en cuanto miembro de esa comunidad. En realidad, afirma que el papel del docente define lo que constituye buenas razones en la enseñanza. BUCHMANN profundiza en este aspecto indicando algunas limitaciones del rol más y menos inmediatas. Sostiene que, en un sentido inmediato, el rol docente obliga a los profesores a interesarse por el aprendizaje de los alumnos y a transmitirles conocimientos fiables. Dice que "la consideración de los estudiantes en cuanto aprendices subyace a las obligaciones características de los profesores, y la orientación del rol en la enseñanza supone, por definición, interesarse por el aprendizaje del alumno. Por tanto, en la medida en que los profesores no son trabajadores sociales, orientadores profesionales ni sólo adultos que cuidan niños, su trabajo se centra en el *curriculum* y presupone el conocimiento de la asignatura correspondiente" (BUCHMANN, 1986, pág. 531). En un sentido menos inmediato, BUCHMANN dice que el rol docente obliga a los profesores a respetar las limitaciones impuestas por las estructuras de las materias. Los docentes no pueden permitirse utilizar cualesquiera métodos, contenidos o procedimientos de organización que les parezcan adecuados. Las estructuras de las materias limitan los posibles modos apropiados de enseñanza y aprendizaje.

BUCHMANN critica la visión personalista generalizada que sostiene que la enseñanza es un asunto personal, en el que han de surgir los esfuerzos creativos y debe predominar el sentido personal. En oposición a este enfoque, comenta que "las decisiones profesionales están vinculadas a la opinión pública en el que están limitadas por hechos y normas, formas ambas de conocimiento público. Dicho de otro modo, la justificación tiene que trascender las propias acciones e inclinaciones particulares de los profesores para tener en cuenta contextos organizados más generales, pertinentes para su trabajo, como las materias de conocimiento, las leyes y las cuestiones sociales" (BUCHMANN, 1986, pág. 533). Para BUCHMANN, la base de una buena razón se encuentra en el rol de profesor que, según esta autora, está definido por la comunidad profesional de educadores.

MACMILLAN (1987) aplaude la insistencia de BUCHMANN en la comunicación de las razones y su crítica de las "justificaciones" estrictamente personales y psicológicas, pero discute su afirmación de que el rol de profesor proporcione el fundamento de la justificación. Afirma, en cambio, que la actividad docente constituye la base fundamental respecto a la que podemos discernir las razones justificadas y de peso. En pocas palabras, dice que la actividad (o la práctica) de la enseñanza es, lógicamente, previa al rol de profesor. Para MACMILLAN, "tanto la ética como la epistemología de la enseñanza dependen de una concepción clara de la misma, con independencia de aquellos medios [institucional y profesional]... las actividades docentes son lógicamente antecedentes al rol de profesor" (MACMILLAN, 1987, pág. 366). MACMILLAN cree que BUCHMANN se equivoca. Según MACMILLAN, los fundamentos educativos racionales no deben basarse sólo en la comprensión del rol del profesor, tal como lo defina la comunidad de profesores, sino fundamentarse, en primer lugar, en la actividad docente. Dice MACMILLAN que "en esto, lo importante es que la misma idea de enseñanza exige una ética de la enseñanza, así como los límites de las actividades que lleva consigo, completamente distantes de cualquier contexto social o institucional. En vez de referirse a un puesto en el seno de una comunidad, forman parte necesariamente de la docencia, sin tener en cuenta su contexto social. Cuando enseñamos, abrazamos de forma personal estos límites y esta ética, aparte de cualquier decisión que se adopte respecto al rol social del profesor" (MACMILLAN, 1987, pág. 367).

Al final, MACMILLAN admite que, aunque la ética de la enseñanza se defina en principio por la actividad docente, el desarrollo posterior de esta ética "quizá dependa de que exista una comunidad de personas comprometidas" (MACMILLAN, 1987, pág. 370). Pero añade en seguida que las actividades docentes son antecedentes, desde el punto de vista lógico, respecto al rol de los profesores definido por la comunidad de los mismos. Las consecuencias de este debate trascienden el ámbito de la formación del profesorado; también afectan al núcleo central de lo que creemos debe ser la formación de los profesores. Con respecto a la pregunta central: ¿cuál es el fundamento de una buena razón en la deliberación educativa?, BUCHMANN responde que lleva consigo una clara comprensión del rol del docente en el seno de la comunidad profesional; MACMILLAN dice que supone la profunda comprensión de la actividad docente, con independencia del contexto social general.

En efecto, creemos que la actividad docente limita y orienta sobre los fundamentos racionales de la enseñanza. Como afirma MACMILLAN, en la enseñanza esperamos que la verdad constituya un valor central porque es el tipo de actividad que descansa sobre las virtudes de la honradez y la confianza. Honradez y confianza son inherentes a la actividad docente, con independencia del contexto o del tiempo. Si encontrásemos, como dice MACMILLAN, una sociedad en la que se considerase aceptable la mentira en la enseñanza, nuestra crítica de las prácticas educativas de esa sociedad tendrían fundamento (MACMILLAN, 1987, pág. 369). La enseñanza es también una actividad en la que deben predominar unas relaciones justas. Si un profesor actúa con dureza contra un alumno por capricho o por alguna distracción externa, parece que constituiría una ruptura de la relación educativa. La sensación de ruptura proviene de nuestra convicción de que la actividad docente y las relaciones que esa actividad lleva consigo requieren la justicia y la equidad entre los participantes. Ahora bien, aunque la mayoría estará de acuerdo en que la actividad docente supone unas relaciones de confianza, honradez y justicia, el profesor ha de tomar muchas decisiones que no se resuelven con tanta "facilidad". Es decir, la actividad docente sólo proporciona una base mínima para valorar y orientar las opciones educativas. La actividad de eseñanza, en cuanto tal, no tiene en cuenta las pertinentes características contextuales de la docencia. Por ejemplo, como señalamos antes, parece exigir unas relaciones de justicia. Pero, en una situación docente en la que se transmite el saber, no siempre queda claro qué justicia (como equidad) hace falta. Por ejemplo, cuando los alumnos se agrupan de acuerdo con su "capacidad evaluada", ¿exije la "justicia" que el profesor emplee más tiempo lectivo con los grupos "inferiores" y, por tanto, menos tiempo con otros grupos en un área específica de destreza o de contenidos? ¿Debe el profesor equilibrar las áreas de contenido, concediendo más tiempo al grupo inferior en un área y dando a los otros grupos la oportunidad de desarrollar actividades de profundización en otra? ¿Debe el docente cuestionar la justicia de un esquema de agrupación basado en la "capacidad evaluada" y la fórmula docente del pequeño grupo? En este ejemplo, no queda claro qué actividad educativa contaría con buenas razones. Parece que debemos ampliar la base trascendiendo la mera actividad docente.

Más adelante, MACMILLAN se muestra de acuerdo con BUCHMANN en que el rol de profesor, como lo define la comunidad profesional, constituye una base sobre la que puede desarrollarse la deliberación. Pero BUCHMANN hace de esta tesis su argumento central, mientras que MACMILLAN la utiliza como complemento de su tesis de la actividad. Sin embargo, ambos están de acuerdo en que el rol del profesor amplía la base de la deliberación y que la idea de rol depende conceptual y pragmáticamente de nuestra comprensión de la correspondiente comunidad. Ambos parecen compartir también la visión de que la comunidad pertinente es la comunidad "profesional" de docentes y que esa comunidad es, en su interior, coherente y cohesiva, al menos en la medida en que puede informarnos respecto a estas cuestiones cruciales.

Aunque parece que, en cierto sentido, existe una comunidad "profesional", dudamos que sea lo bastante coherente y cohesiva para fundamentar en grado suficiente el rol de profesor o la actividad que denominamos enseñanza. La idea unitaria de comunidad profesional pasa por alto las profundas divisiones que existen en su seno. Los educadores conservadores, progresistas y radicales comparten ciertas perspectivas sobre la enseñanza y, a veces, sobre el rol del profesor; no obstante, sus puntos de vista educativos difieren en sentidos importantes y significativos[6]. Creemos que una idea de comunidad pertinente diferenciada de un modo más adecuado constituiría

---

[6]Quizá no sea del todo exacta la caracterización de los educadores como conservadores, progresistas o radicales. La mayoría de los educadores y de los profesores, mantienen creencias en las que entran elementos de las tres tradiciones educativas. Pero puede señalarse alguna tendencia dominante en la mayoría de ellos. Creemos que estas tres caracterizaciones (conservadora, progresista y radical) representan un heurístico útil. Lo estudiaremos con mayor detenimiento más adelante.

un fundamento más seguro para que los futuros profesores comprendiesen mejor el proceso educativo. Lo que denominamos educación no es una actividad monolítica y parece que existen diversas concepciones razonables y distintas de los roles de profesor y de alumno. Si pedimos a los estudiantes que den buenas razones respecto a las acciones educativas y prevemos que sus razonamientos pongan de manifiesto la comprensión de la actividad y del papel de la enseñanza, hemos de tener presentes las distintas formas en que diferentes e importantes tradiciones educativas, comunidades o ambas han definido estos roles y la actividad docente. En efecto, nuestra comprensión del papel del profesor y de la actividad docente depende conceptualmente de comunidades concretas. Por tanto, parece que, para que la formación del profesorado se oriente a la formulación de buenas razones para la acción educativa, los formadores de los profesores deberemos capacitar a los futuros educadores para que articulen buenas razones basadas en la comprensión de la enseñanza y de los roles docentes, como los definen las distintas tradiciones educativas establecidas, y formuladas de acuerdo con ella.

Robin LOVIN (1988), en su artículo: *The School and the Articulation of Values,* realiza algo parecido (en el ámbito de la deliberación moral). Indica allí que un sentimentalismo moral muy extendido impide la posibilidad de efectuar valoraciones razonables de las afirmaciones morales o de dar razones de peso respecto a acciones concretas. LOVIN cita a Alasdair MACINTYRE (1984) cuando presenta uno de los obstáculos fundamentales para un enfoque razonable de la deliberación moral:

> El sentimentalismo es la doctrina según la cual todos los juicios de valor y, de modo más específico, todos los juicios morales no son sino expresiones de preferencias, expresiones de actitudes o sentimientos, en la medida en que son de carácter moral o de valor. (MACINTYRE, 1984, págs. 11-12)

De acuerdo con esta perspectiva sentimentalista —explica MACINTYRE— "los juicios sobre lo concreto son verdaderos o falsos y en el ámbito de lo concreto hay criterios racionales por medio de los cuales podemos llegar a un acuerdo de lo que es verdadero y lo que es falso. Pero los juicios morales, que son expresiones de actitudes o sentimientos, no son ni verdaderos ni falsos; y al acuerdo en el juicio moral no puede llegarse por ningún método racional, porque no existe ninguno" (MACINTYRE, 1984, pág. 12). En contraste con este punto de vista sentimentalista, LOVIN indica que es posible emitir afirmaciones de valor mediante la deliberación racional. Dice que la racionalidad de las afirmaciones de valor no es una cuestión estrictamente deductiva cuyos únicos criterios sean la claridad y la coherencia, sino que

> ... la comprensión de la racionalidad de las afirmaciones de valor requiere prestar atención a los contextos en los que se formulan y valoran. Un aspecto importante de la crítica de MACINTYRE contra el sentimentalismo es su interés por las comunidades y prácticas que dan lugar a los valores. La consideración de los valores como simples productos de la experiencia individual y expresiones de las opciones personales es inadecuada, desde el punto de vista descriptivo, pero

—más importante aún— la relación entre los valores de un individuo y las formas de pensar que caracterizan las comunidades en las que él o ella participa proporciona un punto de partida desde el cual es posible la evaluación crítica de los valores. (Lovin, 1988, pág. 148)

Más adelante, dice que:

organizarse respecto a los propios valores significa ser capaz de situarlos en estas tradiciones y sistemas de creencias y de explorar las consecuencias que estos contextos generales tienen sobre la forma de aplicar y practicar dichos valores. Organizarse en este sentido significa también comprender cuál de los diversos sistemas que pueden apoyar una postura específica de valor es decisivo para la propia afirmación del valor y ser capaz de explicar cómo se relaciona esa tradición tanto con las demás que confirman, por distintas razones, ese mismo valor, como con las que lo niegan. (Lovin, 1988, pág. 151)

Afirmamos antes que el dar buenas razones respecto a la acción educativa requería la comprensión de la actividad docente y del rol del profesor. Asimismo, dijimos que la comunidad pertinente, la tradición concreta de pensamiento educativo, define de manera importante el rol del profesor. Esto nos lleva a afirmar que el dar razones depende, de forma significativa, del contexto, de la particular tradición o comunidad en la que se sitúa el discurso. También significa que la formación de los profesores debe capacitar a los futuros docentes para que elaboren fundamentos racionales y justificaciones para las acciones educativas que sean a la vez sinceras y coherentes con las grandes tradiciones educativas. En realidad, afirmamos que la formación del profesorado debe aspirar a la organización de los valores y prácticas propios de la labor educativa. Como parte de esa organización, deben presentarse a los alumnos las tradiciones fundamentales del pensamiento y la práctica educativos y, como consecuencia de sus experiencias académicas y de campo, ellos elaborarán poco a poco sus posturas en relación con esas tradiciones.

A este respecto, hay una serie de cuestiones que parecen pertinentes para nuestra exposición. *En primer lugar,* podemos preguntarnos si existen en realidad tradiciones educativas significativas y diferentes. Y, si pueden identificarse esas tradiciones, podemos plantearnos si el utilizar esas tradiciones como fundamento y contexto en el que formular buenas razones nos sume en un pernicioso relativismo, en el que acabaríamos oponiendo una tradición a otra, dejándonos pocas esperanzas de encontrar un sentido fundamentado y justificable. Desde otra perspectiva muy distinta, podríamos plantearnos también si el utilizar las "tradiciones educativas" nos compromete a buscar el fundamento racional último, depuradísimo y básico de la educación. *En segundo lugar,* parece razonable suscitar cuestiones sobre la relación entre las creencias iniciales del futuro profesor respecto a la educación y las grandes tradiciones del pensamiento y la práctica educativos. ¿El objetivo de la organización supone el examen crítico de las propias creencias del futuro profesor, el de los fundamentos centrales de esa tradición o ambos? Trataremos estas cuestiones en el siguiente apartado.

Tradiciones educativas

Hemos utilizado hasta aquí el concepto de tradición en sentido muy amplio. Estableceremos lo que queremos significar mediante este término y cómo pretendemos emplearlo. A modo de primera aproximación, parece que las tradiciones educativas consisten en cuerpos intergeneracionales de pensamiento y de práctica relacionados y vinculados con determinados objetivos y valores educativos. Con demasiada frecuencia suelen considerarse las tradiciones como cuerpos inertes e internamente confluyentes de ideas y prácticas. No es ésa nuestra postura. Sostenemos, en cambio, que una tradición está marcada por la preocupación por determinados bienes valiosos y por el intento de alcanzarlos y que, dentro de una tradición concreta existe con frecuencia un conjunto central de creencias en torno al cual se suscitan considerables desacuerdos. En general, concordamos con el uso que da a la palabra Alasdair MacIntyre (1984) cuando afirma que "una tradición viva... constituye un argumento con una carga histórica y vigente en la sociedad, que, en parte, versa precisamente sobre los bienes que constituyen esa tradición. Dentro de una tradición, la búsqueda de los bienes se extiende a través de generaciones y, a veces, de muchas generaciones. Por tanto, la búsqueda del individuo de su propio bien se lleva a cabo, por regla general y de manera característica, en un contexto definido por esas tradiciones de las que la vida del sujeto forma parte, y esto es cierto tanto en relación con los bienes intrínsecos a las prácticas como con los bienes de una vida singular" (MacIntyre, 1984, pág. 222).

En los estudios educativos, no sólo es posible discernir una serie de tradiciones, sino también diversas maneras de formular tradiciones educativas identificables. En el capítulo anterior, señalamos cuatro tradiciones principales de reforma en la formulación del profesorado de los Estados Unidos: la académica, la de eficacia social, la desarrollista y la reconstruccionista social. En ese capítulo las tradiciones de reforma son presentadas con una cierta riqueza histórica y de un modo empíricamente descriptivo. Creemos que esta manera de examinar las tradiciones de reforma no sólo es precisa, sino que tiene sentido también para los formadores de profesores, los propios docentes y los universitarios informados mediante las prácticas y fundamentos de diversos programas de formación de profesores. Esperamos, asimismo, que nuestro análisis capacite a los formadores de profesores, docentes y universitarios para organizar su propia opinión respecto a lo valioso y fiable de las diversas tradiciones de reforma de la formación del profesorado en los Estados Unidos.

Para los futuros profesores, creemos que es, en principio, más útil un enfoque menos descriptivo, en sentido histórico, y de corte más conceptual. Cuando hablamos de que los futuros docentes han de conocer las diversas formas de estructurar el rol de profesor y la actividad docente, según las distintas tradiciones, es conveniente una formulación algo distinta. Con el fin de que los estudiantes adquieran una comprensión conceptual más clara y coherente de los distintos modos de estructurar la educación y de ayudarles

© Ediciones Morata, S.L.

a organizar sus propios puntos de vista preferidos y susceptibles de defensa, hemos identificado tres grandes tradiciones educativas: conservadora, progresista y radical. Estas tres tradiciones sirven como constructores paradigmáticos y, como tales, constituyen una forma de facilitar a los estudiantes la distinción entre puntos de vista conceptualmente diferentes respecto al rol del profesor y a la actividad educativa.

Entre nuestros dos "conjuntos" de tradiciones existe cierta correspondencia: el tipo de correspondencia que podríamos prever entre una elaboración conceptual y una descripción histórica. En líneas generales, la tradición conservadora corresponde al plan académico de reforma, la tradición radical se vincula al movimiento reconstruccionista social de reforma y la tradición progresista corresponde tanto al movimiento desarrollista como al de eficacia social de reforma. En su momento esperamos que los futuros profesores puedan pasar de una organización conceptual de sus propios puntos de vista, formulados en relación con las tres tradiciones, a una inspección del sentido más sutil, en clave histórica, de las tradiciones educativas, y viceversa, y avanzar después hacia un examen de los conceptos y valores. Pero, para nuestros fines, las tres tradiciones parecen representar, en principio, los constructos más útiles.

Dado que hemos afirmado que las diferentes tradiciones educativas presentan distintos puntos de vista sobre la actividad pedagógica y sobre el rol del profesor, resumiremos brevemente los aspectos clave de cada tradición. No obstante, el lector debe tener presente que éstas representan constructos paradigmáticos cuyo fin consiste en facilitar un contexto para las diferentes orientaciones educativas y la elaboración de las mismas. No pretendemos convertirlas en descripciones conceptuales o empíricas completas.

En los últimos años, Paul HIRST (1965), Alan BLOOM (1987) y E. D. HIRSCH (1988) han elaborado las líneas centrales de lo que hemos denominado tradición conservadora. Estos autores continúan el trabajo de otros más antiguos como Robert HUTCHINS (1947) y Arthur BESTOR (1955). La tradición conservadora del pensamiento educativo está sobre todo relacionada con la conservación de la herencia cultural y científica de la civilización occidental. Para muchos, nuestra herencia establecida representa un vasto cuerpo de logros y conocimientos nunca superado y sin precedentes en la historia de la humanidad. Su preocupación consiste sobre todo en la capacidad de la educación para comunicar o transmitir esta herencia o para iniciar a los alumnos en las formas de conocimiento (disciplinas) que representan nuestra herencia característica. Esencialmente, parece que los conservadores consideran el proceso educativo como medio de transmisión cultural. El rol del profesor consiste en transmitir este conocimiento, la información o las diversas formas de investigación a los estudiantes, de manera que puedan convertirse en seres humanos más plenamente racionales, morales o ambas cosas. Cuando los futuros profesores examinan los escritos de Robert HUTCHINS (1947), Paul HIRST (1965) o E. D. HIRSCH (1988), es posible que descubran sus comunes preocupaciones, así como los aspectos a los que cada uno otorga mayor importancia. Todos ellos pretenden que los estudiantes aumenten su capacidad de razonamiento; los tres piensan que el rol del profesor consiste en facilitar ese aumento de la capacidad de razonar de los alumnos, y todos creen que este proceso educativo requiere disciplina y esfuerzo, tanto del estudiante como del profesor.

Pero, cuando comparamos a HIRSCH y a HIRST, aparecen intereses y preocupaciones característicos. HIRST (1965) presenta un fundamento racional para la introducción de los estudiantes a las distintas formas de conocimiento, mientras que a HIRSCH (1988) le preocupa más restablecer la herencia cultural común a todos los "norteamericanos". Cuando los futuros profesores de educación primaria y los estudiantes universitarios leen a HIRSCH, aprecian su interés por el "conocimiento canónico" compartido con el objetivo de la alfabetización cultural para todos[7]. Pueden leer justificaciones de los métodos pedagógicos de ejercicios y memorización al pie de la letra. Y empiezan a pensar en voz alta sobre si tenemos o queremos este conocimiento canónico compartido, qué supondría crear ese interés en nuestras escuelas públicas, si este énfasis en una base cultural común acarrearía mayores inconvenientes a quienes ya están "en desventaja" y si un enfoque memorístico de la alfabetización cultural constituye aprendizaje. Algunos estudiantes encuentran atractivo el reclamo de la alfabetización cultural de HIRSCH, tomando argumentos de este autor para apoyar sus afirmaciones. Otros estudiantes sostienen que el programa de HIRSCH no puede defenderse en la práctica y es indeseable, desde el punto de vista político. Para estos estudiantes, no existe una cultura común y temen que su construcción con fines educativos conduciría a una clase de imperialismo cultural. Es obvio que éstas no son las únicas cuestiones o problemas que pueden suscitarse, pero sí ponen rotundamente de manifiesto los problemas y cuestiones fundamentales de la tradición conservadora. Los estudiantes encuentran que estas discusiones fortalecen y perturban al mismo tiempo. Las discusiones aclaran otros aspectos de la tradición conservadora y permiten que los estudiantes empiecen a situarse en parte a favor y en parte en contra de este cuerpo de preocupaciones y prácticas educativas.

Sin duda, John DEWEY (1902, 1916 y 1938) es una de las voces principales, si no la principal, de la tradición progresista. Pero también podríamos mencionar una serie de educadores antiguos y actuales como Boyd BODE (1938), Lucy Sprague MITCHELL (1931), John CHILDS (1956), Vito PERRONE (1989) y Vivian Gussin PALEY (1981). Para quienes se sitúan en la tradición progresista, el objetivo central de la educación consiste en que los estudiantes se conviertan en investigadores competentes, capaces de reflexionar y examinar críticamente su mundo cotidiano y participar en una reconstrucción continua de su experiencia. Escribía DEWEY que la educación consiste en:

---

[7]Uno de nosotros (LISTON) ha utilizado el enfoque de tradición-articulación en un curso para futuros profesores y estudiantes interesados de niveles universitarios y *master (Philosophies of Education 1985-1990, Washington State University in St. Louis)*. Las referencias a las reacciones de los estudiantes están tomadas de ese curso.

la reconstrucción o reorganización de la experiencia que se añade al significado de la misma y que aumenta la capacidad para dirigir el curso de la experiencia posterior. (DEWEY, 1916, pág. 89)

Para lograr este objetivo progresista, se añaden algunos supuestos más. *En primer lugar,* se cree que los estudiantes se convierten en investigadores competentes cuando se centran en problemas basados en su experiencia. Para el progresista comprometido, no hay que suministrar información unidimensional a los estudiantes ni hacer que se ejerciten en una forma de pensamiento. Su investigación, en cambio, debe surgir a partir de sus "intereses". *En segundo lugar,* los estudiantes tienen que llegar a dominar la asignatura que tengan que aprender como consecuencia de sus investigaciones. En el transcurso del proceso de solución de problemas, necesitarán conocimientos de la materia y, utilizando la asignatura para resolver los problemas, los estudiantes llegan a dominar el contenido que deben aprender. Desde el punto de vista pedagógico, el rol del profesor consiste en estructurar la situación educativa de manera que el alumno se ocupe de problemas concretos, desarrolle la disposición a investigar y tenga necesidad de buscar más información. En pocas palabras, el rol del profesor progresista consiste en construir situaciones educativas en las que el alumno necesite saber para resolver problemas y para asegurar que los conocimientos y la información necesarios están a su disposición. Cuando los estudiantes empiezan a estudiar *Experience and Education,* de DEWEY (1938), cuestionan el rol de un ambiente democrático en la organización de la clase, la idea de los intereses les parece llamativa aunque difícil de comprender y se preguntan si el profesor puede ser tan neutral como a veces lo presentan los progresistas. A muchos estudiantes, la visión que DEWEY tiene del niño les parece atractiva y su recomendación de "psicologizar" las asignaturas y sus relatos de la escuela laboratorio, impresionantes[8]. Para algunos estudiantes, la tradición progresista proporciona el contexto mediante el que pueden organizar y examinar sus propios puntos de vista intuitivos sobre la educación.

Por último, está la tradición radical. Desde el punto de vista histórico, esta perspectiva procede de George COUNTS (1932), Theodore BRAMELD (1955) y Harold RUGG (1931). Más próximos a nosotros, Paulo FREIRE (1974), Jonathan KOZOL (1980), Jane Roland MARTIN (1985), Michael APPLE (1986), Henry GIROUX (1988) y Susan LAIRD (1988) han elaborado y ampliado la tradición educativa radical. Los educadores radicales, en general, sostienen que los hombres y las mujeres pueden ser miembros libres e iguales de una sociedad justa, democrática y asistencial. Su postura de partida suele ser crítica, afirmando que nuestras escuelas públicas no apoyan ni desarrollan estas posibilidades para todos los niños por igual. Los niños pertenecientes a poblaciones minoritarias y a las clases trabajadora o inferior no reciben ense-

---

[8]Los estudiantes leen *The Child and the Curriculum,* de DEWEY (1902), la descripción del *curriculum* de la *Dewey School,* de Herbert KLIEBARD (1986) y la descripción de la visión de los niños del mundo que les rodea, de Vivian Gussin PALEY (1981).

ñanzas de buena calidad o las que reciben no son comparables a las que se dirigen a los niños de las clases medias y alta. Pero —dicen— uno de los roles de la educación consiste en modificar la situación actual. Las escuelas y la enseñanza que imparten, tienen la capacidad de afectar de manera positiva a los individuos y provocar el cambio social. Theodore BRA-MELD decía hace ya unos cuarenta años que la tradición radical está

> informada por la profunda convicción de que nos hallamos en medio de un período revolucionario del que surgirá nada menos que el control del sistema industrial, de los servicios públicos y de los recursos culturales y naturales por y para la gente corriente que, en todas las épocas, ha luchado por una vida de seguridad, decoro y paz para ella y para sus hijos. (BRAMELD, 1947, pág. 452)

Aunque quizá los radicales contemporáneos no sean tan optimistas como algunos de sus exponentes primigenios, muchos creen que nuestra forma democrática de vida y las formas democráticas de escolarización se ven continuamente obstaculizadas por fuerzas internas y externas a la institución docente. Animan a los estudiantes (y nosotros animaremos a los futuros educadores y a los formadores de profesores) a que elaboren y aclaren sus creencias y supuestos sociales y a que examinen de qué formas obstruyen y debilitan nuestro modo democrático de vida determinadas fuerzas sociales. Cuando los futuros profesores leen la bibliografía radical, resaltan y cuestionan lo que les parecen características sectarias del proyecto radical, plantean preguntas sobre la proposición radical de que el conocimiento escolar está relacionado con intereses de clase, raciales y discriminatorios en virtud del género y se preguntan si un enfoque de este estilo puede ser adecuado para las escuelas públicas. Pero muchos estudiantes encuentran también en la tradición radical un apoyo a su sensación de que las escuelas están vinculadas a una estructura social más general, que afecta injustamente al futuro de muchos alumnos de las escuelas públicas. Les parece atractiva la propuesta radical de que los profesores tienen que conocer esas fuerzas, y se plantean si las coaliciones de docentes, padres, administradores y miembros de la comunidad pueden llevar a cabo modificaciones radicales en las escuelas.

Es obvio que estos enfoques constituyen conjuntos diversos de convicciones y prácticas educativas y a nosotros nos proporcionan paradigmas útiles que engloban las distintas tradiciones educativas. Es posible realizar categorizaciones diferentes. Pensamos que dentro de cada una de nuestras tres tradiciones existe el grado preciso de preocupación común respecto a determinados bienes específicos y, como señalamos antes, son necesarias y deseables otras elaboraciones históricamente más perfeccionadas, y más ajustadas, desde el punto de vista empírico. En efecto, dentro de cada tradición existen marcadas diferencias, pero nos da la sensación de que, a pesar de las voces divergentes que surgen en cada una, sí están de acuerdo en un núcleo común de valores compartidos. Por ejemplo, en la tradición radical, los marcos neomarxista y feminista son muy distintos en cuanto a sus categorías conceptuales y centros de interés y, sin embargo, en ambos marcos existe una preocupación máxima por explicar y erradicar la dominación y la opresión arbitrarias, así como una visión liberadora de la educación. Cuando aceptamos la pluralidad de tradiciones, hemos de reconocer las distintas concepciones del rol del profesor y de la actividad docente, lo que está en claro contraste con la idea de una comunidad profesional que trasciende estas concepciones diferentes. Pero la aceptación de esta diversidad no carece de problemas. Algunos objetarán que esta postura ante la diversidad sólo puede llevar a un relativismo pernicioso, situación en la que ninguna tradición puede justificar adecuadamente sus objetivos ni apoyar sus afirmaciones. Según esto, el objetivo de la articulación (que asume la pluralidad y no una única tradición que lo abarque todo) se convierte en relativismo. Esta acusación de relativismo puede formularse de diversos modos. Prestaremos atención a dos de ellos.

Relativismo y fundamentos educativos

Para algunos, la tesis de las tradiciones diferentes, con las ideas a ella asociadas de los distintos roles de profesor y fundamentos educativos, viola la premisa de que los fundamentos racionales dignos de confianza deben remitirse a verdades universales, no sesgadas por el contexto o la tradición. El argumento central al respecto consiste en que las buenas razones lo son con independencia de la tradición o contexto en el que surjan. Los fundamentos educativos y los razonamientos no dependen del lugar que ocupen en una tradición, sino que deben juzgarse en relación con normas universales. Nuestra respuesta consiste en un sí y un no matizados. En nuestra exposición anterior, sostuvimos que los criterios para discernir las buenas razones en la deliberación educativa quedaban determinados en gran medida por la actividad docente y por el rol de profesor. Parece lógico afirmar que ciertas razones basadas en la actividad docente pueden encerrar un valor universal. Por ejemplo, indicamos que la actividad docente exige la honradez. La mentira en la enseñanza es completamente estúpida. Parece que la enseñanza exige la honradez con independencia de cómo se estructure el rol del profesor. En consecuencia, cuando examinamos la actividad docente tenemos razones para afirmar que algunas proposiciones pueden y deben ser universalmente aceptables[9]. Pero decir que toda deliberación educativa tenga que satisfa-

---

[9]SIROTNIK (1990) trata de crear un fundamento moral "universal" y no relativista de la enseñanza y la formación del profesorado mediante un compromiso con la investigación, el conocimiento, la competencia, la atención a las personas y la justicia social. Aunque las tres tradiciones que hemos mencionado reconocen estos "compromisos morales", tenemos que convenir en que presentan interpretaciones diferentes de cada compromiso y hacen evaluaciones distintas del valor comparativo entre cada uno de los mismos. (Por ejemplo, la tradición radical interpreta la justicia social de un modo que suele ser inaceptable para la mayoría de los afiliados a la tradición conservadora. Es más, los radicales, en contraste con los conservadores, hacen hincapié en tratar de hacer triunfar su visión de la justicia social.)

cer criterios universales pasa por alto objetivos y propósitos educativos muy reales y diferentes. Reconocer y aceptar esta diversidad no quiere decir que no podamos comunicarnos con personas pertenecientes a otras tradiciones o que sea imposible compartir determinados objetivos. Significa que los diferentes objetivos, valores y conjuntos de supuestos básicos modifican de manera significativa el campo en el que debe operar la razón. Es más, significa que, cuando las personas difieren respecto a objetivos y valores que orientan la empresa educativa, existen diferencias significativas y estas diferencias no pueden resolverse mediante la simple apelación a un conjunto de criterios universales.

Puede sernos útil un ejemplo. Supongamos que preguntamos a un miembro de cada una de nuestras tradiciones qué preguntas y problemas se suscitan respecto a la cuestión de la selección del *curriculum*. Al responder a la pregunta: ¿qué debo enseñar?, los miembros de cada tradición se moverán en sentidos diferentes, llevados por preocupaciones distintas. En la tradición progresista, las respuestas a las cuestiones sobre el *curriculum* asumen la necesidad de "psicologizar" los cuerpos de conocimientos y reflejar la visión de que el aprendizaje significativo es el resultado de que los alumnos resuelvan problemas. En la tradición conservadora, las respuestas a las preguntas sobre la selección del *curriculum* tienden a dar por supuesta la necesidad de mantener una unidad cultural cohesiva y reflejar el punto de vista de que el aprendizaje es la iniciación a las formas de conocimiento culturalmente establecidas. En la tradición radical, las respuestas a las preguntas sobre la selección del *curriculum* parten de la base de la necesidad de llegar a la praxis, de relacionar el pensamiento con la acción y de que el aprendizaje valioso y fiable se produce mejor cuando se tratan las cuestiones controvertidas y cuando los alumnos contribuyen a influir en el proceso de aprendizaje y participan directamente en él. Dentro de cada tradición surgen preocupaciones muy diferentes porque cada una tiene sus objetivos, propósitos y supuestos básicos. Quien afirme que debe predominar un conjunto de objetivos universales pasará por alto diferencias muy reales. Estas diferencias no suponen la incapacidad de comunicarse con los demás ni, dicho de otro modo, una tesis de inconmensurabilidad entre las tradiciones educativas. Los partidarios de estas diversas tradiciones y los estudiantes que se encuadran en ellas pueden y deben comunicarse con los otros. La claridad, la coherencia y la consistencia son valores intelectuales que pueden y deben asumir todas las tradiciones. Con sentido realista, es probable que nuestras afirmaciones no satisfagan al universalista. Para éste, toda noción de investigación vinculada a una tradición limita el ámbito universal de la razón. Creemos, no obstante, que 1) cualquier afirmación de que un conjunto de objetivos y prácticas educativos tenga una categoría de valor universal necesita justificación y, desde nuestro punto de vista, ninguno puede alcanzar esa categoría, y 2) estas protestas de universalidad pasan por alto las diferencias morales y prácticas que existen entre los profesionales de la educación y los estudiosos.

Otra objeción puede surgir de los miembros de una tradición particular en el sentido de que el objetivo de la articulación invalida la pretensión de preeminencia de su tradición. Como señala LOVIN (1988):

> Para quienes están muy convencidos de que una fe, un sistema político [una tradición educativa] o una herencia cultural posee la verdad, el esfuerzo para identificar sus ideas con las procedentes de otras tradiciones o para situar estas ideas en un marco de pensamiento más amplio supone de por sí el relativismo.
>
> ... Ya adopte esta postura la forma fuerte de la afirmación de que todas las ideas que difieren de la tradición recibida son falsas o la más moderada de que determinadas ideas sólo pueden comprenderse dentro de un compromiso de fe... la afirmación exclusiva de una tradición moral [tachará de] ... "relativista" la articulación de los valores. (Pág. 154)

Esta respuesta no es rara en los partidarios de nuestras tres tradiciones educativas. Los pensadores conservadores, radicales y progresistas hablan con frecuencia de la "corrección" de su propia postura. No es raro oír quejarse a los partidarios de cada tradición de que los alumnos han sido desorientados y mal formados por las demás tradiciones. Los conservadores arremeten contra la orientación antiintelectual de la tradición progresista y desprecian el utopismo y el pensamiento vago de la tradición radical. Los progresistas acusan a los conservadores de tener en cuenta sólo las capacidades intelectuales de los niños impidiendo, por tanto, la participación de los alumnos en el aprendizaje, y critican a los radicales por sus prácticas de adoctrinamiento. Los radicales condenan a los conservadores por su ofuscación ideológica y política elitista y atacan a los progresistas por su visión romántica del niño y la visión liberal de la sociedad. A veces, el lenguaje y los debates tienen una importante carga emocional y un acento acusador. No obstante, defender que a los futuros profesores sólo debe presentárseles una única perspectiva suscita la imagen de una formación muy restringida o sectaria. La postura de sostener que sólo una tradición educativa es la correcta parece extremadamente presuntuosa, proteccionista, aislacionista y mal orientada. En realidad, ninguna de estas tradiciones ha logrado tal categoría y parece erróneo inducir a pensar a los futuros profesores que no ha sido así. Reconocer las diferencias intelectuales y pedagógicas que existen entre estas tradiciones y formar de acuerdo con ello a los futuros profesores no supone un relativismo pernicioso en el que toda afirmación carece de valor. Creemos que, en el contexto de cada tradición, pueden hacerse afirmaciones valiosas y, a veces, éstas pueden ser compartidas por otras tradiciones diferentes. El objetivo de la articulación reconoce estos valores y estimula a los futuros profesores a reconocer las diferencias y a situar sus propias creencias y prácticas en el contexto de estas distintas tradiciones.

Para muchos lectores, nuestra respuesta ante la acusación de relativismo no resultará satisfactoria. Algunos pensarán que hemos sorteado numerosas cuestiones delicadas y otros creerán que, al menos, una cuestión fundamental queda sin respuesta: ¿cómo resolver las diferencias de objetivos, procedimientos y prácticas entre estas tradiciones? Creemos que estas diferencias deben celebrarse, no eliminarse, y tienen que articularse mejor, no reducirse.

Los profesores formados para apreciar esas diferencias y que pueden aceptar la variedad y riqueza de los marcos y prácticas de las distintas tradiciones al tiempo que desarrollan la comprensión de la propia, tendrán (creemos) mayor fortaleza y serán profesores más razonables.

Una base democrática

Será evidente ahora que nuestro objetivo de articulación no pretende justificar un conjunto de objetivos educativos[10]. No apoya un conjunto de objetivos universales ni el preferido, elaborado por *la* tradición "correcta". En realidad, no estamos buscando, ni pidiendo a los futuros profesores que intenten encontrar el fundamento depuradísimo básico o supremo. Ese objetivo, como ya hemos dicho, parece imposible. Pero eso no significa que cualquier práctica o todo fundamento racional sea aceptable. Aunque la búsqueda del fundamento último parezca imposible, desde el punto de vista racional, creemos que hay límites respecto a lo que constituye unos objetivos y fundamentos racionales de la educación en una sociedad democrática. El compromiso con una forma democrática de vida limita los objetivos educativos aceptables. Creemos que el objetivo de la articulación debe reconocer esos límites. Aunque sabemos que distintos individuos han presentado interpretaciones diversas de lo que constituye una educación "democrática", la elaboración de Amy GUTMANN (1987) nos parece persuasiva y justificable. Para GUTMANN una educación democrática cumple tres principios básicos: 1) debe desarrollar en los alumnos un carácter deliberante y democrático; 2) no puede reprimir la deliberación racional, y 3) no puede hacer discriminaciones contra ningún grupo de niños.

El razonamiento de GUTMANN es el siguiente: afirma que, en una democracia, estamos comprometidos a

> recrear colectivamente la sociedad que compartimos. Aunque no nos hayamos comprometido con ningún conjunto de objetivos educativos, sí lo estamos para llegar a un acuerdo sobre los nuestros propios (acuerdo que podría adoptar la forma de justificación de un conjunto distinto de objetivos y autoridades educativos). La esencia de este compromiso fundamental es la reproducción social consciente. Como ciudadanos, aspiramos a un conjunto de prácticas y autoridades educativas de las que pueda decirse lo siguiente: éstas son las prácticas y la autoridad que hemos acordado conscientemente, actuando de forma colectiva como sociedad. De ello se deriva que una sociedad que apoya la reproducción social consciente debe educar a todos los niños educables para que sean capaces de participar en la configuración colectiva de su sociedad. (GUTMANN, 1987, pág. 39)

---

[10]El objetivo de la articulación no consiste en justificar una orientación radical frente a la conservadora o la progesista frente a la radical. Sostiene, en cambio, que el hecho de dar razones constituye un objetivo educativo esencial.

Según GUTMANN, la característica fundamental de la reproducción social consciente es el desarrollo del carácter "deliberante" o "democrático". En el nivel individual, la deliberación se estructura como una "cuidadosa consideración a fin de llegar a una decisión" (GUTMANN, 1987, pág. 52). En el nivel institucional, la deliberación será la "consideración y discusión de un conjunto de consejeros sobre las razones en pro y en contra de una medida" (GUTMANN, 1987, pág. 52). Una sociedad que se comprometa a desarrollar la reproducción social consciente y, por tanto, con el objetivo educativo de la deliberación crítica, debe reconocer por principio ciertos límites a la articulación de sus objetivos educativos. GUTMANN señala dos principios de este tipo. Dice que:

> un límite es la ausencia de represión. El principio de la falta de represión impide que el Estado, o cualquier grupo dentro de él, utilice la educación para restringir la deliberación racional de concepciones rivales de una vida de una sociedad adecuada. (GUTMANN, 1987, pág. 44)

He aquí el razonamiento que presenta GUTMANN en apoyo de este principio:

> Como la reproducción social consciente es el ideal primordial de la educación democrática, las comunidades deben impedir que se utilice la enseñanza para sofocar la deliberación racional... (GUTMANN, 1987, pág. 45)

El segundo principio es el de la ausencia de discriminación. Dice GUTT-MANN:

> Para que la educación democrática apoye la reproducción social consciente, todos los niños educables deben recibir educación. La ausencia de discriminación amplía la lógica de la ausencia de represión, pues los estados y las familias pueden ser represivos de forma selectiva, excluyendo de la escolarización grupos enteros de niños o negándoles una educación que les conduzca a la deliberación respecto a las concepciones de una vida y sociedad adecuadas. (GUTMANN, 1987, pág. 45)

De acuerdo con GUTMANN, afirmamos que, con independencia de la tradición o contexto en el que un individuo articule sus objetivos, éstos (y sus consecuencias prácticas) no pueden ser represivos ni discriminatorios, debiendo orientarse a desarollar el carácter deliberante de los estudiantes. Por tanto, además de tener en cuenta las afirmaciones específicas de una tradición, los futuros profesores deben reconocer estos límites democráticos de principio en sus fundamentos racionales de la educación. Existe una base democrática, aunque sea mínima, sobre la que discernir y distinguir los méritos de las diversas propuestas educativas. En el Capítulo IV ampliaremos nuestra exposición de las consecuencias de estos principios democráticos. Por ahora, sólo queremos dejar sentado que, en nuestro esquema de formación del profesorado —es decir, formación del profesorado en cuanto articulación de valores, creencias y prácticas que integran las distintas tradiciones educativas— no son de recibo todos los objetivos, como también pueden serlo determinados elementos de ciertas tradiciones específicas.

Poner a prueba creencias muy arraigadas

Hasta aquí, nos hemos ocupado de defender nuestras propuestas frente a las críticas de que caemos en un relativismo absoluto o que buscamos un fundamento indudable. Pero queremos mostrar cómo este objetivo de la articulación se relaciona con las creencias e ideas iniciales de los futuros profesores sobre el proceso educativo y de escolarización. Creemos fundamen tal que esta articulación reflexiva de las tradiciones educativas ponga a prueba y apoye, al mismo tiempo, la comprensión que los futuros profesores tengan de sí mismos como educadores, del proceso educativo y de los contextos social y político de la escolarización. La articulación de los roles del profesor en tradiciones diferentes no puede consistir en una simple afirmación de concepciones y prejuicios sostenidos con anterioridad. En cambio, debe poner a prueba las ideas muy arraigadas de los futuros profesores sobre la docencia y la escolarización y proporcionar un contexto en el que pueda llevarse a cabo su futuro desarrollo como profesores. Todo esto nos lleva a un nuevo conjunto de preocupaciones: ¿qué relación tienen las creencias iniciales de los profesores sobre la educación y las tradiciones de pensamiento y práctica educativos? ¿Acaso el objetivo de la articulación supone el examen crítico de las creencias de los futuros profesores o de los fundamentos de la tradición por ellos preferida?

Para nosotros, está claro que los futuros docentes acceden a su formación profesional con un bagaje histórico de experiencias educativas como estudiantes. Tienen ideas previas sobre lo que significa ser un buen profesor, el contenido que debe enseñar, cómo debe hacerlo y el tipo de ambiente de aula que les gustaría crear. No llegan en blanco a los programas de formación, sino como antiguos (y actuales) estudiantes y como individuos que tienen intuiciones, ideas y, a veces, muchas dudas sobre las ideas y prácticas educativas propias y de los demás. Vienen a aprender cómo enseñar, qué enseñar y cómo crear un ambiente propicio para el aprendizaje. De alguna manera, su formación profesional tendrá que concordar con su propio sentido, examinado de forma reflexiva, respecto a lo que significa ser profesor. Muchos estudiantes tienen experiencia de profesores cuya práctica docente es de corte conservador, progresista o, incluso a menudo, radical. Han experimentado lo que supone ser alumno en la clase de estos profesores y, con frecuencia, llegan a los programas de formación teniendo presentes a determinados profesores, o ciertas orientaciones. Pensamos que el objetivo de la articulación en la deliberación educativa requiere prestar atención a lo que piensan los individuos respecto a lo que supone ser profesor en el contexto de estas tradiciones.

Pero esta atención al pensamiento de los individuos sólo es el principio. Como indicamos antes, es importante que los futuros profesores no contemplen sus creencias y valores sólo como expresiones de las opciones individuales o como el resultado de sus experiencias personales, sino como expresiones que están en relación con las comunidades o tradiciones de las que ellos forman parte. Muchos estudiantes acceden a los programas de formación del profesorado como "sentimentales morales". Es decir, muchos futuros docentes piensan que las creencias y valores de las personas no son sino expresiones de preferencias, actitudes o sentimientos. Por tanto, en principio, es importante que los alumnos vean la relación que existe entre sus valores individuales y las diversas comunidades y tradiciones de las que ellos forman parte. Para los futuros profesores, es importantísimo que lleguen a ver y creer que la deliberación razonada sobre creencias, prácticas y valores educativos pueden y deben existir. Los futuros profesores necesitan comprender que pueden examinar los puntos de vista educativos propios y de los demás y conseguir en ese proceso una comprensión más profunda de los fundamentos educativos racionales propios y de los demás. Este tipo de examen sirve, por tanto, como "punto de partida desde el que se hace posible la evaluación crítica de los valores" (LOVIN, 1988, pág. 148).

Los estudiantes llegan a los programas de formación del profesorado equipados con diferentes conjuntos de valores, en parte derivados de su familia y de las costumbres locales, de las tradiciones religiosas y políticas y de las experiencias escolares. Con el fin de poder desarrollar sus capacidades de razonamiento, necesitan relacionar sus "convicciones personales con las ideas y valores de otros que se sitúan en la misma tradición de pensamiento" (LOVIN, 1988, pág. 148). Como dice LOVIN: "la educación de los valores debe tomar como punto de partida el dominio de este tipo de pensamiento, en el que no aprendemos a formular y expresar preferencias individuales, sino a descubrir las llamadas que una tradición más general de reflexión moral hace a nuestro entendimiento y a valorar los propios planes y opciones a la luz de esas llamadas" (LOVIN, 1988, pág. 148). Esto no se traduce en una afirmación automática de las creencias particulares de una tradición, sino que requiere, en cambio la reflexión y el examen críticos de las creencias individuales a la luz de las afirmaciones de la tradición *y* un examen crítico de los preceptos de la tradición. Haciéndose eco de la idea de deliberación moral de John RAWLS (1971) como proceso de equilibrio reflexivo, dice LOVIN que:

> aprender a evaluar los propios planes y opciones a la luz de la tradición no significa que la tradición pase siempre por delante de las opciones. Las formas de pensamiento a través de las cuales llegamos a nuestros valores suponen un equilibrio complejo entre conjuntos más generales de creencias y aplicaciones más específicas a casos. En ese proceso, la tradición es más que un cuerpo inerte de datos. Puede transformarse también en relación con la experiencia actual y nuestra postura respecto a ella puede que se parezca más a la del revisionista profético que a la del discípulo obediente.
>
> La evaluación crítica de las creencias morales de una persona no sólo incluirá la cuestión de si están constituidas de manera coherente dentro de una o varias tradiciones, sino también la de cómo se relaciona con las afirmaciones de otras tradiciones que la persona en cuestión rechaza o ignora. (LOVIN, 1988, págs. 149, 150)

Debe quedar claro que la articulación de las tradiciones educativas no consiste en un proceso de afirmación parcial, sino que puede y debe estimular un examen reflexivo de las propias creencias dentro y entre tradiciones.

Conclusión

Por último, aunque sólo sea para adelantar los temas de los capítulos siguientes, tenemos que ocuparnos de las implicaciones del objetivo de la articulación respecto a nuestro plan de reforma reconstruccionista social de la formación del profesorado. Hemos dicho que los programas de formación de docentes deben capacitarles para que den razones contundentes que avalen sus acciones educativas. Sosteníamos que la tradición reconstruccionista social de reforma es el único plan de reforma que presta adecuada atención a dar razones, a la formulación de propósitos y al examen de la influencia del contexto institucional, social y político en la formación de aquellos propósitos y al enmarcamiento de las razones. En este trabajo, hacemos hincapié en lo que el plan de reforma reconstruccionista social tiene que ofrecer al formador de profesores y al futuro docente (y al actual). No proponemos que el núcleo reconstruccionista social constituya el único centro de atención de un programa de formación de profesores, pero sí mantenemos que se trata de una perspectiva que suele pasarse por alto y que, sin embargo, es muy necesaria para el docente de hoy día. Es obvio que la formación del futuro profesor debe incluir y resaltar las diferencias entre las distintas tradiciones educativas. Nuestros esfuerzos constituyen un intento de reformular, articular y justificar los componentes centrales del plan reconstruccionista social en la formación del profesorado.

Desde nuestra perspectiva, es fundamental estimular al futuro profesor para que reflexione sobre sus razones, prestando la debida y adecuada atención a sus creencias y supuestos básicos sociales implícitos y al conveniente reconocimiento de nuestra comprensión actual del contexto social y político de la escolarización. Este examen reflexivo ha de llevarse a cabo tanto en el trabajo regular de los alumnos en la universidad, como en sus experiencias de campo[11]. En los programas de formación del profesorado, el trabajo regular en la universidad puede favorecer el objetivo de la articulación, haciendo renovado hincapié en el contexto social de la escolarización. Los formadores de profesores tienen a su disposición un rico arsenal de conocimientos y perspectivas teóricas centradas en el contexto social de la escolarización. Creemos que estimular a los futuros profesores a que examinen esta bibliografía no sólo los capacitará para pensar en sus propias creencias sociales implícitas, sino también sobre la realidad de la escolarización. En el Capítulo IV describiremos y expondremos una serie de cuestiones sobre problemas específicos que creemos deben examinar los futuros profesores.

El otro componente fundamental de los programas de formación del profesorado, las experiencias de campo de los alumnos, también puede centrar la atención de éstos en las implicaciones de sus creencias sociales y estimularles a examinar la realidad social y política de la escolarización. En los últimos

---

[11]Para el desarrollo y la elaboración de nuestra postura, aceptamos la tradicional separación entre las asignaturas que se cursan en el medio universitario y las experiencias de campo. No obstante, en el Capítulo VI, sostenemos la necesidad de revisar esta separación.

años, se ha convertido en moneda corriente pedir a los futuros profesores que reflexionen sobre su práctica. Se citan con frecuencia dos modelos de investigación reflexiva: el modelo del argumento práctico, de Gary FENSTER-MACHER (1986) y el modelo de reflexión sobre el conocimiento en la acción de Donald SCHÖN (1983). Pensamos que ningún modelo está diseñado de manera que capacite a los futuros profesores a reflexionar sobre la forma de influir en el contexto institucional, social y político en las acciones o fundamentos racionales de los profesores. Los individuos que participan en los intentos reconstruccionistas sociales de reforma han de ser conscientes de cómo afectan estos modelos de investigación reflexiva a los exámenes del contexto social de la escolarización y cómo pueden utilizarse para facilitar tales exámenes. En el próximo capítulo (Capítulo III), examinaremos los usos de estos modelos de investigación.

© Ediciones Morata, S.L.

Los conocimientos de los profesores, los modelos de investigación y el contexto social de la escolarización

Introducción

La enseñanza es un asunto confuso y el aprendizaje para enseñar lo parece aún más. En el capítulo anterior decíamos que los formadores de profesores debían procurar que los futuros docentes articulasen sus valores y creencias y los relacionasen con las tradiciones educativas principales. Para capacitar a los futuros profesores para que actúen con prudencia y reflexionen sobre lo que constituyen buenas razones de sus acciones educativas, deben inspeccionar y reflexionar sobre sus creencias, pasiones, valores, imágenes y prejuicios personales. Creemos que esta inspección y reflexión quedarían reforzadas si se centrasen en la propia situación y participación en una determinada tradición educativa, poniendo a prueba las propias creencias mediante su comparación con distintas tradiciones. Esta articulación facilitaría la inspección de los valores educativos fundamentales y, de este modo, surgiría un conjunto diferente de cuestiones, dilemas y problemas. A consecuencia de esta articulación, empezaríamos a pensar en los supuestos descriptivos, evaluativos y normativos que aportamos al medio educativo.

La justificación de las acciones educativas, o planes de acciones, no sólo depende de nuestros valores, sino también de nuestra comprensión de los "hechos" pertinentes, de los contextos importantes al respecto, las características concretas del medio y las demandas contrapuestas apreciadas en una determinada coyuntura. Como la formación de los profesores tiene que procurar conseguir una conciencia crítica de estas características, no parece que podamos detenernos en el objetivo general de la articulación de los valores, sino que habrá que seguir adelante. El examen reflexivo de nuestras prácticas educativas suscita inevitablemente cuestiones sobre nuestro conocimiento descriptivo de las situaciones educativas generales y concretas. Cuando reflexionamos sobre nuestro ejercicio docente, conviene plantear cuestiones sobre los alumnos, el *curriculum,* el medio institucional y el rol social de las escuelas en general. Por tanto, parece que otra tarea importante del formador de profesores consiste en estimular el examen y el diálogo sobre cómo influyen nuestras visiones descriptivas de los niños, las escuelas y la comunidad en general en nuestras acciones educativas.

Creemos que los profesores actuales y futuros entran en clase con un bagaje de supuestos, creencias y valores implícitos y no articulados sobre el contexto social de la escolarización. Este conocimiento social (es decir, los conocimientos y creencias de los profesores sobre el contexto social, político e histórico de las escuelas y las comunidades que las rodean) no suele tratarse de manera adecuada en la mayoría de los documentos sobre los conocimiento del docente, no suele prestársele atención en los *curricula* de formación del profesorado y los principales modelos para cultivar el pensamiento y la acción reflexivos de los profesores no lo tratan de la forma debida. En la actualidad, parece un lugar común aceptar la proposición de que los contextos social, político e histórico de la escolarización han influido en la práctica del aula y en las normas escolares. Del mismo modo, parece aceptable afirmar que los profesores, actuales y futuros, acuden a sus clases con su propio conocimiento de los alumnos a los que enseñan y de los contextos sociales, políticos e históricos de la enseñanza. Un programa de formación del profesorado comprometido con la justificación de las acciones educativas tendría que estimular tanto la inspección y la reflexión sobre las creencias sociales, políticos e históricos de la escolarización. Un programa de formación nuestras actuales perspectivas y teorías respecto al contexto social de la escolarización.

En este capítulo sostenemos que gran parte de la investigación sobre los conocimientos de los profesores tiende a explorar sus creencias sociales de manera inadecuada. Revisaremos dos descripciones muy corrientes, aunque algo opuestas, del conocimiento de los profesores (que denominaremos visiones "sombría" y "elogiosa") y mostraremos que ninguna presta gran atención a su conocimiento social. Asimismo, veremos que la visión sombría parece sobrestimar el efecto de los contextos institucional y social general sobre la forma de enseñar, mientras que la elogiosa lo subestima. Examinaremos después dos destacados modelos de pensamiento y práctica reflexivos (la idea de argumento práctico, de Gary FENSTERMACHER —1986, 1987—, y la concepción de reflexión, de Donald SCHÖN —1983, 1987—) mostrando que ningún modelo parece cuestionar las creencias y supuestos implícitos de los profesores sobre las condiciones sociales de la escolarización. Para estimular a los futuros profesores a que den buenas razones de sus acciones educativas, han de reflexionar sobre las creencias sociales que subyacen a su enseñanza. Ningún modelo de los examinados en este capítulo parece pensado para ocuparse de las creencias sociales implícitas de los profesores. Pero podría utilizarse cualquiera de ellos siempre que se efectuasen algunas modificaciones o se reconocieran sus respectivas limitaciones. En el apartado final de este capítulo, defenderemos el valor de un programa de formación del profesorado que estimule el examen de las creencias

© Ediciones Morata, S.L.

sociales de los futuros docentes y la creación de un *curriculum* de formación del profesorado que otorgue gran importancia a nuestros conocimientos actuales sobre los contextos y condiciones políticos históricos y sociales, de la escolarización.

Hagamos una advertencia final. Nuestro trabajo está relacionado sobre todo con la mejora de la práctica de la formación del profesorado. En este empeño, podemos parecer convencidos de que el conocimiento es la panacea para la solución de los males de la formación del profesorado y de la enseñanza. Teniendo en cuenta esta probable interpretación, queremos subrayar nuestra creencia de que el conocimiento no es sino una faceta de la acción educativa inteligente y prudente. La pasión, la perseverancia, la visión estimulante y, a veces, la ceguera ante los "hechos" considerados obvios son características de la acción prudente. Pero, como parece que los formadores de profesores y la investigación sobre la enseñanza pasan por alto con excesiva frecuencia el contexto social de la escolarización en detrimento de los docentes, la enseñanza y el proceso educativo, creemos que se justifica el interés que otorgamos al conocimiento.

Los conocimientos de los profesores

En cuanto grupo y como profesión, los docentes no son conocidos por su base de conocimientos permanente o acumulada. Dan LORTIE (1975) y Phillip JACKSON (1968) decían que los profesores carecen de maestría técnica y de conocimiento profesional. Muchos autores los consideran como individuos que basan sus juicios en sentimientos personales y en una experiencia subjetiva limitada. En esta perspectiva "sombría" del conocimiento de los profesores, se dice que la cultura docente está aislada, basándose en la costumbre y en el capricho, siendo inmune a la reflexión profunda. El estudio de Margret BUCHMANN (1987b) sobre las costumbres de la docencia constituye una descripción reciente y bastante compleja de esta perspectiva general.

En contraste con la visión "sombría" de los conocimientos de los profesores, otros autores, como Freema ELBAZ (1983) y Michael CONNELLY y Jean CLANDININ (1988), presentan una visión elogiosa del conocimiento de los profesores; visión que afirma que su conocimiento práctico y personal es rico, permanente y fiable. Sostienen que la visión sombría concede demasiado valor al conocimiento científico, orientado a la investigación y no el suficiente a los conocimientos prácticos y a las experiencias personales de los docentes. Aunque estos dos puntos de vista difieren profundamente en sus respectivas valoraciones de los conocimientos de los profesores, ambos reconocen la naturaleza "subjetiva", interpersonal y práctica del conocimiento de los docentes. Ninguno emplea mucho tiempo para elaborar o investigar las creencias y concepciones sociales implícitas de los profesores. Brevemente, revisaremos tanto el análisis de BUCHMANN sobre las "costumbres" en la docencia, como las descripciones de los conocimientos prácticos de los profesores de ELBAZ, CLANDININ y CONNELLY. Tomando estas descripciones como base para la comprensión de las perspectivas actuales sobre el conocimiento de los profesores, consideraremos las propuestas de Gary FENSTERMACHER (1986 y 1987) y de Donald SCHÖN (1983 y 1987) sobre la enseñanza reflexiva.

En un artículo reciente, titulado: *Teaching Knowledge: The Lights That Teachers Live By,* Margret BUCHMANN (1987b) describe los conocimientos de los profesores como esencialmente cortados por el patrón de las costumbres de la enseñanza y dependientes de ellas. Desde su punto de vista, los docentes aprenden su oficio basándose en la imitación, la costumbre, el hábito y la tradición. Este proceso es semiinconsciente y conecta la biografía del profesor individual con la tradición docente colectiva. Según BUCHMANN, las costumbres docentes tienen el "carácter práctico del sentido común: prudencia y astucia para sopesar a personas y situaciones y para adoptar ciertos medios en relación con unos fines (dados) sin pensar demasiado. Este carácter práctico supone 'una posibilidad objetiva de éxito' que hace que las personas se sientan seguras y capaces" (BUCHMANN, 1987b, pág. 156). Citando al fenomenólogo Alfred SCHUTZ, BUCHMANN dice que las costumbres de la enseñanza son similares a esas pautas culturales cuya función consiste en "eliminar las preguntas molestas dando instrucciones de empleo prefabricadas, para reemplazar la verdad difícil de conseguir por cómodas perogrulladas y para sustituir lo cuestionable por lo autoexplicativo" BUCHMANN, 1987b, pág. 156).

BUCHMANN no es optimista en cuanto a las posibilidades de modificar las costumbres de la enseñanza, aunque las pone en contraste con la corrección que aporta la "maestría docente". Desde su punto de vista, la maestría docente puede erigirse sobre las costumbres, pero las trasciende al incluir: "... 1) juicios sobre la adecuación, comprobación de las consecuencias y la consideración de los fines y no sólo de los medios; y 2) modos de práctica menos típicos, como la explicación, el debate y el manejo deliberado de dilemas de valor que lleva a cabo el profesor" (BUCHMANN, 1987b, pág. 154). No obstante, BUCHMANN indica que los casos de maestría docente sólo parecen presentarse en contadas ocasiones, como consecuencia de la persona y no de la preparación. Sostiene también que la maestría docente se reduce en la formación del profesorado y en sus puestos de trabajo. La formación del profesorado no permite hacerse muchas ilusiones. En el pasado, no mejoró las oportunidades que la maestría docente hizo surgir. Los cursos profesionales para docentes están dominados por orientaciones de mero sentido común, sólo equilibradas por "inútiles" cursos teóricos. La posterior introducción en las costumbres a través de las prácticas y del ejercicio profesional sólo sirve para reafirmar el valor de las soluciones simplistas y rutinarias a problemas complejos. Resumiendo su valoración, BUCHMANN señala que:

> tal como están las cosas, las oportunidades de adquirir una maestría docente en los Estados Unidos son escasas y no están institucionalizadas.
>
> Por tanto, el caso de la enseñanza está cerrado para los profesores más interesados y es probable que siga así. No cabe duda de que aprenderán más sobre la enseñanza en su puesto de trabajo y, en su mayor parte, desarrollan sus puntos

de vista privados. Pero estas categorías del conocimiento docente tienden a surgir mediante los métodos y dentro de los confines de las costumbres. La maestría tal como la he definido, es tan inaccesible para la mayoría de los profesores norteamericanos como la oportunidad de hacerse rico o de ascender en la escala social. (BUCHMANN, 1987b, págs. 161-162)

En contraste con el punto de vista, más bien pesimista, de BUCHMANN sobre los conocimientos de los profesores, Freema ELBAZ (1983) y Michael CONNELLY y Jean CLANDININ (1988) presentan lo que parece una visión casi elogiosa del conocimiento de los profesores. Reaccionando en contra de la visión pesimista, sostienen que éstos poseen un amplio repertorio de "conocimiento práctico", basado en las experiencias personales y profesionales, enraizado en la problemática de la enseñanza cotidiana e integrado con los conocimientos teóricos sobre los niños y el aprendizaje. Hacen hincapié en la necesidad de considerar a los profesores como agentes que piensan y deliberan. En esta perspectiva, dicen, no sólo se realza el conocimiento práctico de los docentes, sino también la posibilidad de la reforma escolar. Cuando se estima que los profesores son estúpidos, es probable que prevalezca la estupidez. Cuando se les considera como agentes reflexivos y comprensivos, es más fácil que se produzca el cambio. Aunque la perspectiva de estos autores respecto al conocimiento práctico es rica y variada, suelen insistir sólo en unos pocos conceptos clave. Nos centraremos en sus conceptos de "imagen" y "narración personal".

CONNELLY y CLANDININ explican que, al mencionar la imagen de los profesores como un elemento esencial de su conocimiento práctico, se refieren a la imagen como

... algo de nuestra experiencia, que incorporamos como personas y expresamos y ponemos en acción en nuestras prácticas y acciones. Las situaciones apelan a nuestras imágenes a partir de nuestras narraciones de experiencia y disponemos de ellas como orientaciones para nuestra acción futura. Una imagen penetra en el pasado, proporcionándonos líneas de experiencia conectadas significativamente con el presente. Y llega de manera intencionada al futuro, de manera que, a medida que experimentamos situaciones, crean nuevas líneas conectadas de forma significativa, así como situaciones nuevas previstas desde la perspectiva de la imagen. Por tanto, las imágenes forman parte de nuestro pasado, reclamadas por las situaciones en las que actuamos en el presente y son guías para nuestro futuro. En la medida en que las tenemos incorporadas, llevan consigo emoción, moralidad y estética. (CONNELLY y CLANDININ, 1988, pág. 60)

Algunas imágenes operativas que descubren son la visión del proceso de enseñanza como la "plantación de semillas", la construcción del aula como "hogar" y la escuela como "comunidad". Los profesores y los directores escolares actúan teniendo presentes estas imágenes. Como consecuencia de contemplar la enseñanza como "plantar semillas", una profesora extrajo de ello principios prácticos y reglas de acción. Le pareció que estaba justificado dejar que los niños eligiesen sus propias actividades porque "sabía que aprenderían de un modo más interesante" (CONNELLY y CLANDININ, 1988, págs. 65-66), sintiéndose satisfecha dando ideas a los alumnos, pero sin hacer su trabajo. Otra profesora, que consideraba el aula como un hogar, pensaba que aulas y hogares debían tener jardines en los que pudiera prosperar la vida vegetal. Tanto su propia casa como el aula pasaron a ser lugares en los que las "cosas en crecimiento" se convirtieron en parte integrante de la vida cotidiana (CONNELLY y CLANDININ, 1988, pág. 61). Y, respecto a determinado director,

> ... comprendieron que tenía una imagen de "comunidad" según la cual la escuela es, en sí misma, una comunidad y, al tiempo, parte de una comunidad mayor con la que está en relación dinámica. Esta imagen de "comunidad" constituye una expresión de una unidad narrativa de la vida de Phil [el director]. La imagen no es la unidad narrativa. La unidad narrativa está compuesta por las líneas que conectan la imagen de "comunidad" de Phil con su narración en desarrollo. Las líneas de unión se hallan en la infancia de Phil y en las experiencias escolares en el centro de Toronto, en sus experiencias en las islas de Toronto cuando niño y, de adulto, en su primera experiencia docente en la *Island School*. (CONNELLY y CLANDININ, 1988, pág. 76)

Para estos autores, el conocimiento práctico constituye un conjunto complejo de conocimientos orientados a la práctica de sí mismo, de la enseñanza, la asignatura, el desarrollo del *curriculum* y, a veces, del contexto social general[1].

Aunque las diferencias entre los estudios de BUCHMANN, CONNELLY y CLANDININ y de ELBAZ son grandes, ambas perspectivas consideran, al menos en parte, los conocimientos de los profesores como el resultado de su práctica diaria. Y ambas perspectivas contemplan el valor y el potencial (en el caso de BUCHMANN, muy limitado) de pedir a los profesores que reflexionen sobre sus conocimientos y práctica. Y, sin embargo, en ninguno de estos estudios llega el lector a alcanzar una idea clara de que estos docentes tienen creencias y supuestos básicos implícitos o explícitos sobre su trabajo en instituciones burocráticas, de cómo influye ese contexto institucional en su enseñanza ni de cómo los orígenes de clase o étnicos de sus alumnos influyen en su forma de enseñar. En la mayor parte de los casos, los profesores no parecen tener creencias o principios sociales, culturales ni políticos significativos. Además, según el análisis de BUCHMANN, los docentes, tanto actuales como futuros, carecen bastante de recursos, llevándose a cabo su socialización en un ambiente de monotonía habitual a causa de su inadecuada preparación profesional y las normas vigentes en sus lugares de trabajo. Las descripciones de CONNELLY y CLANDININ dan la sensación de que el efecto de estas fuerzas institucionales es despreciable y que los profesores son personas de muchos recursos.

Como primeras aproximaciones, nos parece que ambas perspectivas podrían presentar descripciones precisas de un conjunto de conocimientos

---

[1] CONNELLY y CLANDININ (1988) hacen referencia al contexto social general cuando exponen los conjuntos de imágenes de Phil, pero su exposición presenta una estructuración muy restringida.

prácticos y de recursos de los docentes. Es cierto que hay profesores que utilizan recetas para hacer frente a problemas complejos, así como también hay otros cuyos conocimientos prácticos son muy complejos y bien reflexionados. Y, con toda seguridad, hay profesores que parecerán haber sido "satisfactoriamente socializados" por su preparación profesional y por las normas vigentes en sus lugares de trabajo y otros darán la sensación de no haber sido "alcanzados" por las limitaciones institucionales. Pero parece extraño que la investigación haya arrojado tan poca luz sobre cómo influyen en sus deliberaciones educativas las creencias sociales, culturales y políticas, implícitas y explícitas, de los profesores. Y parece cuestionable sostener que o bien están completamente "embaucados" por las limitaciones institucionales de su trabajo o de su formación anterior o bien éstas no les influyen en absoluto. Es obvio que se trata de cuestiones empíricas que merece la pena estudiar[2]. Pero, como lo que aquí nos ocupa es elaborar un programa de reforma de la formación del profesorado, resumiremos nuestros supuestos básicos y pasaremos a examinar los modelos reflexivos de FENSTERMACHER y SCHÖN.

Nos parece evidente que no suele invitarse ni a los profesores en ejercicio ni a los futuros a examinar las limitaciones institucionales y sociales a las que están sometidos en su trabajo ni las condiciones sociales de la escolarización. Para que los profesores actuales y futuros reflexionen sobre sus acciones educativas, gran parte de esa reflexión tendrá que versar sobre los hechos que se producen en el aula. Pero, como saben casi todos los docentes en activo, el aula no es una isla. Consideraremos algunos aspectos de la vida escolar. Los alumnos llegan a clase con una historia personal, un origen cultural y un conjunto de previsiones inmediatas respecto a la enseñanza. En realidad, los estudiantes llegan a la escuela inmersos en los conflictos, exigencias y dilemas del mundo exterior a ella. Parece que la mayor parte de los profesores es consciente de que la adecuación o inadecuación de los materiales curriculares, la seguridad del edificio y los materiales básicos pueden crear o destruir al docente eficaz. Con frecuencia, los principiantes tienen la impresión de que las escuelas en las que desarrollan sus primeros trabajos no reciben la financiación adecuada, que los alumnos no llegan al nivel mínimo del grado correspondiente y que la sintonía entre las familias de los alumnos y la escuela no es buena. Es más, el clima del centro influye significativamente en el ambiente de trabajo de los profesores. Las relaciones hostiles, indiferentes o de compañerismo entre los profesores crean condiciones de trabajo muy distintas. En su primer año de ejercicio, pueden sentirse abrumados por la complejidad y la política que rodea su puesto de trabajo. Las relaciones de los profesores con los padres y con la comunidad inmediata pueden favorecer u obstruir las transiciones entre la vida del hogar

---

[2]Necesitamos un conocimiento empírico mejor de las creencias sociales de los profesores y de cómo influyen éstas en sus acciones educativas. El trabajo de Sara LIGHTFOOT es útil a este respecto. En ZEICHNER y GORE (1990) puede consultarse una revisión bibliográfica sobre la socialización del profesor.

y la de la escuela. Todos estos factores, que son muy importantes en la vida de los docentes, sólo suelen aparecer en la periferia de los informes académicos sobre sus conocimientos. Queremos destacar más estos aspectos de la enseñanza, tanto en nuestro conocimiento general de los profesores, como en la práctica de su formación. Para que los futuros docentes sean capaces de dar buenas razones de sus acciones educativas, deben empezar por tener en cuenta y examinar las limitaciones a las que están sometidos en su actuación. Si los formadores de docentes tienen que ser sinceros sobre el futuro de quienes serán profesores, han de ponerles de manifiesto lo que lleva consigo el trabajo docente[3].

Por desgracia, la mayor parte de los informes sobre el conocimiento práctico de los profesores suele dar poca importancia a estas creencias culturales, sociales, históricas o políticas. Si examinamos las obras de autores preocupados por relacionar el conocimiento educativo y la acción (por ejemplo, Joseph SCHWAB, 1978; Alan TOM, 1984; Gary FENSTERMACHER, 1986, o Donald SCHÖN, 1983), resulta evidente que, si acaso, sólo prestan poca atención a las creencias sociales de los profesores. Desde luego, esta falta de interés no supone la incapacidad para efectuar conexiones entre las creencias sociales de los profesores y la acción educativa, pero creemos que la falta de una atención destacada a esta cuestión indica que se subestima la importancia del conocimiento social de los profesores en la acción educativa.

En el próximo apartado describiremos brevemente las propuestas de Gary FENSTERMACHER (1986 y 1987) y de Donald SCHÖN (1983 y 1987) para potenciar los exámenes reflexivos de los profesores sobre sus propias prácticas y mostraremos cómo sus propuestas tienden a subestimar la complejidad de la reflexión sobre el contexto social de la docencia y del sistema escolar. Aunque ni FENSTERMACHER ni SCHÖN prestan mucha atención a estas características contextuales, creemos que ambos enfoques (reconocidas sus limitaciones) pueden utilizarse para ocuparse de los aspectos contextuales de la enseñanza y de la formación del profesorado.

Modelos de investigación reflexiva

El modelo de argumento práctico de FENSTERMACHER

Gary FENSTERMACHER explica que su interés por los argumentos prácticos surgió a partir de la búsqueda de una "explicación aceptable de cómo pueden relacionarse los descubrimientos de la investigación educativa con la práctica" (FENSTERMACHER, 1988, pág. 41). Como consecuencia de su trabajo en este campo, llegó a creer también que los argumentos prácticos representaban "un instrumento analítico excelente para ayudar a los docentes a convertirse en profesionales más reflexivos" (FENSTERMACHER, 1988, pág. 45).

---

[3]SARASON, DAVIDSON y BLATT (1962) hicieron esta misma advertencia hace casi treinta años.

Según FENSTERMACHER, los argumentos prácticos se convierten tanto en medios para acercar los conocimientos derivados de la investigación a la práctica de los profesores como en una herramienta para reflexionar sobre esa práctica. Antes de resumir el punto de vista de FENSTERMACHER sobre los argumentos prácticos, su forma de emplear el conocimiento derivado de la investigación y su utilidad para la reflexión, queremos poner de manifiesto los supuestos clave que subyacen al proyecto de FENSTERMACHER. Hace este autor una distinción neta entre producción de conocimientos y utilización de los mismos. En concreto, afirma que los investigadores producen conocimientos científicos que pueden utilizar los profesores. En un trabajo anterior (1986), parecía dar por supuesto que los investigadores científicos producen el conocimiento más seguro y que el rol de los profesores consistía en utilizarlo. Pero en otro trabajo posterior (1987), dejaba claro que tanto los investigadores como los docentes producen conocimientos, aunque de distinto tipo. Para FENSTERMACHER, el conocimiento del profesional surge de la experiencia práctica y no a través de la investigación científica "controlada". Pero, en general, la preocupación de este autor se centra en el conocimiento derivado de la investigación científica, o sea, el producido en condiciones de "investigación controlada, sometido a cánones de aceptabilidad epistémica susceptibles de defensa pública" (FENSTERMACHER, 1988, pág. 44), y no en el conocimiento práctico del profesional.

Por tanto, FENSTERMACHER pretende examinar los "vínculos" entre los conocimientos producidos por la investigación y las acciones de los profesores y resaltar de qué forma pueden reflexionar sobre su práctica. Su idea de argumento práctico es fundamental para ambos objetivos:

> El argumento práctico se refiere a una pretensión razonablemente coherente de razonamiento que parte de la expresión de algún estado final deseado, pasando por diversos tipos de premisas, hasta una intención de actuar de una forma determinada. En los tipos de premisas que intervienen entre las expresiones del estado final y la intención de actuar las hay empíricas y de carácter primordialmente situacional. Aunque pueden darse otras clases de premisas, estas dos bastan para explicar la idea de "argumento práctico". (FENSTERMACHER, 1988, pág. 41)

Continúa diciendo que las premisas situacionales describen circunstancias específicas, dependen del contexto y son "necesarias para completar la cadena de razonamiento desde el estado final deseado hasta la intención de actuar" (FENSTERMACHER, 1988, pág. 41). Por otra parte, las premisas empíricas "expresan afirmaciones comprobables que hacen los profesores acerca del modo de aprender de los alumnos... y un conjunto de concepciones que el docente sostiene que podrían someterse, o ya lo han sido, a alguna forma de examen empírico" (FENSTERMACHER, 1988, págs. 41-42). Las premisas empíricas constituyen el nexo de unión entre la investigación educativa y la práctica de los profesores. FENSTERMACHER (que cita la obra de Thomas GREEN, 1976) afirma que el "... valor de la investigación educativa para la práctica educativa consiste en la ayuda que facilita para 'descubrir qué hace falta para modificar el valor de verdad de las premisas del argumento práctico en el pensamiento del [profesor], o para completar o modificar esas premisas, o para introducir una nueva premisa global en el argumento práctico en la mente del [profesor]' " (FENSTERMACHER, 1986, pág. 43). Según este autor, "... la investigación se refiere a la práctica cuando altera la verdad o falsedad de las creencias que tienen los profesores, cuando cambia la naturaleza de esas creencias y cuando añade otras nuevas" (FENSTERMACHER, 1986, pág. 43). Presenta este ejemplo en calidad de ilustración de un argumento práctico:

1.	Como profesor, quiero enseñar de manera que consiga que los alumnos aprendan el máximo posible.
2.	Las aulas bien llevadas incrementan el aprendizaje.
3.	La instrucción directa constituye una forma probada de llevar el aula.
4.	Mis alumnos y yo estamos unidos en esta aula.

ACCIÓN:

Organizo mi aula de acuerdo con los principios de la instrucción directa.

La primera proposición es una expresión de un estado final general deseado. Las proposiciones 2 y 3 son premisas empíricas, y la proposición 4 es una premisa situacional. La línea de razonamiento acaba con la intención de actuar (FENSTERMACHER, 1986, pág. 43). Este autor indica que, en el ejemplo, antes citado, la veracidad de las premisas empíricas carece de interés; sólo pretende poner un ejemplo.

FENSTERMACHER no sólo valora los argumentos prácticos como forma de relacionar la investigación y la práctica educativas, sino también como herramienta que permita a los profesores reflexionar sobre su práctica. Según él, los argumentos prácticos son útiles en la medida en que ayudan "a los profesores a tener presente el fundamento de sus acciones y porque les ayudan a utilizar la teoría fundada y la buena investigación para avanzar en su competencia pedagógica" (FENSTERMACHER, 1987, pág. 4167. Añade que:

> ...esto ocurre cuando, por ejemplo, un investigador observa con detenimiento al profesor en el aula, tratando de explicar lo que éste hace. A partir de las observaciones y de conversaciones con él, se desarrollan las premisas iniciales. Se anima al profesor a analizarlas, en diálogo con el investigador, hasta que se tiene una descripción razonablemente completa y coherente de su pensamiento sobre la actividad observada. Después, el investigador puede plantear al profesor diversas cuestiones sobre el carácter completo o no del argumento, sus objetivos morales fundamentales, la exactitud y fundamento de sus afirmaciones empíricas o sobre la descripción que el profesor hace de la situación presente. Esas cuestiones pretenden alertar al docente ante posibles reinterpretaciones, formas diferentes de percibir la situación, nuevas pruebas que se refieran a los objetivos o conflictos de valor en las aspiraciones del profesor respecto a sus alumnos. (FENSTERMACHER, 1987, pág. 416)

Nuestro interés por la idea de argumento práctico de FENSTERMACHER radica en su posible utilidad en la formación del profesorado: 1) para relacionar los conocimientos derivados de la investigación sobre el contexto social de la escolarización con la acción de los profesores, y 2) como paradigma para examinar las creencias y supuestos sociales que informan las acciones educativas de los futuros docentes. Con respecto a estos dos usos, parece que FENSTERMACHER hace dos afirmaciones diferentes. En las relaciones entre profesores e investigadores, sostiene que los argumentos prácticos —por medio de las premisas empíricas— facilitan el examen del valor de verdad de las afirmaciones empíricas implícitas en el pensamiento de los profesores. Dicho de otro modo, para que la investigación educativa beneficie al máximo a la práctica, deberá mejorar el valor de verdad de las premisas empíricas de las que parten los profesores. Como consecuencia del examen al que éstos sometan a las premisas empíricas de sus argumentos prácticos, pueden empezar a cuestionar la precisión de sus afirmaciones empíricas. La segunda afirmación de FENSTERMACHER consiste en que los argumentos prácticos facilitan el examen reflexivo general de los supuestos morales, descriptivos e interpretativos del pensamiento de los profesores para dar a éste una forma y ordenación coherentes. Con el fin de revisar estos usos y afirmaciones, presentamos un ejemplo de argumento práctico que encierra supuestos sociales implícitos y explícitos.

En los centros de formación del profesorado no es raro encontrar futuros docentes, blancos y de clase media, cuyas ideas respecto a la educación de niños afroamericanos siguen esta lógica vagamente formulada:

1. Quiero tratar a mis alumnos de cuarto grado de forma equitativa y educarlos de manera que se preparen para satisfacer las exigencias del mundo adulto.
2. Enseño lengua y una cantidad significativa de mis alumnos son negros.
3. Estos niños no hablan el *standard English* y en sus casas no se les estimula para que lo aprendan.
4. Esta incapacidad provoca dificultades para el aprendizaje y, si no se resuelven, encontrarán graves problemas para satisfacer las exigencias del mundo adulto.

ACCIÓN:

Corregiré los usos incorrectos del lenguaje de mis alumnos en conversaciones y en los trabajos escritos.

En el argumento práctico aquí formulado, la proposición 1 expresa un estado final en general deseado; la 2 representa una premisa situacional, y las proposiciones 3 y 4 son premisas empíricas (y de previsión).

Consideraremos, en primer lugar, los méritos de la afirmación inicial de FENSTERMACHER. Las proposiciones empíricas de las premisas 3 y 4 pueden interpretarse de distintas formas. Habría que dialogar con el profesor en ejercicio o en formación para llenar el contenido de las premisas. Puede que el futuro docente tenga una forma implícita de entender la cultura afroamericana en sentido de privación cultural, diferencia cultural o bicultural[4]. Según el punto de vista de la privación, la familia negra manifiesta graves inconvenientes: la comunicación entre madre e hijo es deficiente y los alumnos negros suelen estar poco motivados y ser incapaces de diferir las gratificaciones. Este punto de vista tiende a valorar el *standard English* como norma aceptable hacia la que debe conducirse a quienes no lo hablan. En general, se considera que la cultura negra es deficiente, lo que supone que los alumnos negros tienen que rechazar aspectos importantes de su cultura y aceptar las normas y prácticas de la escuela.

Según el modelo de diferencia, las culturas afroamericana y blanca de clase media son distintas. Se considera el lenguaje afroamericano como una "variante estructuralmente diferenciada", coherente, rica y muy expresiva del inglés. En esta perspectiva, la cultura afroamericana y las relaciones entre los miembros individuales de la familia no se consideran deficientes o patológicas, sino de tipo diferente, aunque no en cuanto a su valor, de la cultura blanca de clase media.

El modelo bicultural comparte con el anterior muchas interpretaciones y consideraciones empíricas, aunque sostiene que la diferencia cultural no supone un monismo cultural. O sea, las personas pueden vivir y desenvolverse en dos culturas distintas. Las personas pueden ser biculturales. Los afroamericanos adultos saben y pueden desenvolverse en ambas culturas, la suya propia y la blanca de clase media.

Estos breves resúmenes no son sino simplificaciones excesivas de las repectivas teorías sociales, pero sirven para nuestros fines. Parece evidente que las premisas empíricas del argumento práctico indicado no son unívocas, sino que pueden interpretarse de acuerdo con una de las tres teorías sociales señaladas. El diálogo con los futuros profesores aclararía la postura adoptada. Parece evidente que, cuando en las premisas empíricas de los argumentos prácticos se evocan las creencias sociales, se mezclan con los marcos interpretativos, lo que es más importante aún. Como tales, estas afirmaciones "empíricas" (creencias y supuestos sociales básicos de los profesores) encierran con frecuencia valoraciones tanto morales como políticas. Por ejemplo, en el modelo de privación, las desviaciones respecto del *standard English* suelen llevar a afirmaciones sobre la insuficiencia individual o grupal, dando como resultado propuestas para la recuperación de los individuos desviados. En el modelo de diferencia, es fácil que el mismo fenómeno se considere como una expresión distinta, aunque coherente y respetable, de alguien que pertenece a una cultura diferente de la blanca de clase media, lo que puede llevar al reconocimiento respetuoso de la diferencia, sin mayores necesidades de modificaciones. Por último, desde la pers-

---

[4]Estos tres puntos de vista constituyen elaboraciones en bruto de los marcos que han ido apareciendo en la bibliografía ceintificosocial. No tratamos de ofrecer estos tres puntos de vista como caracterizaciones exactas de las creencias de las personas. No obstante, muestran aspectos importantes de los sistemas de creencias que sostienen los futuros profesores y el público en general.

pectiva bicultural, puede considerarse el mismo fenómeno como una expresión cultural distinta que no tiene por qué rechazarse para aprender otras expresiones lingüísticas.

La afirmación de FENSTERMACHER acerca de que los argumentos prácticos ponen de manifiesto la presencia de proposiciones empíricas comprobables en las premisas empíricas parece pasar por alto la naturaleza y la utilización de las creencias sociales en estas premisas empíricas. Las creencias sociales no se prestan con facilidad a pruebas de precisión. Steven LUKES (1978) nos recuerda que "las teorías sociales se agrupan en conjuntos generales, aunque no ilimitados, que [no sólo] suponen posturas metodológicas y epistemológicas, sino morales y políticas también, que, en consecuencia, también están presentes..." (pág. 98). Los usos lingüísticos de los niños afroamericanos no aparecen en un plano descriptivo neutral en los argumentos prácticos de la mayoría de los futuros profesores. Y, en realidad, muy pocos conocimientos sociales se agrupan en conjuntos neutros, respecto a los valores. Cuando las afirmaciones y creencias cognitivas forman parte de teorías sociales más generales, parece que la afirmación de FENSTERMACHER sobre la comprobabilidad de las premisas empíricas no es tan fácil de mantener.

En resumen, parece claro que FENSTERMACHER valora la forma del argumento práctico por su capacidad para poner de manifiesto y examinar la veracidad de las premisas empíricas del pensamiento de los profesores. Creemos que los argumentos prácticos son capaces de poner de manifiesto las creencias sociales y políticas de los docentes que gravitan sobre su práctica (por ejemplo, nuestro examen de los usos lingüísticos urbanos afroamericanos). Pero parece que el modelo del argumento práctico no sirve para hacer comprobaciones sobre la precisión de las creencias sociales implícitas de los profesores. El examen de las afirmaciones empíricas sobre el mundo social constituye un proceso complejo que no facilitan los argumentos prácticos. En vez de conducir a los profesores a que examinen directamente la precisión de sus supuestos básicos implícitos, el modelo del argumento práctico puede facilitar que empiecen a considerar cómo influyen sus concepciones morales, políticas y epistemológicas en su enseñanza y su trabajo en las escuelas.

La segunda afirmación de FENSTERMACHER consiste en que los argumentos prácticos constituyen valiosas herramientas analíticas para poner de manifiesto las concepciones en que los profesores basan sus acciones, traduciéndolas de manera coherente y comprensible. Los argumentos prácticos hacen explícitos los supuestos morales, las afirmaciones valorativas y los objetivos implícitos de las acciones del profesor, que hacen posible los diálogos reflexivos. Como ya hemos dicho, creemos que los argumentos prácticos pueden iniciar un examen reflexivo de las concepciones subyacentes de los futuros profesores, poniéndolas de manifiesto, aunque el empleo del modelo del argumento práctico tenga limitaciones potencialmente significativas. En resumen, tenemos nuestras reservas respecto a los usos de los argumentos prácticos con los futuros profesores.

Nuestras reservas parten de dos fuentes. Desde nuestra experiencia, nos parece que los diálogos que adoptan la forma y el sentido de un debate tienden a poner a la defensiva a los futuros profesores, sobre todo a los alumnos en prácticas. Si un observador adopta una postura incluso ligeramente agresiva, planteando cuestiones sobre las concepciones morales subyacentes, los objetivos implícitos o los supuestos empíricos, no se desarrolla el examen reflexivo. El alumno se siente obligado a defenderse más que a examinar o dialogar sobre sus pensamientos y acciones. Los formadores de profesores saben qué difícil es estimular a los docentes experimentados incluso para que examinen sus concepciones[5]. Es posible que a los futuros profesores les sea más fácil dialogar sobre sus puntos de vista mediante una fórmula conversacional que a través de un ejercicio que demuestre sus concepciones suyacentes. Nos preguntamos aquí por la adecuación pedagógica del modelo del argumento práctico. Dada nuestra experiencia en la formación del profesorado y la bibliografía reciente centrada en formas de conocimiento distintas y diferenciadas según el género, creemos razonable plantearnos la cuestión de la conveniencia del formato de argumento práctico[6]. Los estudiantes pueden considerar los argumentos prácticos como una forma de investigación a favor del adversario, de acuerdo con la cual entra en el aula un observador para discutir su lógica y atacar el uso que hagan de las pruebas. En cambio, estos estudiantes parecen más dispuestos a abrirse a alguien que comprenda sus puntos de vista y esté dispuesto a dialogar sobre sus concepciones en una situación de confianza. Por supuesto, en el modelo del argumento práctico no hay nada que, de forma "inherente", suscite reacciones defensivas, pero parece probable que surjan y hay que tenerlo en cuenta.

Nuestra segunda reserva surge de nuestra convicción de que los argumentos prácticos no siempre captan la complejidad, ambigüedad y gran parte de los conflictos que subyacen a los pensamientos de muchos profesores respecto a la enseñanza. A veces, da la sensación de que los argumentos prácticos representan reconstrucciones *post hoc* cuyo objetivo consiste en convencernos a nosotros mismos y a los demás del carácter razonable y justificable de nuestras razones básicas y acciones en vez de captar la naturaleza difícil, sutil y, a veces, anbigua de la deliberación práctica. Cuando enseñamos y cuando pensamos sobre nuestra enseñanza, nos vemos inmersos en dilemas, entre objetivos educativos contrapuestos y entre objetivos morales que compiten entre sí. Los argumentos prácticos no parecen acabar con este campo de conflictos y ambigüedades[7]. Es más, si hay profesores cuyos conocimientos prácticos se basan, como CONNELLY y CLANDININ (1988) y otros sostienen, en imágenes y narraciones personales, es posible que el modelo del argumento práctico no sea capaz de captar de forma adecuada

---

[5]Véase TOM (1984).

[6]Véase, por ejemplo, BELENKY, CLINCHY, GOLDBERGER y TARULE (1986).

[7]Pueden verse críticas en esta misma línea en CONFREY (1987) y BUCHMANN (1987). Como ejemplo de un trabajo que trata de reconocer el carácter complejo y, a veces, contradictorio de la deliberación de los profesores, véase BERLAK y BERLAK (1981).

la "lógica" de sus deliberaciones. La ordenación narrativa de las imágenes significativas es muy diferente de la lógica del argumento práctico. De nuevo, planteamos una consideración pedagógica. Parece que a los profesores, tanto en ejercicio como futuros, el uso del modelo del argumento práctico puede resultarles más un obstáculo que servirles de ayuda. Es cierto que hay ocasiones en las que la ordenación lógica de las proposiciones y la referencia primordial a las premisas empíricas pueden resultar valiosas. Sin embargo, parece cuestionable depositar una confianza singular en la fórmula del argumento práctico.

Como, en este análisis, una de nuestras principales preocupaciones ha sido la de examinar la capacidad de los argumentos prácticos para estimular la revisión reflexiva de las creencias y concepciones sociales, conviene hacer una breve valoración. La pretensión de comprobar la verdad de FENSTERMA-CHER simplifica y, por tanto, no atiende a la complejidad de las relaciones entre las creencias sociales y las teorías sociales. Con frecuencia, las proposiciones empíricas de las premisas empíricas de un argumento práctico están incluidas en las teorías sociales. Estos marcos proporcionan determinadas interpretaciones a las proposiciones empíricas; interpretaciones que suelen infundirse con matices morales y políticos. En cuanto tales, las premisas empíricas no se prestan a pruebas sencillas ni a exámenes definitivos de su precisión. La segunda proposición reflexiva de FENSTERMACHER tiene su mérito, pero tenemos nuestras reservas respecto a la utilidad de los argumentos prácticos en las situaciones clínicas. Como indicamos en nuestro ejemplo sobre los usos lingüísticos según culturas, los argumentos prácticos pueden poner de manifiesto las concepciones sociales, morales y políticas subyacentes. Pero los efectos potenciales de los argumentos prácticos sobre los futuros profesores y la capacidad de esos mismos argumentos para influir adecuadamente en la complejidad de las deliberaciones de los docentes suscitan cierta preocupación. Toda estrategia reflexiva tiene sus ventajas y sus inconvenientes. Valoramos, sin duda, el modelo de argumento práctico de FENSTERMACHER. Como herramienta diagnóstica saca a la luz las concepciones implícitas y la ordena de forma coherente. Señalados los pros y los contras del modelo de FENSTERMACHER, revisaremos a continuación la concepción de la práctica reflexiva de Donald SCHÖN.

La reflexión de SCHÖN sobre el conocimiento en la acción

Mientras FENSTERMACHER se centra en los conocimientos conseguidos por la investigación, poniendo entre paréntesis el producido por el profesional en ejercicio, SCHÖN (1983 y 1987) se centra casi exclusivamente en el conocimiento del profesional (o, como prefiere llamarlo, el conocimiento en la acción). Y, mientras el modelo de argumento práctico de FENSTERMACHER tiene dificultad para manejar de forma adecuada la ambigüedad, los objetivos contrapuestos y los dilemas morales de la acción educativa, el "modelo" de reflexión en la acción de SCHÖN está pensado teniendo presentes estas características particulares de la práctica. Comienza SCHÖN su explicación del conocimiento en la acción creando, en primer lugar, una distinción entre la maestría técnica y la práctica reflexiva. Con el fin de entender los elementos básicos de su modelo reflexivo, conviene resumir antes su visión de la maestría técnica.

Según SCHÖN, la práctica ténica es la forma más aceptada de concebir la relación entre el conocimiento y la práctica. Desde este punto de vista, los problemas de la práctica educativa son aquéllos que pueden "resolverse mediante la selección del más adecuado, entre medios disponibles, para alcanzar los fines establecidos" (SCHÖN, 1983, pág. 39-40). La práctica técnica da por supuesta la presencia de un fondo científico de conocimientos que sirve de fundamento a la acción profesional. El conocimiento se relaciona con la práctica tanto a través de un componente de ingeniería como de otro constituido por destrezas y actitudes. En este enfoque, el conocimiento ha de aplicarse de manera impecable, prestando atención a las demandas de la situación y también, y con sumo cuidado, a los factores humanos.

Dice SCHÖN que esta perspectiva técnica destruye la realidad del conocimiento en la acción. Pasa por alto el proceso de planteamiento del problema, centrándose sólo en la solución del mismo. De igual modo, supone erróneamente que los fines de la acción práctica son "fijos y claros" (SCHÖN, 1983, pág. 41). Elaborando más su argumento, dice que la importancia concedida a la solución de problemas deja de lado:

> ... el proceso mediante el cual definimos las decisiones que han de tomarse, los fines que lograr y los medios que escoger. En la práctica que se desarrolla en el mundo real, los problemas no se presentan como tales ante los profesionales. Deben estructurarse a partir de los materiales que presentan las situaciones problemáticas, que son complejos, incómodos e inciertos. (SCHÖN, 1983, págs. 39-40)

Respecto a los fines de la acción, afirma:

> Cuando los fines son fijos y claros, la decisión de actuar puede presentarse como un problema instrumental. Pero, cuando son confusos y contrapuestos, no existe un "problema" que resolver. Un conflicto entre fines no puede solucionarse mediante el uso de técnicas derivadas de la investigación aplicada. En cambio, a través del proceso no técnico de encuadrar las situaciones problemáticas, organizamos y aclaramos tanto los fines que alcanzar como los posibles medios para lograrlos. (SCHÖN, 1983, pág. 41)

SCHÖN delimita a continuación el dilema que cualquier profesional en ejercicio debe afrontar:

> En la variada topografía de la práctica profesional, existe un terreno elevado, firme, en el que los profesionales pueden hacer un uso eficaz de la teoría y la técnica basadas en la investigación, pero también hay unas tierras movedizas, bajas, en las que las situaciones son "revoltijos" confusos, no susceptibles de soluciones técnicas. La dificultad consiste en que los problemas correspondientes al terreno firme, a pesar de su gran interés técnico, son con frecuencia relativamente

poco importantes para los clientes o para la sociedad en general, mientras que los problemas de máximo interés humano se sitúan en el terreno movedizo. ¿Acaso el profesional debe quedarse en la tierra firme en la que se limita a ocuparse de problemas de una importancia social más bien pequeña, o debe descender a las arenas movedizas en donde puede ocuparse de los problemas más importantes y desafiantes con tal de que esté dispuesto a dejar de lado el rigor técnico? (SCHÖN, 1983, pág. 42)

Por supuesto, la respuesta de SCHÖN es que tenemos que meternos en las arenas movedizas.

La alternativa de SCHÖN respecto a la maestría técnica es la práctica reflexiva y, más específicamente, la reflexión sobre el conocimiento en la acción. Parte de la base de que una porción importante de nuestro conocimiento cotidiano es tácita e implícita. Utilizamos rutinas que funcionan y solemos tener alguna idea acerca de por qué funcionan. La reflexión sobre el conocimiento en la acción suele comenzar cuando se produce algo que trastorna o que es complicado en apariencia y el individuo trata de explicárselo. Según SCHÖN, "... cuando [el profesional reflexivo] trata de explicarse lo que pasa, reflexiona también sobre los conocimientos que estaban implícitos en su acción; conocimientos que saca a la luz, critica, reestructura e incorpora a acciones posteriores (SCHÖN, 1983, pág. 50). Cuando aparecen estos problemas, el profesional se ve obligado a "centrar el problema", a tratar de descubrir aquello que resulta inadecuado en la situación y cómo actuar a continuación. "Centrar un problema constituye un proceso en el que, de manera interactiva, nombramos las cosas de las que nos ocuparemos y enmarcamos el contexto en el que las trataremos" (SCHÖN, 1983, pág. 40). Desde el punto de vista de SCHÖN, los profesionales construyen repertorios de "ejemplos, imágenes, conocimientos y acciones" que utilizan para centrar y enmarcar el problema que tienen entre manos (SCHÖN, 1983, pág. 38).

> Cuando un profesional da sentido a una situación, la percibe como única, [aunque] la ve como algo ya presente en su repertorio. Considerarla así no supone incluirla en una categoría o regla familiar, sino contemplar la situación inhabitual y única como semejante y, a la vez, diferente de la conocida... A partir de los repertorios de ejemplos, imágenes, descripciones, extraen (por analogía) una forma de enmarcar la situación actual, única. Procuran, entonces, adaptar la situación al enmarcamiento, y evalúan todo el proceso [examinando]... si pueden resolver el problema delimitado; si valoran lo que consiguen cuando lo resuelven (o qué pueden hacer con lo que han conseguido); si logran hacerse una idea coherente de la situación, congruente con sus teorías y valores fundamentales; si pueden continuar investigando el asunto. (SCHÖN, 1983, pág. 141)

Hay una serie de "experimentos" que permiten avanzar en este proceso de investigación: exploratorios, de comprobación de maniobras y de comprobación de hipótesis. En estos experimentos, el profesional ensaya diversas formas de estructurar y centrar el problema, actúa en la situación y presta atención a la forma en que ésta responde. No necesitamos distinguir estos diferentes tipos de experimentos; para nuestros fines, basta señalar que, a través de todos estos pasos, la preocupación fundamental del profesional consiste en modificar la situación, en transformar la "... situación de la que ahora es en otra que parezca mejor". Con frecuencia, SCHÖN pone este deseo de transformación como una necesidad para la modificabilidad inmediata; es decir, el proceso que describe se centra en un único individuo cuyo propósito consiste en cambiar la situación inmediata (SCHÖN, 1983, págs. 152-153).

Quizá sea conveniente poner un ejemplo. SCHÖN describe un incidente ocurrido en el *Teachers Project* del *Massachusetts Institute of Technology,* en el que se estimulaba a los profesores para que explorasen sus propios pensamientos sobre temas sencillos de asignaturas que impartiesen —por ejemplo, matemáticas, física y música (SCHÖN, 1983, págs. 66-68)—. El resultado fue que los profesores reconocieron que se confundían en temas pertenecientes a materias que daban por supuesto que "comprendían". Una consecuencia de este proceso fue que empezaron "... a pensar de forma diferente respecto al aprendizaje y la enseñanza". SCHÖN expone un ejemplo concreto en el que se pidió a dos profesores que vieran una grabación de dos chicos que participaban en un juego y reaccionaran ante ella. El juego suponía que uno de los chicos contaba al otro la forma y configuración de unos bloques que estaban situados detrás de él. Los dos chicos estaban separados por una mampara opaca y el segundo tenía ante él unos bloques, aunque sin ningún orden concreto. A medida que se desarrollaba el juego, pronto se puso de manifiesto que el receptor de las instrucciones "se había perdido". Al ver por primera vez la grabación, los profesores señalaron que parecía darse un "problema de comunicación" entre los chicos; que el que daba las instrucciones manifestaba "destrezas verbales bien desarrolladas", mientras que el receptor se había mostrado "incapaz de seguir las instrucciones". Entonces, una investigadora indicó que ella había oído que el primero de los chicos le decía al segundo que cogiera un bloque cuadrado verde (ninguno de los bloques cuadrados era verde; todos los cuadrados eran de color naranja, mientras que los verdes eran triangulares). Cuando los profesores volvieron a ver la grabación, se quedaron asombrados. Ahora se daban cuenta de cómo un error menor había provocado toda la confusión. Los profesores dejaron de considerar al segundo chico, el receptor, "incapaz de seguir las instrucciones", cayendo en la cuenta de las razones que explicaban sus errores. En principio, los profesores enmarcaron el problema como de incapacidad individual, pero después reconocieron, como el profesional reflexivo de SCHÖN, que experimentaron

> ... sorpresa, desorientación o confusión en una situación que le parece rara o única. Reflexiona sobre los fenómenos ante los que se encuentra y sobre los conocimientos antecedentes implícitos en su conducta. Desarrolla un experimento que le proporcione una nueva comprensión de los fenómenos y, a la vez, modifique la situación. (SCHÖN, 1983, pág. 68)

A consecuencia de la observación de la investigadora sobre las instrucciones problemáticas, los profesores modificaron su enmarcamiento de la situación viendo la interacción de otro modo.

El enfoque de SCHÖN sobre la práctica reflexiva tiene en cuenta las características contingentes, llenas de dilemas y contrapuestas de la acción educativa. Su enfoque ilumina y cuenta con muchas características del conocimiento en la acción de los profesores y su posible reflexión sobre ese conocimiento en la acción. Los conceptos de los repertorios de los profesores y las ideas de centrar los problemas y enmarcarlos encierran gran riqueza. Parecen iluminar mucho de lo que conocemos sobre nuestras propias prácticas y las ajenas. Sin embargo, una de nuestras principales preocupaciones ha consistido en examinar la capacidad del enfoque de SCHÖN para capacitar a los profesores, actuales y futuros, en la reflexión sobre sus creencias y concepciones sociales implícitas y estimularlos a examinar los conocimientos centrados en el contexto social de la escolarización. Nuestra valoración respecto a estas cuestiones es ambigua.

El modelo reflexivo de SCHÖN parece demasiado restringido. Para él hay cuatro "constantes" en la reflexión, cuatro conjuntos de concepciones subyacentes relativamente estables y que proporcionan a los profesionales unas "referencias sólidas a partir de las cuales, en la reflexión en la acción" pueden examinar sus teorías y marcos (SCHÖN, 1983, pág. 270). Estas constantes son:

- los medios, lenguajes y repertorios que utilizan los profesionales para describir la realidad y llevar a cabo experimentos;
- los sistemas de apreciación que emplean para centrar los problemas, para la evaluación de la investigación y para la conversación reflexiva;
- las teorías generales mediante las que se explican los fenómenos;
- los enmarcamientos de roles en los que sitúan sus tareas y a través de los cuales delimitan su medio institucional (SCHÖN, 1983, pág. 270).

En la descripción que hace SCHÖN de la investigación reflexiva, estas cuatro constantes constituyen el telón de fondo de la reflexión sobre el conocimiento en la acción. Aunque él sostiene que son susceptibles de cambio mediante la reflexión, no desarrolla más la evolución o alteración de estas "constantes" (SCHÖN, 1983, pág. 275). Desde nuestro punto de vista, esas constantes representan concepciones no cuestionadas que encierran con frecuencia creencias y preconcepciones sociales implícitas. Por ejemplo, al excluir de la reflexión los lenguajes que utilizan los profesionales para describir la realidad, dejamos de lado el examen del lenguaje individualista que abunda en muchas discusiones profesionales. Al tratar como fondo constante las teorías generales mediante las que los profesionales explican los fenómenos, no nos es posible examinar, como hicimos con el modelo de FENSTERMACHER, los puntos de vista del déficit, la diferencia o la perspectiva bicultural respecto al lenguaje afroamericano. Y, por último, al excluir los enmarcamientos de roles en los que los profesionales definen sus tareas y su medio institucional, no disponemos de puntos de vista alternativos sobre las tareas y responsabilidades de los profesores. En relación con los docentes que consideran que la enseñanza es, esencialmente, acción circunscrita al aula, no podemos considerar el rol del profesor en cuanto agente institucional de cambio ni como activista comunitario.

SCHÖN no sólo pasa por alto el valor que encierra la inspección de estas constantes, sino que tiende también a no revisarse a sí mismo. Como indicamos, una de las cuatro constantes de SCHÖN es la forma en que las personas estructuran su rol en una institución. En nuestro ejemplo, contrastamos dos marcos de roles (el profesor como actor en el aula frente al profesor como agente de cambio institucional o activista comunitario). En toda su obra, SCHÖN tiende a considerar a los profesionales como sujetos que participan en una práctica reflexiva que, como individuos, son capaces de cambiar. Esencialmente, SCHÖN nos presenta y se desenvuelve en un marco de rol muy restringido. Se centra en el individuo y parte de situaciones susceptibles de cambio inmediato. Este centro de atención es demasiado limitado. La práctica reflexiva competente presupone tanto un medio institucional que lleve hacia una orientación reflexiva como un enmarcamiento de rol que valore la reflexión y la acción colectiva dirigidas no sólo a la modificación de las interacciones dentro del aula y de la escuela, sino también entre la escuela y la comunidad inmediata y entre la escuela y las estructuras sociales más generales.

SCHÖN no olvida el componente institucional. En realidad, afirma que "el profesional que reflexiona en la acción tiende a cuestionar la definición de su tarea, las teorías en la acción que él aporta y las medidas de su actuación por medio de las cuales le controlan. Y como cuestiona estas cosas, también lo hace con los elementos de la estructura de conocimiento de la organización en la que se incluyen sus acciones" (SCHÖN, 1983, pág. 337). Dice también que "habría que incluir la vida del sistema burocrático de la escuela cuando los profesores comienzan a experimentar las dificultades de escuchar seriamente a los niños en una clase de verdad, por ejemplo" (SCHÖN, 1987, pág. 323). Pero, aunque este autor reconoce que las prácticas reflexivas acabarán enfrentándose, en último término, con las limitaciones institucionales, su proceso reflexivo (tal como lo presenta) no puede examinar adecuadamente tales limitaciones. Para hacerlo, los profesionales necesitan cuestionar sus enmarcamientos de rol, los sistemas de apreciación y las teorías generales. Dada la inclinación de SCHÖN hacia la acción individual y su tendencia a tratar las cuatro "constantes" como substrato de la reflexión, parece difícil que estas limitaciones sociales e institucionales puedan convertirse en objetos adecuados de reflexión.

Para poder examinar estos obstáculos institucionales, el enmarcamiento de rol individualista y orientado a la acción de SCHÖN tendría que ampliarse de manera que incluyera más acción y deliberación cooperativas, otorgando menos interés exclusivamente a los cambios que los profesores pueden efectuar en el aula. Con el fin de que el enfoque de SCHÖN pueda utilizarse para reflexionar sobre el contexto social de la escolarización, las cuatro "constantes" deben dejar de considerarse como tales. También tienen que convertirse en objetos de reflexión. Estamos de acuerdo en que SCHÖN no trata de esquematizar un proceso de cambio social e institucional. Sus preocupaciones se centran más en la práctica individual y en ese campo parece muy acertado, pero creemos que, para que en las escuelas se desarrolle una práctica reflexiva competente, hay que examinar primero y, en último extremo, cambiar las condiciones en las que se desenvuelve la escolarización. En el último apartado del capítulo mostraremos que, en la formación del profesorado, hay que tener en cuenta muchos conocimientos sociales y que tenemos buenas razones para hacerlo así.

Creencias sociales, marcos interpretativos y formación del profesorado

Hasta aquí (en los Capítulos II y III), hemos sostenido que los formadores de profesores deben aspirar a la articulación de los valores y creencias educativos de los futuros docentes, de manera que éstos puedan formular buenas razones en relación con sus acciones educativas. Hemos dicho que, como parte de esa articulación, los supuestos y creencias de los futuros profesores acerca del contexto social de la escolarización deberían hacerse más explícitos y que tendrían que examinarse los marcos interpretativos alternativos. Hemos sostenido también que la investigación sobre los conocimientos de los profesores no aborda de manera adecuada sus creencias sociales y que los modelos actuales de investigación reflexiva no parecen diseñados para tales investigaciones.

Para el examen crítico de las creencias sociales, hay tres consideraciones que nos parecen especialmente pertinentes: ¿en qué medida son exactas estas concepciones y creencias?, ¿hasta qué punto son coherentes y se articulan con otras creencias, valores y concepciones?, y ¿en qué medida pueden justificarse esas creencias y valores, desde los puntos de vista morales y políticos? El objetivo de este examen no consiste en conseguir un sistema de creencias completamente coherente e integrado, carente de ambigüedades y contradicciones. Sería imposible. Se trata sólo de que los profesores, actuales y futuros, adquieran cierta conciencia de sus propias creencias, para que examinen su grado de precisión y justificabilidad, para que consideren alternativas y sean capaces de apreciar los puntos de vista sociales explícitos e implícitos propios y de los demás. Esta tarea cobra especial importancia en relación con los futuros docentes. Éstos llegan a su formación profesional con un bagaje de años de experiencia en el sistema educativo y de trato habitual con profesores. Esta experiencia y conocimiento conduce a aceptar de manera acrítica el sistema educativo vigente y el tipo de interacciones que se producen en el aula[8]. No lleva a un examen crítico del sistema. Como dice Susan FLORIO-RUANE, "para convertirse en docente profesional, hace falta un reexamen y la transformación de lo que ya se sabe. Es necesario conocer, evaluar y [quizá] modificar el propio conocimiento tácito sobre la escolarización para poder hacer opciones pedagógicas razonadas con el fin de crear una comunidad en el aula"

---

[8]FEIMAN-NEMSER y BUCHMANN (1985) señalan también este aspecto.

(FLORIO-RUANE, 1989, pág. 164). Creemos que un corolario de este reexamen de las creencias es el reconocimiento de que aulas y escuelas no son islas. Sara Lawrence LIGHTFOOT (1978) nos recuerda este hecho cuando afirma:

> El profesor, aunque desempeña un papel central y dominante en el aula, vive en medio de las restricciones y límites de las normas institucionales de la escuela y su autonomía y capacidad de autodefinición son mínimas. Su capacidad para transformar el ambiente de su clase y para cambiar pautas de interacción profundamente establecidas está siempre limitada por las reglas explícitas y los supuestos implícitos de la vida colectiva de la escuela. (LIGHTFOOT, 1978, pág. 4)

Añade:

> el sistema social y la vida de la escuela están configurados por la estructura sociopolítica y económica de la comunidad de la que forma parte. Existen grandes disparidades en la educación y escolarización que se ofrecen a niños de distintas comunidades que reflejan diferencias de raza, carácter étnico y clase social. Estas patentes disparidades no sólo reflejan desigualdades económicas, sino también diferencias respecto a las realidades políticas, costumbres culturales e historias étnicas. Estas poderosas fuerzas estructurales y sociales rodean las escuelas y afectan profundamente las vidas de profesores y niños. (LIGHTFOOT, 1978, págs. 4-5)

Esta reflexión sobre nuestra comprensión de los contextos social, cultural y político de la escolarización es importante por razones tanto educativas como instrumentales. En primer lugar, nos ocuparemos de las razones educativas, para tratar después las instrumentales. Si esperamos que los alumnos elaboren justificaciones razonadas y razonables de sus acciones educativas, deberán inspeccionarse sus creencias y concepciones sobre el mundo social que subyacen a sus justificaciones. Por ejemplo (y como indicamos antes), muchos profesores futuros y principiantes creen que es preciso corregir los usos lingüísticos de los niños afroamericanos que asisten a las escuelas urbanas. Es bastante corriente que crean que estos niños no hablan el *standard English,* que en sus casas no reciben estímulos para expresarse en él y que esta falta de conocimiento y de uso del *standard English* provoca problemas de aprendizaje. Además, suelen afirmar que, si no se resuelven estas dificultades, los niños experimentarán graves problemas a la hora de enfrentarse con las exigencias del mundo adulto. Ahora bien, como comentamos antes, estos adultos pueden sostener posturas muy divergentes respecto a la cultura afroamericana. El estudiante puede comprender de forma implícita estas culturas urbanas como privadas de recursos culturales, como diferentes o biculturales. Son puntos de vista muy distintos. Los futuros profesores deben tener conciencia de las implicaciones de sus propias concepciones y conocer marcos alternativos.

Reflexionar y escoger entre marcos interpretativos (teorías) sociales y políticos alternativos no sólo tiene que ver con la exactitud de las respectivas teorías (aunque la exactitud debe situarse entre las preocupaciones clave), ni con la apariencia más o menos atractiva del marco, en general, sino que la opción parece relacionarse con el tipo de profesor y de persona que desea asumir el individuo, el tipo de enseñanza que pretende impartir y el tipo de escuela en el que quiere trabajar. Con demasiada frecuencia, parece que los futuros docentes y formadores de profesores consideran las teorías sociales, culturales y políticas como meras ventanas que enmarcan el núcleo real de la acción en el aula. Se toman estas teorías como marcos potencialmente interpretativos, aunque no conectados de manera significativa con la acción que se desarrolla en el aula y, mucho menos, con la vida de los profesores. Por desgracia, este punto de vista desenfoca el auténtico sentido en el que las propias creencias sociales reflejan e influyen en la imagen de quienes somos y de quienes queremos ser, tanto en el aula como en el mundo social en general. Nos desenvolvemos en este mundo con marcos interpretativos implícitos: lo que Sara Lawrence LIGHTFOOT llama "imágenes culturales" (1978). LIGHTFOOT sostiene que "con independencia de cómo pretendan los profesores separar y aislar el ambiente del aula de la vida de la comunidad en la que está situada, las perspectivas socioculturales y políticas de los profesores (y de los niños) llenan la atmósfera y [de manera parcial aunque importante] configuran el transcurso de los acontecimientos" (LIGHTFOOT, 1978, págs. 7-8). Afirma, asimismo, que debemos comenzar a apreciar

> el poder y momento determinantes de la imaginería social y cultural. Los individuos que participan en la negociación de los enlaces y límites entre familias y escuelas están muy influidos por las fuerzas sociohistóricas y culturales que forman parte de sus vidas. No quiere decir esto que padres, profesores y niños sean víctimas indefensas de un hado predeterminado ni que la iniciativa individual ni el intercambio interpersonal constituyan gestos sin sentido ni esperanza, sino que las cuestiones interpersonales e intrapsíquicas existen en el contexto de los sistemas de creencias y de las estructuras [sociales y políticas] vigentes. (LIGHTFOOT, 1978, pág. 176)

Si una de las características de los profesores bien formados es la preocupación por la coherencia, exactitud, consecuencias y justificabilidad de sus sistemas de creencias, parece que la reflexión sobre tales cuestiones es importante. Y si uno de los objetivos educativos de la formación del profesorado consiste en capacitar a los futuros docentes para estructurar unas identidades profesionales razonables y justificables, parece que habrá que descubrir y examinar sus creencias sociales implícitas. Existen numerosas posibilidades curriculares y programáticas para llevar a cabo esa reflexión y estructuración, y en los próximos capítulos (IV y VI) nos ocuparemos de ellas con mayor profundidad.

Es obvio que pensamos que deben presentarse a los estudiantes puntos de vista alternativos acerca de cómo pueden ser las escuelas y la enseñanza. Sin embargo, no creemos que esta reflexión deba centrarse sólo en las creencias sociales implícitas de los futuros profesores con el único objetivo de permitirles escoger y articular su postura educativa de forma más clara, permanente y justificable. Pensamos también que, para los futuros profesores, es valioso, desde el punto de vista instrumental, examinar nuestros conocimientos sobre las condiciones sociales de la escolarización, de manera que puedan comenzar a considerar si la dinámica institucional y social influye en la implementación de sus objetivos y programas educativos y cómo. Para que los profesores principiantes empiecen a dominar los rudimentos básicos del oficio y a actuar como profesionales al servicio de los valores de la excelencia y la equidad, parece que estos profesores tendrán que conocer y ser capaces de analizar y, en su caso, modificar determinadas normas institucionales de enseñanza y condiciones de trabajo. Asimismo, deben ser capaces de actuar de acuerdo con otros profesores y miembros de la comunidad para modificar ciertas dinámicas sociales y políticas significativas. En resumen, parece conveniente que los futuros profesores comprendan cómo el contexto social e institucional en general facilita o dificulta sus metas educativas.

Si una futura profesora elemental pretende utilizar la agrupación de alumnos según su capacidad para enseñarles a leer, debe conocer qué prácticas están relacionadas con esa forma de agrupación, las críticas que se le hacen y las consecuencias imprevistas de dicho método. Por ejemplo, debe conocer que hay investigadores (por ejemplo, HALLINAN, 1984) que han descubierto que el tipo de enseñanza difiere según los grupos distribuidos por capacidad. En los grupos inferiores, se emplea más tiempo en tareas no pertenecientes a la instrucción concreta, el material se trata a un ritmo mucho más lento y los profesores emplean menos tiempo preparando las clases de estos grupos. Es más, se ha descubierto que "la categoría social del estudiante difiere entre y dentro de los grupos establecidos por capacidades" (HALLINAN, 1984, pág. 231). Los estudiantes de nivel superior tienden a ser más populares que sus compañeros, y a los pertenecientes a grupos inferiores se les dispensa menor estima. Asimismo, los futuros profesores deben saber que los grupos según capacidades constituyen un "impedimento para el aprendizaje de los alumnos asignados a los grupos inferiores" (HALLINAN, 1984, pág. 232). Además de estas declaraciones relativas a la agrupación por capacidades, en cuanto fenómenos de aula, se han llevado a cabo investigaciones que ponen en relación la agrupación por capacidades con el orden social general. Jeannie OAKES (1985) afirma que, como consecuencias de este tipo de agrupación, 1) estudiantes de distinta posición social cursan *curricula* cualitativamente diferentes; 2) los alumnos de origen privilegiado reciben un *curriculum* de nivel superior, y 3) esta distribución diferencial del conocimiento permite a estos alumnos privilegiados un acceso más fácil al poder social o económico. Si los futuros profesores optan por la agrupación según capacidades como enfoque educativo, deben conocer estos descubrimientos y ser capaces de examinar sus propias escuelas.

Por otra parte, si el futuro profesor llegara a convencerse de que la agrupación según capacidades constituye un impedimento para una enseñanza justa y de calidad elevada, debe saber que muchos profesores creen que este tipo de agrupación es un medio eficaz para distribuir los recursos educativos entre alumnos de capacidades distintas; aunque, a veces, se encuentren incómodos al repartir a los alumnos en esos grupos. Asimismo, el futuro profesor debe saber que, desde el punto de vista institucional, la agrupación de los alumnos según sus capacidades permite que accedan a un programa de lectura de ámbito escolar o de distrito. Desde el punto de vista burocrático,

se dice que esto constituye una ventaja. E, incluso, debe saber que, históricamente, este tipo de agrupación ha proporcionado apoyo a la idea de que las
escuelas actúan en sentido meritocrático, ayudando a justificar el papel de
ordenadores sociales adjudicado a las escuelas. Si el nuevo profesor quisiera
alterar la práctica de la agrupación por capacidades en su clase (o escuela),
conviene tener presentes estos aspectos. En resumen, parece interesante,
con una perspectiva instrumental, que los futuros profesores comprendan
que la práctica y la política vigentes pueden estimular u obstruir sus metas
educativas.

Hemos dado razones instrumentales y educativas por las que los futuros
profesores deberían examinar sus propias creencias sociales implícitas y
nuestros conocimientos actuales sobre el contexto social de la escolarización.
Nuestros fundamentos educativos e instrumentales, aunque diferentes, en
sentido analítico, están entrelazados en sentido pragmático. Un programa
de formación del profesorado que tome en serio el contexto social de la escolarización hará que sus estudiantes examinen las teorías actuales respecto a
ese contexto, estimulándolos a una inspección reflexiva (y articulación) de sus
creencias y concepciones individuales y a examinar los posibles obstáculos.
Durante sus prácticas y demás experiencias docentes, debe pedirse a los
estudiantes que reflexionen sobre sus propias concepciones y creencias para
que articulen y justifiquen sus puntos de vista, tratando de relacionar los
conocimientos actuales al respecto con sus experiencias, a fin de descubrir
los posibles obstáculos que se opongan a su opción respecto a una orientación educativa. Cuando los futuros profesores empiecen a examinar nuestros
conocimientos actuales sobre el contexto social de la escolarización, bien
con el fin de articular más adelante sus propias creencias, bien para examinar
las limitaciones impuestas por la institución y la sociedad, se enfrentarán
con cuestiones de precisión empírica, persuasividad moral y aceptabilidad
política. No creemos que haya posibilidad de un cálculo sencillo mediante
el que los futuros profesores puedan discernir el respectivo valor de cada
teoría social o educativa, pero el examen no sólo es conveniente, sino necesario. Antes de acabar este capítulo, presentaremos un ejemplo abreviado
de una comparación de este tipo.

Como señalamos antes, es posible hallar diversas interpretaciones sobre
los efectos y orígenes de la agrupación de los alumnos. Por ejemplo, Mau-
reen HALLINAN (1984) dice que, aunque los grupos de capacidades distintas,
tal como se estructuran en realidad, parecen llevar consigo efectos perjudi-
ciales, esta forma de agrupación no tiene por qué provocar efectos dañinos.
Da la sensación de que el problema está en la forma en que los profesores
llevan a cabo la agrupación. Afirma que la agrupación según capacidades
constituye un diseño docente razonable y puede implementarse de manera justa
y eficaz. Jeannie OAKES (1985), por otra parte, adopta la postura contraria.
Dice que este tipo de agrupación es injusta, tanto desde el punto de vista
académico como político, y está relacionada con las desigualdades del orden
social en general. Para OAKES, el problema no sólo radica en la forma de implementar esos grupos, sino en el contexto mismo de la escolarización.

Hay que enseñar al futuro profesor que examina estos dos puntos de vista a compararlos de manera adecuada. Las diferencias entre HALLINAN y OAKES no se centran tanto en sus respectivos juicios acerca de que la agrupación según capacidades (como se practica en realidad) daña y ayuda a niños distintos, sino en la amplitud que conceden a la estructuración del contexto pertinente, sus diferentes perspectivas morales respecto a lo que constituye un diseño docente justo y su visión del rol del profesor en él. HALLINAN (1984) parece considerar esa forma de agrupación como un fenómeno estrictamente institucional, si no de la propia aula. No se detiene a considerar cómo puede relacionarse con fuerzas sociales más generales. Sostiene también que, aunque la agrupación por capacidades produce consecuencias dañinas e injustas, no tiene por qué suceder así. Parece que supone que el mérito individual y las capacidades individuales reclaman la adecuada recompensa educativa. Si alguien está mejor dotado que otra persona, la agrupación por capacidades permite que ese individuo tenga éxito. En consecuencia, HALLINAN considera que los profesores pueden rectificar los efectos negativos de ese tipo de agrupación. OAKES (1985) tiene en cuenta un contexto social y político mucho más amplio que el de HALLINAN, vinculando los efectos negativos de la agrupación por capacidades con un orden social y político injusto y desigual. Parece que sostiene una visión de la justicia que exige el rechazo absoluto de cualquier forma de diseño docente que perpetúe las diferencias indeseables, basadas en la mejor posición social o, incluso, en el "mérito" individual. Para OAKES, la agrupación de los alumnos según sus capacidades debe abandonarse. Los profesores, aunque puedan apoyar y estimular ese rechazo, tienen que convencer a los demás (esfuerzo en el que tendrían que participar, con toda probabilidad, docentes, padres, administradores y otros miembros de la comunidad).

Para aquellos profesores, en ejercicio y futuros, que no hayan prestado atención al contexto social, los resultados pueden ser, a la vez, iluminadores y perturbadores. En efecto, al mostrarnos lo que en realidad ocurre, estas teorías pueden atentar contra nuestras "descripciones habituales, mediante el descubrimiento de un contexto causal de nuestra acción no percibido, o mostrándonos que lo que no apreciamos tiene significación" (TAYLOR, 1983, pág. 68). Esos efectos pueden ser tanto educativos como instrumentales. En el próximo capítulo describiremos los contenidos curriculares, centrándonos en el contexto social de la escolarización, que nos facilitará la consideración de los aspectos educativos e instrumentales.

CAPÍTULO IV

El contexto social de la escolarización en la formación del profesorado

Introducción

En el capítulo anterior, dijimos que las propuestas de Gary FENSTERMACHER y de Donald SCHÖN no eran adecuadas para examinar las características contextuales de la escolarización y el aprendizaje. El interés de FENSTERMACHER por la evaluación de los conocimientos empíricos de los profesores, nos parece demasiado simplista cuando examinamos las creencias sociales y políticas de los futuros docentes. El modelo de reflexión sobre el conocimiento en la acción de SCHÖN trata el conocimiento social como un conjunto de concepciones subyacente y no como el motivo de reflexión. Ninguno de los dos enfoques parece pensado para prestar una atención adecuada a las creencias de los futuros profesores sobre el contexto social, político y cultural de la escolarización. Es obvio que los modelos de investigación de FENSTERMACHER y de SCHÖN están pensados para comprometer a los profesores en un examen reflexivo de su propia práctica. En la formación del profesorado, estos modelos de investigación podrían utilizarse para capacitar a los futuros profesores para que examinen sus propias acciones educativas en sus correspondientes ambientes o campos de trabajo. Aunque hemos señalado las limitaciones de ambos modelos en cuanto a su capacidad para reflexionar sobre las creencias sociales y políticas de los profesores, dijimos también que ambos (convenientemente modificados) podrían estimular un examen reflexivo de la visión de los profesores sobre el contexto social de la escolarización. Pero aún queda otro componente fundamental de los programas de formación del profesorado, los cursos universitarios, que podrían también impulsar la investigación del contexto social y político de la escolarización. Como la mayor parte de los programas no prestan demasiada atención al contexto social, político y económico de la escolarización (porque, según nuestra perspectiva, su enfoque es demasiado restringido), creemos que estos aspectos merecen mayor atención (BORMAN, 1990).

Este enfoque limitado no es raro. Diversos autores han señalado la tendencia de los estudiosos de la educación y de los profesores (y algunos podrían añadir la población en general) a examinar las situaciones desde puntos de vista más limitados que generales. Hace veinte años, decía Seymour SARASON (1971) que "somos muchos los que hemos sido formados intelectualmente en el marco de la piscología del individuo: o sea, aprendemos, formal o informalmente, a pensar y actuar en relación con lo que sucede dentro de las cabezas de los individuos. En ese proceso, se hace cada vez más difícil tomar conciencia de que los individuos actúan en diversos ambientes sociales cuya estructura no se contempla en nuestras teorías de la personalidad individual" (SARASON, 1971, pág. 12). Muchos nos basamos en orientaciones individualistas. Actuamos con una psicología popular que trata de comprender el fenómeno educativo mediante el examen de las acciones e intenciones de los individuos, prestando sólo una atención limitada a las influencias del contexto social. Cuando podemos explicar un suceso ocurrido en el aula atendiendo a las acciones e intenciones del profesor, el alumno o cualquier otro actor pertinente, pensamos haber comprendido y explicado la situación de una forma adecuada.

Da la sensación de que nos interesa examinar los problemas de este modo individualista. Si podemos comprender una situación en términos de los individuos participantes, nos parece que somos capaces de "explicarnos a nosotros mismos por nuestra propia cuenta; ponernos en el lugar de otros" (JAMES, 1984, pág. 156). En cuanto actores sociales (en especial, como profesores), nos agrada pensar que somos autónomos, capaces de "provocar acontecimientos y situaciones que, de no ser así, no se habrían producido" (JAMES, 1984, página 156). Y parece que, para ser profesores eficaces, tenemos que pensar que podemos ser diferentes. Queremos creer que podemos contribuir de algún modo positivo al desarrollo educativo de nuestros alumnos.

A muchos futuros profesores les atrae enseñar porque creen que pueden ser diferentes (ZIMPHER, 1989). Piensan que pueden "dejar su impronta" en los estudiantes cerrando la puerta del aula y encargándose exclusivamente de ellos. Muchos de los que hemos trabajado en la enseñanza primaria y en la secundaria pensábamos que podríamos protegernos a nosotros mismos y a nuestros alumnos del mundo exterior a la escuela. Pero pronto pudimos darnos cuenta de que no podíamos aislarnos ni aislarlos a ellos. Es como si las realidades del mundo pasaran por debajo de la puerta y entraran por los sistemas de megafonía. En pocas palabras, es simplemente imposible aislar la vida del aula de la dinámica institucional de la escuela, de las tensiones que siempre existen en la comunidad y de las fuerzas sociales en general. Como antiguos profesores de enseñanza primaria y actuales formadores de profesores, sólo en contadas ocasiones la orientación individualista nos ha proporcionado una información adecuada de la vida del aula. Para poder actuar con cierta eficacia, hemos tenido que reconocer la influencia del contexto social. Para acceder a una situación deseada, tuvimos que examinar las estructuras sociales en las que viven los alumnos y trabajan los profesores. Y, aunque hemos llegado a comprender que el enfoque individualista es totalmente inadecuado, no cabe duda de que poco más se les ofrece a los futuros profesores.

Hablando de su propio proceso de preparación para el profesorado, Sara FREEDMAN, Jane JACKSON y Katherine BOLES (1986) dicen que:

> se insistía en la contribución individual de profesores atentos cuya dedicación podría modificar y mejorar significativamente las escuelas. Estos libros (escritos por los radicales románticos de los años sesenta) constituían nuestra inspiración cuando ingresamos en la docencia, proporcionándonos una norma por la que nos juzgábamos a nosotras mismas y a nuestros compañeros. En ningún sitio mencionaban estos libros las poderosas influencias de la estructura de las escuelas sobre la relación entre el profesor y el niño, el director, el padre o el especialista. (FREEDMAN y cols., 1986, pág. 3).

Y añaden:

> Los profesores que iban ingresando uno a uno en la profesión permanecen durante mucho tiempo inconscientes de la naturaleza institucional de los sistemas escolares y, en consecuencia, están mal preparados para enfrentarse a los conflictos que surgen de la misma naturaleza de la estructura institucional. La situación del profesor en el conjunto del sistema escolar no constituye una preocupación profesional y los conflictos institucionales inherentes al rol del profesor siguen como están. (FREEDMAN y cols., 1986, pág. 57)

Desde los puntos de vista teóricos y pragmáticos, muchos futuros profesores piensan que deben escoger entre una orientación individualista que les dé una sensación de autonomía y esperanza o la aceptación del sentimiento de cinismo y desesperanza que se deriva de la consideración holística del restrictivo y "determinante" contexto social. Planteado de este modo, es fácil prever qué escogería cualquier profesor razonable. La orientación individualista da alguna esperanza a los profesores, pero, como ante la mayoría de las situaciones dicotómicas, creemos que hay otras formas de estructurarla. En este capítulo, contemplamos al profesor como uno de los muchos actores que participan en la vida escolar de sus alumnos, actores educativos que responden a las limitaciones sociales e institucionales y tratan de provocar cambios en sus propias vidas y en las de sus alumnos. Desde el punto de vista teórico, ninguna ciencia social ha "resuelto" la cuestión de las relaciones entre el individuo y los procesos sociales. No pretendemos, en absoluto, aportar solución mágica alguna. En el capítulo siguiente (V), presentaremos una orientación de investigación que puede ayudar a examinar esta situación. En éste, nos limitaremos a mostrar un conjunto de problemas generales y cuestiones más específicas que creemos estimulará a los futuros profesores y a sus formadores a pensar en el contexto de la escolarización de manera que les capacite para elaborar planes y fundamentos educativos más potentes. Si uno de los objetivos esenciales de los programas de formación del profesorado consiste en capacitar a los futuros docentes para que puedan dar buenas razones de sus planes educativos, y si estos planes han de tener en cuenta las realidades sociales de la escolarización, los formadores de profesores deben encontrar fórmulas para estimular un análisis reflexivo de estas realidades. Pensamos que lo que presentamos a continuación constituye un enfoque profundo, sugestivo y potente para los formadores de profesores. En primer lugar, expondremos brevemente los fundamentos de nuestra propuesta, presentando luego ejemplos de los tipos de preocupaciones y problemas de los que debe ocuparse un *curriculum* de formación del profesorado centrado en el contexto social de la escolarización.

Los fundamentos del *curriculum*

En cualquier plan educativo razonable, han de adoptarse decisiones sobre la selección y organización del *curriculum*. Decisiones sobre qué conocimientos han de considerarse principales y, en consecuencia, cuáles secundarios. También hay que ocuparse de cómo organizar el *curriculum*, además de formular los fundamentos de la organización y selección curriculares escogidas. Parece razonable suponer que este proceso estará orientado por la adecuada comprensión de los objetivos educativos articulados. Con respecto a estas previsiones, una propuesta de formación de profesores es como cualquier otro plan educativo. Por tanto, tenemos que resumir de alguna forma nuestros fundamentos.

Hasta aquí, hemos dicho que los formadores de profesores deben procurar la articulación de los valores y creencias educativos de los futuros docentes. Hemos afirmado también que, en cuanto forman parte de esta articulación de creencias y valores, deben ponerse de manifiesto las creencias de los futuros profesores respecto al contexto social de la escolarización, examinándose marcos alternativos. Dijimos que este examen es importante, tanto por razones educativas como instrumentales. El examen de las creencias y marcos sociales hace que los futuros profesores tengan una conciencia más crítica de sus propias concepciones y conozcan marcos alternativos. Ese examen les permite también ver con mayor claridad y modificar, si así les parece, las creencias sociales que forman parte de su identidad profesional. En un plano más instrumental, a los futuros profesores les conviene examinar cómo el contexto social de la escolarización, las condiciones de trabajo de los profesores y las normas institucionales de las escuelas pueden facilitar u obstruir sus metas educativas.

En el Capítulo II hicimos hincapié en la diversidad de metas y valores educativos (por ejemplo, los aspectos fundamentales de las tres tradiciones educativas). Pero también dijimos que nuestro compromiso con una forma de vida democrática limita nuestras metas educativas (y, en consecuencia, nuestra selección curricular) de tres modos importantes. Nuestros objetivos no pueden brindar su apoyo a propuestas educativas represivas o discriminatorias, sino que deben procurar estimular el desarrollo del carácter democrático y deliberante de los alumnos. Estos principios democráticos afectan también a nuestro examen del contexto social de la escolarización. Si los futuros profesores sostienen de forma evidente creencias sociales que fomentan prácticas educativas represivas o discriminatorias o si rechazan la meta de carácter deliberativo, hay que examinar esas creencias. Si las condiciones sociales de la escolarización presentan características inequívocas que contribuyen a las prácticas represivas o discriminatorias, esas características deben reconocerse y modificarse. Como mínimo, parece que los formadores de profesores no sólo deben capacitar a los futuros docentes para que formulen buenas razones que avalen sus planes educativos sino también a descubrir las creencias y condiciones sociales de la escolarización que constituyen un obstáculo para una educación democrática. En este capítulo, examinamos el contexto social de la escolarización, contando con nuestros criterios democráticos. Presentamos tres análisis de determinadas condiciones sociales (por ejemplo: discriminación racial, represión por razón del género y malas condiciones de trabajo de los profesores) que obstaculizan la consecución de metas democráticas. Ahora bien, en cada organización de objetivos educativos (por ejemplo, objetivos conservadores, progresistas y radicales) habrá determinadas creencias profesionales y condiciones sociales que requerirán cierta atención. Por ejemplo, un educador comprometido con el objetivo progresista de un *curriculum* integrado, orientado a un proyecto querrá saber qué obstáculos pueden dificultar la creación e implementación de un *curriculum* integrado. Una profesora de orientación más "conservadora" querría saber qué obstáculos tendría que afrontar para poner en práctica un *curriculum* que hiciera hincapié en un conjunto de hechos y creencias culturales "comunes". Un profesor de orientación más radical querría saber qué normas y reglas institucionales pueden impedir una mayor participación de los alumnos en la dirección de la escuela. Los formadores de profesores preocupados por la articulación de los valores y creencias educativos, y conocedores de la importancia del contexto social querrían explorar con mayor profundidad en qué sentido puede limitar el mundo real los objetivos organizados de sus alumnos, futuros profesores. En este capítulo, nos ocuparemos de una cuestión "antecedente". Presentamos un análisis de tres "conjuntos" de condiciones sociales que creemos impiden cualquier compromiso del profesor con una educación democrática.

Nuestro análisis se desarrollará del siguiente modo: primero, examinaremos la enseñanza en cuanto trabajo, como proceso laboral. Expondremos las condiciones de trabajo de los profesores y los procesos laborales de los mismos en el nivel personal y en el institucional, centrándonos después en la dinámica de las relaciones raciales y de género, examinando (cuando proceda) cada conjunto de relaciones en los niveles personal, institucional y social. Revisaremos las concepciones y conocimientos sobre el rendimiento de las minorías en las escuelas. Consideraremos también la dinámica de las relaciones según el género y la forma en que influyen en las escuelas públicas. En nuestro análisis permanente de las condiciones de trabajo de los profesores y de las relaciones raciales y de género, no pretendemos presentar análisis complejos o completamente desarrollados, sino que hemos preparado ejemplos adecuados, aunque incompletos, del tipo de contenidos que pensamos son necesarios en los *curricula* de formación del profesorado.

Conviene que hagamos una advertencia. En los tres próximos apartados revisaremos con detenimiento los puntos de vista de ciertos autores sobre el trabajo de los profesores, las experiencias de las minorías en las escuelas y las relaciones entre género y enseñanza. Presentamos estas cuestiones por varias razones. Queremos transmitir el valor de cada análisis y persuadir a otros del valor que tiene nuestra insistencia general en el contexto social de la escolarización en la formación del profesorado, pero también queremos recordar al lector que estos análisis son ejemplos del tipo de preocupaciones y problemas que deben incluirse en el *curriculum* de la formación del profesorado.

El trabajo de los profesores

La enseñanza que se desarrolla en las escuelas públicas es un trabajo. Los profesores participan en un proceso laboral (la enseñanza) cuyas condiciones de trabajo pueden facilitar u obstruir sus esfuerzos educativos. En un sentido muy real, son trabajadores. Aunque el análisis de la enseñanza en cuanto trabajo nos parece de sentido común, muy pocos futuros docentes lo tienen en cuenta y los programas de formación del profesorado no llaman la atención sobre esta forma de considerar la enseñanza. Parece que, entre muchos futuros docentes y formadores de profesores, existen ciertas reticencias a analizar la enseñanza en cuanto trabajo o a los profesores como trabajadores. Para algunos, se parece a una vocación; para otros, constituye una carrera profesional. A veces, los educadores consideran la perspectiva de la enseñanza en cuanto trabajo como una herejía profesional. Parece que su análisis como trabajo se centra a propósito exclusivamente en los profesores (por ejemplo, *sus* condiciones de trabajo, sueldo y beneficios), dejando de lado cualquier preocupación por los alumnos. En realidad, la consideración de la enseñanza como proceso laboral no tiene por qué suponer esta orientación egocéntrica. Si examinamos la historia de la *American Federation of Teachers,* es claro que no se concibió en sus orígenes ni exclusivamente de este modo egocéntrico (EATON, 1975)[1]. Si, como sostenemos, hay determinadas características de las condiciones de trabajo de los profesores que obstruyen más que facilitan la consecución de sus objetivos educativos democráticos, los futuros docentes deben tener en cuenta esas condiciones. Si la consideración de la enseñanza como proceso laboral capacita a los futuros profesores para que la contemplen y analicen de manera que estimule la creación de un ambiente educativo no represivo y no discriminatorio, ésta será una buena forma de estudiar la cuestión. Y conviene que

---

[1]URBAN (1982) dice que "las cuestiones económicas dominaron las primeras actividades de organización" (pág. 173). Pero también parece claro que las organizaciones de profesores se ocuparon asimismo de cuestiones sobre la calidad educativa y equidad y la reforma social (EATON, 1975). Puede verse una revisión de los trabajos recientes sobre las organizaciones de profesores en URBAN (1989).

esa orientación haga que los futuros profesores empiecen a relacionar su vida profesional laboral con el contexto social general. Estamos convencidos de que la consideración de la enseñanza como trabajo, como proceso laboral, es adecuada para la consecución de tales objetivos.

Amy GUTMANN (1987), en su *Democratic Education,* articula con toda claridad las razones por las que los educadores democráticos deben preocuparse por las condiciones en las que desempeñan su trabajo los profesores. Parte de la premisa de que "los docentes tienen la responsabilidad profesional... de establecer el principio de la no represión cultivando la capacidad de deliberación democrática" (pág. 76). Es decir, el profesor tiene la obligación de asegurar que no se restrinja la deliberación racional de los alumnos y que éstos sean capaces de considerar con visión crítica diversas formas de vivir. Pero GUTMANN observa que, en la mayoría de las escuela públicas, se obstaculiza continuamente la posibilidad de que los profesores cultiven esta capacidad por las condiciones laborales en las que desempeñan su trabajo. La estructura del trabajo de los docentes contribuye a lo que GUTMANN llama la "osificación" burocrática (pág. 77). O sea, los profesores gozan de muy poca autonomía y, en consecuencia, la enseñanza que se imparte en las escuelas públicas se hace rígida, anquilosada y preestablecida. Esta falta de autonomía surge, según GUTMANN, a partir de ciertas fuentes "estructurales": los profesores tienen "poco control sobre su trabajo, sueldos bajos y una categoría social inferior" (pág. 78). En comparación con otras profesiones, la enseñanza ofrece pocas recompensas y mucho menor salario y categoría social. Citando a Seymour SARASON (1971), Myron BRENTON (1970), Dan LORTIE (1975) y Gertrude MCPHERSON (1972), GUTMANN sostiene que "la mayoría de los profesores que empiezan con un sentido de misión intelectual, lo pierden tras unos años de trabajo docente y, o bien continúan enseñando de forma rutinaria y carente de inspiración, o bien abandonan la profesión para evitar el atontamiento intelectual y la desesperanza emocional" (pág. 77). Citando a Sara Lawrence LIGHTFOOT (1983), dice que las escuelas tienden a estimular el anquilosamiento desalentado la creatividad intelectual:

> En las peores escuelas, los administradores rebajan e infantilizan a los profesores, considerándolos como vigilantes, guardianes o técnicos carentes de inspiración. En ambientes menos extremados, los profesores se ven solos, con pocas interacciones con adultos, prestándose una atención mínima a sus necesidades de apoyo, recompensas y crítica. (LIGHTFOOT, 1983, pág. 334; citado por GUTMANN, 1987, pág. 79)

Como consecuencia de todo ello, GUTMANN supone que:

> los profesores comprometen sus niveles profesionales por causas que, a veces, escapan completamente de su control personal: demasiados alumnos, muy poco tiempo de preparación para la enseñanza, demasiado trabajo administrativo, demasiado poco dinero para mantener a sus familias. (Pág. 79)

GUTMANN no cree que todas estas causas escapen del control de los profesores. Es posible que, en cuanto colectividad, estén en condiciones de modificar algunas de estas inadecuadas condiciones de trabajo. Organizados en sindicatos, los profesores pueden lograr un nivel de autonomía más satisfactorio. Pero dice GUTMANN que ha de subrayarse el propósito democrático de los sindicatos de profesores: dichos sindicatos deben "presionar a las comunidades democráticas para que creen las condiciones en que los docentes puedan cultivar en los estudiantes la capacidad de reflexión crítica sobre la cultura democrática" (pág. 79).

La línea de razonamiento de GUTMANN parece clara y razonable. Muestra cómo las condiciones laborales de los profesores pueden obstaculizar la educación democrática de los alumnos. Si los docentes están sobrecargados de trabajo, emocionalmente derrotados y carecen del tiempo y del apoyo necesarios para comprometerse en sus cometidos educativos, es muy difícil que se den las condiciones mínimas para desarrollar las capacidades de deliberación de los alumnos. Una serie reciente de informes y análisis pone de relieve la preocupación por las condiciones de trabajo de los profesores y menciona numerosas características de la enseñanza (a veces, bajo la rúbrica de "culturas de la enseñanza"), algunas de las cuales pueden obstaculizar la consecución de los objetivos educativos democráticos. Parece que sería conveniente, tanto desde el punto de vista educativo como instrumental, que los futuros profesores tuviesen en cuenta la naturaleza y el efecto de estos tipos de condiciones laborales y normas vigentes al respecto.

Por ejemplo, Sharon FEIMAN-NEMSER y Bob FLODEN (1986) han resumido una serie de características de las culturas docentes que conviene considerar. Señalan que los profesores trabajan aislados, que "tienen iguales, pero no colegas" (pág. 508). Desde el punto de vista arquitectónico, las escuelas primarias son estructuras de tipo "cartón de huevos", en donde cada aula es una unidad autosuficiente. Los profesores pasan la mayor parte del tiempo con los alumnos, dentro de sus aulas, por lo que interactúan poco con los demás docentes. Cuando lo hacen, la costumbre de no pedir ayuda a los otros casi se convierte en norma: hacerlo supondría admitir el propio fracaso. En sus interacciones con los administradores, los profesores suelen verse a sí mismos en situación de ambigüedad. No quieren tener muchas interferencias del director en sus actividades de clase pero, al mismo tiempo, desean que éste actúe como "parachoques" entre ellos y el mundo exterior. Tal como la describen FEIMAN-NEMSER y FLODEN, la cultura docente parece muy individualista y evidentemente poco cooperativa. Tales características no conducen a establecer un ambiente educativo democrático.

En otro estudio titulado *Working in Urban Schools,* los autores transmiten la sensación general de que muchos profesores urbanos trabajan en condiciones "intolerables". Tras examinar sus condiciones laborales en cinco distritos escolares urbanos (Denver, Detroit, Indianápolis, Nueva Orleáns y Rochester —Nueva York—), Thomas CORCORAN, Lisa WALKER y Lynne WHITE dicen[2] que las condiciones físicas de muchas escuelas no cumplen los mínimos legales. No disponen de recursos. Los profesores manifiestan la

---

[2]Lo que sigue está tomado de un artículo de Lynn OLSON, titulado "Work Conditions in Some Schools Said 'Intolerable' ", *Education Week,* 8 (4), 28 de julio de 1988, págs. 1, 21.

falta de personal de apoyo y de orientadores para los alumnos. Se carece de los elementos más básicos, como libros de texto y pizarras. Los docentes consideran "degradantes y no profesionales" los procedimientos empleados para repartir los materiales. Describen a los alumnos como mal equipados para la escuela y consideran que sus actitudes hacia ella son negativas, con abundantes faltas de asistencia. Los profesores se quejan de la falta de apoyo de los padres y de la sensación general de conflicto entre las previsiones de la escuela y el origen cultural de las familias de los alumnos. Y, con respecto a su propia autonomía profesional, mencionan la "creciente pérdida de control sobre lo que enseñan" y su "menor influencia en las decisiones relativas a la normaiva escolar y las pocas oportunidades de trabajar en colaboración" (OLSON, 1988, pág. 22). Son descubrimientos deprimentes y sombríos que no suelen examinarse ni mencionarse en los programas de formación del profesorado. Para que los formadores de docentes preparen individuos capaces de cultivar las capacidades de deliberación democrática de sus alumnos, parece conveniente que los futuros profesores conozcan la naturaleza y la fuerza de estas condiciones de trabajo y las investiguen más a fondo[3]. Como mínimo, los docentes deberían tener tiempo para planear, implementar y evaluar sus planes educativos, con oportunidades para trabajar en un ambiente colegiado y cooperativo y de obtener orientaciones y comentarios de otros participantes informados de dentro y fuera de la escuela (WEINSHANK y cols., 1983).

Otra característica del trabajo de los profesores que no suele discutirse con perspicacia analítica ninguna consiste en la forma en que estas condiciones afectan al profesor. Las condiciones intolerables de trabajo suelen resultar así con independencia de la tarea de que se trate. Pero un examen más detallado de la naturaleza del trabajo de los profesores subraya la intensidad y el modo en que se experimentan esas condiciones. El análisis de R. W. CONNELL (1985) es muy útil a este respecto. Plantea dos cuestiones fundamentales. Una consiste en que, en muchos aspectos, la enseñanza es un proceso laboral sin un objeto fácilmente discernible. Dice:

> ... siempre es difícil especificar el objeto del trabajo de los profesores, la materia prima con la que se supone trabajan. En consecuencia, la definición de la tarea puede ampliarse y contraerse de manera muy alarmante. (CONNELL, 1985, páginas 70-71)

El límite del trabajo de los profesores no suele ser la capacidad de aprendizaje de los alumnos, sino que "el límite consiste pura y simplemente en las otras demandas de tiempo y energía [del profesor]" (CONNELL, 1985, pág. 73). En la mayoría de las escuelas, podemos ver que hay docentes que llegan a

---

[3]Es importante señalar que las condiciones de trabajo de los profesores varían. En algunas situaciones parecen "intolerables", en otras "tolerables", quizá. Pero, en la mayoría de ellas, no parecen favorecer las tareas de la docencia. METZ (1989) demuestra que las condiciones de trabajo de los profesores difieren entre escuelas que atienden a distintas clases sociales. sociales.

las 8 de la mañana y salen a las 3 de la tarde, mientras que otros dan la sensación de que viven, respiran y duermen enseñando. Además, ellos mismos definen y delimitan su trabajo de distintas maneras. Pero el hecho es que las tareas educativas no acaban nunca, sino que parecen expandirse cada vez más.

El segundo aspecto en el que se fija CONNELL es que el trabajo de los profesores presenta una carga emocional. Cuando enseñan a sus alumnos, tienen que utilizar y dirigir sus propias emociones y las de ellos. De este modo, crean unas "relaciones" emocionales con sus estudiantes. Según CONNELL, la gestión de estas relaciones "configura una gran parte de sus ocupaciones laborales. El mantenimiento del orden y el hecho de conseguir que los niños aprendan requieren trabajar sobre las emociones de los chicos a través de las emociones de la profesora" (CONNELL, 1985, pág. 117). Cuando los docentes utilizan las emociones propias y las de sus alumnos, quedan ellos mismos inmersos en su trabajo de forma muy personal. Cuando escogen una determinada estrategia de enseñanza o de gestión, los docentes se comprometen e implican en un conjunto concreto de emociones. Esto produce un efecto en la identidad profesional y personal del docente. CONNELL lo señala cuando afirma que una profesora principiante

> que se enfrenta al problema de mantener el orden se sitúa al borde del ataque de nervios hasta que consigue establecer una estrategia de supervivencia... Es probable que el profesor más experimentado sea menos vulnerable, pero no por ello está menos comprometido, porque, con independencia de la estrategia de control que se adopte, requiere siempre un compromiso emocional en un determinado sentido. Al desarrollar una determinada estrategia, nos convertimos en un tipo concreto de profesor y en un tipo concreto de persona. (CONNELL, 1985, pág. 118)

Cuando construimos la docencia, en parte, como un proceso laboral emocionalmente difuso en el que existen dos limitaciones fundamentales que son el tiempo y la energía de los profesores, la "economía emocional" del docente se convierte en una característica muy destacada de la enseñanza. Esto es importante, desde distintos puntos de vista. Cuando un profesor comprometido con la educación democrática (o su propio conjunto de objetivos educativos articulados y justificados) se encuentra con unas condiciones de trabajo intolerables, la consecuencia no sólo es la de un "obstáculo" más, sino la sensación de frustración personal y profesional. Cuando se encuentra con situaciones en las que el esfuerzo que hace para crear sus relaciones educativas se ve frustrado continuamente, experimenta una pérdida. Y cuando reacciona ante estas situaciones con nuevas estrategias y enfoques, lo que está en juego es su propia identidad profesional.

Al considerar el trabajo de los profesores como un proceso laboral emocionalmente cargado, los futuros docentes adquieren un conocimiento mucho más profundo de su trabajo, de su propia experiencia y también una visión más clara de sus relaciones con los alumnos. El examen de las condiciones de trabajo de los profesores permite que los aspirantes adquieran una visión general del contexto y de cómo influye en su capacidad para

© Ediciones Morata, S.L.

enseñar. Las reacciones iniciales ante la idea de incluir estos contenidos en los *curricula* de formación del profesorado suele rayar en el escepticismo y la desconfianza. Dicen los escépticos que el análisis de la tarea de los profesores y de sus condiciones de trabajo sólo lleva al cinismo, a la desesperanza y al abandono de la docencia. Se piensa que la realidad es demasiado dura para un "neófito". Esos contenidos deberían experimentarse después de cierto entrenamiento y preparación profesionales. Otros pueden decir que pintamos un panorama demasiado negro y que la vida en las escuelas no es tan mala. Es obvio que creemos que los futuros profesores tienen que examinar sus probables condiciones de trabajo y, al hacerlo, existe el peligro de que algunos aspirantes se desesperen y abandonen la enseñanza. Pero creemos que, mediante el examen de las condiciones de trabajo de los profesores, prepararemos profesionales más realistas respecto a las probables situaciones en que les toque trabajar. Parece que, para trabajar con éxito en las escuelas, los profesores tienen que adquirir una visión "comprometida, desde el punto de vista personal, pero razonablemente crítica" de la enseñanza[4]. Este tipo de disposición no se consigue por las buenas; pero sin una idea de cómo se desarrolla el trabajo de los profesores antes de su inmersión inicial, tememos que los resultados más probables de ésta sean la adaptación y posterior aceptación de la situación, o el cinismo, la desesperanza y el abandono de la enseñanza. No parece adecuada la postura del avestruz respecto al trabajo de los profesores.

Culturas minoritarias y escolarización mayoritaria

Un aspecto fundamental de nuestra orientación reconstruccionista social consiste en la preocupación por modificar las relaciones de dominación y subordinación mediante la educación. No se puede negar que el ser negro y vivir en una extensa área metropolitana de los Estados Unidos en nuestros días aumenta en gran medida la posibilidad de recibir una educación inferior y hace mucho más probable una vida de subordinación. La mayoría de los futuros profesores tiene poca experiencia previa sobre las culturas minoritarias y, como muchos blancos de clase media, tiende a utilizar un modelo de déficit cultural para comprender las desigualdades sociales. Dado que la discriminación contra los negros todavía persiste en las escuelas, que los futuros profesores conocen poco la cultura afroamericana y que el modelo del déficit cultural constituye el marco dominante en la mente de la mayoría de la gente, parece oportuno y adecuado que nos ocupemos de esta cuestión. Uno de nuestros principios educativos fundamentales consiste en que, como profesores, tenemos que conocer y comprender las perspectivas de los alumnos y ser capaces de ver y sentir las cosas desde esas mismas pers-

---

[4]Connell (1985) describe esta característica como una disposición valiosa en los docentes que deben estimular los formadores de profesores (Connell, 1985, págs. 152-153).

pectivas. Cuando enseñamos, debemos ser capaces de introducirnos en las vidas de nuestros estudiantes y comprender cómo estructuran su mundo. Pocos programas de formación de profesores ofrecen análisis amplios de la discriminación y represión experimentadas por las personas afroamericanas en los Estados Unidos[5]. Muchos futuros profesores conocen muy poco, o nada en absoluto, la cultura afroamericana y su diversidad interna. Y esto no porque carezcan de preocupaciones al respecto. Parece, más bien, que el temor de ser tildados de racistas impide a muchos participar en un diálogo fructífero y que, en general, siguen la máxima que obliga a tratar y a acercarse a todos los niños en cuanto individuos y no como miembros de grupos sociales, raciales o económicos. Por desgracia, estos temores y la citada orientación individualista obstaculiza la comprensión de las características generales de las vidas de los alumnos. Crea barreras en contra de la comprensión de los niños de color. En consecuencia, es probable que el prestar atención a las relaciones raciales cuestione y amplíe las creencias personales de los profesores respecto a los niños afroamericanos, permitiendo una visión más profunda de la dinámica institucional y de las fuerzas sociales más generales que influyen en las experiencias y aprovechamiento de dichos niños en la escuela.

Nuestro interés por las relaciones raciales comienza por el profesor. Hemos dicho que la enseñanza es un proceso emocionalmente marcado y, dada la carga emocional de las relaciones entre blancos y negros, nos parece conveniente pensar en las existentes entre profesores blancos y niños negros y en las respuestas que aquéllos dan a éstos. Las reflexiones de Vivian Gussin PALEY (1989) en *White Teacher* nos proporcionan abundantes ejemplos para esta parte de nuestro análisis. Tras analizarlas, pasaremos a examinar estas relaciones raciales en un nivel institucional. En este segundo apartado, pondremos de manifiesto la forma en que pueden entrar en conflicto los usos lingüísticos de los profesores en las escuelas con las experiencias lingüísticas de los niños afroamericanos en sus hogares. Gracias a las investigaciones de Shirley Brice HEATH (1982 y 1983), indicamos cómo han sido examinadas y resueltas tales situaciones. Por último, nos ocuparemos del aprovechamiento de las minorías, desde una perspectiva sociohistórica más general. Basándonos en la investigación de John OGBU (1987), presentamos una interpretación de las causas de que muchos niños afroamericanos fracasen en las escuelas públicas.

En *White Teacher,* Vivian PALEY (1989), mujer de mediana edad, blanca y judía, expone con gran belleza la complejidad de sus reacciones ante la

---

[5]En este apartado nos centramos en la relación entre profesores blancos y alumnos afroamericanos por dos razones: los afroamericanos constituyen la mayor población minoritaria a la que imparten clases nuestros alumnos en prácticas, y hemos encontrado diferencias culturales significativas entre la mayoría de nuestros futuros profesores y muchos niños negros. Nuestra atención a los afroamericanos como minoría no pretende excluir el estudio de otros grupos minoritarios. Ilustra, en cambio los tipos de preocupaciones que creemos importante suscitar cuando los aspirantes a profesores comienzan a pensar en las diferencias culturales.

enseñanza impartida a niños negros urbanos de primer ciclo. Por supuesto, sus comentarios y reacciones son suyas propias, pero creemos que sus experiencias no son peculiares. Las observaciones que hace son reveladoras y su enfoque resulta desusadamente sincero y reconfortante. Comienza señalando que, cuando el niño llega a la escuela, ya ha

> aprendido qué características suyas son vistas como debilidades por quienes le cuidan en casa. De repente, un extraño, a quien llaman "profesor", pretende descubrir qué sabe y no quién es. Cuanto más alejado se encuentre éste del ambiente cultural o temperamental del niño, más probable será que haga preguntas erróneas. El niño se da cuenta instintivamente de que las preguntas son inadecuadas, pero pronto se percata de que inadecuado debe ser él mismo. Así, comienza a gastar energías en tratar de encubrir sus diferencias. (PALEY, 1989, págs. XIII-XIV)

Los alumnos no son los únicos que pretenden encubrir diferencias. Da la sensación de que algunos profesores creen que la justicia y la equidad suponen la negación de las diferencias[6]. PALEY dice que, cuando empezó a dar clase, tanto ella como sus colegas blancos "aceptaban que había que dejar por completo de lado el carácter de personas negras de los negros. La ceguera ante el color era la esencia del credo" (PALEY, 1989, pág. 9). Pero la negación de las diferencias no llevó muy lejos a PALEY; la comprensión y el conocimiento de sus alumnos estaba drásticamente recortado. Dicha negación impedía darse cuenta de hasta qué punto el origen cultural de sus alumnos negros podía diferir del de algunos de sus alumnos blancos. Este saber cultural —afirma— constituye una parte esencial del cuadro educativo. Dice:

> Creo que es cuestión de indicios. Reconozco que, con la mayoría de los niños blancos, la más pequeña pista revela la totalidad de las características. Por ejemplo, no soy consciente de todas las implicaciones que encierra el que un niño negro diga: "Yo no como cerdo. Sólo los blancos comen cerdo."
> Cuando Barbara —que dos años antes había organizado "el club judío"— dijo que su familia comía alimentos judíos, supe muchas cosas respecto de Barbara y su familia. Sus comentarios sobre la carne y los productos lácteos, se convirtieron al instante en mensajes sobre su inteligencia que quizá hubiesen pasado desapercibidos para un profesor no judío. Creo que no llego a interpretar correctamente una parte del cuadro que presentan muchos niños negros por no estar habituada al contexto del que parten ciertos mensajes sencillos. (PALEY, 1989, pág. 77)

Según PALEY, esta falta de habituación dificulta su comprensión del niño y, en consecuencia, el proceso educativo.

Estas diferencias culturales entre profesora y alumno no sólo influyen en la primera y en sus acciones educativas, sino también en las reacciones del niño ante la escuela. PALEY señala que un verano observó un grupo de

---

[6]WILLIAMS señala esta tendencia de los profesores a negar las diferencias culturales. Véase WILLIAMS (1989, pág. 31).

chicos negros que iba habitualmente al patio de la escuela a practicar sus movimientos acrobáticos. El chico más joven, Kenny, trataba persistentemente de dar una doble vuelta en el aire, mientras sus compañeros le animaban y apoyaban. A PALEY le impresionó la cooperación, concentración y autorregulación de todos los chicos. Más adelante, la autora comenta que no reconoció a Kenny, el chico más joven, cuando su padre lo llevó por primera vez a la escuela. En realidad, sólo unas semanas más tarde se dio cuenta de que Kenny era el "notable pequeño gimnasta de la colchoneta azul" (PALEY, 1989, pág. 122). En ese contexto, se pregunta, no sin cierta retórica:

> Pero, ¿qué le había pasado a su confianza? ¿Dónde habían quedado sus modales atrevidos y su orgulloso disimulo de golpes y magulladuras? Si alguien le empujaba, Kenny lloraba. Enmudecía en cuanto se le encargara realizar la más mínima tarea ante toda la clase. En las actividades de mesa, se le empañaban los ojos y suspiraba: "No puedo hacerlo." Sobre la colchoneta azul, parecía capaz de conquistar el Everest. La escuela había hecho de Kenny un chico tímido. (PALEY, 1989, págs. 121-122)

La escuela no convirtió en tímidos a todos los niños de etnias minoritarias de la clase de PALEY, pero sí produjo ese efecto en Kenny. Esta autora expone a continuación cómo, a sabiendas de lo ocurrido, estimuló a Kenny para que se mostrara menos tímido. PALEY cree que las diferencias culturales afectan tanto al profesor como al niño.

A veces, dichas diferencias se manifiestan como antagonismos raciales. PALEY comenta la sorpresa y consternación que experimentó al oír a uno de sus alumnos negros utilizar con desprecio el término "blanca" refiriéndose a ella. Dice:

> En realidad, me sentí atacada. ¿Cómo podía ser? ¿Estaba reaccionando ante la afrenta a mi autoridad como profesora o a mi autoridad como blanca? Durante los días siguientes me estuve planteando estas preguntas, aunque, en realidad, conocía las respuestas. Si Steven hubiese dicho: "no quiero escucharte", se habría tratado de una situación ordinaria. Por supuesto, yo reaccionaba ante el uso hostil que este niño negro hacía de "blanca". (PALEY, 1989, pág. 14)

Y continúa explicando:

> Si hubiera dicho "judía" en vez de "blanca", me habría trastornado más. Este pensamiento me dio valor. Yo me siento más judía que blanca. Mi ego parece estar más relacionado con las imágenes e inseguridades judías... Pero Steven Sherman sólo me ve como una señora blanca. No puedo interpretar mi papel judío. Debo reaccionar como una blanca, de manera que Steven se dé cuenta de que no me molestan nuestras diferencias. Pero yo *estaba* reaccionando como blanca y me *estaban* molestando nuestras diferencias. (PALEY, 1989, págs. 14-15)

PALEY comenta también cómo trató de convencerse de que no debían producirse discusiones en torno a estas diferencias porque ella quería "respetar" los sentimientos de las personas. Kim, una de las alumnas negras de PALEY, había roto un dibujo de su casa que había hecho sin incluir a su padre "ausente". Otra alumna negra, Alma, parecía tratar de encontrar su puesto en un mundo blanco. Escribe PALEY:

El padre [de Kim] no apareció en el dibujo ni hubo explicación alguna de por qué rompió su dibujo. Yo quería respetar sus sentimientos. No hablé más adelante con Kim porque quería respetar *sus* sentimientos. Tampoco hablé con Alma acerca de ser negra por la misma razón. Era obvio que yo esperaba pasar por alto los sentimientos, no respetarlos. Mi silencio transmitía la impresión de que ser negra o vivir separada del propio padre tenía algo de malo. (PALEY, 1989, págs. 129-130)

Cuando leemos las reflexiones de PALEY, no es raro que nos impresionen su durabilidad emocional y perspicacia cognitiva. Como mujer judía educada en un mundo gentil, sabe lo que es sentirse distinta, lo que parece ayudarle a comprender otros tipos de diferencias. Más adelante, se abre por completo hablando con cariño de las mismas, sin ánimo de juzgarlas. Los futuros profesores podrían sacar mucho provecho de las experiencias de PALEY. Pero, si tuviésemos que resaltar algunos aspectos fundamentales, habría que llamar la atención sobre la falta de disposición inicial de PALEY para reconocer las diferencias entre sus propios antecedentes blancos, de clase media (judía), y los de sus niños negros urbanos. Asimismo, tendríamos que señalar su posterior convencimiento de la necesidad de saber más acerca de los antecedentes culturales de los niños. Si los formadores de profesores permiten que los futuros docentes pasen por alto las diferencias culturales que de hecho se dan, estarán mal preparados para enseñar a niños cuyas clases socioculturales de origen no coincidan con la suya propia. Pero el aprendizaje sobre culturas diferentes no es asunto fácil. Es preciso sensibilizarse y ser consciente de las pautas antiguas y actuales de prejuicios y discriminaciones y tratar de contemplar la experiencia escolar desde el punto de vista del individuo de cultura diferente. La obra de PALEY subraya qué significa y cómo afecta al profesor este esfuerzo para saber más. Su obra presenta un relato vivo y conmovedor de cómo afectaron estas diferencias culturales a ella misma y a sus alumnos.

Las diferencias entre las poblaciones minoritarias y mayoritarias pueden llegar a institucionalizarse de forma que obstaculicen el aprovechamiento escolar de los alumnos pertenecientes a minorías. Y creemos esencial que los futuros profesores estudien cómo la institución escolar (o sea, las normas y disposiciones predominantes y las prácticas reiteradas), y no sólo los puntos de vista culturales de un profesor concreto, puede convertir las diferencias culturales en obstáculos educativos para los alumnos pertenecientes a minorías, porque no sólo son las actitudes y creencias de los individuos las que dificultan el aprovechamiento escolar de las minorías sino que también las normas y prácticas de las instituciones docentes crean obstáculos al respecto. En un estudio etnográfico centrado en parte en las experiencias de los alumnos negros de clase trabajadora en un ambiente de clase media blanca en el que se había suprimido la segregación racial (situado en el sureste de los Estados Unidos), Shirley Brice HEATH (1982 y 1983) pone de manifiesto cómo el uso diferencial del lenguaje, sobre todo en las preguntas, entre la comunidad negra y las escuelas blancas restringía la participación y el aprovechamiento de los alumnos negros en la escuela. Comenzó su estudio cuando los miembros de la comunidad negra (Trackton) le pidieron que hablase con sus hijos para descubrir por qué no se desenvolvían bien en la escuela. Al haber trabajado con muchos grupos de la comunidad, la confianza que depositaron en ella los habitantes de Trackton y los profesores de las escuelas públicas le satisfizo mucho.

HEATH indica que se cree que el cometido de las escuelas consiste en transmitir conocimientos y destrezas a los alumnos. Los profesores basan su actuación docente en las preguntas y parece que el discurso de clase está dominado por las que hacen los propios profesores. HEATH descubrió que las preguntas en el aula incluían funciones y significados no habituales para los alumnos negros de clase trabajadora de Trackton. Cuando éstos entraban en el aula, se introducían en un mundo de preguntas no coincidentes con las que les hacían en sus casas. En principio, los docentes no se daban cuenta de esta incongruencia cultural. Según HEATH, los profesores

> sostenían al principio una serie de estereotipos acerca de la forma de aprender el idioma de los niños negros: los padres de éstos no se preocupaban del habla de sus hijos; es probable que los niños negros carezcan de muestras lingüísticas adecuadas porque las destrezas del habla de sus padres sean tan limitadas como las de sus hijos en la escuela; los padres negros no pasan con sus hijos el tiempo suficiente para enseñarles a hablar correctamente. (HEATH, 1982, pág. 114)

Pero —señala HEATH—, aunque los profesores tuvieran la sensación de que había algo que no marchaba bien, daban por supuesto que los niños de Trackton responderían a los usos lingüísticos escolares del mismo modo que los demás niños.

Sin embargo, no pasó mucho tiempo hasta que se hizo evidente a los profesores y a los padres de Trackton que los alumnos de esa comunidad no se desenvolvían bien. HEATH descubrió que las preguntas que los profesores hacían en casa a sus propios hijos eran muy semejantes a las que ellos mismos y sus compañeros planteaban en la escuela. Básicamente, halló que los docentes utilizaban las preguntas

> ... para enseñar a sus hijos a qué tenían que prestar atención cuando miraban un libro... Enseñaban a los niños a nombrar, a escoger partes de ilustraciones, a denominar partes de conjuntos y a hablar sobre ellas fuera de contexto. A medida que los niños crecían, los adultos utilizaban las preguntas para reforzar sus directrices... y para llamar la atención sobre las infracciones cometidas... Los adultos consideraban que las preguntas eran necesarias para enseñar a los niños, para obligarles a responder de forma verbal y para prepararlos como interlocutores. (HEATH, 1982, pág. 113)

En contraste con estas prácticas de los profesores con sus propios hijos, en sus casas, los niños de Trackton no eran considerados como interlocutores ni como informadores. Desde muy pequeños, se les enseñaba a no responder a las preguntas de los extraños sobre la conducta de amigos y vecinos. En la comunidad de Trackton, las preguntas tenían funciones muy diferentes. Al interrogar a los niños, HEATH descubrió un conjunto de distintas clases de preguntas: de iniciación de relatos, analógicas y de acusación. Los adultos utilizaban las preguntas de iniciación de relatos para pedir "una explicación de hechos que llevan a interrogar al autor de la primera" (HEATH, 1982, pág. 116). El iniciador podría preguntar al niño: "¿viste ayer el perro de Lem?", con la idea de que el niño respondiera: "no, ¿qué le pasó al perro de Lem?" A continuación, vendría el relato. Las preguntas analógicas se planteaban para que los niños efectuasen alguna "comparación inespecífica de un elemento, hecho o persona con otro distinto" (HEATH, 1982, pág. 116). Por ejemplo, podría preguntársele a un niño: "¿a qué se parece esto?" (refiriéndose a un neumático vacío del coche de algún vecino), y la respuesta podría ser de este estilo: "al coche de Doug, que siempre está estropeado". Las preguntas de acusación se planteaban cuando se cometía alguna infracción, esperando alguna reacción del tipo de "una respuesta no verbal, agachando la cabeza o un relato lo bastante creativo como para desviar la atención del inquisidor de la infracción original" (HEATH, 1982, pág. 116).

Pero tales preguntas no preparaban a los niños de Trackton para hacer frente a tres características de las utilizadas en clase. *"En primer lugar,* no aprendían a responder a frases de forma interrogativa, aunque directivas en cuanto a su función pragmática (por ejemplo: '¿por qué no utilizas el de la estantería de atrás?', equivalente a la expresión: 'utiliza el de la estantería de atrás'). *Segundo:* ...las preguntas planteadas para que los alumnos dieran información ya conocida por el profesor no pertenecían al marco general de experiencia de los estudiantes de Trackton. *Tercero:* su experiencia sobre las preguntas formuladas para poner de manifiesto destrezas específicas e información de contenido adquiridas sobre todo gracias a la familiaridad con los libros y con formas de hablar sobre ellos (por ejemplo: '¿puedes descubrir el nombre de Tim?', '¿quién irá a ayudar a Tim a encontrar el camino hacia su casa?') era poca o inexistente. *En resumen,* las preguntas escolares resultaban desacostumbradas, tanto por su frecuencia, pretensiones y tipos, como por el dominio de contenidos de conocimiento y de manifestación de destrezas que daban por supuesto en los alumnos" (HEATH, 1982, pág. 123).

El proyecto de HEATH no era sólo de carácter descriptivo y explicativo; su trabajo etnográfico ocupaba un lugar central en sus esfuerzos para paliar la incongruencia entre estos dos grupos de usuarios del idioma. Indica que la postura tradicional de los investigadores y de quienes han intervenido en los procesos educativos ha consistido en prescribir determinados cambios a los padres de los alumnos cuyo progreso escolar no es satisfactorio. El saber iría en sentido único de la escuela al hogar. La idea subyacente a estas tentativas parecía ser la de que el habla que se desarrolla en las casas de los alumnos tendría que parecerse cada vez más a la utilizada en la escuela (HEATH, 1982, pág. 125). Y señala que ni en los programas de formación del profesorado ni en la práctica docente cotidiana parecía haber nadie capaz de hacerse cargo de los usos lingüísticos y de las formas de "hablar sobre las cosas" de quienes pertenecían a culturas diferentes e introducir tales destrezas en las aulas (HEATH, 1982, pág. 126).

Dice HEATH que, para llevar a cabo esta tarea, hacen falta dos condiciones: que los profesores se conviertan en investigadores activos, y que dispongan de "datos fidedignos tanto respecto del aula como de las comunidades de procedencia de los alumnos" (HEATH, 1982, pág. 126). HEATH cumplió ambas condiciones. Consiguió que los profesores se ocuparan de estudiar, de manera voluntaria, sus propios usos y pautas lingüísticos y recabó datos sobre la comunidad a la que pertenecían los alumnos, de utilidad para que los profesores pudieran modificar su práctica en el aula (en el Capítulo V, tratamos más esta cuestión).

John OGBU, antropólogo de la educación nacido en Nigeria, aporta otra perspectiva sobre el papel que desempeñan las diferencias culturales en el trabajo educativo. Llama la atención sobre el rol de las grandes fuerzas sociales, ante todo los factores históricos, culturales y político-económicos, en la creación de obstáculos para el progreso académico de los niños pertenecientes a minorías. Para los futuros profesores, este tipo de análisis añade muchísimo a los informes que resaltan las acciones individuales y la dinámica institucional. Dice OGBU que el auténtico obstáculo para el progreso académico de los niños de minorías étnicas no consiste sólo en que estos niños presenten idiomas, dialectos o estilos cognitivos diferentes, sino que los verdaderos problemas tienen tres vertientes: *"primera:* que los niños procedan o no de un sector de la sociedad en el que las personas hayan experimentado tradicionalmente una desigualdad de oportunidades para utilizar su educación o las certificaciones escolares de manera significativa y remuneradora, desde los puntos de vista social y económico; *segunda:* que las relaciones entre las minorías y los miembros de los grupos dominantes que controlan las escuelas públicas hayan estimulado o no a aquéllas para percibir y definir el aprendizaje escolar como instrumento para reemplazar su propia identidad cultural por la de sus 'opresores', sin la contrapartida de una plena recompensa o asimilación, y *tercera:* que las relaciones entre las minorías y las escuelas generen o no la confianza suficiente para estimular a aquéllas para que acepten las reglas y prácticas escolares que incrementan el éxito académico" (OGBU, 1987, pág. 334).

Según OGBU, la mayor parte de los negros norteamericanos perciben el lado negativo de estas tres vertientes. *En primer lugar,* este autor sostiene que los negros forman parte de una minoría constituida en contra de su voluntad (o lo que OGBU denomina grupo minoritario encastillado), llevada originalmente a los Estados Unidos a la fuerza y por medios coercitivos. Desde el punto de vista histórico, los negros norteamericanos han tenido vetado el acceso a trabajos importantes en su vida adulta, merced a una educación inferior y a unos "techos" laborales preestablecidos. Durante generaciones, se ha desanimado a los negros para que no trataran de conseguir éxitos académicos ni económicos, y es probable que este factor histórico haya "hecho desistir a las minorías de la pretensión de desarrollar una tradición fuerte de aprovechamiento académico" (OGBU, 1987, pág. 318). *Segundo:* las minorías establecidas en contra de su voluntad tienden a desarrollar una identidad cultural de oposición, como reacción frente a la identidad social del grupo dominante. OGBU sostiene que, en el caso de las minorías establecidas contra su voluntad, suele producirse un tipo de "inversión cultural", lo que "se traduce en la coexistencia de dos marcos culturales opuestos de referencia o formas ideales de orientar las conductas, de las que las minorías consideran una como adecuada para ellas, quedando la otra como apropiada para los norteamericanos blancos" (OGBU, 1987, pág. 323). Para los norteamericanos negros, la identidad que les ofrecen las escuelas blancas no es aceptable. Y, *por último,* OGBU afirma que muchos norteamericanos negros suelen desconfiar de las escuelas públicas. "Parece que muchos episodios de su historia (de los negros) les han dejado la sensación de que los blancos y las instituciones que ellos controlan no son dignos de confianza" (OGBU, 1987, pág. 326). Los padres negros no suelen confiar en que las escuelas públicas del centro de las ciudades proporcionen a los niños negros el tipo de educación adecuado. En realidad, OGBU dice que los niños negros no se han desenvuelto bien en la escuela a causa de una larga historia de explotación y subordinación raciales, *así como* de su propio rechazo expresivo e instrumental de la cultura blanca y de las escuelas públicas (OGBU, 1987, pág. 317).

Dada la complejidad del cuadro pintado por OGBU, parece que los esfuerzos para modificar estas estructuras y prácticas discriminatorias no pueden llevarse a cabo únicamente en el nivel de las acciones individuales. Frente a la tesis sociolingüística de HEATH, el cuadro explicativo de OGBU realiza el papel que desempeña el poder político y económico en las prácticas educativas discriminatorias. Si aceptamos la explicación inicial de OGBU, la estrategia para una acción eficaz tendría que reconocer el origen y la naturaleza de este poder. Aunque no podemos presentar una estrategia satisfactoria, sí podemos indicar posibilidades. Michael WILLIAMS (1989), en su *Neighborhood Organizing for Urban School Reform,* llama la atención sobre el papel potencial que pueden desempeñar las organizaciones ciudadanas para influir en el aprovechamiento de las minorías. A lo largo de su obra, hace hincapié en la importancia en el trabajo de las comunidades locales junto al de profesores y funcionarios escolares para crear un ambiente educativo más fiable y eficaz. Con Sarah Lawrence LIGHTFOOT, subraya la importancia de incrementar la comunicación entre la escuela y el hogar y entre la escuela y la comunidad local. Reconociendo la historia social de discriminación y desconfianza, WILLIAMS utiliza el *Responsible Party Model,* de JOYCE, HERSH y McKIBBIN (1983), para crear una estructura de gobierno de la escuela que incluya a todas las partes interesadas, dando a los padres y a los miembros de la comunidad un papel más importante que antes. Dice:

> La principal aspiración de la organización ciudadana consiste en someter a la escuela a un control —aunque no a su control— y, al hacerlo, crear un clima y mecanismos nuevos en los que los participantes, padres y alumnos sobre todo, tengan mayor voz en la actuación de la escuela. (WILLIAMS, 1989, pág. 69)

Piensa WILLIAMS que, mediante este tipo de cambios, las familias negras pueden empezar a ver las escuelas públicas con menos desconfianza y una mayor sensación de "propiedad". Aunque ni las escuelas ni las comunidades pueden cambiar dos siglos de discriminación racial y restricciones a las oportunidades laborales, sí pueden convertirse en centros de lucha y cambios educativos.

A lo largo de nuestra exposición sobre raza y cultura ha resonado la idea de diferencia. Los profesores blancos y los niños negros son distintos en aspectos importantes. Tanto profesores como alumnos reaccionan frente a tales diferencias. Las escuelas las institucionalizan y solidifican entre culturas, y enseñan a los niños en una sociedad que, históricamente, ha discriminado en contra de quienes son "diferentes". En sus obras respectivas, Vivian PALEY (1989) y Shirley Brice HEATH (1982 y 1983) comunican su interés y preocupación por las personas y niños que las rodean. Ambas consideraban que se dañaba a los niños diferentes. Y ambas expresaron la necesidad de modificar esta situación mediante una mayor sensibilidad respecto a las prácticas escolares y al contexto cultural y un mayor conocimiento de los mismos. Dado que la enseñanza constituye un proceso laboral en el que la manipula-es preciso que comprendamos esas emociones. Con frecuencia, las nues-el preciso que comprendamos esas emociones. Con frecuencia, las nuestras son reacciones complejas frente a los significados culturales inherentes a nuestro mundo. Si no comprendemos las culturas y contextos de los alumnos, serán mínimas las probabilidades futuras de éxito educativo no discriminatorio.

Es obvio que la comprensión de la complejidad de las prácticas discriminatorias pasadas y presentes no asegura la transformación efectiva de esas prácticas, pero, si los formadores de profesores han de estimular a los futuros docentes para que formulen razones y justificaciones con fundamento de sus planes educativos, tendremos que prestar una atención más cuidadosa a los niños afectados por aquellos planes y a los tipos de supuestos acerca de las escuelas y contextos culturales contenidos en los mismos. Parece discutible un plan docente que no reconozca que, con frecuencia, las diferencias culturales se traducen en discriminaciones educativas. Aquellos futuros profesores que no estén abiertos a hablar sobre cómo pueden influir esas diferencias en la enseñanza y en los niños que la reciben carecerán de habilidad suficiente para adaptarse a las mismas. Tales conversaciones no son fáciles ni sencillas. La discusión sobre las diferencias raciales y culturales está llena de ambigüedad e incertidumbre, pero sin ella, el potencial de la educación democrática se reduce drásticamente. Queremos que quede claro que de ninguna manera estamos sentando una "demarcación partidista", salvo respecto al enfoque general, según el cual debemos valorar y no devaluar las diferencias culturales y a nuestro compromiso a favor de la educación democrática. No creemos que exista un único enfoque correcto de estas cuestiones, aunque mantenemos que una mayor comunicación en cantidad y calidad entre el personal de las escuelas y los miembros de las comunidades constituye una característica necesaria de la educación democrática. Nos parece dudoso que los formadores de profesores que pasan por alto estas facetas de la vida escolar puedan reconocerse a sí mismos como educadores. Sin el reconocimiento de las discriminaciones pasadas y presentes, el pronóstico respecto a la educación pública del futuro es desolador.

Género y enseñanza

Nuestro interés por el género se deriva, en parte, de nuestras experiencias como maestros de primaria (que, con frecuencia, se considera profesión femenina), de la necesidad que sentimos de plantear el problema de las relaciones de género y discutirlo con muchos de nuestros futuros profesores, y del deseo de neutralizar las provocativas aportaciones del pensamiento feminista actual sobre los niños, la mujer y la educación. Como maestros varones y, en la actualidad, como docentes (varones) de futuros profesores (en su mayoría mujeres), hemos observado reacciones sutiles y abiertas en contra de la participación de los varones en un "trabajo de mujeres". Muchas de las futuras profesoras con las que trabajamos no ocultan su sorpresa respecto a que un varón quiera ser profesor. Muchos de nuestros formadores universitarios varones pensaban que deberíamos escoger carreras más adecuadas. Y, hace menos tiempo, muchos colegas nos han recomendado que nos dediquemos a cuestiones diferentes de la formación de profesores. En algún sentido, sobre todo en el nivel elemental, la enseñanza no es un trabajo varonil. Parece que muchos opinan que existe un "orden natural" en las relaciones que tienen que ver con el género. Para la mayoría, en nuestras escuelas públicas primarias, las mujeres se encargan de enseñar a los niños, mientras los hombres, en calidad de directores, suelen dirigir a las profesoras. Durante mucho tiempo, esta división del trabajo se ha considerado "natural". Se da por supuesto que las mujeres tienen en su haber las cualidades y destrezas adecuadas para educar que les permiten encargarse de los más pequeños, aunque necesitan de la estructura y guía que proporciona el director (varón). En las escuelas, y algunos dirían que en la sociedad general, las mujeres "atienden" a los niños mientras los hombres "dirigen" a las mujeres. Es obvio que las cuestiones que tienen que ver con las relaciones entre géneros, y la dominación de uno sobre otro, son muy personales. Ya se refiera a la discriminación económica, a la falta de participación de los varones en el trabajo doméstico, a los roles de género y la educación de los hijos o a las formas de conocimiento propias de cada género, la discusión se encamina por derroteros muy personales. Pocos futuros profesores se plantean de principio la cuestión del carácter genérico de la división del trabajo en las escuelas, de la posibilidad de un sesgo relacionado con el género en el *curriculum* de primaria, secundaria o universitario o del probable efecto de la carrera docente sobre la vida personal y profesional. Estando comprometidos a favor de un plan educativo no discriminatorio ni represivo, la posibilidad muy real de que la dinámica de las relaciones entre géneros en las escuelas y en la sociedad contribuya a provocar sesgos antidemocráticos parece una razón suficiente para revisar estas relaciones.

Una forma de poner de manifiesto una serie de cuestiones relacionadas con el género y la enseñanza consiste en examinar, como hace Susan LAIRD (1988), los diversos significados vinculados con el lema de la enseñanza "como auténtica profesión femenina". De acuerdo con LAIRD, descubrimos y describimos cinco formas diferentes de estructurar la "auténtica profesión femenina", interpretaciones que iluminarán las relaciones de géneros y la enseñanza. Las discusiones sobre estas interpretaciones deberían estimular a los futuros profesores a considerar formas alternativas de ver la relación entre género y enseñanza.

LAIRD identifica cinco tesis distintas, o cinco conjuntos de interpretaciones diferentes. Aunque nos basaremos en su marco general, nuestro análisis (aunque semejante en cuanto a su espíritu) difiere del suyo. Sus tesis son las siguientes:

1. Tesis descriptiva: la inmensa mayoría de los profesores norteamericanos son mujeres.
2. Tesis normativa: la enseñanza escolar, teniendo en cuenta su carácter y el carácter femenino, debe ser un trabajo femenino.
3. Tesis problemática: las mujeres inteligentes quedan de alguna manera devaluadas en la enseñanza escolar.
4. Tesis negativa: la enseñanza escolar queda devaluada de alguna manera por su identificación con la mujer.
5. Tesis crítica: las respuestas públicas, cooperativas y autodefinitorias de las profesoras a las otras cuatro tesis son fundamentales para una nueva concepción de la enseñanza que pueda hacerse cargo de la actual crisis de la misma. (LAIRD, 1988, págs. 452-453)

Tesis descriptiva

Según Emily FEISTRITZER (1985), el profesor típico norteamericano es una mujer, casada, blanca y madre de mediana edad de dos niños. Por regla general, es miembro no activo del partido Demócrata, lleva enseñando unos quince años, por término medio, y trabaja en una escuela cuyo director es con toda probabilidad varón y en la que las mujeres constituyen el personal docente (FEISTRITZER, 1985, págs. XIX-XX).

Hay que subrayar que, entre quienes cuidan y enseñan, predominan las mujeres. Se considera que, en el proceso de socialización del niño, los agentes fundamentales son las profesoras y las madres. Como señala Sara Lawrence LIGHTFOOT, "se cree que las madres son quienes configuran de manera predominante la socialización primaria del niño, mientras que se considera a las profesoras como la fuerza primaria más importante para determinar la transición del niño al mundo adulto" (LIGHTFOOT, 1978, pág. 43). Y, como también indica LIGHTFOOT, cuando parece que algo no marcha bien en el proceso de socialización, se echa la culpa a las mujeres (madres y profesoras) (pág. 44).

El hecho de que muchas docentes sean también madres constituye otra característica descriptiva que debemos resaltar. Parece importante señalar que, en nuestra sociedad contemporánea, las mujeres que desarrollan una profesión acaban teniendo que hacer frente a la tensión que se produce entre su carrera y su posible maternidad. R. W. CONNELL (1985) descubrió en su estudio empírico sobre los profesores que "para las docentes más jóvenes, la cuestión de tener [o no] un hijo constituye un serio problema" (CONNELL, 1985, pág. 154). Algunos interpretan la decisión de una profesora de tener un hijo como una "falta de compromiso" con la enseñanza. Tras el nacimiento del bebé (o bebés), las responsabilidades que supone el cuidado de la familia llevan con frecuencia a continuos malabarismos entre los deberes familiares y las tareas profesionales. La mayor parte de los varones asume pocas responsabilidades en las tareas domésticas relacionadas con la vida y la economía familiares. Parece que las profesoras que deciden tener hijos soportan una carga desproporcionada de tareas domésticas[7].

Tesis normativa

Según los que defienden la tesis normativa, el hecho de que haya tantas profesoras refleja un "orden natural". El trabajo del docente y la naturaleza de la mujer se corresponden. Para enseñar, sobre todo a los niños pequeños, las profesoras tienen que ser cariñosas, sensibles, pacientes y capaces de adaptarse a las necesidades de los niños. Las cualidades que constituyen "la" personalidad femenina ideal se corresponden con las exigencias de la enseñanza. Como dice Geraldine CLIFFORD (1987):

> Las debilidades de las mujeres, desde el punto de vista de los hombres (su emocionalidad, sensibilidad, subjetividad, capacidades manipulativas y la "facultad de ganarse el afecto de los niños"), se convierten en puntos fuertes para educar a los niños tanto en el aula como en la guardería. (CLIFFORD, 1987, pág. 8)

Parece, pues, que las mujeres están destinadas a desempeñar los papeles de madres y profesoras.

Tesis problemática

Aunque quienes proponen la tesis normativa postulan una adaptación congénita entre la naturaleza de la mujer y las tareas docentes, los defensores de la tesis problemática sostienen que la enseñanza es un tipo de trabajo que no le conviene a una mujer inteligente. Hay al menos dos razones generales por las que la enseñanza puede considerarse nociva para las mujeres: la de que vivimos en una sociedad patriarcal, que devalúa a la mujer y su trabajo, y la del análisis que hace hincapié en que las condiciones de trabajo de la enseñanza son deshumanizadoras.

El punto de vista patriarcal sostiene que nuestra sociedad no valora el trabajo de la mujer. Éstas participan en los procesos socio-reproductores de la sociedad y no en el mundo productivo del trabajo. Las madres y profesoras educan a los niños hasta un nivel de independencia. Como indica LIGHTFOOT (1978), su trabajo tiene un "valor de uso", pero no "de intercam-

---

[7]Para más información sobre esta cuestión, véase HOCHSCHILD y MACHUNG (1989).

bio" (pág. 62). Las cualidads de la mujer de "disponibilidad de recursos, paciencia, comprensión, expresividad se... consideran funcionales únicamente en el contexto del hogar y la familia [y la escuela]. Aparecen como antitéticas frente a los roles agresivos e instrumentales necesarios en el mundo de los varones y del trabajo" (LIGHTFOOT, 1978, pág. 62). Adoptar el papel docente y sus valores como miembro productivo y respetado de la sociedad supone situarse al borde del precipicio.

Otra explicación de por qué la enseñanza resulta nociva para la mujer, que quizá tenga relación con lo anterior, no consiste sino en que las condiciones laborales del profesorado obstaculizan el desarrollo de un trabajo significativo y el éxito educativo. Ya adoptemos la tesis de la desprofesionalización de Michael APPLE (1982) o el punto de vista sobre las escuelas como instituciones burocráticas hiperracionalizadas de Arthur WISE (1979), parece que los profesores se enfrentan con obstáculos que pueden hacer difícil, si no imposible, una enseñanza de calidad.

Tesis negativa

Otra perspectiva respecto al género y la enseñanza consiste en que esta actividad está de algún modo devaluada a causa de su identificación con el trabajo de la mujer. Susan LAIRD (1988) dice que la *Carnegie Foundation's Task Force on Teaching as a Profession,* en su *A Nation Prepared,* "yuxtapone dos concepciones diferentes de la enseñanza en cuanto actividad económica: 'ocupación feminizada' y 'trabajo profesional', en mutua oposición" (LAIRD, 1988, pág. 458). Y prosigue afirmando que "entre los profesionales a quienes esperan atraer estos reformadores hay, sin duda, mujeres, pero la consecuencia de ambos informes *[Carnegie* y *Holmes]* es clara: la escuela ha de estar presidida por los valores 'profesionales' tradicionalmente definidos por varones en vez de por los llamados valores 'femeninos', relacionados con la educación de los niños" (LAIRD, 1988, pág. 458). En el marco de estos esfuerzos de reforma, el enfoque preferido de la enseñanza se construye como una empresa intelectual más rigurosa. LAIRD señala que estas propuestas parecen hacerse eco de la afirmación del filósofo de la educación Thomas GREEN (1971) de que "no podemos permitir que la educación de los hombres abandone la seriedad y el rigor de la razón para abrazar las dulces disciplinas del amor, a menos que los hombres reconozcan que el amor constituye una parte del pensamiento serio y cuidadoso" (LAIRD, 1988, págs. 459-460). Si, a partir de este punto de vista, extraemos un marco para la formación del profesorado, vemos que las actitudes y cualidades que Jane Roland MARTIN (1987) caracteriza como las tres *C* de *Care, Concern* y *Connection* (atención, preocupación y relación personal) "no aparecen por ningún sitio en las concepciones de los reformadores sobre aquello que los profesores de los niños no sólo tienen que ejercitar, sino también estudiar, aprender, conocer y, en realidad, enseñar" (LAIRD, 1988, pág. 459-460).

Tesis crítica

La tesis crítica, como dice LAIRD, es "simplemente el reconocimiento de que las otras cuatro tesis de 'la auténtica profesión de la mujer' son significativas, desde el punto de vista crítico" (LAIRD, 1988, pág. 460). En un plano más profundo, afirma que esta tesis "resalta la importancia que, para los profesores de ambos sexos, tiene la reflexión sobre las limitaciones opresoras inherentes a la identificación histórica de su trabajo con un maternalismo subordinado y domesticado, así como sobre las posibilidades alternativas para la educación" (LAIRD, 1988, pág. 461).

A este respecto, puede plantearse una serie de cuestiones "críticas". Nos ocuparemos brevemente de una. A través de nuestra exposición sobre el género y la enseñanza parece percibirse una oposición asumida entre las llamadas disposiciones educadoras y estimulantes de la personalidad femenina ideal y el rigor intelectual y el razonamiento de la personalidad masculina ideal. Según esos ideales, se supone que la personalidad femenina es más empática, intuitiva, sensible y subjetiva. El carácter masculino sería menos emocional y más objetivo, imparcial y orientado de acuerdo con determinados principios. En pocas palabras, una persona sensible y cariñosa no puede ser racional. De acuerdo con nuestro conocimiento de la enseñanza y de la formación del profesorado, no podemos aceptar este punto de vista, que debemos examinar con cuidado. Creemos que la consideración de la enseñanza desde una perspectiva que acepte esta oposición entre razón y emoción oscurece sus características esenciales. Si aceptamos esta oposición, la idea del trabajo de los profesores en cuanto "cometido emocional" suscita todo tipo de problemas. En ese sentido, la enseñanza no podría ser "racional". Es más, sería difícil justificar el objetivo de dar buenas razones de una actividad tan marcada por lo emocional[8].

Sara RUDDICK (1989) reflexiona sobre esta oposición en su obra *Maternal Thinking*. Como filósofa y como madre, se encuentra a veces insatisfecha con la separación tradicional de razón y emoción. Pero dice: "a pesar de mi desencanto respecto a la razón, no se me ocurrió que pudiera haber una vida intelectual que tuviera algo que ver con la maternidad. Sólo 'pensé' cuando tuve tiempo para mí, apartando de mi pensamiento a mis hijos y haciendo filosofía" (RUDDICK, 1989, pág. 11). Pero, cuando empezó a reflexionar sobre sus actividades maternales, comenzó a construir la razón y los sentimientos estableciendo una relación más íntima entre ellos. Afirma que:

> En el pensamiento maternal, los sentimientos son instrumentos de trabajo de la máxima complejidad, aunque muy firmes, y muy lejos de los simples odios, temores y amores que suelen dejarse de lado y pasarse por alto en los análisis filosóficos. Por supuesto, son muy diferentes de los miedos y odios de los que dependen los esfuerzos militares. En vez de separar la razón del sentimiento,

---

[8]Véase Capítulo II, donde desarrollamos la postura de que un objetivo esencial de la formación del profesorado debe consistir en capacitar a los futuros docentes para que den buenas razones de sus acciones educativas.

el ejercicio de la maternidad [y añadiríamos nosotros, la enseñanza] hace del sentimiento reflexivo uno de los logros más difíciles de la razón. En el trabajo protector [y añadimos nosotros, instructivo], el sentimiento, el pensamiento y la acción aparecen conceptualmente vinculados; los sentimientos exigen reflexión que, a su vez, se prueba en la acción, la cual se comprueba mediante los sentimientos que provoca." (RUDDICK, 1989, pág. 70)

RUDDICK presenta una reflexión clara y sensible, aunque sólo inicial y fragmentaria, sobre esta cuestión. Creemos que nos beneficiaría mucho descartar la oposición dicotómica entre razón y emoción. La enseñanza está tan penetrada por valoraciones cognitivas y por reacciones emotivas que resulta insostenible la oposición entre razón y emoción. En el Capítulo II, cuando insistimos en el objetivo de dar razón de la formación de los profesores, dimos por supuesto (aunque no lo manifestamos explícitamente) que la deliberación educativa lleva consigo componentes cognitivos y emocionales. La articulación de las creencias y prácticas educativas no puede llevarse a cabo en un vacío emocional. En la enseñanza, el sentimiento reflexivo y el pensamiento deben ir a la par. Aunque no hemos mencionado todas las consecuencias de esta convicción, nos resulta obvio que, tanto a los formadores de docentes, como a los profesores actuales y futuros, nos beneficiaría mucho pensar en esta y en otras cuestiones suscitadas por la interpretación de la enseñanza como "profesión femenina".

Conclusión

En este capítulo, hemos tratado de reforzar nuestra afirmación de que los formadores de profesores deben ayudar a los futuros docentes a examinar el contexto social de la escolarización. Hemos puesto de manifiesto problemas importantes (por ejemplo: el trabajo de los profesores, el rendimiento de las minorías en escuelas dominadas por la mayoría y la dinámica de los géneros en la enseñanza) y examinado cuestiones específicas (por ejemplo: la enseñanza en cuanto trabajo emocionalmente cargado, el reconocimiento y la conciencia de las diferencias culturales y la enseñanza en cuanto "auténtica profesión femenina"). Pensamos que un *curriculum* de formación del profesorado que incluyera este tipo de problemas prepararía mejor a los futuros profesores para la realidad de la escolarización y estimularía un examen reflexivo de sus crencias sociales.

En el capítulo anterior (Capítulo III), expusimos diversas formas en las que los futuros profesores podrían examinar sus acciones educativas en un ambiente o campo práctico. Hemos señalado de diversas maneras dos estrategias diferentes (una para el trabajo de campo y otra para el trabajo en el aula) para estimular a los futuros profesores a reflexionar sobre sus propias creencias sociales y políticas y sobre el contexto social de la escolarización. Esta división, aunque es valiosa en sentido analítico y refleja la mayor parte de los programas de formación de profesores, ha de someterse a revisión. Parece que existen formas más útiles de combinar en un plano programático los componentes "prácticos" y "académicos" de la formación del profesorado. En el Capítulo VI expondremos distintas maneras de llevar a cabo esta integración a cargo de formadores de profesores en ejercicio junto con otros esfuerzos programáticos coherentes con nuestro plan de reforma reconstruccionalista social.

También hemos procurado integrar, o combinar al menos, en este capítulo los análisis individual, institucional y social. Hemos resaltado lo que creemos constituyen, en muchos aspectos, esfuerzos ejemplares de investigación. Por desgracia, este tipo de análisis interconectado —que relaciona los planos individual, institucional y social— no es moneda corriente en la investigación educativa. En realidad, hay que reconocer que no hay una cantidad importante de investigaciones centradas en el contexto social de la escolarización que facilite a los futuros profesores un modo contrastado de examen del contexto social, desde el punto de vista educativo o instrumental. En el próximo capítulo presentamos, a grandes rasgos, un esquema de plan de investigación que refuerce este tipo de examen. Dado el vacío señalado entre la investigación educativa y la práctica de los profesores y nuestra preocupación por una mayor comprensión del contexto social de la enseñanza que beneficiara a los profesores, creemos que tiene sentido ocuparnos de cuestiones concretas de investigación.

CAPÍTULO V

Investigación para la enseñanza y la formación del profesorado

Introducción

No conocemos ningún modo sencillo de ilustrar cómo influyen las grandes estructuras sociales, las creencias culturales y la dinámica institucional en cada profesor en concreto ni cómo pueden influir los docentes en estas estructuras e instituciones. Los programas de formación de profesores y la investigación educativa suelen resaltar el nivel individual del análisis, dejando de lado los exámenes de tipo más holístico y estructural[1]. Esta preocupación por el nivel individual evita el examen de cuestiones sociales o estructurales más generales e impide saber cómo interactúan estos dos niveles (individual y holístico). En la formación del profesorado, hace falta un enfoque de investigación capaz de hacerse cargo de los obstáculos y oportunidades que las estructuras sociales globales y las condiciones institucionales sitúan ante los docentes y los formadores de profesores. Este marco podría proporcionar puntos de vista más ricos e iluminadores sobre la enseñanza y las estructuras institucionales y contextos sociales de la escolarización y la formación del profesorado. Pero, aunque dispusiéramos de un enfoque de este tipo, seguiría presente un conjunto de problemas. Uno de ellos, de especial relieve, puede plantearse del siguiente modo: dado el reconocido

---

[1]Tanto las descripciones holísticas como las estructuralistas de los fenómenos sociales resaltan la existencia de estructuras y fuerzas sociales más generales que limitan las acciones de los individuos. Pero las descripciones holísticas y estructuralistas no son estrictamente idénticas. La orientación holística tiende a considerar la sociedad como una entidad integrada con una existencia y carácter propios, mientras que el punto de vista estructural presenta la sociedad como un conjunto ordenado, independiente, aunque vagamente integrado de roles, normas, prácticas y estructuras. Para nuestros fines, utilizaremos ambos términos como sinónimos, para denotar una forma de análisis que asume la existencia de estructuras y fuerzas sociales más generales.

vacío existente entre las investigaciones y la práctica de los profesores en las aulas, ¿podemos esperar algún resultado de valor significativo de los trabajos de investigación? La investigación educativa no se caracteriza por su capacidad de ayudar a los profesionales a resolver sus problemas[2]. A lo largo de esta obra, hemos sostenido que el examen del contexto social de la escolarización podría iluminar y explorar de manera más completa algunos de estos problemas. Si la investigación educativa muestra una trayectoria tan reducida respecto a los problemas concretos que el aula plantea a los profesores, ¿deberíamos esperar que ofreciera algún avance sustancial cuando se centrase en el contexto social de la escolarización? Creemos que nuestras expectativas son razonables. Habida cuenta de nuestro proyecto de reforma reconstruccionista social, deberemos examinar las tensiones existentes entre los análisis holísticos e individualistas y la reconocida separación entre la investigación y la práctica educativas.

A falta de un disolvente universal garantizado que acabase con la tensión entre los enfoques holísticos e individualistas, y ante la duda de que podamos eliminar la diferencia entre investigadores y profesores, proponemos, *en primer lugar,* un marco conceptual de la enseñanza en cuanto práctica que se desarrolla en una situación determinada. Este marco parece capaz de iluminar cómo el contexto social de la escolarización limita y refuerza a la vez a los profesores. Aborda el problema de la relación entre la perspectiva holística y la individualista. *En segundo lugar,* presentamos un análisis breve y concreto de la investigación educativa, los profesores y la formación del profesorado. En este apartado, apoyamos la idea de que la distancia entre la producción y el uso de conocimientos de los investigadores de la educación y los profesores, aunque se basa en parte en sus diferentes actividades, no tiene por qué ser tan grande como lo es en la actualidad. Como consecuencia de este análisis, manifestamos que los formadores de profesores podrían aprovechar la revisión del pasado, sobre todo en la medida en que se relaciona con el papel de la investigación educativa y de la formación del profesorado en los centros universitarios de educación. Señalamos también lo que creemos puede esperarse razonablemente de la investigación educativa. A continuación de estos dos apartados, formulamos un conjunto de orientaciones en relación con las actividades de investigación centradas en la formación del profesorado y en el contexto social de la escolarización. Estas orientaciones se basan, en parte, en los análisis anteriores. Por último, ilustramos más a fondo estas orientaciones mediante el examen de tres líneas paradigmáticas de investigación: la investigación etnográfica, de Shirley Brice HEATH (1982 y 1983), el análisis conceptual de lemas educativos, de Susan LAIRD (1988) y el análisis de las condiciones sociales de la formación del profesorado, de Barbara SCHNEIDER (1987). Creemos que nuestro

---

[2]Pueden verse ejemplos de exposiciones de la relación entre la investigación y la práctica educativas en PHILLIPS (1980) y SCHWAB (1978).

enfoque reforzará la investigación futura del contexto social de la escolarización y de la formación del profesorado[3].

El centro de atención de este capítulo está constituido por la investigación educativa que llevan a cabo los profesores e investigadores universitarios, tratando de que redunde en beneficio de alumnos y profesores, de los programas de formación de los docentes y de los profesionales de las escuelas públicas. Aunque hemos decidido centrarnos en este libro en este único aspecto de la investigación educativa, estamos de acuerdo con la postura de COCHRAN-SMITH y LYTLE (1990) respecto a que sería un error limitar la base de conocimientos de la enseñanza y de la formación del profesorado a los aspectos que ocupan a los profesores e investigadores de la enseñanza superior, aun en el caso de que estos investigadores pretendan responder a las cuestiones y preocupaciones de los profesionales (de la enseñanza y de la formación del profesorado) en relación con su trabajo y sigan todas las orientaciones para la investigación educativa señaladas en este capítulo.

Estamos convencidos de que hace falta que la comunidad de investigadores de la educación reconozca mucho más la importancia de la contribución que los estudios llevados a cabo por los docentes y formadores de profesores suponen para la comunidad universitaria de investigación y para las comunidades de formadores de K-12* y de formadores universitarios de profesores. Con independencia de que este reconocimiento llegue a hacerse efectivo mediante una mayor cooperación entre los investigadores de las universidades y los investigadores de su propia práctica en la enseñanza y la formación del profesorado o a través de un mayor apoyo y reconocimiento de la investigación desarrollada por los profesionales, sin relación con la universidad, es obvio que hemos comenzado a vislumbrar el potencial que encierra la posible contribución de docentes y formadores de profesores para la creación de nuevos conocimientos sobre la enseñanza, el aprendizaje y el aprendizaje para enseñar[4].

---

[3]En los Capítulos III y IV nos centramos en la importancia del contexto social de la escolarización para los futuros profesores. En éste y en los siguientes, nos centraremos en el contexto social de la escolarización, ampliado para abarcar también el contexto social de la formación del profesorado. Sostenemos que los formadores de profesores deberían conocer y reflexionar más sobre el contexto social y político de la formación del profesorado.

*K-12: K = Kindergarten (Educación infantil); 12th grade = 12º año de la escolarización obligatoria o sea el último año de High School. El profesorado de este nivel en España recibe el nombre de "maestros y maestras de Educación Infantil" y "maestros y maestras de Educación Primaria". (N. del R.)

[4]No obstante, hemos de señalar también que, aunque apoyamos los esfuerzos dirigidos a crear condiciones para que se respete más el rol de los formadores de profesorado que trabajan en las escuelas y de los universitarios en la creación de unos "conocimientos básicos" para la enseñanza y la formación del profesorado, reconocemos que, en esta postura, se encierra el peligro de dar un tinte excesivamente romántico a la investigación del profesional. No todas las formas de investigación desarrolladas por los profesionales tienen una intención emancipadora ni son coherentes con nuestra perspectiva reconstruccionista social respecto a la formación del profesorado y la escolarización. De este modo, en algunos casos, la investigación del profesional (por ejemplo, la investigación-acción) ha sido utilizada como una forma de control social para "diseñar" desde fuera el cambio de los profesores (ELLIOTT, 1990 y NOFFKE, 1990). La democratización del proceso de investigación (como en el caso de la pro-

(Continúa en la página siguiente)

Individualismo y holismo en la investigación educativa

Durante mucho tiempo, la perspectiva individualista, psicológica, ha dominado la investigación educativa, pero, en la última década, han comenzado a proliferar los análisis sociológicos, antropológicos, históricos, políticos y culturales. Aunque la mayor parte de estas investigaciones educativas recientes no es reduccionista en relación con la psicología, suele orientarse en sentido individualista, o en sentido holístico. Dice Susan JAMES (1984), caracterizando y llamando la atención sobre la omnipresencia de los enfoques holístico e individualista en las ciencias sociales:

> Los holistas... aspiran a mostrar por qué los fenómenos sociales seguirían siendo como son aun en el caso de que individuos concretos poseyeran propiedades diferentes de las que en realidad tienen. Y las explicaciones que ofrecen se refieren a los conjuntos sociales que configuran y constriñen a las personas individuales. En un sentido muy distinto, los individualistas, que se centran en las propiedades de los individuos para explicar los asuntos sociales, se inspiran en una concepción de autonomía. (JAMES, 1984, pág. 156)

En muchos sentidos, no sólo parece una caracterización acertada de gran parte de las ciencias sociales académicas, sino también de la investigación educativa. Concluye JAMES (y estamos de acuerdo con ella) que, si las explicaciones procedentes de enfoques holísticos o individualistas se presentan con afán de exclusividad, ninguna de ellas parece satisfactoria[5]. El enfoque holístico otorga demasiada fuerza explicativa al conjunto social, mientras que el individualista suele circunscribirse en exceso.

En contraste con otros muchos sectores de la comunidad de investigación educativa, los autores de la tradición radical se han centrado explícitamente en los contextos social, político y cultural de la escolarización. Y, dentro de este enfoque radical, no sólo encontramos análisis holísticos o individualistas, sino también diversas formulaciones "sintéticas" o, como suelen denominarlas, dialécticas. En cuanto holistas, los radicales con frecuencia describen a las escuelas y las explican como el producto de fuerzas históricas y estructurales mucho más generales que las individuales. *Schooling in Capitalist America,* de Samuel BOWLES y Herbert GINTIS (1976), y la obra de Louis ALTHUSSER (1971) sobre las escuelas, en *Ideology and Ideological State Apparatuses,* hacen hincapié en la fuerza determinante de las estructuras sociales en perjuicio de la acción e iniciativa individuales. En contraste con el enfoque más estructural, los análisis individualistas de los teóricos radicales "de la motivación" (por ejemplo: Henry GIROUX) tienden a realizar la

---

(viene de la página anterior)
fesionalización de la enseñanza) puede, aunque no necesariamente, conducir a ambientes más justos y humanos en las escuelas y en la sociedad (ZEICHNER, 1990). Aunque apoyamos la investigación a cargo de los profesionales, creemos que es preciso que se someta a los mismos tipos de criterios normativos para evaluar su validez que los que presentamos más adelante, en este mismo capítulo, para evaluar la validez de la investigación que se realiza desde la universidad.

[5]JAMES apoya la postura que ella llama "holismo concesivo". Puede consultarse una exposición más detallada de esta perspectiva en JAMES (1984).

capacidad del individuo para oponerse a las estructuras de dominación y explotación y para modificarlas[6]. Otros teóricos, como Michael APPLE (1982 y 1986) y Martin CARNOY y Henry LEVIN (1985), utilizan tanto los análisis holísticos como los individualistas, presentando, en realidad, enfoques sintéticos. APPLE (1986) hace hincapié en la cualidad volitiva de la vida de profesores y estudiantes aunque, al mismo tiempo, reconoce las características restrictivas de la dinámica de clase, raza y género. CARNOY y LEVIN (1985) formulan una "dialéctica" entre los imperativos no igualitarios del capitalismo y la dinámica igualitaria de la democracia. En pocas palabras, la tradición radical presenta: 1) análisis holísticos y estructuralistas que consideran que los individuos están significativamente limitados (y, a veces, determinados) por fuerzas sociales globales; 2) marcos individualistas que invisten a determinados agentes o grupos de actores con capacidades transformadoras en ocasiones irrealistas, o 3) alguna variante de un "enfoque sintético" que realza la interacción entre fuerzas estructurales y actores sociales.

Si seguimos utilizando de manera exclusiva las orientaciones individualistas u holísticas, es dudoso que progresemos mucho en la comprensión de cómo las fuerzas institucionales limitan e impulsan a los docentes y a los formadores de profesores y cómo estos educadores influyen en sus contextos institucionales. Ninguna orientación aislada parece capaz de dar cuenta de cómo se combinan las acciones de los profesores, el contexto institucional y las condicines sociales más generales para crear una situación que facilite u obstaculice que los profesores alcancen sus fines educativos. Parece que las soluciones sintéticas o "dialécticas" constituyen la vía más prometedora. Nosotros presentamos, en realidad, una variante del enfoque dialéctico. Sin desentrañar por completo los pros y los contras de otras perspectivas sintéticas, ofrecemos un enfoque, en principio aprovechable, aunque no mágico, respecto de la tensión holístico-individualista. Nuestras indicaciones se basan en la idea de que podemos considerar que los profesores están comprometidos en el desarrollo de prácticas ligadas a situaciones concretas o, como prefieren algunos, como responsables de decisiones en situaciones determinadas. Al atenernos a esta perspectiva, aprovechamos en gran medida los análisis educativos de Louis SMITH y William GEOFFREY (1968), Larry CUBAN (1984), Sara LIGHTFOOT (1978) y Arthur BOLSTER (1983), y la obra de Anthony GIDDENS (1979) y Derek LAYDER (1981 y 1985) sobre teoría social[7].

Básicamente, la idea de enseñanza en cuanto práctica contextualizada (situated) constituye una visión de los profesores como actores sociales comprometidos en determinadas prácticas en un contexto concreto. Los profe-

---

[6]Richard BROSIO (1990) caracteriza con acierto un sector de los teóricos radicales como teóricos "motivacionales".

[7]Anthony GIDDENS (1979) defiende la necesidad de contemplar a los agentes sociales como individuos que participan en prácticas contextualizadas. No obstante, parece que no logra captar cómo las estructuras y fuerza sociales limitan a estos agentes. Las críticas de LAYDER (1981 y 1985) y de STINCHCOMBE (1986) proporcionan valiosas correcciones a la orientación básica de GIDDENS. Puede verse una elaboración más completa de este tema en CLEGG (1989).

sores, como dicen CUBAN (1984), BOLSTER (1983) y SMITH y GEOFFREY (1968), se ven obligados continuamente a decidir qué hacer. Esas decisiones y las acciones y prácticas de ellas derivadas están influidas y configuradas por sus contextos concretos, por sus situaciones. Cuando se examina la enseñanza como práctica contextualizada, se dice que las acciones y prácticas de los profesores se producen (están situadas dentro de) contextos institucionales y sociales y tienen consecuencias, tanto buscadas como imprevistas. En su formulación más general, planteamos que sería conveniente que la investigación universitaria orientada a los profesores actuales y futuros estudiara la enseñanza en cuanto práctica contextualizada, resaltando, por tanto, los contextos institucionales y sociales de esta práctica no reconocidos, así como sus consecuencias pretendidas e imprevistas. Un ejemplo ilustrará mejor el significado de nuestra propuesta respecto a la enseñanza como práctica contextualizada.

En un análisis histórico de las prácticas pedagógicas de los profesores, Larry CUBAN (1984) trata de explicar por qué "la forma dominante de enseñanza sigue estando centrada en el profesor desde finales del siglo XIX y por qué se han desarrollado híbridos de progresismo centrado en el profesor y de educación informal en las escuelas primarias pero no tanto en las secundarias" (CUBAN, 1984, pág. 239). Su respuesta se basa en lo que él llama argumento de "elección situacionalmente limitada" (CUBAN, 1984, pág. 251). Dice:

> Creo que las estructuras de escuela y de aula establecieron los límites en los que las creencias del profesor individual y el carácter de la ocupación unieron sus influencias para configurar una pedagogía práctica... Las limitaciones, presiones y los cauces que generan los contextos de escuela y aula constituyen el ambiente invisible, envolvente, que pocos reconocen como el elemento que configura potencialmente lo que los profesores hacen a diario en clase. (CUBAN, 1984, página 250).

Y añade:

> En las escuelas públicas, los pupitres alineados, las preguntas orales en clase, la enseñanza dirigida a todo el grupo, las fichas de trabajo y las lecciones del libro de texto que hay que estudiar han de considerarse como un conjunto de soluciones satisfactorias ideadas por los profesores para resolver los problemas cotidianos suscitados por el hecho de dirigir una veintena o más de alumnos al tiempo que adquieren también información y valores. Al hacerse con estas estructuras, los docentes elaboraron soluciones pedagógicas practicables que han demostrado su utilidad para mantener personalmente el control mientras se desarrolla la enseñanza. (CUBAN, 1984, pág. 250)

CUBAN explica el que ciertos profesores elementales veteranos hayan sido capaces de modificar los procedimientos pedagógicos tradicionales, creando y desarrollando prácticas más centradas en los alumnos por el hecho de que estos docentes sostuvieron convicciones educativas diferentes (respecto a lo que constituye un "buen" ambiente de aprendizaje para los niños) y por el hecho de que las presiones que ejerce la escuela primaria no son tan restrictivas como las de la secundaria. En contraste con esta última, la enseñanza primaria dispone de mayores espacios de tiempo disponibles centrados en las destrezas más que en la enseñanza de contenidos. Según CUBAN, estas dos características, junto con las creencias educativas diferentes, hicieron posible que determinados profesores modificaran sus prácticas educativas.

El análisis de CUBAN ilustra cómo la consideración de la enseñanza como práctica contextualizada da paso a una visión de los profesores como individuos a la vez limitados e impulsados por sus contextos institucionales. Podemos citar también otra obra. Louis SMITH y William GEOFFREY (1968) examinaron "las complejidades de una escuela urbana" y descubrieron que la programación en el aula, unos alumnos determinados, los grupos de referencia de los profesores, la organización escolar y los "acontecimientos externos a la clase" producían efectos importantes en las deliberaciones de los profesores (SMITH y GEOFFREY, 1968, pág. 233). Arthur BOLSTER (1983) ha afirmado que un modelo más eficaz de investigación sobre la enseñanza debería contar más con las perspectivas de los profesores. Con este fin, dice, convendría reconocer que éstos actúan como "responsables de decisiones contextualizadas" (BOLSTER, 1983, pág. 296). Anthony GIDDENS (1979) sostiene que la mayor parte de las acciones individuales pueden considerarse como "prácticas contextualizadas". Todos estos autores afirman que la consideración por la enseñanza como práctica contextualizada constituye un paso importante.

Aunque estamos de acuerdo en lo fundamental con los investigadores antes citados, apreciamos también importantes limitaciones en sus enfoques. Revisando los estudios empíricos de CUBAN (1984) y de SMITH y GEOFFREY (1968) y las propuestas de BOLSTER (1983) y GIDDENS (1979), nos da la sensación de que su visión de la "contextualización del profesor es demasiado limitada"[8]. No suelen tener en cuenta la clase social, la cultura y el género de alumnos y profesores. Tampoco suele contemplarse la enseñanza en cuanto actividad laboral ni se otorga excesiva importancia a la dinámica racial. Esto no quiere decir que haya que incluir en cada análisis todas estas características, sino que podemos aprovechar lo que se derive de la observación de estos campos y dinámicas. Al revisar la forma de enseñar de los profesores, CUBAN considera, para dejarlas después de lado, muchas limitaciones externas al aula. Creemos que convendría estudiar cómo estas dinámicas limitan significativamente el proceso educativo. Es recomendable un examen más amplio, en vez de más estricto. Parece importante tener en

---

[8]Aunque todos los autores citados proponen un marco en el que se considere que los profesores, los agentes sociales o ambos participan en prácticas contextualizadas, tienden a limitar demasiado la situación pertinente. Las razones de la adopción de esta visión demasiado restringida varían según cada autor y no las revisaremos aquí. Nosotros sostenemos que la contextualización ha de construirse de forma más amplia y que necesitamos ser capaces de elaborar, desde el punto de vista teórico y de manera adecuada, la fuerza y el origen de las estructuras y dinámicas sociales.

cuenta las dinámicas de clase social, género y raza, centrándonos en cómo limitan de un modo significativo el futuro de los alumnos, el trabajo de los profesores y la participación de la comunidad local en sus escuelas públicas (ARFEDSON, 1979).

Una forma de abordar el examen de estas dinámicas consiste en considerar que esas limitaciones surgen de fuentes biográficas, institucionales y sociales más generales. En nuestro programa curricular (expuesto en el Capítulo IV), encuadramos de este modo nuestro análisis del *curriculum*. Revisamos el trabajo de los profesores (esencialmente un análisis de clase social), tanto en el nivel biográfico como institucional, subrayando los contextos biográficos, institucionales y sociales de las dinámicas de género y de raza. En nuestro examen curricular de la dinámica racial, señalamos que las reacciones personales, las prácticas institucionales y los factores sociohistóricos [utilizando los trabajos de Vivian Gussin PALEY (1989), Shirley Brice HEATH (1982 y 1983) y John OGBU (1987), respectivamente] limitan el futuro de los niños afroamericanos. Parece que este marco ejerce un atractivo intuitivo tanto sobre los futuros docentes como sobre los formadores de profesores. Asimismo, proporciona una primera aproximación valiosa al origen de posibles limitaciones. Nos da también la sensación de que, identificado el "nivel" del origen, podrían darse algunos pasos hacia posibles transformaciones. Es obvio que las limitaciones que se derivan de fuentes biográficas, institucionales o sociales requieren soluciones diferentes. Por ejemplo, en el nivel biográfico, es posible, aunque no sencillo, modificar las ideas erróneas que alguien pueda tener sobre otra cultura, mediante la modificación de las creencias personales. En general, aunque no siempre, las soluciones institucionales requieren un esfuerzo colectivo. La alteración de las normativas y prácticas sociales independientes de la escuela exigirían una acción política más concertada y organizada. El análisis biográfico-institucional-social puede constituir una forma útil de enmarcar el análisis de las dinámicas de género, raza y clase social cuando se considera la enseñanza como una práctica contextualizada[9].

La idea de la enseñanza como práctica contextualizada, que se desarrolla en medio de limitaciones contextuales, constituye el enfoque que preferimos para el análisis de la enseñanza y del contexto social de la escolarización. Nos parece que encierra potencial suficiente para reducir la tensión entre los enfoques holístico e individualista. Pero, aún con esta perspectiva, ha de quedar claro que nuestro plan de investigación dista mucho de estar bien elaborado. Con el fin de dar un paso más en esta elaboración, examinaremos ahora las concepciones de producción y uso de los conocimientos derivados de la investigación en centros universitarios y las prácticas que a ellos se asocian. Concretamente, creemos que merece la pena examinar por qué la investigación educativa ha solido pasar por alto las preocupaciones prácticas

---

[9]Al formular nuestras ideas respecto a la enseñanza en cuanto práctica contextualizada, lo hacemos bajo la considerable influencia de los trabajos británicos recientes sobre los profesores: "estrategias para afrontar situaciones" (por ejemplo: WOODS, 1980; POLLARD, 1982).

de los profesores y revisar lo que razonablemente podemos esperar de los esfuerzos de investigación centrados en el contexto social de la escolarización. Cuando hayamos examinado estas cuestiones, estaremos en mejores condiciones para señalar orientaciones para la investigación futura en la formación del profesorado.

Producción de conocimientos para la aplicación de conocimientos

A veces, parece un lugar común distinguir y aceptar el importante vacío que existe entre la producción de conocimientos y la aplicación de los mismos. Se dice a menudo que los investigadores universitarios producen conocimientos independientes del contexto, generalizables a muchas situaciones, neutros respecto a valores sociales y educativos y que utilizan los profesionales en las escuelas[10]. Según esta forma de ver las cosas, existe una marcada diferencia entre la producción de conocimientos y su aplicación, así como entre los roles respectivos de productores y usuarios. Se afirma, en general, que los investigadores producen conocimientos que pueden utilizar los profesores y los administradores de las escuelas. Por otra parte, hay una postura alternativa que sostiene que los profesionales producen conocimientos útiles que dependen del contexto, son particularistas y están siempre vinculados con valores sociales, personales y educativos específicos. Desde esta perspectiva, el conocimiento útil es casi siempre conocimiento extraído de la acción y reflexión prácticas sobre la acción práctica[11].

Entre estos dos polos existe un conjunto de variaciones interesantes. Denis PHILLIPS (1980) sostiene que con demasiada frecuencia los intereses de los investigadores y los de los profesionales carecen de relación entre sí. Los investigadores universitarios están preocupados por la producción de conocimientos dentro de los límites de la dedicación de sus disciplinas, mientras que a los profesores les preocupa satisfacer las demandas prácticas que les impone el aula. Según PHILLIPS, sería conveniente no esperar la coincidencia de estos distintos intereses. Adoptando un enfoque diferente, Joseph SCHWAB (1978) distingue entre el razonamiento teórico (basado en la investigación) y el práctico (utilizado por el profesional). Expone una visión de las artes prácticas, casi prácticas, y eclécticas que sirva de puente entre el razonamiento "teórico" de los investigadores universitarios y el razonamiento "práctico" de los profesores, quienes desarrollan el *curriculum* y de los administradores. Desde otra perspectiva, Margret BUCHMANN (1984) ha criticado la visión del conocimiento orientado a la investigación por su valoración estric-

---

[10]Este punto de vista ha sido criticado por diversos autores. Por ejemplo: BERNSTEIN (1978) y FEINBERG (1983).

[11]Este punto de vista alternativo queda simbolizado por la aparición del movimiento del profesor como investigador desde los años sesenta (ELLIOTT, 1990) y por la reciente popularidad de las ideas de SCHÖN sobre la reflexión en la acción (SCHÖN, 1983).

tamente utilitaria del conocimiento. Dice que el objetivo del conocimiento práctico consiste en facilitar la acción prudente y que la acción utilitaria de muchos investigadores tergiversa el papel del conocimiento para informar la acción prudente. Para BUCHMANN, el conocimiento producido por la investigación no es sino un factor (quizá insignificante) al considerar qué debe hacerse. Freema ELBAZ (1983) y Michael CONNELLY y Jean CLANDININ (1988) presentan otro punto de vista, según el cual el conocimiento personal y práctico de los profesores es la clave para comprender las razones que les asisten para emprender sus aciones educativas y la base para entender la (afirmada) relación "dialéctica" entre conocimiento y acción.

Ante este conjunto de perspectivas, creemos importante hacer dos aclaraciones específicas. Con respecto a la distinción entre producción de conocimiento y utilización del mismo, estamos de acuerdo con Jere CONFREY (1987) cuando dice que

> ... es más adecuado concebir la producción y la utilización del conocimiento como un continuo en el que pueden describirse diferentes tipos de "actividades" intelectuales y no como características de "ocupaciones" diferentes del investigador y del profesor. Tanto el profesor como el investigador participan en la producción y en la aplicación del conocimiento. (CONFREY, 1987, pág. 388)

Aunque estamos de acuerdo con CONFREY en que tanto la producción como la aplicación del conocimiento deben construirse en un continuo, así como en su punto de vista de que tanto el profesor como el investigador participan en la producción y en la aplicación del conocimiento, pensamos también que las actividades intelectuales de profesores e investigadores, sus respectivas producción y aplicación de conocimientos, difieren en importantes aspectos. Esencialmente que los laberintos intelectuales de los profesores están más relacionados con la "solución" de problemas prácticos con los que se enfrentan personalmente. Los investigadores, por su parte, parecen estar menos influidos por las restricciones de la enseñanza, prácticas y percibidas como inmediatas, influyéndoles e impulsándoles, en cambio, las investigaciones y prácticas de sus colegas orientadas de acuerdo con su propia disciplina. En efecto, creemos que, aunque tanto profesores como investigadores participan en la producción y aplicación de conocimientos, lo hacen con distintos objetivos y en contextos sociales e institucionales diferentes.

Parece razonable también afirmar que, aunque los resultados de la producción de conocimiento adoptan muchos tipos y formas y pueden servir a diversos fines, no pueden servir de sanción independiente y autorizada de las prácticas educativas. Pueden producirse y han sido producidos conocimientos generalizables acerca de las escuelas como instituciones, sobre el trabajo de los profesores, el aprendizaje de los niños y la relación entre comunidad y escuela. Por ejemplo, es exacto decir que las escuelas públicas de los Estados Unidos se han convertido en instituciones burocráticas que, con frecuencia, para los profesores son lugares que generan tensiones y en las que el aprendizaje de los niños se centra en la adquisición de destrezas básicas y mínimas. Este tipo de conocimiento puede informar los planes y acciones educativos de los futuros profesores, sus puntos de vista docentes y curriculares y su acción social y política dentro y fuera de las escuelas. Asimismo, pueden generarse conocimientos más específicos y sensibles al contexto sobre determinadas bases lingüísticas de los niños, las relaciones entre comunidad y escuela en el pasado y sobre el interés de ciertos niños por determinados conocimientos curriculares y sus ideas previas sobre los mismos. Como mencionamos en el capítulo anterior, el estudio de Shirley Brice HEATH (1983) descubrió una cantidad importante de conocimientos sobre una determinada comunidad de clase trabajadora, los hábitos lingüísticos de sus niños y la forma en que dichos hábitos y las normas lingüísticas de las escuelas públicas limitaban el futuro educativo de los alumnos, blancos y negros, de clase trabajadora. Estos conocimientos pueden, en efecto (y así ocurrió con el estudio de HEATH), informar las acciones educativas de los profesores. Aunque destacamos la importancia de reconocer que los conocimientos sobre las escuelas pueden adquirirse de muchas formas, queremos hacer hincapié, con Charles LINDBLOM y David COHEN (1979), en que la investigación no puede proporcionar conocimientos independientes y autorizados. Pero el hecho de que sea incapaz de facilitar conocimientos autorizados no reduce la importancia de la investigación. No significa que la investigación social no tenga nada que ofrecer. Pensamos, en cambio, que sí tiene mucho que ofrecer y pondremos de manifiesto sus posibles contribuciones. En el resto de este apartado, revisaremos, en primer lugar, las explicaciones históricas de por qué se produce la distancia entre la producción y la aplicación de conocimientos de los investigadores y de los docentes (así como de los formadores de profesores). Pasaremos después a considerar el papel potencial de la investigación universitaria dedicada a examinar las condiciones sociales de la escolarización y de la formación del profesorado

Una mirada histórica

Respondiendo a la pregunta: "¿por qué la investigación básica ha tenido tan poca influencia sobre la práctica?", Arthur BOLSTER (1983) dice que se debe a que los investigadores utilizan una perspectiva teórica incompatible con la que emplean los profesores. Investigadores y docentes "adoptan conjuntos de supuestos radicalmente diferentes respecto a cómo conceptualizar el proceso docente" (BOLSTER, 1983, pág. 259). Según BOLSTER, el conocimiento de los profesores es

de origen ideográfico y, en consecuencia, de carácter particularista; es decir, este conocimiento se deriva de la necesidad de comprender la complejidad de un contexto concreto con suficiente exactitud para poder actuar de manera eficaz sobre él. (BOLSTER, 1983, pág. 298)

En cambio, el conocimiento de los investigadores universitarios es

nomotético, en cuanto a su objetivo, y de carácter universalista; o sea, los científicos sociales tratan de establecer principios generales sobre clases de objetos
humanos. Su objetivo no consiste en explicar una situación concreta del modo
más profundo posible, sino en definir y demostrar el funcionamiento sistemático
de ciertos principios en distintas situaciones. (BOLSTER, 1983, pág. 301)

Aunque, en general, parece una descripción adecuada de los enfoques de
la producción y aplicación del conocimiento de (algún) investigador y profesor, nos parece importante examinar cómo la orientación de investigación
se convierte en *la* orientación valorada en los centros universitarios de educación. Nos inclinaríamos a pensar que el objetivo de la investigación educativa consistiría en promover prácticas educativas fundamentales y deseables.
Sin embargo, como dice BOLSTER, no ha producido ese efecto. Podríamos
sostener que es deseable pensar en esperar algo más de esta unión mal realizada. Profesores e investigadores seguirán pensando y actuando como
hasta ahora. Pero es razonable creer en la posibilidad de algún cambio. En
la historia de la formación del profesorado y de la investigación educativa
hallamos fundamentos para plantear la amplitud de la separación entre la
producción y la aplicación de los conocimientos de profesores e investigadores.

Informes recientes acerca de los años en que se constituyeron importantes facultades de educación llevan, al menos, a tres generalizaciones
notables. Basándonos en la investigación de Woodie T. WHITE (1982), Geraldine CLIFFORD y James GUTHRIE (1988) y de Arthur POWELL (1980), hemos
descubierto que, durante este siglo y en muchas facultades de educación,
la investigación y la formación del profesorado se caracterizan por las siguientes tendencias:

1.   Las facultades y departamentos de educación de universidades
importantes, en compensación por su falta de categoría dentro de la universidad, se centraron en la función de preparación para el doctorado (más que
en la formación del profesorado) y trataron de abrir una vía de investigación
"científica". Esto supuso que, a menudo, se pasaran por alto los problemas
de la enseñanza primaria y secundaria. La investigación tendió a centrarse
en "problemas académicos" más que en los problemas de la escuela. O sea,
los investigadores examinaban "alguna laguna o ambigüedad en los datos
o interpretaciones de una disciplina de ámbito mundial" o algún problema
suscitado por "una cuestión planteada por colegas, también universitarios,
del propio campo (CLIFFORD y GUTHRIE, 1988, pág. 88). Woodie WHITE (1982)
dice que una consecuencia de todo ello consistió en que, "en su intento de
conseguir respetabilidad profesional, los profesores de educación dejaron
de lado con frecuencia cuestiones importantes de enseñanza y aprendizaje"
(WHITE, 1982, pág. 145).

2.   El profesorado de las facultades de educación se solía dividir en dos
grupos: "quienes profesaban su adhesión a los métodos científicos y disci-
plinarios y quienes se inclinaban al campo práctico en el terreno de la for-

mación profesional..." (CLIFFORD y GUTHRIE, 1988, pág. 87). Se concedió mayor categoría y prestigio a quienes se dedicaron a la investigación, en detrimento de los comprometidos en la formación profesional.

3. La importancia otorgada a la investigación y la falta de atención a los problemas prácticos de los profesores se vio reforzada por la creencia de muchos docentes de escuelas de que la enseñanza era una "actividad de bajo prestigio, adecuada sobre todo para las mujeres" (CLIFFORD y GUTHRIE, 1988, pág. 116). Como cuentan CLIFFORD y GUTHRIE, "en la mente de muchos profesores escolares influyentes, el comprensible repudio hacia las escuelas normales y su preocupación por la práctica directa se extendió a los profesores en general, a la pedagogía y a las mujeres con las que se asociaban las escuelas normales" (CLIFFORD y GUTHRIE, 1988, pág. 116). En efecto, comenta POWELL que Henry HOLMES, decano de la *Harvard School of Education* (1919-1940), creía que la "reputación y el éxito de Harvard era directamente proporcional al dominio ejercido por los varones" (POWELL, 1980, pág. 154). Las alumnas podían ingresar en Harvard "en tanto no superaran una masa crítica intuitiva" (pág. 154). Empleando las tesis de Susan LAIRD (1988) (véase el Capítulo IV), parece plausible afirmar en principio que, en esa época, destacaban especialmente dos creencias: 1) se consideraba que la enseñanza en la escuela pública constituía un trabajo de mujeres porque se decía que se adaptaba a la personalidad femenina, 2) se creía que la presencia de mujeres empañaría el futuro del profesorado de educación. Los análisis históricos de WHITE (1982), CLIFFORD y GUTHRIE (1988) y POWELL (1980) indican que estas creencias influyeron en la orientación de la investigación educativa, en el desarrollo de la educación y en el relieve de la formación del profesorado.

WHITE resume su estudio sobre la *University of Chicago's School of Education* poniendo de manifiesto la relación que se ha desarrollado entre la investigación educativa y la formación del profesorado. Hacia 1933,

> el *University of Chicago study of education* se convirtió en un estudio fragmentario, muy especializado que parecía más preocupado por la creación de un cuerpo de investigaciones respetable, estableciendo roles especializados y ejerciendo el control sobre la movilidad en la profesión educativa que por desarrollar una carrera de estudios en la que se coordinaran la teoría y la práctica... JUDD y sus hombres reforzaron la idea de que la enseñanza constituía una ocupación inadecuada para la vida laboral del hombre blanco. Debía alcanzar una categoría académica y profesional haciendo hincapié en la preparación científica de roles que trascendieran el aula y discriminando a determinados grupos de población (mujeres, afroamericanos y asiáticos) que desdecían de la dignidad de la profesión docente. El aula americana dejó de ser el lugar central de la acción para el profesional de la educación. A partir de ahora, había otros campos para el desarrollo de nuevas —y, para algunos, más importantes— carreras. (WHITE, 1982, pág. 171)

Si estas caracterizaciones muestran aspectos de las relaciones entre la investigación educativa, la escolarización y la formación del profesorado de este siglo, tenemos razones para reconsiderar por qué la investigación educativa ha producido tan pocos efectos sobre la enseñanza. Aunque esta información no establece ningún factor histórico definitivo que produjera el vacío existente entre la producción y aplicación de conocimientos de profesores e investigadores, suscita una posibilidad clara de que diversas fuerzas individuales, institucionales y sociales podrían haber desempeñado un papel significativo. Habida cuenta de esta ojeada histórica, creemos que los argumentos que sostienen que la distancia entre los esfuerzos de investigación y las actividades docentes son inevitables y naturales quedan vacíos de contenido. Parece, por tanto, razonable examinar, exponer y, quizá, procurar disponer las cosas de manera que se establezca una íntima relación de trabajo entre los investigadores universitarios y los profesores. En el siguiente apartado de este capítulo, relacionaremos este fragmento histórico con nuestra preocupación por las condiciones sociales de la escolarización para presentar nuestras orientaciones para la investigación universitaria centrada en la formación del profesorado y en los contextos sociales de la escolarización. Pero, antes de exponer nuestras orientaciones, hemos de aclarar los tipos de investigación que creemos razonable esperar de la investigación educativa en estas áreas.

Posibles contribuciones de la investigación

Una de las fuerzas motivadoras que subyacen al impulso de los primeros estudiosos hacia la "investigación científica" parece ser el deseo de conseguir respuestas "firmes" y autorizadas. Aún hoy día, hay en la profesión docente quienes creen que la investigación educativa puede proporcionar respuestas autorizadas a los laberintos educativos, mientras otros rechazan el valor de la mayor parte de la investigación[12]. Si pedimos más investigación educativa sobre los contextos sociales de la escolarización y la formación del profesorado, tendremos que manifestar lo que esperamos que pueda o no pueda producir. Sostenemos, en general, que la investigación educativa o [como LINDBLOM y COHEN (1979) la llaman] investigación social profesional (ISP) ni ha producido ni puede ofrecer conocimientos autorizados independientes. La investigación educativa sola no puede producir conocimientos capaces de orientar la política ni la práctica educativa. Y no puede hacerlo por dos razones fundamentales. *Primera:* carece de base para decidir cuestiones normativas y, por tanto, no puede garantizar el imprescindible consenso en relación con la política y la práctica educativas. *Segunda:* la investigación educativa tiende a suscitar problemas adicionales, en vez de resolver sin más las cuestiones que se le plantean. Por regla general, aumenta, en vez de reducir, la complejidad percibida en el mundo social. Como afirma Denis PHILLIPS, "el fondo del asunto está en que los científicos sociales no han sido

---

[12]Puede verse una revisión de las posturas actuales y una "previsión" de la evolución futura de los acontecimientos en GAGE (1989).

capaces de descubrir generalizaciones bastante fiables y en relación con las cuales se produzca un consenso profesional suficiente para configurar la base de la política social" (PHILLIPS, 1980, pág. 17). Podemos ilustrar el argumento de PHILLIPS mediante el siguiente ejemplo. Muchos investigadores han descubierto que la diversificación de tareas según el aprovechamiento escolar (o la agrupación según criterios de capacidad) afecta negativamente a la mayoría de los alumnos de los niveles más bajos[13]. Otros investigadores han descubierto que esa diversificación influye negativamente en aquellos alumnos que ya se ven perjudicados por motivos sociales y económicos[14]. Aunque estas proposiciones empíricas parecen bastante seguras, todavía no hemos conseguido una base suficiente para modificar la política educativa de agrupación según la capacidad evaluada. Como indicamos en el Capítulo III, algunos críticos de estas diversificaciones dicen que lo único que necesitamos es un ajuste detallado; en sí, el problema no está en la agrupación o diversificación. Otros críticos dicen que hay que desmantelar por completo dicha práctica. Parece necesaria una evaluación más exacta de las conexiones causales entre la agrupación y sus efectos y entre el contexto social de la escolarización, la agrupación y sus efectos. Otro obstáculo que se opone al cambio parece consistir en los diferentes y complicados valores políticos y sociales asociados a la práctica de la agrupación. Este ejemplo debería ilustrar, aunque sólo fuera en un nivel superficial, lo difícil que resulta llegar a generalizaciones capaces de influir en el cambio institucional. El argumento de PHILLIPS (1980) sobre la incapacidad de la ciencia social para influir en la acción social está apoyado de diversas formas por Lee CRONBACH (1982), Alasdair MACINTYRE (1984) y Charles LINDBLOM y David COHEN (1979). No repetiremos aquí todos los argumentos. Creemos que la afirmación de que la investigación educativa no puede producir conocimientos independientes y autorizados es bastante segura. En cambio, planteamos la siguiente pregunta: si la investigación educativa no puede producir conocimientos independientes autorizados, ¿qué puede conseguir?

Creemos que puede conseguir mucho. El hecho de que no haya producido ni pueda producir conocimientos que proporcionen respuestas independientes y autorizadas a nuestros laberintos educativos no significa que sea incapaz de producir conocimientos que informen, enmarquen y orienten la política y la práctica educativas. El objetivo no puede consistir en proposiciones nomotéticas y universales que garanticen unas opciones normativas o determinada práctica de clase. Pero los objetivos pueden abarcar proposiciones cognitivas garantizadas que añadan nuevos datos a los argumentos sobre las condiciones sociales de la escolarización y marcos conceptuales coherentes que iluminen los distintos aspectos del contexto social de la escolarización (véase FENSTERMACHER, 1980). Concretamente, parece que la investigación puede tratar de: 1) ocuparse de investigaciones "partidistas"

---

[13]HALLINAN (1984).
[14]OAKES (1985).

centradas en problemas concretos; 2) descubrir y transmitir informes periodísticos sobre el contexto social de la escolarización, o 3) elaborar marcos conceptuales que permitan contemplar al público los contextos sociales de la escolarización y la formación del profesorado de manera nueva o imprevista. He aquí, pues, tres orientaciones diferentes para la investigación profesional. Un único esfuerzo de investigación no satisfaría los tres planes. Una línea "partidista" de investigación no podría caracterizarse, al mismo tiempo, como informadora periodística sobre el contexto social de la escolarización. Pero, como creemos que la investigación en las tres direcciones daría como resultado una conexión más efectiva entre la investigación profesional y la acción educativa, las presentaremos brevemente a continuación.

La investigación partidista

En su libro *Usable Knowledge,* LINDBLOM y COHEN (1979) proponen el plan partidista y sostienen que

aun en el caso de que la ISP [investigación social profesional] sea todo lo objetiva y desinteresada posible, [los] usos que de ella se hagan serán partidistas en la medida en que sirvan para impulsar los intereses de personas que, desempeñando determinados papeles en un proceso interactivo, son necesariamente partidistas... Adaptar la ISP a la solución interactiva de problemas (y nuestra hipótesis consiste en que ha de adaptarse de este modo para que sea eficaz) es, por tanto, ir contra corriente respecto a la extendida creencia de que la ISP estaría al servicio de objetivos no partidistas. (LINDBLOM y COHEN, 1979, pág. 62)

A continuación, sostienen que la aceptación del plan partidista lleva consigo que

ciertos cánones corrientes de algunas formas de ISP (los que orientan las ciencias sociales académicas, por ejemplo) tendrán que corregirse y, entre ellos, los que rigen las relaciones entre los pISP (los que ejercen la investigación social profesional) y el público al que se dirigen. De aquí no se sigue que el pISP tenga que inclinar sesgadamente sus resultados para adecuarlos a ese público, sino que al llevar a cabo cualquier investigación, podría trabajar para una o varias clases posibles de público, sin tomar la orientación de su acción de un interés público, postulado de manera implícita, sino de uno o varios intereses partidistas, reconocidos de forma explícita, cada uno de los cuales desempeñaría un papel en la resolución del conflicto normativo. (LINDBLOM y COHEN, 1979, pág. 65)

Puede venir bien aquí un ejemplo de investigación partidista, aunque no sesgada. Uno de nosotros (LISTON) decía en trabajos anteriores (1988a y 1988b) que muchas teorías explicativas radicales de la escolarización carecían del apoyo de pruebas sustanciales. Sostiene que es importante, desde los puntos de vista personal, profesional y político desarrollar un plan de investigación radical enmarcado e informado por las preocupaciones, valores y marcos conceptuales radicales; pero también considera importante examinar las proposiciones empíricas y causales expuestas por los radicales para explicar por qué las escuelas son como son. El plan de investigación de

LISTON es partidista en la medida en que acepta valores radicales clave y utiliza conceptos radicales fundamentales. De este modo, pone de manifiesto y subraya un grado importante de preocupaciones normativas compartidas y utiliza categorías conceptuales semejantes. Pero el plan de investigación propuesto no está sesgado, dado que constituye un intento de examinar el grado de exactitud de las explicaciones radicales de la escolarización. Es un ejemplo de plan de investigación partidista, aunque no tendencioso.

En el campo de la formación del profesorado, esta política de investigación partidista puede adoptar diversas formas. En su nivel más básico, supone sólo que los investigadores identifiquen y elaboren sus creencias y valores educativos básicos (o sea, la tradición educativa a partir de la cual desarrollan su actividad) y expliquen cómo su estudio se ocupa de cuestiones encuadradas en un paradigma de investigación determinado o de problemas a los que se enfrentan los profesores que comparten compromisos normativos semejantes[15]. Podría decirse ahora que los investigadores no se someten a determinadas tradiciones de investigación educativa: su trabajo es mucho más amplio. Aunque esto pueda ser cierto respecto de algunos problemas de investigación, creemos que los obstáculos sociales, políticos y culturales a los que se enfrentan los profesores quedan mejor iluminados cuando los investigadores identifican conscientemente sus compromisos educativos. Con el fin de que la investigación universitaria tenga cierta influencia en el cambio educativo, pensamos que tendrá que operar dentro de los límites impuestos por cierto grado de consenso normativo. Tendrá que ocuparse de los significados y creencias de los profesionales y centrarse en problemas que resulten importantes tanto para el investigador como para el profesor.

Los esfuerzos periodísticos

Creemos también que lo que LINDBLOM y COHEN (1979) llaman "información" forma parte integrante de la investigación que debe desarrollarse sobre la formación del profesorado. En los estudios sobre dicha formación, los trabajos semejantes al proyecto *Research About Teacher Education* (RATE)[16] de la *American Association of Colleges for Teacher Education* serían de gran utilidad. En ese proyecto, los investigadores tratan de proporcionar datos

---

[15]Nuestra preocupación fundamental consiste en que los investigadores descubran sus compromisos normativos pertinentes y manifiesten cómo influyen estos compromisos en su trabajo de investigación. No existe una correspondencia entre las tradiciones individuales de pensamiento y práctica educativos (nuestras descripciones sociohistóricas de la formación del profesorado o la elaboración más conceptual de las tradiciones educativas) y los distintos e independientes paradigmas de investigación. Pero esta falta de correspondencia no reduce la importancia de nuestra petición de que los investigadores se ocupen de articular sus propios valores normativos.

[16]Por ejemplo, véanse: GALLUZZO y ARENDS (1989); HOWEY (1989) y ZIMPHER (1989).

básicos e información respecto a descripciones de programas y perfiles de profesores y alumnos. También sería de provecho un mayor conocimiento de qué niños se benefician de la escuela, qué escuelas y distritos escolares son relativamente ricos y cuáles pobres, un conocimiento de la diversidad racial, étnica y de clase social de las poblaciones escolares, los procedimientos de adopción de un *curriculum* en diversas escuelas y estados y mucho, mucho más. Sólo una pequeña parte de esta información, si acaso, llevaría consigo la formulación de generalizaciones a modo de leyes. Sin embargo, este tipo de información supone una ojeada descriptiva sobre la vida que se desarrolla en el seno y alrededor de las escuelas públicas y de las facultades de educación. Estamos convencidos de que los futuros docentes y los formadores de profesorado se beneficiarían mucho de informes más "periodísticos" sobre los contextos sociales de la escolarización y la formación del profesorado.

Los marcos conceptuales

No cabe duda de que una de las más importantes contribuciones de la investigación consiste en la creación de conceptos y marcos conceptuales clave que hagan posible que las personas contemplen el mundo de forma diferente. Estos esfuerzos de investigación son, en potencia, los más provocativos y enriquecedores. Al examinar la enseñanza y el contexto social de las escuelas a través de diversos marcos conceptuales, empezamos a ver nuevos aspectos, a reformular antiguas preguntas, a cuestionar la propia imagen de la sociedad y de orden social y a vernos a nosotros mismos a una nueva luz. La tradición radical ha presentado una serie de lentes iluminadoras utilizando tanto marcos conceptuales neomarxistas como feministas[17]. El "uso" de tales lentes no llega a convertirse en la "aplicación técnica" de una teoría o marco conceptual, sino que tiene el efecto de modificar nuestra forma ordinaria de entender, cuestionando las categorías conceptuales que utilizamos y los fines que pretendemos alcanzar[18]. También otros están de acuerdo en esto, sobre todo LINDBLOM y COHEN (1979) y CRONBACH (1982). LINDBLOM y COHEN señalan que

> cuando tratamos de encontrar ejemplos de contribución de la ISP a la solución de problemas sociales, los ejemplos más obvios no son los estudios de ingeniería social... sino la ilustración más fundamental del pensamiento lograda por pISP como Adam SMITH, MARX, FREUD y DEWEY. (LINDBLOM y COHEN, 1979, pág. 73)

Lee CRONBACH afirma que

> el principal acervo [del científico social] no consiste en prescripciones, leyes o valoraciones definitivas de las acciones propuestas; nosotros proporcionamos

---

[17]Véanse, por ejemplo: APPLE (1979) y MARTIN (1985).
[18]Véase una elaboración más amplia en GREENE (1989).

conceptos, y éstos modifican las percepciones. Las percepciones nuevas sugieren nuevas vías de acción y alteran los criterios de evaluación... Los conceptos contribuyen a la adopción pluralista de decisiones ayudando a que los participantes examinen sus situaciones y valores. (CRONBACH, 1982, págs. 71-72)

Con independencia de que la investigación sea partidista, se limite a la simple información de "hechos" o se dedique a la elaboración de marcos conceptuales, es importante no perder de vista que tiene la capacidad de orientar e informar la práctica. Teniendo presentes estas ideas, pasamos a nuestro apartado final en el que elaboraremos nuestras "orientaciones" para la investigación educativa centrada en los contextos sociales de la escolarización y de la formación del profesorado y examinaremos tres investigaciones a la luz de las orientaciones propuestas por nosotros.

La investigación educativa y las condiciones sociales de la escolarización y la formación del profesorado

Teniendo en cuenta nuestra exposición anterior sobre la dicotomía entre el holismo y el individualismo en la investigación educativa, nuestro análisis de la historia de la investigación educativa y de la formación del profesorado y nuestro examen de las posibilidades que se abren a la investigación universitaria centrada en el contexto social de la escolarización, creemos que las siguientes "orientaciones" resultarán útiles. Estas orientaciones están relacionadas con las preocupaciones suscitadas en éste y en anteriores capítulos y nos parece que ayudarán a orientar la investigación futura sobre las condiciones sociales y políticas de la escolarización y la formación del profesorado.

1.   En un plano fundamental, la investigación debe centrarse en la enseñanza como práctica contextualizada y resaltar los contextos sociales y políticos generales. Los docentes y los formadores de profesores deliberan, deciden y actúan en el seno de instituciones y de contextos sociales más amplios. Su deliberación puede que tenga o no en cuenta estos contextos. La consideración de la enseñanza como práctica contextualizada debería ayudar a centrar la atención en los contextos políticos, sociales e institucionales de las acciones de los profesores; asimismo debería promover el interés por las consecuencias de las acciones de los docentes. Como señalamos antes, muchas de las propuestas que consideran la enseñanza como práctica contextualizada no prestan atención a los contextos pertinentes. Sostenemos que la investigación en este campo tiene que ocuparse de diversos tipos de posibles dinámicas contextuales, que nos llevan a nuestra segunda orientación.

2.   La investigación en este campo ha de prestar especial atención a las dinámicas de género, raza y clase social de la escolarización y la formación del profesorado. Es obvio que esto forma parte de nuestro plan reconstruccionista social. Pero, con independencia de nuestro propio plan, parece

que tanto la investigación sobre la formación del profesorado como el *curriculum* de los futuros docentes ha pasado por alto el examen de estas dinámicas. Hace falta emprender investigaciones fundamentales sobre la posibilidad de que esas dinámicas influyan en las prácticas contextualizadas de los docentes y de los formadores de profesores. A pesar de que se han llevado a cabo algunas investigaciones al respecto, este campo sigue prácticamente sin explotar. Aunque estas investigaciones parecen prometedoras en potencia, no hemos de perder de vista que los recientes trabajos sobre el contexto social y político de la escolarización han tendido a considerar, a veces, a los profesores como simples marionetas, "títeres", de fuerzas sociales más amplias. Cuando comenzamos a examinar las condiciones "no reconocidas" de las acciones de los profesores, surge en los investigadores la tendencia a suponer que disfrutan de un punto de vista "privilegiado". Presentamos nuestra siguiente orientación para contribuir a cortar este tipo de desarrollo.

3.   El centro de atención de la investigación debe venir informado por las preocupaciones de los profesionales de la escuela y formadores de profesores. Con independencia de que la investigación requiera la colaboración formal con los profesionales de la enseñanza y de la formación del profesorado o no, ha de centrarse en cuestiones que revistan importancia para los profesionales, que, entre las interpretaciones del significado de la investigación, incluya la "voz" de los profesionales y refleje el compromiso con los docentes, administradores y formadores de profesores que participen en el estudio. La investigación centrada en la enseñanza, en la formación del profesorado o en ambas puede utilizarse tanto para reforzar los controles sobre las acciones de los profesionales (perspectiva instrumental de la relación entre investigación y práctica) como para hacer que los profesionales de la enseñanza y de la formación del profesorado adquieran mayor conciencia y, por tanto, incrementen el control sobre las situaciones en las que actúen (perspectiva educativa de la relación entre investigación y práctica). Hacemos nuestra esta última postura y estamos de acuerdo con Nel NODDINGS cuando dice:

> en la investigación educativa, la fidelidad hacia las personas nos aconseja escoger nuestros problemas de modo que el conocimiento adquirido promueva el progreso individual y sostenga la comunidad afectiva... Quizá con demasiada frecuencia, los investigadores hemos convertido a las personas (profesores y alumnos) en objetos de investigación. Una alternativa consiste en seleccionar problemas que interesen y preocupen a los investigadores, los alumnos y los profesores... Esa investigación sería una auténtica investigación *para* la enseñanza y no mera investigación *sobre* la enseñanza. (NODDINGS, 1987, pág. 394)

Una forma de llevar a la práctica este compromiso ético con los profesionales de la educación y de la formación del profesorado en la investigación dependiente de la universidad consiste en desarrollar la cooperación formal con aquellos cuyo trabajo constituye el centro de atención del estudio. Los proyectos de *Interactive Research and Development* de finales de los años setenta y principios de los ochenta (NOFFKE, 1990), así como los planes más recientes de investigación-acción cooperativa iniciados por OJA y SMUL-YAN (1989) ilustran cómo pueden establecerse estas colaboraciones formales en la investigación entre investigadores universitarios y profesores. Algunos trabajos recientes del *National Center for Research on Teacher Education* (NCRTE, 1988) ponen de manifiesto cómo pueden establecer los investigadores universitarios relaciones de cooperación con los formadores de profesores para el estudio de los programas de formación del profesorado. Otra opción consiste en que los investigadores universitarios apoyen los esfuerzos de investigación-acción iniciados por los docentes y formadores de profesorado en activo (por ejemplo: GOLBY, 1989)[19]. Pero, con independencia de la forma que adopte, la investigación *para* la enseñanza y la formación del profesorado tendrá que elaborar y desarrollar una base normativa. Teniendo presente nuestra argumentación expuesta en el Capítulo II (en donde sosteníamos que la base normativa de la enseñanza depende de la comprensión de las distintas tradiciones educativas), creemos que la investigación *para* la enseñanza y la formación del profesorado ha de reconocer también las diversas y diferentes concepciones del papel del profesor y de la actividad de educación. Y esto nos lleva a nuestra cuarta y última orientación.

4.   La investigación educativa sobre la formación del profesorado debe hacerse partidista, utilizando la expresión de LINDBLOM y COHEN. A lo largo de esta obra hemos defendido el valor que tiene la identificación, elaboración y articulación de las tradiciones básicas del pensamiento y la práctica educativos. Hemos examinado la historia de los esfuerzos de reforma de la formación del profesorado, estructurados en parte según las tradiciones educativas académica, de eficacia social, desarrollista y reconstruccionista social. Afirmamos que los programas de formación del profesorado debían ayudar a los futuros profesores a organizar sus creencias y valores utilizando las concepciones filosóficas de las tradiciones educativas como instrumentos paradigmáticos o tipos ideales. Las tradiciones educativas (tanto las tradiciones sociohistóricas como la concepción de tipos ideales) proporcionan un contexto de acuerdos (y desacuerdos) normativos clave, preocupaciones compartidas y problemas y cuestiones reconocidos. Un investigador educativo entre cuyos objetivos clave esté la orientación de la práctica pedagógica, ha de reconocer la naturaleza normativa de la labor educativa, aclarar cómo sus compromisos normativos influyen en la tarea investigadora y vincular la investigación con otros esfuerzos de tradiciones concretas[20].

Pedimos, por tanto, que la investigación se centre en las condiciones sociales y políticas de la enseñanza y la formación del profesorado, que considere a los docentes comprometidos en prácticas contextualizadas, que

---

[19]La distinción entre los proyectos de investigación cooperativa, como los proyectos *Interactive Research and Development,* y los esfuerzos de investigación-acción de los profesionales estriba en el grado en el que éstos dirigen y controlan la investigación. En la investigación-acción, los profesionales controlan más el proceso de investigación que cuando participan en proyectos iniciados por investigadores universitarios.

[20]Véase la Nota 15 (pág. 153).

examine las características de clase social, género y raza, así como la dinámica institucional de la enseñanza y de la formación del profesorado, tenga en cuenta las preocupaciones y laberintos prácticos de los docentes y se haga más partidista en cuanto a su orientación y desarrollo. Por último, para aclarar y dar mayor fundamento a estas orientaciones, pasaremos a considerar de qué forma tres recientes planes de investigación educativa ponen de manifiesto una o más de estas orientaciones.

Ejemplos de investigaciones

Nuestras orientaciones pueden informar sobre diversos tipos de investigaciones. Por regla general, sostenemos que no existe ninguna metodología de investigación ni marco conceptual general que goce de algún tipo de categoría privilegiada. Tanto los enfoques estructural, estadístico y explicativo, como los más interpretativos, hermenéuticos e históricos constituyen vías adecuadas de investigación. Es posible que las cuestiones planteadas y los problemas formulados desempeñen un papel importante a la hora de determinar la metodología adecuada. Pero dados nuestros comentarios anteriores, creemos que ciertos tipos generales de investigación son, en principio, más útiles que otros. Nos gustaría estimular más esfuerzos dirigidos hacia una información periodística básica, a investigaciones empíricas cooperativas, investigación-acción, exámenes históricos de las condiciones sociales de la escolarización y de la formación del profesorado y a la elaboración de marcos conceptuales iluminadores. A continuación, revisaremos los trabajos de Shirley Brice HEATH (1982 y 1983), Susan LAIRD (1988) y Barbara SCHNEIDER (1987). Sus trabajos constituyen una buena ilustración, para las investigaciones universitarias, de muchas de las orientaciones que creemos fundamentales para la investigación futura de las condiciones sociales de la escolarización y de la formación del profesorado. Tras esta exposición de investigaciones universitarias paradigmáticas, consideraremos la cuestión de la investigación desarrollada por los profesionales sobre la enseñanza y la formación del profesorado.

Aunque HEATH (1983) dice en el prólogo de *Ways with Words* que "según muchas normas de juicio, este libro... no puede considerarse un modelo de... investigación educativa" (pág. 7), según las nuestras, no cabe discusión. Sus estudios sobre el uso del lenguaje que hacen los niños en casa y en la escuela ilustran muy bien dos de nuestras orientaciones. Como indicamos en el Capítulo IV, la investigación de HEATH se centra en los usos lingüísticos de niños negros y blancos de clase trabajadora. Examina específicamente cómo estas prácticas lingüísticas chocan con las normas y expectativas lingüísticas de los profesores de las escuelas públicas en las que predomina la clase media. Su obra pone de manifiesto cómo la investigación educativa puede sacar a la luz las creencias inconscientes de los profesores y su desconocimiento de los usos lingüísticos de la clase trabajadora, incorporar al plan de investigación las preocupaciones de padres y profesores e invitar a la colaboración con los docentes que investigan sobre los problemas del aula.

HEATH comenzó su investigación a petición de los padres negros de clase trabajadora. A causa de las primeras tentativas de abolición de la segregación racial, sus hijos fueron asignados a escuelas que habían sido creadas para niños blancos. Los padres notaban que "se producían pocas interacciones significativas entre los profesores y sus hijos" y, en consecuencia, pidieron a HEATH que tratara de explicar "por qué sus hijos no iban mejor en la escuela" (HEATH, 1982, pág. 106). A ella no sólo la conocían muchos miembros de la comunidad, sino que, como instructora de un centro local de enseñanza superior, también enseñaba y conocía a muchos profesores de la zona. Ella señala que los profesores estaban "insatisfechos por la falta de participación y los mínimos progresos efectuados por los alumnos de Trackton y de comunidades semejantes" (HEATH, 1982, pág. 124). Asimismo, indica que los profesores que

> ... participaron en el estudio... mantenían al principio muy diversos estereotipos sobre la forma de aprender el lenguaje de los niños negros... [que indicaba que ellos] pensaban que la socialización lingüística de los niños negros difería de alguna manera de la de los demás niños. Sin embargo, en sus interacciones con los niños negros, los profesores daban por supuesto invariablemente que debían responder a las rutinas lingüísticas y a los usos del lenguaje para la construcción de los conocimientos, destrezas y disposiciones del mismo modo que lo hacían con los otros niños. Algunos profesores eran conscientes de esta paradoja, pero pensaban que, al desconocer cómo se enseñaba el idioma en las comunidades negras y cómo se utilizaba para hacer que los niños tomaran conciencia del mundo que les rodeaba, carecían de fundamento para repensar sus puntos de vista sobre la socialización lingüística de los niños negros. (HEATH, 1982, pág. 114)

Parece que tanto los padres como los profesores estaban mutuamente insatisfechos y necesitaban mayor información sobre la escuela y la comunidad.

HEATH estudió un problema que resultaba incómodo tanto a los padres como a los profesores, comprometiéndose a utilizar su investigación para mejorar la situación. Orientó su trabajo con los profesores de manera que se convirtiesen

> en observadores participantes en su propio terreno y utilizaran el conocimiento de las etnografías de Trackton y Roadville para informar sus motivaciones prácticas y programas de enseñanza. (HEATH, 1983, págs. 12-13)

El fundamento racional de su trabajo era sencillo:

> si los agentes de cambio (profesores y padres) estaban dispuestos a participar y lo hacían, el conocimiento sobre los usos lingüísticos podría seguir un curso de doble sentido: de la escuela a la comunidad y de la comunidad a la escuela. (HEATH, 1982, pág. 125)

HEATH tuvo mucho éxito. Como consecuencia de sus propios esfuerzos de investigación y de las experimentaciones de los profesores, éstos modificaron sus estrategias pedagógicas de formulación de preguntas, de manera que facilitaran la participación en clase de los niños negros de clase trabajadora. Los profesores pudieron conocer los procesos de uso y aprendizaje del lenguaje, desconocidos hasta entonces y, como consecuencia de este conocimiento (y del deseo de reforzar las experiencias de aprendizaje de los niños negros de clase trabajadora) modificaron sus procesos pedagógicos.

A partir de esta breve descripción, es patente que el trabajo de HEATH ilustra bien muchos aspectos de nuestras cuatro orientaciones. Aunque nunca llegara a elaborar una visión de la enseñanza como práctica contextualizada, parece asumirlo en su trabajo de investigación. Gran parte de su programa de investigación parece consistir en un esfuerzo para reforzar el conocimiento que los profesores tienen de sus situaciones concretas; en especial, sobre la manera en que se establecieron en principio las normas y expectativas lingüísticas de los profesores y de los niños negros e interactuaron posteriormente. Sus estudios sobre los usos lingüísticos de la comunidad y de la escuela y las propias investigaciones de los profesores, les proporcionaron a éstos nueva información sobre la que basar sus deliberaciones docentes y curriculares. Esta información corrigió las concepciones previas de los profesores acerca de la socialización y usos lingüísticos de los negros, facilitándoles informaciones cruciales sobre su contexto social y comunitario concreto.

Sin duda, HEATH muestra cómo se institucionalizan las diferencias culturales y cómo, una vez institucionalizadas, crean obstáculos tanto para el profesor como para el niño. Su estudio pone en evidencia de un modo acertado el contexto institucional de la enseñanza, aunque, en último término, pasa por alto otras dinámicas que quizá destacaran. Visto de manera superficial, da la sensación de que estudia las dinámicas de clase y raza del contexto social general. Examina explícitamente la falta de congruencia cultural entre los usos lingüísticos de la clase trabajadora negra y de la clase media blanca. Pero, en realidad, parece que HEATH deja de lado cuestiones importantes relacionadas con la dinámica de clase social y de raza. Ella sostiene que

> ... cualquier lector que trate de explicar el contraste comunitario en este libro sobre la base de la raza perderá de vista el aspecto fundamental que se centra en la cultura como conducta aprendida y sobre los hábitos lingüísticos en cuanto parte del aprendizaje compartido. Los niños de Roadville y Trackton llegaron a tener formas diferentes de comunicación porque sus comunidades tenían herencias sociales distintas y formas diferentes de comportarse en las interacciones directas. (HEATH, 1983, pág. 11)

Pero, como plantea Harold ROSEN (1987), parece que una parte significativa de la herencia social de la comunidad de Trackton consistiría en "la experiencia del racismo y su continuada persistencia" (ROSEN, 1987, pág. 447). ROSEN sostiene, y nosotros estamos de acuerdo con su apreciación, que "el inglés negro es la expresión y la negociación de la experiencia negra. El racismo ronda en las sombras de este texto *[Ways with Words]* suscitando cuestiones que no plantea HEATH" (ROSEN, 1987, pág. 447). HEATH señala que el movimiento a favor de los derechos civiles llevó consigo cambios en cuanto a las posibilidades de empleo de los negros y que en la ciudad persistían los antagonismos raciales, pero poco más dice al respecto. Nos preguntamos si esos antagonismos raciales influían y cómo y qué pensaban los padres respecto a que sus hijos ingresaran en una escuela blanca con profesores blancos. HEATH indica que los docentes sostenían puntos de vista estereotipados sobre el desarrollo lingüístico de los negros. Nos preguntamos también hasta qué punto los profesores veían las cosas de este modo o era una consecuencia de su visión cultural muy limitada. En el informe de HEATH es raro que se mencionen interacciones entre adultos blancos y negros ni entre alumnos blancos y negros. Parece razonable preguntarse si esto ocurría así y si eran patentes las tensiones raciales.

Respecto a los problemas de clase social, HEATH menciona huelgas, pero continúa diciendo que "entre los temas de los que hablaban no solía aparecer el trabajo" (HEATH, 1983, pág. 365). Si es exacto que los trabajadores adultos no hablaban de su trabajo en sus hogares, ¿hablaban de ello en su trabajo? ¿Se habían producido intentos recientes de sindicar a los trabajadores? ¿Algunos familiares de las generaciones precedentes habían participado en alguna huelga o conflicto laboral? ¿Existían tensiones entre trabajadores negros y blancos? HEATH no menciona estas cuestiones. No obstante, creemos que si se hubieran estudiado de manera más completa los contextos de clase social y de raza, podrían haberse descubierto otros factores desconocidos.

Es obvio que la investigación de HEATH es *para* los profesores así como *para* la comunidad de Trackton. La iniciación de su trabajo se debió a la iniciativa de los padres negros preocupados por la falta de progreso educativo de sus hijos. Ello llevó a que los profesores examinasen sus propios usos de lenguaje, así como los de otros, centrándose en problemas y cuestiones fundamentales tanto para padres como para docentes. Dice HEATH que, en realidad, para que su trabajo culminara de manera satisfactoria eran necesarios dos componentes:

> en primer lugar, los profesores como investigadores y, en segundo, que los datos procedentes del aula y de las comunidades de los alumnos fuesen creíbles. Para que los docentes participasen en el proceso de investigación, era preciso que quisieran conocer qué y cómo aprendían ellos y sus alumnos en la socialización lingüística, y debían tomar parte en la recogida de datos necesarios para responder a tales cuestiones. (HEATH, 1982, pág. 126)

Por último, el trabajo de HEATH puede caracterizarse como partidista de hecho, aunque sin declararlo explícitamente como tal. HEATH no describe su investigación como perteneciente a una tradición específica, ni ella se identifica con una determinada postura normativa. Sostiene que su estudio es válido casi para todos los que tienen algo que ver con los niños: profesores interesados por aprender más sobre el proceso educativo y sobre ellos mismos; padres y miembros de la comunidad que quieran descubrir más cosas sobre los niños (HEATH, 1983, pág. 13). Y, como dijimos antes, parece dejar de lado la dinámica racial y los antagonismos de clase entre las personas participantes en su estudio. Aunque no aparece una postura partidaria explícita, es obvio que su investigación se dirige *a* las personas estudiadas, apreciándose esa orientación fundamental. Su propio trabajo etnográfico y el desarrollado con padres y docentes tuvo una influencia evidente en la modificación de las percepciones de los profesores respecto a sí mismos, a sus alumnos y a sus estrategias docentes. Creemos que podríamos analizar el trabajo de HEATH e identificar aspectos clave de sus compromisos normativos. Por ejemplo, parece aceptar una visión de algún modo progresista del *curriculum,* en la que los conocimientos de los alumnos desempeñan un papel clave en las estrategias docentes y en los programas curriculares. Pero nos parece que la investigación partidista debe identificar con mayor claridad los compromisos normativos del trabajo de investigación, de manera que el lector pueda comprenderlo con mayor facilidad.

El hecho de que la investigación de HEATH ilustre positivamente algunas de nuestras orientaciones, aunque no todas, no tiene que llamarnos la atención demasiado. Su trabajo es excepcional. Pero, como pretendemos elaborar e ilustrar de manera más completa nuestras orientaciones segunda y cuarta, expondremos brevemente el análisis conceptual presentado por Susan LAIRD (1988) en *Reforming 'Woman's True Profession': A Case for 'Feminist Pedagogy' in Teacher Education.* El análisis de LAIRD puede calificarse de partidista y considerarse como investigación que analiza las características contextuales (por ejemplo: el género) de la escolarización.

En *Reforming 'Woman's True Profession',* LAIRD dice que los recientes informes sobre la reforma de la formación del profesorado (el informe del *Holmes Group* titulado: *Tomorrow's Teachers,* y el informe *Carnegie* titulado: *A Nation Prepared: Teachers for the 21st Century*) se basan en perspectivas no sometidas a estudio respecto al profesor y a la enseñanza. En concreto, sostiene que los informes *Holmes* y *Carnegie* no revisan la "concepción todavía corriente de la enseñanza escolar como 'auténtica profesión femenina' ". Y dice que, al hacerlo así, pasan por alto la significación de las concepciones feministas de la enseñanza y de la pedagogía feminista en relación con la formación del profesorado. El análisis que hace LAIRD del significado de "auténtica profesión femenina", utilizando sus cinco tesis interpretativas, suscita cuestiones significativas respecto a los modos de fundamentación o de conexión de las actuales concepciones de la enseñanza y del profesor, con determinadas estructuras conceptuales de género: las mujeres como docentes "naturales", las profesoras como origen central de los problemas de la profesión docente y la enseñanza como ocupación que devalúa a las mujeres como profesionales. Una de las afirmaciones fundamentales de LAIRD es que

> el lenguaje aceptado de antemano por el *Holmes Group* y por el *Carnegie Forum...* [su] lenguaje "normal" u "ordinario"... convierte todas las expresiones habladas o escritas sobre la pedagogía feminista en una filosofía y estudios políticos de la educación anómalos y, por tanto, en el mejor de los casos, marginales respecto a la mayor parte de las manifestaciones habladas o escritas sobre la

reforma de la formación del profesorado también. El lema "auténtica profesión femenina" sugiere que tomar en serio a las profesoras supone tomar en serio su género y preguntar de nuevo, con ellas: ¿qué significa y debe significar "enseñar"? (LAIRD, 1988, pág. 462)

En realidad, defiende

... la importancia de la investigación filosófica relativa al significado de la pedagogía feminista, su desafío implícito dirigido al concepto de enseñanza dominante, al que se alude como neutro respecto al género, y al que no se oponen el *Holmes Group* ni el *Carnegie Forum,* y las aún inimaginadas posibilidades prácticas que sugieren para educar de verdad —y no sólo entrenar— a los profesores escolares. (LAIRD, 1988, pág. 463)

El trabajo de LAIRD es explícitamente partidista y se centra en el contexto de género de la enseñanza. Ella elabora un análisis femenino de la enseñanza e invita a otros a hacer lo mismo.

Por último, queremos resaltar una investigación que examina las condiciones sociales de la formación del profesorado. En su artículo *Tracing the Provenance of Teacher Education,* Barbara SCHNEIDER (1987) sostiene que, para comprender los problemas de la formación del profesorado, hace falta examinar el contexto institucional en el que se ha desarrollado. SCHNEIDER estudia brevemente el desarrollo histórico de la formación del profesorado, centrándose en los ambientes de trabajo de los formadores, tratando de explicar el poco prestigio, poder y productividad investigadora de los formadores de profesores.

Señala que, desde el punto de vista histórico, cuando "los estudios pedagógicos se consideraban parte de la filosofía, la bibliografía pedagógica no recibía más ni menos críticas que otras disciplinas". Sin embargo, cuando la filosofía y la psicología se escindieron en dos disciplinas diferentes, la psicología de la educación se hizo cargo del "pensamiento didáctico" y la filosofía se encargó de los aspectos morales y éticos de la pedagogía. Ni la filosofía ni la psicología se ocuparon de las cuestiones relativas a "cómo enseñar", lo que "dejó a la formación del profesorado el cometido de habérselas con el aspecto más técnico de la pedagogía. En consecuencia, dada la orfandad de los comienzos de la formación del profesorado, tuvo que afrontar el problema de tratar de definir un conocimiento básico fundamental y justificado centrado en la formación" (pág. 214).

Continúa SCHNEIDER indicando que, mientras los profesores de las facultades de educación orientadas hacia la investigación optaron por "la forma de investigación de experimentación, cuantificación y clasificación" (pág. 216) como modo de adquirir más conocimientos técnicos, sus éxitos fueron mínimos. Y, a pesar de lograr sólo esos mínimos éxitos, la investigación educativa adquirió mayor importancia y categoría en la universidad. Sin embargo, con ello, "se hizo cada vez menos accesible a los formadores de profesores" (pág. 218). Resumiendo brevemente su examen histórico y resaltando la importancia del análisis contextual-institucional, dice:

Los docentes de formación del profesorado tienen una historia continuada de categoría inferior y su área de conocimientos se ha percibido de forma reiterada como vacía de contenidos dotados de coherencia intelectual. Este contexto histórico de la formación del profesorado ha sido hasta cierto punto pasado por alto por los investigadores que han tendido a relacionar algunos problemas del campo con las características de los profesores universitarios que trabajan en esta área. Al centrarse en los problemas de los profesores individuales, algunos investigadores han pasado por alto las relaciones entre la calidad de la formación del profesorado y el contexto institucional en el que se crearon y subsisten los departamentos de formación del profesorado. (Pág. 219)

Profundizando en el contexto institucional de la formación del profesorado, SCHNEIDER descubrió que "la estructura de organización de las facultades de educación en las universidades investigadoras sitúa a los profesores de formación del profesorado en desventaja respecto a los recursos. Las facultades de educación suelen estar estructuradas de manera que los profesores de psicología de la educación tengan más tiempo para la investigación, ejerzan docencia en más cursos para graduados y presidan y formen parte de más tribunales de tesis doctorales que los profesores de otras áreas de especialización. Los formadores de profesores disponen de menos tiempo para la investigación, enseñan en más cursos de ciclo pregraduado y presiden y forman parte de menos tribunales de tesis doctorales" (pág. 231). Pero los problemas no sólo radican en las facultades de educación, sino también en la percepción y bajo concepto que los docentes de la universidad en general tienen de la formación del profesorado. Dice SCHNEIDER que la categoría, poder y prestigio bajos de la formación del profesorado en la universidad persiste aun cuando los programas de formación de profesorado sean de buena calidad y produzcan una investigación respetable.

Para nuestros fines, el análisis de SCHNEIDER transmite la fuerza intelectual derivada del estudio del contexto social de la formación del profesorado. Su examen de la historia y del contexto institucional de la formación del profesorado no resulta marcadamente partidista. Pero expone las posibles interpretaciones de los formadores de profesores como actores con un género y una clase social y considera que éstos desarrollan prácticas contextualizadas (participando, por ejemplo, más en actividades de trabajo intensivo que otros profesores universitarios). Su análisis ilumina también acertadamente la dinámica presente en las facultades de educación y en la universidad en general. Como formadores de profesores, no sólo debemos examinar el contexto social del trabajo de los docentes de las escuelas primarias y secundarias, sino también nuestras propias situaciones. En el Capítulo VII, estudiaremos con mayor profundidad las ramificaciones de este tipo de análisis de la formación del profesorado pero, por ahora, sólo queremos indicar que nuestra "propuesta" de investigación hace hincapié en los análisis de los programas de formación del profesorado.

Por supuesto, hay otros ejemplos que ilustrarían más aún el significado de nuestras orientaciones y nuestra opinión de lo que hace falta en la investigación para la formación del profesorado. Los datos recogidos por Emily

FEISTRITZER (1985), tal como aparecen en *The Condition of Teaching: A State by State Analysis* (1985) proporcionan un importante caudal de información sobre los profesores y las condiciones de la enseñanza. El *National Survey of Teacher Education* (alrededor de 1930) documentaba, entre otras cosas, qué apoyo recibió la formación del profesorado en distintas partes de los Estados Unidos. Concretamente, plasma las diferencias en la formación del profesorado para los caucasianos y los *Negroes*. El análisis histórico de Larry CUBAN (1984) sobre la forma de enseñar de los docentes, la revisión etnográfica e histórica de la innovación escolar de Louis SMITH y cols. (1986, 1987 y 1988) y el análisis histórico de las instituciones de formación del profesorado de John GOODLAD (1990) son muy valiosos. Estos análisis históricos iluminan y transmiten cierta sensación de la durabilidad y de la forma en que el contexto social limita e impulsa a los docentes y a otros agentes educativos. Creemos que también es importante que los formadores de profesores examinen sus propios programas, evalúen el grado en que sus esfuerzos no alcanzan los objetivos que se proponen, así como aquellos aspectos en los que los fines propuestos se logran satisfactoriamente. Nuestro propio trabajo (ZEICHNER y LISTON, 1985, 1987 y 1988) revisando los éxitos y fracasos del programa de formación del profesorado orientado reflexivamente de la *University of Wisconsin* constituye un ejemplo de este tipo de operaciones. Debe quedar claro que no pretendemos prescribir un enfoque determinado de investigación en este campo. Podríamos citar otros ejemplos que ilustrarían la potencial diversidad de orientaciones. No obstante, pensamos que, en el futuro, los investigadores deberían tener en cuenta estas orientaciones que proponemos y sus consecuencias para la investigación futura, de manera que la investigación educativa dependiente de la universidad desempeñe un papel educativo en relación con la práctica en la enseñanza y en la formación del profesorado.

La investigación del profesional

Hasta ahora, en este capítulo, nos hemos ocupado de la investigación desarrollada por universitarios en universidades y centros de enseñanza superior sobre las prácticas docentes de otros, bien en las escuelas primarias o secundarias, bien en los programas de formación del profesorado. Ahora expondremos brevemente la investigación llevada a cabo por los educadores K-12 o por los profesores de formación del profesorado en el nivel de enseñanza superior sobre sus propias prácticas. Utilizamos la denominación de "investigación del profesional" para referirnos a las investigaciones desarrolladas sobre la propia práctica en la enseñanza o en la formación del profesorado. Dos de las recopilaciones importantes y más recientes de investigaciones sobre la enseñanza no incluyen siquiera un capítulo (de un total de 59) original de algún educador K-12 escolar (REYNOLDS, 1989; WITTROCK, 1986) y sólo hacen alguna referencia, si acaso, al creciente fondo de publicaciones sobre la investigación llevada a cabo por los profesores en sus clases[21]. Sin embargo, no cabe duda de que, en las dos últimas décadas, tanto en los Estados Unidos como en otros países, se ha extendido de forma impresionante la idea del profesor como investigador, así como la aceptación de la importante contribución que los docentes pueden aportar a los "conocimientos fundamentales" en relación con la enseñanza y con el perfeccionamiento de la misma. ELLIOTT (1985) describe de manera precisa la actual popularidad en el ámbito internacional de la investigación-acción educativa iniciada por el profesor:

> En el campo educativo, la investigación-acción se ha desarrollado como movimiento internacional. Se han establecido redes de cooperación de docentes, formadores de profesores e investigadores de la educación en el Reino Unido, Australia, Canadá, Alemania, Austria e Islandia, y hay indicios de que el movimiento se está expandiendo por los Estados Unidos y España. La *Classroom Action Research Network* (CARN), basada en el *Cambridge Institute of Education,* en el Reino Unido, se estableció en 1976 con el fin de divulgar ideas sobre la teoría y la práctica de la investigación-acción educativa y mantener en mutuo contacto regular a individuos y grupos. (Pág. 231)

En los últimos años, han aparecido una serie de libros que tratan de proporcionar orientaciones metodológicas a los profesores para desarrollar sus propias investigaciones en la escuela (por ejemplo: HOPKINS, 1985; KEMMIS y McTAGGART, 1988; WALKER, 1985; WOODS, 1986); en los programas de formación inicial del profesorado se hace mayor hincapié en la preparación de los estudiantes para que sean investigadores conscientes de sus propias prácticas (por ejemplo: GORE y ZEICHNER, 1990; ROSS, 1987; RUDDICK, 1985), con un tremendo incremento de publicaciones de estudios llevados a cabo por educadores K-12 (por ejemplo: GOSWAMI y STILLMAN, 1987; HUSTLER, CASSIDY y CUFF, 1986; MOHR y MACLEAN, 1987; NIXON, 1981; WOOD, 1988) y de informes sobre investigaciones llevadas a cabo en colaboración por investigadores universitarios y educadores K-12 (por ejemplo: BUTT, RAYMOND y YAMAGISHI, 1988; COLE, 1989; GOMEZ, 1990; OJA y SMULYAN, 1989). Ha habido también un incremento en la organización de comunidades de profesores investigadores, tanto en las escuelas públicas (*Philadelphia Teachers Learning Cooperative,* 1984), como en organizaciones universitarias de investigación, como la *American Educational Research Association* (CURRENT y HIRABAYASHI, 1989).

Por desgracia, este movimiento a favor de la democratización del proceso de investigación no ha sido tan eficaz en el ámbito de la formación del profesorado como lo ha sido en la investigación sobre la enseñanza. Aunque la división institucional que existe entre quienes llevan a cabo el trabajo de

---

[21]No obstante, como señalan COCHRAN-SMITH y LIYTLE (1990), estas fuentes se circunscriben a temas como el pensamiento del profesor, sus conocimientos y sus culturas. Esta perspectiva reconoce la orientación hacia objetivos y la intencionalidad del trabajo del profesor, y difiere de la postura adoptada en revisiones exhaustivas anteriores (por ejemplo: TRAVERS, 1973), que hacían hincapié en el examen de la conducta del profesor.

formación del profesorado y quienes investigan sobre ella no llegue al extremo que se da respecto a la investigación sobre la enseñanza (los investigadores sobre la formación del profesorado están empleados casi siempre en instituciones que tienen programas de formación de docentes), la participación real de los investigadores sobre formación del profesorado y los programas de formación de docentes que se desarrollan en sus mismas universidades es mínima, en el mejor de los casos. La mayor parte de las 1.400 instituciones, más o menos, que en los Estados Unidos desarrollan programas de formación del profesorado no aparece sino en mínimo grado en la reciente recopilación de las llamadas "ciencias fundamentales" de la formación del profesorado (HOUSTON, 1990), a pesar de que la mayoría de los formadores participan con asiduidad en algún tipo de estudio de sus propias prácticas exigido por su propia institución o por los organismos responsables de la concesión de los permisos docentes en los niveles estatal o nacional. La producción de conocimientos sobre la formación del profesorado que alcanza una publicidad de ámbito nacional en la bibliografía parte de un reducido grupo de universidades de investigación que sólo preparan a muy pocos profesores de los que cada año reciben su permiso docente en los Estados Unidos (CLARK y GUBA, 1976).

Una consecuencia de esta separación de los formadores de docentes de la investigación sobre formación del profesorado consiste en que sus cuestiones, preocupaciones y manifestaciones suelen estar ausentes de la investigación sobre la formación del profesorado. Gran parte de la investigación dedicada a este campo en los Estados Unidos no es en absoluto sensible a las realidades institucionales y políticas de la formación del profesorado (véase el Capítulo VII), de manera que los formadores de docentes la rechazan por superflua[22]. Hemos visto la creciente aceptación que se brinda a la contribución que los profesores pueden hacer a las "ciencias fundamentales" en relación con la enseñanza y la mejora de la escolarización. Pero tenemos que ver más: una mayor representación de las perspectivas de los formadores de profesores en la investigación desarrollada sobre este campo, una colaboración más auténtica en la investigación, que cuente con investigadores externos y formadores de profesores y un mayor apoyo y reconocimiento a la investigación-acción que desarrollan los formadores de profesores, que estudian sus propias prácticas y programas.

La mayor parte de la investigación realizada por los profesionales sobre la enseñanza y la formación del profesorado hasta la fecha se ha centrado en el aula (primaria, secundaria o superior). Centrar la atención en el aula, aunque es importante por lo que pueda contribuir a nuestro conocimiento

---

[22]También se ha dado el caso de algunos estudios sobre la formación del profesorado realizados por formadores de docentes en ejercicio que se muestran insensibles a las realidades institucionales y políticas a las que ellos tendrían que hacer frente. Algunos trabajos de éstos no pasan de ser, en nuestra opinión, testimonios de autofelicitación que afirman haber resuelto los problemas más persistentes de la formación del profesorado a través de la implementación de alguna innovación mágica estructural, docente o curricular.

de la enseñanza y de la formación del profesorado en las condiciones presentes, tiene sus limitaciones en relación con su potencial emancipador. Estamos de acuerdo con la postura de Martin LAWN (1989), pidiendo que se amplíe el centro de atención de la investigación del profesor, para incluir las condiciones institucionales de la escolarización entre los aspectos problemáticos[23]. Él cree que una visión más amplia del ámbito de la investigación del profesor puede

> estimular a los docentes para que presten atención a aquellos aspectos de su trabajo que lo definen de forma cerrada y crean las contradicciones a las que tienen que hacer frente: gestión, supervisión, definición de tareas, tiempo, relaciones entre profesionales, recursos, etc. (Pág. 158).

La postura de LAWN (1989) es coherente con nuestros comentarios anteriores sobre la necesidad de que los investigadores de la educación contemplen la enseñanza como práctica contextualizada, haciendo hincapié en los contextos institucional y sociopolítico general en los que se desarrolla la enseñanza. Un claro ejemplo de investigación del profesor que cumple este criterio y que, a la vez, satisface el resto de nuestros criterios sobre la especial atención concedida a las dinámicas de género, etnia y clase social en la escolarización, así como sobre la adopción de una postura partidista, está constituido por el trabajo del *Boston Women's Teachers' Group* titulado: *The Effect of Teaching on Teachers* (FREEDMAN, JACKSON y BOLES, 1986)[24]. Este grupo de profesoras de escuelas públicas de la zona de Boston ha ido reuniéndose semanalmente en calidad de grupo de apoyo al profesor durante tres años y deseaba estudiar sus propias situaciones laborales, sobre todo su sensación de aislamiento mutuo, y cómo las condiciones estructurales de su trabajo influían en sus actitudes respecto al trabajo, autoestima y sensación de eficacia en relación con la carrera. Además de comprender de forma más completa las condiciones de la enseñanza, estas profesoras pretendían también ayudarse mutuamente para reducir las tensiones de su trabajo. Con una periodicidad bisemanal o bimensual, entrevistaron a 25 profesoras de enseñanza primaria durante dos meses y descubrieron un conjunto de temas que configuraban la cultura compartida por las profesoras. Por ejemplo, uno de los aspectos contradictorios de las situaciones de estas profesoras que pusieron en evidencia las entrevistas consistía en que trabajaban "en una institución que se supone prepara a sus clientes para la vida adulta, pero que considera incapaces de un juicio maduro a quienes están a cargo de esa tarea" (FREEDMAN, JACKSON y BOLES, 1983, pág. 263).

---

[23]POLLARD (1988) y HITCHCOCK y HUGHES (1989) también manifestaban esta misma postura.

[24]Damos por supuesto que nuestro otro criterio (que la investigación ha de estar directamente informada por las preocupaciones de los profesionales de la escuela y formadores de profesores) no constituye una preocupación fundamental de la investigación del profesional por ser él quien inicia y desarrolla la investigación.

Los descubrimientos de esta investigación[25] se utilizaron para combatir el sesgo individualista del movimiento de reforma escolar de los años ochenta, que sirvió para evitar que la sensación de frustración y de enojo de los profesores respecto a su trabajo se tradujera en un análisis crítico de las escuelas como instituciones y se orientase hacia una preocupación por sus propios fracasos individuales. Esta investigación constituye un caso paradigmático (dentro de la categoría de las efectuadas por los profesionales) del tipo de investigación educativa que hemos defendido a lo largo de este capítulo.

Cuando pensamos en un ejemplo que se aproxime a los criterios propuestos por nosotros para evaluar la investigación, dentro de la categoría de las realizadas por profesionales sobre la *formación del profesorado* (o sea, investigación partidista centrada en dicha formación como práctica contextualizada, que haga hincapié en sus contextos institucionales y sociopolíticos y preste especial atención a las dinámicas de género, etnia y clase social en la formación del profesorado), recordamos de inmediato el *Researching Action Research Project,* desarrollado durante los últimos cinco años por un grupo de supervisores de alumnos graduados del programa de profesorado elemental en prácticas de la *University of Wisconsin-Madison.* Susan Noffke, antigua supervisora universitaria de este programa, comenzó esta serie de investigaciones en 1986 con dos revisiones sistemáticas del "uso" de la investigación-acción como vehículo para facilitar la reflexión de los profesores en prácticas sobre su trabajo y sobre el marco más amplio en el que estaba situado el mismo (véase Noffke y Zeichner, 1987)[26]. A estos estudios iniciales siguieron otros dos, en los que Noffke y otras dos supervisoras, Marie Brennan y Jennifer Gore, estudiaron distintas dimensiones de la utilización de la investigación-acción con sus profesores en prácticas (Gore y Zeichner, 1990; Noffke y Brennan, 1991).

En todos estos estudios, los autores colaboraron con sus alumnos para revisar aspectos específicos de sus prácticas en el transcurso de las mismas. El centro de atención de estos proyectos de investigación-acción de "segundo orden" durante los cinco últimos años ha estado constituido por una serie de cuestiones distintas, como la influencia del momento y el modo de presentar la investigación-acción a los profesores en prácticas; la forma en que la investigación de los alumnos ha recibido apoyo en sus clases, en los seminarios en los que han participado y mediante revistas de diálogo, y el grado en el que los informes escritos por los alumnos sobre sus proyectos de investigación-acción manifiestan su atención a los aspectos morales y políticos de la enseñanza. Esta investigación, llevada a cabo por supervisoras

---

[25]El *Boston Women's Teachers' Group* produjo un montaje audiovisual en cinta magnetofónica y diapositivas, de treinta minutos de duración, basado en las entrevistas y seminarios patrocinados para profesores que se celebraron en los Estados Unidos.

[26]Todos estos formadores de profesores no sólo han defendido el "uso" de la investigación-acción con los estudiantes de profesorado, sino también el "hacer" investigación-acción *con* los estudiantes.

de los alumnos de formación del profesorado en prácticas, se ha ocupado de estudiar de qué modos los contextos institucional y sociopolítico del programa de formación del profesorado de Wiscosin han influido en el desarrollo de la investigación-acción de los profesores en prácticas. Por ejemplo, este trabajo incluye análisis de los diversos modos en que, el aparato conceptual del programa (por ejemplo: las concepciones de la práctica docente reflexiva) y determinados aspectos de su estructura institucional han servido a veces para limitar las aspiraciones democráticas y emancipadoras de las supervisoras. Por ejemplo, Noffke y Brennan (1991) exponen de qué forma los requisitos del programa estatal de concesión del permiso docente (para documentar las visitas de supervisión), los requisitos particulares del programa y la presencia de un sistema competitivo de calificación en la universidad han contribuido para obstaculizar sus objetivos[27]. Por ejemplo:

> Como en el seminario hay que poner calificaciones, el proyecto de investigación-acción forma parte de los elementos de evaluación del alumno por la supervisora. Incluso cuando se negocian las calificaciones, el aspecto obligatorio del proyecto opera en contra del impulso para la asociación libre y voluntaria que parece deseable en la investigación-acción. Por otra parte, cada alumno ha de recibir una calificación independiente. Dado el contexto local, en el que la puntuación acumulada del alumno desempeña un papel cada vez más importante en la selección de los candidatos a un puesto de trabajo, la calificación refuerza la persistencia de la idea de los alumnos respecto a que la escolarización es individual y competitiva, lo que influye en su enfoque de los proyectos, documentos y participación en las sesiones de discusión... Ninguna de nosotras puede permitirse pasar por alto las pautas institucionalizadas de acción que deben reconciliarse con nuestras intenciones democráticas. (Pág. 24)

En los últimos años, ha ido apareciendo en la bibliografía una cantidad cada vez mayor de informes analíticos de estudios de formadores de profesores sobre su propia práctica. Diversas instituciones, como la *Michigan State University,* la *Ohio State University,* la *University of Utah,* la *University of Arizona* y la *University of Florida,* han surgido como centros de estudio de la formación del profesorado en los Estados Unidos a causa de sus esfuerzos para utilizar sus programas de formación de docentes como laboratorios para el estudio de dicha formación. Aunque aplaudimos esta creciente publicidad concedida a los esfuerzos de los formadores de profesores que estudian sistemáticamente sus propias prácticas, muchos de ellos carecen de potencial emancipador porque no se ocupan del contexto institucional y sociopolítico de la formación del profesorado ni prestan

---

[27]El trabajo de investigación-acción de Noffke y Brennan (1991) condujo también a la crítica de la idea de los "niveles de reflexividad" que en algún momento fue utilizada en el programa para delinear diferentes tipos de reflexión. Otro proyecto de investigación-acción "de segundo orden" llevado a cabo en la *Deakin University,* en Australia (DiChiro, Robottom y Tinning, 1988 y Robottom, 1988) se centró también en la forma en que un esquema de evaluación competitiva servía para neutralizar su deseo de promover la investigación-acción cooperativa de los alumnos de profesorado. Exponemos esta experiencia de la *Deakin University* en el Capítulo VI.

atención a las dinámicas de género, etnia y clase social de la escolarización y de la formación del profesorado. Los argumentos de LAWN (1989), antes citados, en relación con la necesidad de ampliar el centro de atención de la investigación de los profesores, trascendiendo el nivel del aula, pueden aplicarse de igual modo a la mayor parte de las investigaciones actuales representadas por los estudios de los formadores de profesores sobre sus propias prácticas. La investigación de los profesionales sobre la enseñanza y la formación del profesorado ha de formar parte del discurso vigente entre investigadores, profesionales y responsables políticos de la formación del profesorado y la escolarización. Pero es preciso evaluarla, como ocurre con las investigaciones dependientes de las universidades, con arreglo a su capacidad para contribuir a la consecución de una situación más justa y humana en nuestras escuelas y en la sociedad. Los criterios que hemos presentado en este capítulo, que hacen hincapié en la atención a las condiciones sociales de la escolarización y la formación del profesorado, representan una posibilidad de evaluar la investigación de acuerdo con estas líneas[28].

Conclusión

Comenzamos este capítulo reclamando la integración de los análisis sociales individualistas y holísticos y el examen de la separación entre la investigación y la práctica educativas. Creemos que, con el fin de que la investigación educativa informe la práctica docente y la formación del profesorado, hay que tener en cuenta que los agentes educativos desarrollan su práctica en situaciones concretas. Asimismo, han de revisarse los contextos institucionales y las dinámicas de raza, clase social y género. Por otra parte, han de tenerse en cuenta los problemas y cuestiones que se les plantean a los profesores y formadores de docentes, y la investigación ha de tomar partido de manera más consciente en esta dirección. Para llevar a cabo este tipo de trabajo existen diversas vías metodológicas posibles. No pretendemos dictar unas normas estrictas para toda la investigación educativa, sino que hemos formulado un conjunto de cuestiones que creemos deben y pueden orientar a los investigadores de la educación, a los docentes y a los formadores de docentes en sus investigaciones sobre el contexto social de la escolarización y la formación del profesorado, en los estudios sobre sus propias prácticas y las de otros.

Pero, para nuestro plan de reforma reconstruccionista social, la orientación de investigación reformulada no es la única vía practicable. En el Capítulo III, examinamos el potencial que los modelos de investigación reflexiva encierran respecto a nuestro plan, y en el Capítulo IV indicamos diversas

---

[28]Para otros ejemplos de investigaciones de profesionales sobre la formación del profesorado que cumplen nuestros criterios para evaluar la investigación, véanse los estudios que presentan TABACHNICK y ZEICHNER (1991).

cuestiones y preocupaciones específicas para el trabajo de clase. En el próximo capítulo, mencionaremos y revisaremos otras características de los actuales programas de formación del profesorado orientados de acuerdo con el plan de reforma reconstruccionista social, y señalaremos lo que creemos constituyen características específicas de un programa reconstruccionista social de formación del profesorado. En el último capítulo (Capítulo VII) insistiremos en que hace falta que los reformadores de la educación revisen el contexto social de la escolarización. Estudiaremos los obstáculos a los que se enfrentan los formadores de profesores comprometidos con las reformas que hemos mencionado.

CAPÍTULO VI

Consecuencias programáticas del enfoque reconstruccionista social de la formación del profesorado

En la mayoría de las escuelas, las oportunidades para acceder al conocimiento que sea generalmente más útil están mal distribuidas, quedándose los niños y jóvenes pobres y pertenecientes a minorías en el término inferior de la distribución. Esto es malo desde el punto de vista moral, sean cuales sean los argumentos que se esgriman en relación con las posibilidades de enseñar en clase, la comodidad de los profesores, las preferencias de los padres e incluso el aprovechamiento. Es posible (probable, incluso) que los alumnos universitarios superen los requisitos de la educación general y de especialidad académica, quizá hasta el nivel de una titulación de *master,* sin que siquiera hayan pensado en estas desigualdades de la escolarización. Pero es intolerable que los futuros profesores continúen ignorantes y despreocupados al respecto. Por tanto, su formación profesional debe garantizar la necesaria pérdida de inocencia. (GOODLAD, 1990, pág. 22)

Como indicamos en el Capítulo Primero, durante gran parte de este siglo, ha habido programas de formación del profesorado que hacen algún hincapié en los ideales reconstruccionistas sociales. Se han elaborado conceptualizaciones y se han puesto en marcha programas cuyos objetivos centrales consistían en la preparación de profesores que pudiesen desempeñar un papel positivo en la construcción de una sociedad más justa, equitativa y humana[1]. Aunque estos programas se han caracterizado conjuntamente por

---

[1]Durante los años ochenta, la expresión "formación del profesorado oriendada a la investigación" se utilizó en los Estados Unidos para referirse a los programas de formación del profesorado que insistían de algún modo en las ideas reconstruccionistas sociales. Esta denominación, como también la de "formación del profesorado basada en la investigación", utilizada en el Reino Unido y en Australia, ya no resulta adecuada para este fin. Y esto es así por el modo en que formadores de profesores que representan diversas tradiciones de reforma han utilizado dichas expresiones para describir formas de investigación y reflexión que carecen de la intención reconstruccionista o del impulso democrático. Como expusimos en ZEICHNER y TABACHNICK (1991) y en ZEICHNER y LISTON (1990), cada tradición de reforma de la formación del profesorado ha organizado su propia versión de la investigación y la reflexión, hasta el punto de que estas denominaciones han quedado casi vacías de sentido.

su compromiso con el perfeccionamiento de la sociedad mediante la promoción del "bien común", se han diferenciado entre sí con respecto a las prioridades específicas en las que debe fundamentarse el papel de la formación del profesor en la reconstrucción social (por ejemplo: la eliminación del sexismo, racismo, pobreza, capitalismo, malas condiciones de trabajo de los profesores, etc.), y con respecto a los medios a través de los cuales debía realizarse la reconstrucción social. Los debates entre reconstruccionistas sociales sobre los roles del adoctrinamiento y el experimentalismo (o sea, el cultivo de la inteligencia crítica) a los que nos referimos en el Capítulo Primero constituyen un ejemplo de la división que ha caracterizado esta subcomunidad de la formación del profesorado durante mucho tiempo.

En este capítulo, expondremos casos específicos de prácticas de formación de docentes coherentes con el enfoque general de la formación del profesorado que presentamos en este libro. Revisaremos diversas prácticas y programas que ilustran las tentativas de incorporar una dimensión reconstruccionista social a los programas de formación inicial del profesorado[2]. Al presentar los casos específicos que hemos escogido, no pretendemos ofrecer una información exhaustiva del trabajo que se desarrolla en la actualidad en este campo. Hemos seleccionado estos ejemplos específicos para ilustrar determinados aspectos concretos de la práctica de formación del profesorado, pasando por alto otros trabajos[3], bien cuando ya teníamos otros ejemplos de lo que pretendíamos ilustrar, o cuando no pudimos encontrar ejemplos de prácticas de formación de profesores que se relacionasen explícitamente con determinado conjunto de ideas[4].

La reforma de los programas de formación del profesorado

Aunque la mayor parte de las reformas de la formación inicial del profesorado, de acuerdo con la orientación reconstruccionista social, han consis-

---

[2]Este interés por los programas que se muestran explícitos acerca de su papel en la preparación de profesores que actúen de manera que contribuyan a paliar la pobreza, la desigualdad, el sexismo, el racismo, etc., no supone que pensemos que los formadores de profesores cuyas prioridades los sitúen en otras tradiciones de reforma se despreocupen de estos males sociales. No obstante, creemos que la preocupación explícita de los formadores de profesores por la crítica social y la reconstrucción social constituye un paso importante para combatir estos males y es una característica distintiva de los programas que describimos en este capítulo.

[3]Entre las actuaciones reconstruccionistas sociales en la formación del profesorado que no hemos expuesto con detalle aquí, podemos citar el programa de orientación feminista del *Wheaton College* (MAHER, 1991), los trabajos de Bill AYERS en la *University of Illinois at Chicago* (AYERS, 1989), los de Jim HENDERSON en la *Roosevelt University* (HENDERSON, 1989), los de Bill ARMALINE y Randy HOOVER en la *Youngstown State University* (ARMALINE y HOOVER, 1989) y los de Joyce KING y Gloria LADSON-BILLINGS (1990) en la *Santa Clara State University* También se están llevando a cabo trabajos similares en el *Bristol Polytechnic*, en el Reino Unido (correspondencia personal con Geoff WITTY, junio de 1990).

[4]Por ejemplo, aunque vemos muchos aspectos comunes entre nuestras propias propuestas para la formación del profesorado y las de GIROUX y McLAREN (1987), GINSBURG (1988) y SHOR (1987), no hemos podido descubrir ejemplos de trabajos actuales en programas de formación del profesorado que se refieran de manera explícita a sus ideas.

tido en cambios efectuados en asignaturas específicas en contextos de programas y de instituciones que han continuado sin cambios, se han producido diversos intentos recientes de reformular por completo los programas de formación de profesores en torno a los ideales reconstruccionistas sociales. No obstante, estos esfuerzos sólo se han efectuado en muy pequeña escala, bien en pequeños programas de formación de profesores, en centros privados superiores de artes liberales o mediante el establecimiento de programas experimentales alternativos en instituciones más grandes. No conocemos ningún caso, salvo uno muy reducido, en el que se haya reformulado un programa completo de formación de profesores de acuerdo con estas orientaciones[5]. Una razón de la escasez de *programas* de formación del profesorado de cierto interés que defiendan los ideales reconstruccionistas sociales se debe al temor de los formadores de profesores de alejar a sus alumnos que, en muchos casos, apoyan el *status quo* de la escolarización y la sociedad (LANIER, 1986). Otra razón consiste en las tensiones surgidas en las relaciones entre escuela y universidad a causa de un enfoque que adopta una postura de oposición frente a las estructuras institucionales y sociales vigentes[6]. TETREAUL y BRAUNGER (1989, pág. 79) concluyen, por ejemplo, que una de las razones por las que no plantearon directamente su plan feminista a sus posibles alumnos y personal escolar colaborador fue que no querían alejar a los participantes del programa desde el principio:

> A sabiendas de que las personas del ambiente educativo son tradicionalmente conservadoras, temíamos que nos abandonasen nuestros futuros colaboradores si presentábamos explícitamente un plan feminista. Por tanto, no mencionamos de un modo abierto cuestiones relacionadas con el género mientras concertábamos la colaboración con los distritos escolares y contratábamos profesores tutores.

Esta renuncia a organizar un programa que pudiera alejar a los alumnos y personal colaborador de las escuelas constituye sólo una pequeña parte de la explicación de por qué han sido tan escasos los programas de formación del profesorado inspirados en el reconstruccionismo social. El fracaso generalizado de estos educadores reformistas a la hora de manifestar las consecuencias específicas de sus propuestas para la enseñanza y la forma-

---

[5]Los principales esfuerzos efectuados en este siglo para atajar los problemas de pobreza y desigualdad a través de la formación del profesorado fueron los programas *Teacher Corps* y TTT *(Trainers of Teacher Trainers),* ambos financiados por el gobierno federal. Aunque se gastaron millones de dólares en apoyo de estos proyectos a gran escala, en las instituciones de formación del profesorado estos programas sólo representaron alternativas experimentales a los programas normales en los que se matriculaba la mayoría de los estudiantes. El influjo a largo plazo de estos programas experimentales sobre los normales fue mínimo (SYKES, 1984).

[6]Las condiciones exigidas por la promoción de los objetivos de reconstrucción social en la formación del profesorado son, por tanto, muy distintas de las que han tenido que establecer los formadores que han tratado de desarrollar estrategias docentes críticas y feministas con grupos de estudiantes que ya habían adoptado una postura de oposición a las estructuras de la escolarización y de la sociedad (véase ELLSWORTH, 1989).

ción del profesorado (BROWN, 1938), derivado, en parte, de los desacuerdos sobre la definición de la postura reconstruccionista social (BOWERS, 1969), del conservadurismo político general de los formadores de profesores como grupo (RUGG, 1952; LANIER, 1986) y de la categoría marginal de la formación del profesorado en la universidad (CLIFFORD y GUTHRIE, 1988), constituyen con toda probabilidad razones más importantes de la falta de ejemplos de programas acordes con el enfoque.

Esta incapacidad para mantener un núcleo normativo coherente en el nivel programático no es, sin embargo, específica de la tradición reconstruccionista social. ATKIN y RATHS (1974) afirman que el patrón más común en la formación inicial del profesorado en los Estados Unidos ha sido ecléctico, de manera que los programas carecen de claridad y de un enfoque definido. GOODLAD (1990) refuerza esta conclusión en su reciente estudio de 29 instituciones distintas de formación de profesores de todo el país. Por regla general, los programas son fragmentarios y compartimentados, carentes de un conjunto de propósitos y objetivos articulados con claridad[7].

El trabajo de Lanny BEYER en los *colleges Knox* y *Cornell,* que se centra en la reestructuración de los programas de formación del profesorado en la línea de la "formación de los docentes como praxis", constituye uno de los ejemplos contemporáneos más notables de la orientación reconstruccionista social. Los *colleges Knox* y *Cornell* tienen una matrícula de unos 1.000 alumnos, cada uno y dos profesores con dedicación exclusiva. BEYER (1988) dice que el pequeño tamaño de estas instituciones y la inclusión de los programas en ambientes no orientados al ejercicio profesional y defensores de la investigación y la reflexión constituyeron una ventaja importante a la hora de desarrollar reformas coherentes en el programa[8].

---

[7]Existen algunas considerables excepciones respecto a este modelo de programas de formación de profesores eclécticos y fragmentarios. Un ejemplo de éstos está constituido por los "programas alternativos" que existieron hasta principios de los años cincuenta, al menos, en un reducido número de instituciones, bien como alternativas a los programas normales de formación del profesorado, bien como parte de un conjunto de pequeños programas optativos diferentes que representaban la totalidad de la formación del profesorado de una institución. ATKIN y RATHS (1974) exponen los distintos programas alternativos que existían en la *University of California in Los Angeles* (UCLA), en la *Indiana University* y en la *University of Massachusetts* a principios de los años sesenta. Es probable que el caso contemporáneo más conocido de esta tendencia sea el de la *Michigan State University* (BOOK, 1983).

[8]Aunque BEYER señala las ventajas de situar los programas de formación del profesorado en el ambiente de las artes liberales, en donde las presiones para que dicha formación se convierta en un entrenamiento meramente técnico profesional no son tan fuertes como en la universidad, se cuida mucho de dejar claro que sus propuestas no suponen adoptar los estudios liberales tal como suelen concebirse. BEYER rechaza explícitamente las concepciones elitistas de los estudios liberales, que llevarían a los estudiantes a una investigación de un valor presuntamente objetivo, independiente de los valores, racional y descontextualizada. Desarrolla, en cambio, una visión de la investigación liberal basada en la noción aristotélica de la *frónesis,* o saber práctico. De este modo, BEYER rechaza la dicotomización entre estudio liberal y aplicado (o sea, teoría y práctica) y sitúa su concepción unificada de investigación liberal en el núcleo central de sus propuestas para la formación del profesorado. Véanse en TRAVERS y SACKS (1987) una exposición general de los aspectos positivos de situar los programas de formación del profesorado en los *colleges* de artes liberales.

Como indicamos en el Capítulo Primero, BEYER (1988) ha caracterizado su enfoque como "orientado en sentido fundamental". Además de introducir áreas curriculares antes inexistentes, como filosofía de la educación, historia, sociología y teoría del *curriculum* (cuando los fundamentos de la educación equivalían hasta entonces a la psicología de la educación), BEYER y sus colaboradores trataron de reestructurar el resto de los estudios educativos que componían los programas de formación del profesorado de manera que estimularan a los alumnos a desarrollar una especial calidad de análisis:

> En vez de vincular los fundamentos de la educación con áreas específicas de estudios educativos, separándolos de otros aspectos de la preparación del profesor, propongo que se considere fundamental toda área o asignatura que examine de forma crítica las ideas, supuestos y principios subyacentes de dicha área, convirtiéndola en objeto de examen, y considere cómo se relacionan los problemas de esa área con cuestiones y posibilidades normativas más generales. Los fundamentos de la educación contemplan la naturaleza de la escolarización, la educación y la preparación del profesor en cuanto práctica política, moral e ideológica, y convierte estas cuestiones en núcleo de discusión. (BEYER, 1988, págs. 186-187)

BEYER y sus colaboradores trataron de influir en todos los aspectos de los programas de formación del profesorado de estas dos instituciones, incluyendo las experiencias de campo, con esta orientación fundamental. En realidad estas experiencias se consideraban como elementos clave para el cumplimiento de los objetivos del programa porque proporcionaban oportunidades para que los estudiantes relacionaran sus reflexiones sobre los problemas de la escolarización y la sociedad con las acciones para estudiar y, en algunos casos, transformar prácticas concretas de las escuelas (BEYER, 1984). Aunque las asignaturas de fundamentos sociales han constituido durante muchos años un componente corriente de los cursos de formación del profesorado (véase el Capítulo Primero), no ha sido corriente que los formadores de profesores trataran de relacionar una "perspectiva fundamental" sobre los problemas de la escolarización y la sociedad con el trabajo de los estudiantes en prácticas en las escuelas. Esta intención de ampliar nuestras concepciones de la formación del profesorado en los aspectos clínico y académico caracteriza el trabajo de BEYER[9].

---

[9]Los esfuerzos de BEYER para relacionar el trabajo en el aula y el de campo salen del marco de la escuela para acercarse a la comunidad. Ha elaborado una opción de proyecto de servicio humano para el curso de escuela básica y sociedad que siguen todos los estudiantes que pretenden conseguir el certificado profesional de profesorado de primaria o secundaria en el *Knox College*. El objetivo de esta opción consiste en capacitar a los futuros profesores, muchos de los cuales nunca han tenido contacto con el mundo de la pobreza, para que comprueben la realidad de las desigualdades sociales de una forma que nunca puede facilitar la lectura. Además de leer acerca de las desigualdades sociales y económicas en la enseñanza y en la sociedad, los estudiantes que escogen esta opción trabajan en distintos organismos de servicios sociales en la comunidad próxima al *Knox College* o, de manera más informal, en algún ambiente deprimido, desde el punto de vista social o económico, como en la casa de alguna persona o familia local (véase una exposición de este componente del curso y tres ejemplos del trabajo de los alumnos en: BEYER, 1991).

Otro caso de intento de reestructurar un programa de formación de profesorado de acuerdo con la perspectiva reconstruccionista social está constituido por el programa MAT del *Lewis and Clark College.* TETREAULT (1987) y TETREAULT y BRAUNGER (1989) describen los trabajos emprendidos para infundir una perspectiva que sea equilibrada entre géneros y multicultural por medio de su programa de 15 meses de preparación de profesores de bachillerato de lengua, artes y ciencia sociales. En este caso, como en el de *Knox* y *Cornell,* los formadores de profesores trataron de revisar las asignaturas que se impartían para incorporar sus objetivos a lo largo de todo el programa, en vez de añadir nuevas asignaturas sobre la mujer y las diferencias de género al programa vigente. El plan de los formadores de *Lewis and Clark,* de inspiración feminista, hacía hincapié en el desarrollo del respeto ante las semejanzas y diferencias entre los individuos en relación con el género, la raza, la procedencia étnica y otras características. Mediante la selección de lecturas, conferenciantes y formas concretas de organizar temas de discusión, los formadores de profesores centraban de manera continuada y deliberada la atención de los estudiantes en las cuestiones de género, raza y clase social, tratando de crear un ambiente que inspirase a los alumnos para trabajar en contra de la discriminación en estas áreas cuando tuvieran que enfrentarse a ella como profesores.

Nuestro objetivo consistía en una perspectiva multifocal y relacional respecto a la experiencia humana, de manera que en todo momento planteábamos dónde cobraban relieve las cuestiones relativas a las diferencias de géneros y cómo interactuaban estos problemas con la raza, la clase social y la experiencia lingüística. Por ejemplo, en uno de los cursos que investiga las cuestiones públicas y privadas en la educación, los alumnos leen el artículo de Jane Roland MARTIN en el que pide la ampliación de nuestros objetivos educativos para que incluyan la educación relacionada con los procesos públicos (productivos) y privados (reproductivos) de la sociedad (MARTIN, 1985). En uno de los cursos troncales de la *Graduate School, Organizational Cultures and Professional Life,* se introdujeron cuestiones relativas a las diferencias según el género mediante artículos que exponían la evolución de nuestro pensamiento sobre la mujer y el género (TETREAULT, 1987), comparando la teoría feminista y la de las organizaciones (KANTER, 1979), defendiendo la articulación de una teoría de la reproducción, así como una teoría de la producción (O'BRIEN, 1982) y presentando un estudio de casos de profesoras de primaria de Boston que trataban de comprender las limitaciones estructurales que les imponían en sus escuelas para ocuparse después de ellas (FREEDMAN y cols., 1983). (TETREAULT y BRAUNGER, 1989, pág. 75)

En los informes sobre este programa, TETREAULT y BRAUNGER (1989) suscitan una cuestión extremadamente crítica respecto a las reformas reconstruccionistas sociales de la formación del profesorado. En concreto, dicen que, además de revisar el contenido del programa de formación del profesorado, los formadores de docentes tienen que ocuparse también de la pedagogía y de las relaciones sociales de la formación del profesorado. Las experiencias de estas formadoras de docentes de *Lewis and Clark* subrayan el hecho de que las modificaciones del contenido del programa sin las correspondientes variaciones en la forma de impartir las asignaturas se traducen en la oposición de los alumnos, que debilita los intentos emancipadores de los formadores de profesores. En el caso que nos ocupa, las formadoras de docentes ofrecieron un seminario para los profesores tutores que participarían en el programa. Como las formadoras de profesores continuaron su propio plan sin dejar que las propias experiencias y cuestiones de los tutores orientaran el aprendizaje en el seminario, no comenzaron a lograr sus objetivos hasta que crearon un ambiente de aprendizaje en el aula más cooperativo e interactivo.

La reestructuración de los componentes del programa

Además de estos relativamente pocos intentos de reestructurar programas completos de formación de profesores de acuerdo con las perspectivas reconstruccicnistas sociales o de elaborar alternativas reducidas pero coherentes a los programas normales, diversos formadores de profesores se han centrado únicamente en el desarrollo de reformas en las asignaturas y experiencias de campo concretas de las que eran responsables directos[10]. Expondremos aquí cinco casos representativos de este tipo de experiencias: 1) el trabajo de Susan ADLER y Jesse GOODMAN, que se centra sobre todo en la enseñanza de técnicas de desarrollo del *curriculum* en las asignaturas de métodos de las ciencias sociales; 2) un bloque práctico-metodológico reestructurado de ciencias biosociales de la *Deakin University,* en Australia, que hace hincapié en el papel de los profesores como investigadores; 3) un curso *B. Ed. (Bachelor of Education)* rediseñado, del *Oxford Polytechnic,* en el Reino Unido, que destaca la investigación crítica y cooperativa de los alumnos de profesorado; 4) un curso de filosofía de la educación de la *Washington University,* que resalta las diferentes tradiciones educativas, y 5) un programa de formación de alumnos orientado a la investigación, de la *University of Wisconsin-Madison.* Las descripciones de estos proyectos serán muy breves, a excepción de la del programa de Wisconsin. La descripción detallada del programa de Wisconsin servirá para ilustrar algunas estrategias específicas que se han utilizado en las reformas de la formación del profesorado de orientación reconstruccionista.

---

[10]Esta distinción entre la reforma completa de los programas y la modificación de componentes de los mismos no es, en realidad, tan drástica como parece en este capítulo. En diversos programas de los aquí expuestos, en los que se pretende reformar determinado componente del curso (Wisconsin y el *Oxford Polytechnic*), también han empezado a modificarse otros componentes de los mismos. Asimismo, hay que señalar que las reformas expuestas en este capítulo reflejan las que se mencionan en las fuentes citadas. En algunos casos (por ejemplo, *Deakin University, Oxford Polytechnic*), las reformas descritas no se mantienen en la misma medida *(Deakin University)* o están sometidas a recortes a causa de normas gubernamentales externas *(Oxford Polytechnic).*

Preparación de profesores encargados de desarrollar el *curriculum*

Susan ADLER, de la *University of Missouri-Kansas City,* y Jesse GOOD-MAN, de la *Indiana University,* en una serie de artículos (GOODMAN, 1986a y 1986b; GOODMAN, 1991 y ADLER y GOODMAN, 1986), describen sus cursos de métodos de enseñanza de ciencias sociales para futuros profesores de escuelas elementales y medias resaltando el rol del profesor en el desarrollo curricular. ADLER y GOODMAN se ocupan de la preparación de profesores que se comprometan activamente a promover la justicia social y la democracia. Relacionan su trabajo con un cuerpo de "teoría crítica" que pone de manifiesto diversos tipos de inclinaciones tendenciosas en el *curriculum* de ciencias sociales y en la forma en que las prácticas escolares se ponen al servicio de los grupos dominantes en la sociedad. ADLER y GOODMAN se sitúan del lado de los grupos infrarrepresentados, como las mujeres, las personas de color y los pobres, utilizando, en parte, sus clases para ayudar a los futuros profesores a cuestionar las formas en que las prácticas habituales de las escuelas respecto a las ciencias sociales ayudan a reproducir las desigualdades sociales y económicas actuales. Cifran su esperanza en que sus alumnos se inclinen a promover los intereses de todos los miembros de la sociedad y no sólo los de ciertos grupos privilegiados y sean capaces de enseñar de manera coherente con esa perspectiva.

Un centro de interés fundamental de sus clases está constituido por el proceso de desprofesionalización que pone a los profesores en la tesitura de implementar un *curriculum* en cuyo desarrollo han tenido poco o nada que ver (APPLE, 1986). El trabajo de ADLER y GOODMAN se interesa por la enseñanza de técnicas de desarrollo curricular a los futuros profesores, al tiempo que les presenta recursos y métodos alternativos para la enseñanza de las ciencias sociales en la escuela primaria. El tema central de sus asignaturas es la planificación y la enseñanza de una unidad de ciencias sociales original y organizada en sentido temático, basada en sus propios intereses intelectuales y en los de sus alumnos y que insiste en la investigación y la reflexión tanto de los profesores en prácticas como de sus alumnos.

El tipo de enseñanza de las ciencias sociales que ADLER y GOODMAN tratan de promover en su trabajo es el que contribuye a instaurar formas de vida más democráticas y justas, desde el punto de vista social, en las escuelas y en la sociedad. Por ejemplo, tras ayudar a sus alumnos a que examinen las formas en que la historia que suele enseñarse en las escuelas refleja sólo las perspectivas de algunos grupos dominantes en la sociedad (como un ejemplo de cómo el conocimiento escolar puede estar socialmente estructurado e históricamente contextualizado), piden a sus alumnos que consideren la idea de una "historia social" que se centre en la vida y experiencia de todos los miembros de la sociedad. Junto con este punto de interés sobre la idea de la historia social y de acuerdo con la importancia otorgada al conocimiento como construcción social, estimulan a los estudiantes de profesorado para que piensen en enseñar a sus alumnos cómo "hacer" historia en vez de aprender hechos históricos. GOODMAN y ADLER utilizan el tiempo de que disponen para enseñar a sus alumnos diversos recursos curriculares, estrategias docentes y destrezas políticas que les capaciten para desarrollar la enseñanza de la historia de este modo alternativo.

Aunque el enfoque de la planificación curricular orientado en sentido temático que se enseña en estos cursos a los alumnos es muy corriente en los círculos "desarrollistas", ciertos aspectos de esta línea de trabajo lo sitúan en la tradición reconstruccionista. Estos aspectos consisten en la importancia que GOODMAN y ADLER conceden a que sus alumnos examinen las consecuencias sociales y políticas del contenido de sus unidades (por ejemplo, en relación con las cuestiones de clase social, raza y género) y la atención explícita que prestan a los problemas de justicia social y democracia cuando evalúan el aprendizaje promovido por la enseñanza de la unidad.

La preparación de los profesores para que se conviertan en investigadores de su propia práctica

El segundo caso del que nos ocupamos en cuanto intento de introducir un componente reconstruccionista en un programa de formación del profesorado ya existente proviene de la *Deakin University,* de Australia. En 1986, un grupo de profesores asociados al tercer curso del programa *B. Ed.* de formación del profesorado elaboró una versión alternativa del bloque de ciencias biosociales del curso que ponía de relieve la preparación de los profesores para convertirlos en investigadores de su propia práctica docente. El componente de ciencias biosociales consiste en tres asignaturas (de enseñanza de las ciencias, educación física y enseñanza de las ciencias sociales) y las prácticas correspondientes. Los aspectos innovadores del curso renovado consistían en enviar por parejas a los alumnos a las escuelas en las que desarrollarían sus prácticas (postura coherente con la perspectiva de investigación en colaboración que subyacía al programa) y en la organización de las clases de metodología de manera que hiciesen hincapié en los conocimientos que surgían de las experiencias de los alumnos al comprobar las proposiciones sobre la enseñanza de las distintas materias.

Por ejemplo, en ciencias, se entregaba a los estudiantes una serie de tareas de la asignatura de metodología que reflejaba un conjunto de puntos de vista sobre las ciencias y la enseñanza y el aprendizaje de las mismas. Estas tareas constituían la esencia de la asignatura de metodología. Los estudiantes llevaban a cabo las tareas prescritas en sus clases prácticas mientras el compañero correspondiente ayudaba a recoger los datos. Los datos procedentes de las escuelas se convertían en la base de las discusiones sobre la enseñanza de las ciencias en la asignatura de metodología.

Cada tarea identifica un problema educativo concreto en relación con la enseñanza de las ciencias, proporciona una muestra de la bibliografía pertinente y requiere que el alumno de profesorado lleve a cabo dicha tarea para investigar algunas de las proposiciones que se hacen en relación con el problema en cuestión en la bibliografía. Los alumnos de profesorado negocian su propio *curriculum* de enseñanza de las ciencias cumplimentando cierto número de tareas de entre las preparadas y redactando primero y poniendo en práctica después las diseñadas por ellos mismos sobre una materia que revista particular interés para ellos... Cada tarea requiere que los alumnos de profesorado pongan realmente en práctica una serie de estrategias de enseñanza de las ciencias y reflexionen críticamente sobre su enseñanza, haciendo explícitas sus propias teorías sobre la enseñanza de las ciencias y comparando sus teorías en relación con las presentadas en la bibliografía del campo y con sus propias experiencias docentes prácticas. (ROBOTTOM, 1988, pág. 109)

Estas tareas modificaron la concepción del desarrollo profesional inmersa en el programa, pasando de la que estimulaba a los alumnos a que "pusiesen en práctica" de manera acrítica las consecuencias de las teorías elaboradas por los teóricos académicos a otra que estimulaba a los alumnos para que considerasen estas teorías como problemáticas, examinándolas en clase. De este modo, la bibliografía sobre la enseñanza de las ciencias se tomaba como "una fuente de proposiciones comprobables en vez de como una fuente de teorías de la correcta enseñanza de las ciencias y una fuente de consecuencias que había que aplicar para llevarla a cabo" (DiCHIRO, ROBOTTOM, TINNING, 1988, pág. 138). Uno de los roles más importantes del profesorado del programa consistía en facilitar el desarrollo de las propias "teorías prácticas" de los alumnos sobre la enseñanza de las ciencias, proceso informado por los aprendizajes efectuados a partir del examen al que los estudiantes sometían las proposiciones sugeridas en la bibliografía. Un aspecto clave de la asignatura, que la sitúa en la tradición reconstruccionista de reforma, es la visión politizada de la enseñanza de las ciencias, que está inmersa en las tareas que se van a desarrollar. En concreto, esas tareas ayudaban a centrar la atención de los alumnos en cuestiones tales como el sexismo en las ciencias y en la enseñanza de las mismas, el aprendizaje participativo y el *curriculum* negociado y la categoría profesional de los docentes.

Por ejemplo, en el caso de una tarea preparada por ROBOTTOM (1988) centrada en el sexismo en la enseñanza de las ciencias, se pedía a los alumnos que: 1) leyeran una serie de artículos en la biblioteca de trabajo que trataban un conjunto de aspectos distintos del sexismo en la enseñanza de las ciencias; 2) preparasen un breve artículo tomando postura respecto al sexismo en la enseñanza de las ciencias; 3) impartieran seis clases de ciencias en las que examinaran algunas de sus propias creencias o algunas de las proposiciones de la bibliografía sobre la cuestión, y 4) prepararan un informe escrito describiendo su investigación-acción y lo que hubieran aprendido sobre los límites impuestos y las oportunidades concedidas a las niñas en la enseñanza de las ciencias gracias a su propio ejercicio docente y al ambiente de sus aulas.

Un curso de formación inicial de profesorado, insistiendo en la investigación crítica cooperativa

El tercer ejemplo de la influencia de la perspectiva reconstruccionista en los programas contemporáneos de formación del profesorado proviene del *Oxford Polytechnic* del Reino Unido. El objetivo, en este caso, ha sido la revisión del curso *B. Ed.* para facilitar la investigación cooperativa y crítica de los alumnos. La concepción de la reflexión crítica que ha orientado estos esfuerzos tiene dos elementos esenciales: 1) responde a las propias definiciones de los estudiantes de sus necesidades de aprendizaje (o sea, es reflexiva), y 2) es contextual, es decir, insiste en la necesidad de que los estudiantes sean críticos con las formas actuales de educación desde los puntos de vista moral, social y político (ASHCROFT y GRIFFITHS, 1989). También se contempla la reflexión crítica como un proceso cooperativo que tiene lugar en el contexto de una "comunidad de investigación".

Además de las actividades más típicas de revisión de los contenidos del curso, gran parte del esfuerzo realizado en los últimos años en el *Oxford Polytechnic* se ha centrado en la modificación de la pedagogía y las relaciones sociales experimentadas por los alumnos del programa (ISAAC y ASHCROFT, 1988). En este aspecto, se puso de relieve la creación de las condiciones que apoyasen la investigación crítica dentro del programa (por ejemplo: trabajo en grupo, experiencia del contexto social más general) y el desarrollo de las capacidades de los alumnos de acuerdo con estas líneas (por ejemplo: trabajar formando parte de un equipo, desarrollar un pensamiento "relacional").

Una de las áreas que ha recibido la máxima atención en el rediseño del programa ha sido la forma de evaluar a los alumnos. Algunas de las características más innovadoras de este programa están constituidas por los procedimientos de evaluación de grupo, que se han desarrollado para el análisis de la investigación-acción cooperativa de los estudiantes, y la forma de incluir la preocupación por la reflexión crítica en los criterios de evaluación de las experiencias escolares (véase ASHCROFT y GRIFFITHS, 1989).

La promoción de la deliberación educativa de los alumnos en prácticas

El cuarto caso de inclusión de un elemento reconstruccionista en un programa ya existente de formación de profesorado consiste en el trabajo que uno de nosotros (LISTON) ha llevado a cabo en una asignatura de filosofía de la educación de la *Washington University*. Esta asignatura forma parte de un programa de formación del profesorado con una larga tradición de aprendizaje basado en la investigación. En 1971, Arthur WIRTH y algunos de sus colaboradores iniciaron el *Hawthorne Teacher Education Program,* una alternativa de un curso de duración al programa normal de formación del profesorado de la *Washington University.* Este programa experimental se basaba en dos ideas clave: 1) una concepción deweyana de investigación, y 2) la teoría de la motivación de causalidad personal, elaborada por uno de los profesores del programa, Richard DeCharms. De acuerdo con las reflexiones de Alan Tom (1988) sobre los orígenes del programa, el proceso de investigación, tal como lo entendían los autores del programa:

> se suponía cíclico, pasando de la experiencia a la conceptualización, de la conceptualización a la práctica y de la práctica a la evaluación que produce los datos necesarios para volver a la experiencia, repitiéndose el ciclo. A través de este proceso cíclico, los estudiantes *pensarían en su forma peculiar de enseñar,* desarrollando, sometiendo a prueba y mejorando sus propias teorías de la enseñanza. (Pág. 4)

El segundo elemento clave del fundamento conceptual del programa consistía en el concepto origen-títere que surge de la teoría de la motivación de causalidad personal de DeCharms (1968).

> Centrándonos en el lugar de control, el concepto origen-títere indica que las personas que se consideran manipuladas por fuerzas que escapan de su control (títeres) tienen menor motivación de logro que las personas que creen que tienen la capacidad de fijarse objetivos realistas y planear actividades para lograr esos objetivos (orígenes). Según DeCharms (1968)... la motivación queda reforzada por los sentimientos de causalidad personal y deprimida por los sentimientos de compulsión y presión externas. Por tanto, el programa de formación del profesorado debe evitar que los futuros docentes se hagan dependientes de las prescripciones de las figuras revestidas de autoridad... engendrando, por el contrario, sentimientos de causalidad personal impulsando a quienes se inician a que elaboren y pongan a prueba sus propias teorías personales de la enseñanza. (Tom, 1988, pág. 5)

Estos dos conceptos, investigación y causalidad personal, configuraron el fundamento de un programa que evolucionó de formas muy distintas durante las dos últimas décadas (véanse: Wirth, s/f; Cohn, 1979; Tom, 1988). Además, los profesores decidieron organizar a los estudiantes en lo que denominaron "comunidades de investigación", incluyéndose ellos mismos en ellas, que suponían la agrupación de alumnos y profesores y la oferta de cursos y seminarios en un reducido número de centros, en vez de en el ámbito de la universidad. Estos centros docentes se inspiraban en las ideas de Shaefer (1967) sobre las "escuelas de investigación". Con el paso de los años, a partir de este programa, han ido surgiendo diversos enfoques innovadores de la supervisión de los alumnos en sus experiencias en las escuelas (Cohn, 1981; Cohn y Gellman, 1988). A pesar de la importancia otorgada a la investigación y la reflexión y a la ayuda a los alumnos para que desarrollen sus propias "teorías prácticas" de la enseñanza, el programa en su conjunto no resalta el tipo de crítica social y política característico de los enfoques reconstruccionistas sociales. En este contexto, en gran parte, "de desarrollo", Liston promovió un nuevo centro de atención sobre la deliberación educativa en su asignatura de filosofía de la educación.

El curso *Philosophies of Education* pretende estimuiar a los alumnos de primer ciclo universitario y a los futuros profesores a que piensen con seriedad, claridad y de forma reflexiva sobre las cuestiones y laberintos educativos, a dialogar con los demás sobre esos pensamientos y a juzgar la superioridad de unas soluciones respecto a otras. Está organizado a modo de seminario. Antes de cada sesión, los estudiantes leen unos trabajos clave y se les pide que lleguen a clase dispuestos a dialogar sobre sus propias reacciones y sentimientos y a tratar las cuestiones que les plantee el profesor. El contenido del curso se organiza como introducción a tres tradiciones educativas: la conservadora (por ejemplo: HIRSCH, 1988 y HIRST, 1965), la radical (por ejemplo: COUNTS, 1932; FREIRE, 1974 y KOZOL, 1980) y la progresista (por ejemplo: DEWEY, 1902 y PALEY, 1981). Después de leer algunos trabajos de cada tradición, los alumnos examinan críticas a esa misma tradición. Por ejemplo, tras analizar un trabajo de la tradición conservadora, los alumnos leen la crítica de Jean Roland MARTIN (1981) sobre la "perspectiva cognitiva masculina" en su *The ideal of the Educated Person*. Después de leer obras de la tradición progresista, los estudiantes examinan los argumentos de Mary WARNOCK (1975) contra los profesores neutrales en su artículo *The Neutral Teacher*. Y tras analizar la tradición radical, los alumnos revisan la crítica de Sidney HOOK (1989) contra el *curriculum* radical de humanidades que aparece en su *Civilization and its Malcontents*. En resumen, el curso constituye una iniciación a tres tradiciones educativas diferentes y una conversación sobre las mismas.

El curso trata de presentar a los estudiantes diversos puntos de vista, para ver la "lógica" y el fundamento que subyace a las distintas tradiciones educativas y desarrollar y poder cuestionar sus propias creencias y supuestos. Se trata de un intento de capacitar a los alumnos para razonar en voz alta sobre los conflictos y problemas en relación con determinadas decisiones educativas en un ambiente de aula que trate las ideas y a las personas con respeto, atención y preocupación. Los alumnos se introducen en las distintas tradiciones educativas, pidiéndoseles que contemplen determinados problemas pedagógicos con perspectivas muy distintas y en mutuo contraste, esperándose de ellos que lleguen a alguna solución personal y profesional, que tomen conciencia de ciertos problemas educativos o ambas cosas. Al revisar la tradición conservadora, los estudiantes perciben la importancia concedida a las tradiciones recibidas y estudian la trascendencia de iniciar a los estudiantes en los marcos cognitivos. Cuando se analiza la tradición radical, muchos alumnos sitúan por primera vez la experiencia escolar en un contexto social y político más general, dialogando sobre cuestiones relacionadas con los problemas derivados de la imposición y el adoctrinamiento educativos. Al discutir sobre la tradición progresista, se centran en las formas de relacionar el *curriculum* con el niño, ocupándose de las ideas de experiencia, interés y crecimiento de DEWEY. El curso, situado en un programa orientado en sentido desarrollista, pretende iniciar a los estudiantes en distintas teorías educativas y capacitarlos para articular su propia perspectiva educativa.

Un programa de formación de profesores orientado a la investigación

Como consecuencia de los estudios llevados a cabo por los profesores y estudiantes graduados en la *University of Wisconsin-Madison* a mediados de los años setenta, nosotros y algunos colegas nuestros llegamos a preocuparnos por determinados aspectos del programa de formación de profesores de enseñanza elemental. En cierto sentido, el programa parecía favorecer en nuestros alumnos la adopción de una postura demasiado técnica y restringida, de manera que su principal preocupación consistía en llegar a dominar las técnicas docentes en las aulas. En realidad, con frecuencia, los alumnos desconocían los objetivos hacia los que se orientaban dichas técnicas y los contextos educativos y sociales en los que se desarrollaba la enseñanza[11]. Para muchos de ellos, la pedagogía era independiente de sus raíces morales, éticas y políticas, y la "buena" enseñanza equivalía a conseguir que los alumnos pasasen sus "lecciones" a tiempo sin mayores problemas (TABACH-NICK, POPKEWITZ y ZEICHNER, 1979).

En muchos sentidos, el componente de prácticas de este programa se parecía a un típico enfoque de formación clínica de profesores mediante aprendizaje práctico (STONES, 1984), según el cual se asume de manera implícita que la buena enseñanza se "capta", no se enseña, y que, si ocurren hechos satisfactorios, se deben más a accidente o buena suerte que a un diseño deliberado (FEIMAN-NEMSER y BUCHMANN, 1985; ZEICHNER, 1986a). Durante la última década, tanto los profesores, los alumnos graduados como los docentes colaboradores han tenido que desarrollar estrategias que favoreciesen una atención más sistemática y deliberada al aprendizaje del profesor en su etapa de prácticas.

Durante el proceso de reconceptualización del programa, la expresión "enseñanza reflexiva" reflejaba el constructo en torno al cual organizamos nuestro pensamiento respecto a nuestro trabajo. La "enseñanza reflexiva" se convirtió en un lema que suponía más una reacción frente a lo que no queríamos que fuera nuestro programa, que una visión organizada y elaborada con claridad del tipo de profesores que pretendíamos preparar. Con el tiempo, fuimos desarrollando poco a poco nuestras propias ideas sobre el significado de "enseñanza reflexiva" dentro de nuestro programa y un repertorio de estrategias pedagógicas y planes curriculares para tratar de ponerlas en práctica[12].

Comenzamos por la distinción deweyana entre "acción reflexiva" (la consideración activa, persistente y cuidadosa de cualquier creencia a la luz de los fundamentos en los que se apoyan y de las consecuencias a las que conduce) y "acción rutinaria" (orientada sobre todo por la costumbre, la auto-

---

[11]ZEICHNER ha sido codirector de este programa desde 1976. LISTON trabajó en el programa como supervisor de estudiantes en prácticas y ayudante administrativo desde 1980 hasta 1985.

[12]Puede verse una descripción de la historia de este programa en KENNEDY y ZEICHNER (1989).

ridad externa y las circunstancias). Utilizando el concepto de acción reflexiva de DEWEY (1933) como principio organizador del *curriculum* práctico, la documentación del programa insiste en el deseo de que los profesores en prácticas desarrollen esas orientaciones (apertura mental, responsabilidad y entusiasmo) y destrezas (de observación aguda y análisis), constitutivas de la acción reflexiva.

Además de esta distinción básica entre acción reflexiva y rutinaria, la documentación del programa distingue también entre diferentes campos de reflexión, basándose en el trabajo de Max VAN MANNEN (1977) y en su concepción de los "niveles de reflexividad"[13]. *Primero:* en la reflexión técnica, interesa la eficacia y la eficiencia de los medios utilizados para alcanzar determinados fines, sin revisarlos por sí mismos. *Segundo:* en la reflexión práctica, la tarea consiste en explicar y aclarar los supuestos y predisposiciones que subyacen a la actividad docente y evaluar la adecuación de los objetivos educativos hacia los que lleva la actividad. En este caso, se considera que cada acción se relaciona con determinados compromisos de valor y el agente considera la mayor o menor conveniencia de fines educativos en mutua competencia, así como en qué medida los alumnos alcanzan los objetivos educativos concretos a los que se orienta su trabajo. Por último, la reflexión crítica incluye en el discurso sobre la acción práctica los criterios morales y éticos. En este caso, la principal preocupación se refiere a si los objetivos, actividades y experiencias educativas conducen a formas de vida caracterizadas por la justicia, la equidad y la felicidad concreta para todos, y si la actividad docente y los contextos en los que se desarrolla se orientan a la satisfacción de necesidades humanas importantes y sirven para el cumplimiento de objetivos humanos de interés. El programa hace hincapié en la importancia de la enseñanza reflexiva, que incluye estos tres dominios reflexivos.

Además de detallar la especial calidad de la reflexión que tratamos de desarrollar en nuestros alumnos, insistimos también en la importancia de considerar el contexto docente como problema y buscar relaciones entre las acciones cotidianas del aula y los problemas y estructuras de la escolarización y la sociedad. Una forma de procurar el desarrollo de este pensamiento "relacional" que hemos puesto en práctica consiste en llamar la atención de los alumnos de forma deliberada sobre determinados tipos de cuestiones relacionadas con las actividades docentes cotidianas (por ejemplo, las asociadas con género, raza y clase social). Los desarrollos más recientes del aparato conceptual de este programa han incluido la puesta en marcha

---

[13]VAN MANNEN (1977) presenta tres *niveles* de reflexión. Las consecuencias jerárquicas de la idea de niveles transmite la impresión errónea de un marco evolutivo en el que las reflexiones técnica y práctica acaban trascendiéndose y prevaleciendo la reflexión crítica. Esto devalúa la destreza técnica y la realidad de los profesores. La postura teórica adoptada en el programa de prácticas docentes de Wisconsin consiste en que la "enseñanza crítica" supone la reflexión en los tres dominios (técnico, práctico y crítico). Desde esta perspectiva, las cuestiones técnicas no se trascienden, sino que se vinculan a discusiones sobre la naturaleza y la justificación de los fines y objetivos educativos.

de un proceso de deliberación moral sobre la enseñanza muy semejante al antes descrito en este libro. En este caso, nuestra preocupación consistía en facilitar a los estudiantes los análisis razonados sobre su enseñanza y los contextos sociales en los que se lleva a cabo y mantener el compromiso de unas relaciones afectivas y de atención con los alumnos.

El programa de prácticas docentes se organiza en torno a cinco componentes curriculares. En primer lugar, el *componente docente* trata de garantizar que los alumnos en prácticas entren en contacto con todos los aspectos del papel del profesor, dentro y fuera del aula. Como en la mayoría de los programas, a lo largo del semestre cada alumno tiene que ir asumiendo responsabilidades en relación con todos los aspectos del rol del profesor en el aula (por ejemplo, enseñanza, gestión de la clase, desarrollo curricular, evaluación de los alumnos) y cumplir un período en el que se responsabilice por completo del programa de la clase. Aunque la mayor parte de los programas de prácticas docentes apoya esta misma idea de incrementar la responsabilidad en relación con la clase, los aspectos más importantes suelen ser la enseñanza y la gestión de la clase, dejando de lado la participación responsable del alumno en otros aspectos del rol del profesor, como el desarrollo curricular y la evaluación. El programa de Wisconsin resalta especialmente el papel que desempeña el alumno en prácticas en cuanto al desarrollo curricular y en el profesor como usuario o autor del *curriculum* (BEN-PERETZ, 1984).

Los aspectos considerados importantes son muy semejantes a los que también consideran ADLER y GOODMAN en sus asignaturas de metodología de las ciencias sociales, tratando de contrarrestar el extendido fenómeno de desprofesionalización del trabajo del docente. Aunque hay que suponer que los alumnos seguirán las orientaciones curriculares de sus escuelas y los programas curriculares en sus clases, también hay que pedirles que: 1) sean conscientes de los supuestos que impregnan el *curriculum* que se adopte con pocas modificaciones o ninguna (por ejemplo, los supuestos respecto a los alumnos y al rol que desempeñe el programa) y sean capaces de descubrir y articular esos supuestos; 2) den pruebas de la adaptación y modificación de planes y materiales curriculares para su uso con alumnos concretos en determinados momentos, y 3) hagan aportaciones originales al programa de clase, mediante la creación de nuevos y diversos materiales y actividades docentes, aparte de los prescritos por sus profesores tutores. Está presente también una preocupación subyacente (que se indica en los criterios del programa para la evaluación del trabajo de los alumnos en prácticas) consistente en que la instrucción de los estudiantes refleje de forma adecuada las diversas perspectivas de quienes viven en la sociedad, de manera que promueva activamente unas relaciones afectuosas y justas entre los alumnos y entre éstos y los profesores dentro del aula. En concordancia con el carácter "reflexivo" del *curriculum* del programa, todos los requisitos específicos de este componente docente (aparte del de "dirigir la enseñanza") se negocian entre el alumno, su profesor tutor y el supervisor universitario.

El segundo componente del programa, el *componente investigador,* trata de ayudar a los alumnos a que sitúen las escuelas, el *curriculum* y la pedagogía en sus contextos sociohistóricos. El componente investigador hace también hincapié en el carácter de construcción social del conocimiento escolar y de la estructura de la escuela, y procura que los estudiantes desarrollen las capacidades necesarias para llevar a cabo investigaciones sobre su propio trabajo. Este componente trata de ayudar a los alumnos en prácticas a que adquieran un conocimiento de las culturas contemporáneas de sus aulas y escuelas, y de las relaciones entre estos contextos educativos y el medio social, económico y político de su entorno. El componente investigador aspira también a ayudar a los estudiantes de profesorado a comprender la evolución histórica de los ambientes en los que trabajan (o sea, cómo han llegado a ser como son). El objetivo de este componente consiste en conseguir que el aula y la escuela sirvan de laboratorios sociales para el estudio más que como meros modelos para la práctica. Pretende reforzar el punto de vista de que las prácticas docentes constituyen un tiempo para el aprendizaje continuo sobre la enseñanza y la escolarización y para la adquisición de hábitos de crecimiento autónomo, en vez de (como suele ocurrir) un tiempo dedicado a la aplicación y demostración de conocimientos y técnicas adquiridos con anterioridad (TURNEY y cols., 1982; HABERMAN, 1983). Trata también de reforzar la visión de que los profesores pueden ser tanto creadores como consumidores del conocimiento educativo.

El componente investigador del programa dispone de diversos tipos distintos de actividades. Todos los estudiantes cumplimentan uno o más de los trabajos de investigación durante las 22 semanas del semestre de prácticas, trabajos que forman parte de sus responsabilidades en el curso y tienen relación con la concesión de créditos en el seminario de prácticas. El profesorado del programa suele utilizar tres tipos de actividades de aprendizaje de investigación: 1) proyectos de investigación-acción; 2) estudios etnográficos limitados, y 3) proyectos de análisis curricular.

En primer lugar, los *proyectos de investigación-acción* que elaboran los alumnos en prácticas suponen la adaptación del esquema para desarrollar la investigación-acción elaborado en la *Deakin University* (KEMMIS y McTAGGART, 1988). KEMMIS y McTAGGART definen la investigación-acción como:

> Una forma de investigación colectiva auto-reflexiva emprendida por los participantes en una situación social con el fin de mejorar la racionalidad y la justicia de sus propias prácticas sociales, así como su comprensión de esas prácticas y de las situaciones en las que se desarrollan. (Pág. 5)

Aunque no insistimos tanto como KEMMIS y McTAGGART en los aspectos cooperativos de la reflexión[14], nuestro enfoque de la investigación-acción se aproxima más al enfoque "emancipador" de *Deakin* que cualquier otra alternativa existente, a causa de nuestro deseo de centrar las investigaciones de nuestros alumnos tanto sobre su enseñanza como sobre el contexto social de la

---

[14]Nuestros alumnos y nosotros trabajamos de forma cooperativa en grupos, pero sobre nuestros propios proyectos individuales.

escolarización[15]. Aunque pretendemos facilitar la reflexión sobre las prácticas docentes y que los alumnos de prácticas elaboren "teorías prácticas", también queremos estimular una investigación-acción que contribuya a eliminar las condiciones sociales que obstaculizan el desarrollo del potencial educativo de la escolarización.

Aunque los métodos utilizados por los alumnos de prácticas sólo siguen de lejos la espiral reflexiva de planificación, acción, observación y reflexión señalada por KEMMIS y McTAGGART, es importante insistir en que, en la práctica, el proceso está mucho menos delimitado, de manera que las distintas "etapas" se solapan con frecuencia y se desarrollan en sucesiones diferentes[16].

La investigación-acción iniciada por los alumnos en prácticas de Wisconsin es muy variada. Emplean parte del tiempo semanal dedicado al seminario en dialogar y reaccionar ante los proyectos de desarrollo de los demás, preparando informes escritos de la evolución de sus propios proyectos al final del semestre. El supervisor de la universidad y, a veces, el profesor tutor también tratan de facilitar las investigaciones de los alumnos, reaccionando ante ellas sobre la marcha y recogiendo datos. A menudo, el supervisor de la universidad prepara situaciones en las que los alumnos puedan aprender diversas estrategias de investigación (por ejemplo, de recogida de datos sobre el aprendizaje de los alumnos) y comentarlas, y otras en las que unos alumnos ayuden a sus compañeros en sus trabajos de investigación. Algunos proyectos de alumnos incluían la experimentación de distintos procedimientos de agrupación en el aula con el fin de evaluar los efectos de estrategias alternativas para mantener la participación de los alumnos, el examen de la conducta de un estudiante en prácticas en relación con grupos de capacidad superior e inferior y la cuidadosa supervisión de los intentos de introducción del aprendizaje cooperativo en el aula[17].

Aunque esperamos que los alumnos en prácticas aprendan valiosas lecciones sobre la enseñanza mediante su participación en la investigación-acción, el valor de la experiencia consiste en trascender las lecciones que los alumnos puedan recibir a partir de su participación en proyectos específicos. Nuestra esperanza consiste en que las experiencias de los alumnos con la investigación-acción contribuyan al desarrollo de una disposición para considerar la investigación sobre la enseñanza y las condiciones sociales de la escolarización como parte integrante del trabajo docente (ELLIOTT, 1985).

En segundo lugar para algunos estudiantes, la realización de estudios

---

[15]Véanse descripciones de las tres formas de investigación-acción: técnica, práctica y emancipadora, en GRUNDY (1982) y CARR y KEMMIS (1986).

[16]Véase la exposición de esta cuestión que hace ELLIOTT (1990).

[17]Puede encontrarse información más detallada sobre la investigación-acción en el programa de prácticas en enseñanza primaria de Wisconsin, incluyendo detalles sobre los proyectos de los estudiantes, en: NOFFKE y ZEICHNER (1987); NOFFKE y BRENNAN (1991); LISTON y ZEICHNER (1989) y GORE y ZEICHNER (1990).

limitados de tipo etnográfico en sus clases y escuelas[18] constituye una alternativa a la realización de proyectos de investigación-acción en el aula. Estos proyectos, algunos de los cuales se exponen con cierto detalle en ZEICHNER y TEITELBAUM (1982) y en GITLIN y TEITELBAUM (1983), se centran en cuestiones como la distribución de recursos (por ejemplo, el tiempo del profesor) entre alumnos de diversas características, capacidades y procedencias; estudios de la vida escolar desde la perspectiva del alumno, y el *curriculum* oculto. Estos proyectos, que suponen la exploración de determinadas cuestiones seleccionadas, tanto en campo como en la universidad, permiten que los supervisores universitarios establezcan relaciones más directas entre las experiencias de los alumnos en las escuelas y el material que leen para el seminario. Los datos de campo que recogen los estudiantes ilustran los problemas sobre los que han estado leyendo y las lecturas informan su examen de los casos concretos de campo.

Una tercera opción del componente de investigación consiste en desarrollar *análisis de los* curricula *escolares* y procesos de *desarrollo curricular* de las escuelas en las que hacen sus prácticas. Además de cumplimentar los proyectos que incluyen el examen de los valores y supuestos que inspiran determinados materiales y programas curriculares (por ejemplo, supuestos sobre los alumnos, los profesores y los conocimientos), los estudiantes desarrollan estudios locales de la historia y contexto del desarrollo curricular en determinadas áreas de contenido. De este modo, plantean preguntas como: ¿quién tomó determinadas decisiones sobre el *curriculum*?, ¿por qué se tomaron ciertas decisiones?, y ¿cómo influyen algunos factores institucionales y culturales en los procesos de desarrollo curricular en casos concretos? Aunque nuestros estudiantes tienen, por regla general, muy poca experiencia respecto al desarrollo de *curricula* en el nivel de distrito escolar, queremos que comprendan con toda claridad los procesos de desarrollo curricular que se desarrollan más allá del aula.

Los estudiantes llevan a cabo los distintos proyectos de investigación (investigación-acción, estudios etnográficos y análisis curricular) en las escuelas; esos proyectos guardan una íntima relación con el tercer componente del programa: el *seminario de estudiantes en prácticas*. Los seminarios semanales se planifican conjuntamente entre los supervisores de la universidad y sus alumnos, centrándose en una serie de cuestiones como la educación multicultural, el *curriculum* oculto, el aprendizaje cooperativo, la agrupación de alumnos, la evaluación y el proceso de aprender a enseñar. Aunque este curso está relacionado con las experiencias de los estudiantes en las escuelas y se basa en ellas, no se limita a promover el perfeccionamiento de la actuación de los estudiantes en las aulas que tienen asignadas. El

---

[18]En SMITH y SACHS (1988) y en BEYER (1991) pueden verse descripciones de los trabajos etnográficos realizados por los estudiantes en prácticas, que no sólo se ocupan de la escuela, sino de la comunidad que la rodea. Véase también en TEITELBAUM y BRITZMAN (1991) una descripción del uso que se hace de los estudios etnográficos en los programas de formación del profesorado en la *Syracuse University* y en la *State University of New York at Binghamton*.

seminario pretende utilizar esas aulas y las sucesivas experiencias docentes de los estudiantes como vehículos para la exploración de importantes problemas educativos que trascienden los lugares concretos, por ejemplo, problemas específicos como: la agrupación de los alumnos, su evaluación, la enseñanza de la escritura o el *curriculum* multicultural; los estudiantes aportan los datos extraídos de sus clases al seminario, de manera que esos datos informan las discusiones de grupo. Como los estudiantes tienen asignadas aulas que reflejan diversas situaciones en relación con casi cualquier cuestión que se trate y la selección deliberada de las lecturas para el seminario representa diversas perspectivas sobre determinadas cuestiones, las discusiones del seminario corresponderían idealmente al tipo de deliberación educativa descrito en el Capítulo II y elaborada con mayor detenimiento en los Capítulos III y IV.

En consonancia con el interés del programa por la preparación de profesores investigadores, los seminarios han utilizado, en los últimos años, una mayor proporción de lecturas tomadas de escritos y de la investigación de profesores en sus aulas. Además de la lectura de artículos escritos por estudiosos pertenecientes al ámbito universitario y por autores independientes, como Madeline HUNTER y Lee CANTER, los estudiantes en prácticas leen y dialogan sobre materiales tomados de publicaciones en las que predominan escritos de profesores, como *Rethinking Schools* y *Democratic Education*. Algunos alumnos leen también materiales producidos por estudiantes de semestres anteriores (por ejemplo, informes de investigación-acción) cuando se revisan determinados problemas y prácticas. Este interés por incluir voces distintas (entre ellas las de los padres y los niños) en los seminarios, además de las académicas habituales, ayuda a garantizar que, en sus discusiones, los estudiantes y profesores tengan en cuenta distintas posturas respecto a ciertos problemas y prácticas. Por ejemplo, al tratar la cuestión de la "disciplina asertiva" (CANTER y CANTER, 1983) —tecnología basada en la competencia, muy popular en la actualidad, para dirigir y controlar la conducta de los estudiantes en las escuelas de la zona de Madison (Wisconsin)—, los participantes en el seminario leyeron artículos de Lee y Marlene CANTER, los autores del enfoque, y materiales escritos por padres, profesores universitarios y de escuelas que se mostraban críticos ante el enfoque por diversas razones.

La cuarta característica crítica del programa consiste en el *componente escrito*[19]. Los estudiantes en prácticas llevan un diario relativo a su evolución como profesores durante el semestre de prácticas, recibiendo orientaciones al respecto de sus supervisores universitarios. Estos diarios se comentan con los supervisores con regularidad y éstos responden por escrito a las notas de los estudiantes. Los diarios son muy útiles en la medida en que estimulan la reflexión de los estudiantes sobre su enseñanza, el contexto social de su ejercicio docente y su evolución como profesores en el

---

[19]Véase en MAAS (1991) una detallada exposición del uso que hace uno de los supervisores de la *Wisconsin University* de la escritura con sus estudiantes en prácticas.

transcurso del tiempo. Es más, se pretende que los diarios proporcionen a los supervisores mayor cantidad de información sobre el modo de pensar de los estudiantes sobre su ejercicio docente y sobre los contextos concretos de la escuela, aula y comunidad, de manera que la supervisión sea sensible a la realidad única de cada estudiante en prácticas. Los diarios forman parte del proceso de supervisión.

Otra dimensión del componente escrito consiste en el uso que algunos supervisores hacen de autobiografías como estrategia para ayudar a los estudiantes a examinar los supuestos subyacentes y las influencias que, en relación con las perspectivas docentes, aportan a la experiencia educativa del estudiante[20]. Es muy corriente en los seminarios que los estudiantes elaboren relatos autobiográficos de sus propias experiencias como alumnos, incluidas las correspondientes a su participación en el programa. Dado lo que sabemos acerca de la poderosa influencia de las experiencias antecedentes sobre el aprendizaje del profesor (ZEICHNER y GORE, 1990), nos parece importantísimo centrar la atención de los estudiantes de manera más consciente sobre las concepciones, ideas y valores con las que acceden a los programas de formación de profesores[21].

Por último, aunque la mayor parte del componente escrito lo desarrolla cada estudiante de forma individual, hay ocasiones en las que se utilizan en los seminarios trabajos escritos de grupo para facilitar que un conjunto de estudiantes construya interpretaciones de experiencias concretas que se ponen en común en el seminario. Por ejemplo, en uno se formaron pequeños grupos de estudiantes durante una parte de cada reunión de seminario y escribieron enunciados que versaban sobre lo que habían aprendido como grupo durante determinadas sesiones. Estos enunciados se pusieron en común con los demás estudiantes en una sesión de gran grupo (MAAS, 1991).

La quinta y última dimensión del programa de prácticas docentes consiste en el *componente de supervisión*. Las reuniones de supervisión que preceden y siguen a las observaciones formales de los estudiantes en prácticas se valoran como momentos importantes para su aprendizaje. Estas reuniones se ocupan tanto de las actividades específicas de enseñanza que se han observado como de la evolución más general de las perspectivas del estudiante en prácticas en el transcurso del semestre[22]. Aunque la forma de supervisión que se utiliza en el programa se parece al modelo de "supervisión clínica" (GOLDHAMMER, 1969) en cuanto a su estructura y a la importancia

---

[20]Véanse las descripciones del uso de la autobiografía con los estudiantes en prácticas que hacen MAHER (1991) y BULLOUGH (1990).

[21]Esta mayor atención prestada a los elementos que influyen en el aprendizaje que se va a enseñar puede llevarse a cabo también prestando atención a las experiencias de otros profesores. Véanse en BROUDY (1990) y en RICHERT (1991) descripciones del empleo de los estudios de casos en los programas de formación del profesorado.

[22]Los supervisores de la universidad observan a los estudiantes en prácticas una vez cada dos semanas, aproximadamente. Desde hace no mucho tiempo, se viene insistiendo cada vez más en el potencial de aprendizaje de la entrevista inicial de supervisión, como consecuencia, en parte, de la influencia del trabajo de HANDAL y LAUVUS (1987).

concedida al análisis y discusión de las actividades docentes, los supervisores tratan de garantizar que sus análisis de la enseñanza se ocupen del contexto social circundante, examinando los tres campos de reflexión (técnico, práctico y crítico).

Asimismo, como en el caso de los seminarios, durante las reuniones de supervisión, los supervisores centran la atención deliberadamente sobre las cuestiones relacionadas con el género, la raza, la clase social y otras diferencias que puedan aparecer en el ejercicio docente de los estudiantes. De este modo, las cuestiones relativas a la equidad y la justicia están siempre presentes en las deliberaciones. Por ejemplo, en vez de ocuparse sólo de si los "alumnos" han aprendido lo que se esperaba de la acción del estudiante en prácticas, la atención se dirige a las oportunidades de aprendizaje de la asignatura correspondiente que se han brindado a determinados alumnos y grupos y a lo que éstos han aprendido en consecuencia. En vez de valorar sólo si las conductas indeseables de algunos alumnos han desaparecido mediante el empleo de un sistema de dirección de la clase basado en la competencia, como la "disciplina asertiva", se mira también la calidad de las relaciones humanas mediante las que se han obtenido determinados "resultados". Aunque ninguna de estas cuestiones se excluyen de manera explícita de la supervisión clínica, tal como se describe en la bibliografía actual[23], la preocupación de la supervisión clínica por la reflexión sobre la enseñanza "en general" no constituye, de por sí, una base adecuada para un tipo de supervisión del estudiante en prácticas que estimule la formación de profesores conscientes, en el aspecto social, y responsables, en el ético[24]. Además de beneficiarse de la supervisión proporcionada por el profesor universitario correspondiente y los docentes tutores, algunos estudiantes participan en un programa de supervisión entre compañeros en el que observan y conversan con otros estudiantes en prácticas sobre algunos aspectos de la enseñanza (MILLER, 1989).

Aspectos clave de las prácticas reconstruccionistas sociales en la formación del profesorado

En las anteriores descripciones de innovaciones en programas y asignaturas están implícitos varios aspectos importantes de las prácticas reconstruccionistas sociales en la formación del profesorado. Estas características, aunque no tienen por qué coincidir con la realidad de los proyectos individuales antes mencionados, representan los ideales a los que aspiran los

---

[23]Véase la exposición de este tema que hacen ZEICHNER y LISTON (1987).

[24]Aún en los casos de los llamados enfoques "críticos" de la supervisión de prácticas (SMYTH, 1984), suele prestarse atención a un conjunto muy limitado de conductas en el aula. Véase en ZEICHNER (1990b) una descripción de los enfoques genéricos de la reflexión del profesor que no se compromete de manera explícita a hacer un análisis de la enseñanza que abarque los tres dominios de reflexión.

proyectos reconstruccionistas de formación del profesorado. Resumiremos a continuación estos elementos antes de pasar a la evaluación de los éxitos de los recientes esfuerzos de reforma. El primer elemento crítico de las reformas de la formación del profesorado orientadas en sentido reconstruccionista social se relaciona con el ámbito de los cambios que se pretenden. A partir de los ejemplos citados, resulta evidente que las tentativas individuales habidas en este conjunto de reformas se han centrado en diverso grado en los cambios en los contenidos de las asignaturas, en la pedagogía y las relaciones sociales dentro de los cursos y en la estructura y organización de los programas. A partir de las experiencias de estos formadores de profesores, está muy claro que la modificación de los contenidos, la pedagogía o la estructura de los programas resulta insuficiente, de por sí, para ayudar a los estudiantes a desarrollar las disposiciones, los conocimientos y las destrezas que más se valoran en esta tradición. Aunque puedan existir muy diversas pautas de organización que lleven a la realización de las aspiraciones democráticas de los proyectos reconstruccionistas de formación del profesorado[25], en último término, el ámbito de estas reformas debe abarcar tanto los contenidos como la pedagogía de los cursos de formación de profesores.

En un plano ideal, estos proyectos deben establecer la consistencia y la coherencia entre los contenidos y la pedagogía del curso y crear una situación en la que los formadores de profesores procuren que lo que sus alumnos tengan que aprender se manifieste en todos los aspectos del curso o programa (NODDINGS, 1987). Por ejemplo, si los formadores de profesores quieren que sus alumnos enseñen de manera que se llegue a la integración de materiales e ideas, traspasando los límites de las áreas de contenido, el *curriculum* del programa de formación del profesorado debe reflejar un enfoque curricular integrado. Si los formadores de profesores quieren que sus alumnos promuevan el aprendizaje cooperativo y en colaboración en sus aulas, las clases del componente universitario del programa de formación del profesorado deberán contar con estructuras de aprendizaje cooperativo. Por último, si los formadores de profesores quieren que sus alumnos reflexionen sobre su enseñanza y las condiciones sociales de la escolarización, los estudiantes deben ver que sus formadores reflexionan sobre el trabajo que realizan y sobre las condiciones sociales de la formación del profe-

---

[25]Este capítulo se centra ante todo en el contenido y la pedagogía de los programas de formación del profesorado y no sobre cuestiones relacionadas con su estructura y organización. Aunque cuestiones como la longitud de los programas; su clasificación como de nivel pre- o post-graduado, y los procedimientos para el ingreso y finalización tienen importantes consecuencias en problemas relacionados con la equidad (por ejemplo, la cantidad de individuos pertenecientes a minorías dispuestos a cursar una carrera docente y con posibilidades de hacerlo), creemos que nos ocupamos con demasiada frecuencia de las características estructurales de los programas, dejando de lado las cuestiones del *curriculum* y la instrucción, más importantes. En el Capítulo VII, cuando estudiemos las estrategias para desarrollar el plan reconstruccionista social de formación del profesorado, describiremos los contextos estructural e institucional de la misma.

sorado y deben experimentar programas de formación de docentes que lleven consigo una continua revisión y crítica.

Estos proyectos deben evitar situaciones en las que el compromiso con una ideología determinada conduzca a pasar por alto la condición vulnerable de los alumnos de profesorado (LUCAS, 1988), de manera que los formadores avancen hacia sus objetivos "por encima de" quienes reciben su enseñanza (NODDINGS, 1986). Tenemos que reconocer que los estudiantes de profesorado y los docentes principiantes se encuentran a menudo en las posiciones menos aptas para establecer cambios y que, con frecuencia, soportan grandes tensiones y arriesgan sus carreras cuando se oponen a algunas prácticas injustas e inhumanas que descubren a su alrededor[26].

Y esto sin mencionar que los cambios de los elementos contextuales de los programas de formación del profesorado (por ejemplo, en cuanto a financiación, a las responsabilidades en el trabajo) son a menudo necesarios para la realización de los cambios deseados en el *curriculum* y la pedagogía. En el próximo capítulo expondremos los problemas a los que han de hacer frente los formadores de profesores para alcanzar el ideal de formar docentes que asuman roles orientados hacia la reconstrucción tanto en las escuelas como en la sociedad, cuando, en muchos casos, sus alumnos están dispuestos a mantener el *status quo*. Para los formadores de profesores que se inscriben en la tradición reconstruccionista social de reforma, lograr un plan de este tipo para la formación del profesorado de los Estados Unidos, en estos tiempos de restauración conservadora, sin violar la ética de la atención a los alumnos, constituye el problema más difícil de solucionar.

Otro elemento clave de los ejemplos descritos antes es el intento de crear una situación que reconozca la relación interactiva entre la teoría y la práctica. Rechazando la perspectiva instrumental acerca de que la teoría es algo creado sólo fuera del aula por los investigadores académicos y que la práctica es algo que sólo abrazan los profesores de las escuelas primarias y secundarias, estos proyectos han tratado de establecer las interrelaciones entre pensamiento y acción, en los campos universitarios y escolar y entre ellos[27]. Como consecuencia de la adopción de esta perspectiva y además de la típica atención a los pensamientos de los educadores universitarios y a las acciones de los profesores de primaria y secundaria, estos proyectos reflejan la preocupación por la pedagogía y las relaciones sociales en los componentes universitarios de la formación del profesorado y por las "teorías prácticas" de los estudiantes en prácticas y de los docentes. Por ejemplo, cada uno de estos proyectos, tratando de ayudar a los estudiantes de profesorado a elaborar sus "teorías prácticas", han rechazado la perspectiva, dominante desde

---

[26]En BEYER (1988, págs. 219-224), pueden verse dos ejemplos específicos de casos en los que los estudiantes en prácticas se hacen más vulnerables actuando sobre la base de perspectivas a las que llegaron a través de la reflexión crítica.

[27]Véase la exposición que hace FAY (1987) de la diferencia entre la visión educativa y la instrumental de la relación entre la teoría y la práctica para la elaboración de este punto de vista. Véase también CARR y KEMMIS (1986).

el punto de vista histórico, de la eficacia social en la formación del profesorado, según la cual la principal tarea de dicha formación consistiría en descubrir cómo conseguir que los estudiantes "apliquen" los hallazgos de la investigación desarrollada fuera de la escuela.

En cada uno de los proyectos de orientación reconstruccionista social antes descritos, se considera la enseñanza como una forma de investigación y a los profesores como investigadores de su propia práctica, capaces de producir conocimientos legítimos y fiables sobre la enseñanza que pueden contribuir al desarrollo profesional propio y de terceros. El conocimiento sobre la enseñanza y las condiciones sociales de la escolarización generado fuera del contexto docente inmediato ha de valorarse por su contribución al desarrollo de los conocimientos y capacidades de los profesores. Pero no puede aceptarse, como ha ocurrido a menudo en el pasado, que estos conocimientos obtenidos desde fuera puedan establecer una relación última o legal con las acciones de los profesores (WINTER, 1987). El conocimiento sobre la enseñanza reside, en parte, en las acciones de los profesores (SCHÖN, 1983)[28].

En teoría, el *curriculum* de los cursos de formación del profesorado es reflexivo y surge en parte de las experiencias de los alumnos de formación del profesorado. Por ejemplo, las acciones que los estudiantes en prácticas llevan a cabo en las escuelas están informadas, e informan a su vez, por la consideración de los problemas y prácticas en seminarios y cursos que trascienden el contexto docente inmediato. Aquí, la pedagogía es idealmente interactiva, opuesta a la forma más corriente de enseñanza por transmisión que predomina en muchas aulas universitarias. Trata de basarse en las experiencias de los estudiantes, a las que justifica, como elementos que contribuyen a la temática del curso (MAHER y RATHBONE, 1985)[29], procurando integrar las experiencias de los estudiantes en la universidad con las vividas en las escuelas.

> Este objetivo exige que los profesores sitúen el aprendizaje en las culturas de los alumnos, su capacidad de lectura y escritura, sus temas, sus conocimientos actuales, sus aspiraciones, sus vidas cotidianas. El objetivo consiste en integrar los materiales experimentales con los métodos conceptuales y los temas académicos... Sólo una pedagogía contextualizada puede llevar el estudio crítico a examinar las condiciones concretas de la vida, cuyo aprendizaje crítico puede ayudar a recrear. (SHOR, 1987, 1977)

---

[28]Esto no significa que haya que dar valor a cualquier cosa porque lo diga un profesor no universitario y devaluar todo lo que provenga de un docente universitario. Lo importante es que la epistemología de los proyectos reconstruccionistas sociales de formación del profesorado, a diferencia de los proyectos convencionales de formación de docentes, recoge la voz de los profesionales de la escuela y la de los unversitarios.

[29]La descripción de la "enseñanza conectada" que aparece en BELENKY y cols. (1986) constituye un ejemplo de esta pedagogía más interactiva desde una perspectiva feminista. La idea de "enseñanza basada en el diálogo" de FREIRE (1973) es quizá el ejemplo más conocido desde la perspectiva de la teoría crítica. Véase en GORE (1990) una descripción de otros ejemplos que aparecen en la bibliografía de la pedagogía crítica y feminista.

Los proyectos de investigación-acción de la *Deakin University*, en los que el *curriculum* de la asignatura de métodos de enseñanza de las ciencias se basa en el conocimiento generado por las investigaciones de los alumnos sobre proposiciones acerca de la enseñanza de aquéllas, y los estudios etnográficos limitados llevados a cabo por algunos estudiantes de profesorado en la *University of Wisconsin* sobre cuestiones tratadas en los seminarios de la universidad constituyen dos ejemplos de esta tendencia a desarrollar las relaciones entre las perspectivas del alumno y del profesor y entre las experiencias vividas en la universidad y las desarrolladas en el trabajo de campo.

Es importante reconocer que el ideal de la enseñanza y el "diálogo" interactivos que se persigue en los proyectos reconstruccionistas de formación del profesorado es una hipersimplificación de una realidad mucho más compleja. En la práctica, no es posible la igualdad de poder entre los formadores de profesores y sus alumnos, ni tiene por qué establecerse un ambiente de aprendizaje que conecte con las perspectivas de los estudiantes de formación del profesorado, las valore y se funda en ellas.

> En su sentido convencional, el diálogo es imposible en la cultura en general porque, en este momento histórico, las relaciones de poder entre estudiantes y profesores, marcadas por la raza, la clase social y el género, son injustas. La injusticia de estas relaciones y el modo en que estas injusticias deforman la comunicación no pueden superarse en un aula, con independencia del compromiso de los estudiantes y del profesor para "superar las condiciones que perpetúan el sufrimiento." (ELLSWORTH, 1989, pág. 316)

El tercer elemento clave de las reformas de orientación reconstruccionista social consiste en la creencia de que las estructuras del conocimiento y de la escuela son, en parte, entidades socialmente construidas e históricamente fijadas, configuradas por la sociedad en la que existen, sobre la que influyen, a su vez, ayudando a mantener determinados aspectos de la misma. Una consecuencia de este reconocimiento de la inevitable parcialidad e interrelación entre el conocimiento curricular y las estructuras escolares es el interés por ayudar a los estudiantes de profesorado a analizar las relaciones entre lo que experimentan en la realidad inmediata del aula y los contextos institucional y social general en los que está inmersa dicha realidad.

Un ejemplo de ello se manifiesta en la importancia que los proyectos descritos conceden a la ayuda que pueda prestarse a los estudiantes para que examinen las condiciones de la escuela y de la comunidad local que facilitan y obstaculizan la realización de sus objetivos. La reflexión sobre la enseñanza, en esta perspectiva, se dirige a la vez hacia el pensamiento y la actuación de los profesores y hacia las situaciones en las que ellos se encuentran (KEMMIS, 1985). Se insiste a los alumnos de profesorado que consideren el *curriculum* y las estructuras escolares como selecciones regidas por valores de un universo mayor de posibilidades y que imaginen las posibilidades que escapan de su campo inmediato de visión.

El cuarto elemento de los proyectos reconstruccionistas de formación del profesorado consiste en la atención dedicada a las formas cooperativas de aprendizaje, tanto en las asignaturas cursadas en la universidad como en las experiencias que se desarrollan en las escuelas. Aquí, los formadores de profesores tratan de crear "comunidades de aprendizaje" en las que alumnos y formadores pueden apoyar y mantener el crecimiento de los demás. Los proyectos de investigación-acción cooperativa de la *Deakin University*, del *Oxford Polytechnic* y de la *University of Wisconsin-Madison*, la utilización de estrategias de aprendizaje cooperativo en las clases del *Oxford Polytechnic* y el empleo de la supervisión entre compañeros de los alumnos de profesorado de la *University of Wisconsin-Madison* constituyen ejemplos de esta tentativa de incluir el aprendizaje cooperativo en los cursos de formación de profesores[30].

Este compromiso con las formas cooperativas de aprendizaje apoya el intento de crear una pedagogía más interactiva en las aulas de formación del profesorado y el deseo de los formadores de docentes de conjugar el dominio de la razón con el de los sentimientos y emociones. El establecimiento de ambientes de aprendizaje cooperativo hace más probable que los esfuerzos para ayudar a los estudiantes para que desarrollen la capacidad de razonar sobre su práctica docente y justificarla, utilizando los criterios de justicia y equidad, no vayan en detrimento de su calidad de profesores afectivos y cariñosos. Al garantizar que las formas de aprendizaje cooperativo tengan una presencia de peso en el *curriculum,* los formadores de profesores mantienen un compromiso doble con una ética que otorga gran valor a la justicia y la equidad, por una parte, y a la afectividad y la compasión, por otra. KING y LADSON-BILLINGS (1990) afirman que la experiencia del grupo en el aprendizaje cooperativo ayuda a los estudiantes a reexperimentar de forma consciente su propia subjetividad cuando reconocen en sus compañeros visiones y experiencias semejantes y diferentes[31].

El deseo de ayudar a los futuros profesores a desarrollar disposiciones y destrezas de colaboración tiene también un valor estratégico importante cuando consideramos el potencial de transformación de las estructuras sociales e institucionales que impiden que los profesores cumplan sus misiones educativas[32]. En concreto, se aprecia que el refuerzo de los pro-

---

[30]Véase también en COMEAUX (1991) una descripción de un intento de incluir el aprendizaje cooperativo en un curso de fundamentos de la educación del *Gustavus Adolphus College* de Minnesota.

[31]Véanse, en SIKES y TROYNA (1990), diversos ejemplos concretos de estudiantes en prácticas que adquieren visiones nuevas de problemas (por ejemplo, que las escuelas están estratificadas, hasta cierto punto, de acuerdo con la composición por clases sociales de las comunidades de su alrededor) durante su participación en ejercicios cooperativos de campo de su programa de formación inicial de profesorado de la *University of Warwick,* en el Reino Unido.

[32]Esta misión educativa no se considera cumplida salvo que la práctica pueda caracterizarse de acuerdo con determinadas normas específicas de justicia (por ejemplo, la igual posibilidad de acceso al conocimiento) y atención a las personas (por ejemplo, el mantenimiento de la fidelidad a los alumnos).

fesores individuales, *en cuanto individuos,* es inadecuado y que el potencial para el cambio institucional y social es grande si los futuros profesores se dan cuenta de que sus situaciones individuales están ligadas a las de sus colegas, y si desarrollan las capacidades necesarias para trabajar con estos compañeros y con otras personas, como los padres y los activistas de la comunidad, para efectuar los cambios necesarios tanto en el aula como en las escuelas y en la sociedad.

> Tanto por razones pedagógicas como políticas, es importante que los estudiantes participen en proyectos en colaboración, compartiendo ideas cuando convenga y aprendiendo de los demás miembros del grupo nuevas posibilidades... Si puede establecerse con rapidez una identidad comunitaria en el programa, puede extenderse a través de cursos posteriores y en las prácticas. El proceso de formar tal identidad comunitaria constituye un aspecto importante de la evolución de la enseñanza como una praxis reforzante, creativa y crítica, en la que sea significativa la virtud de la preocupación por el otro. (BEYER, 1988, pág. 192)

Otro elemento crítico de la formación del profesorado de orientación reconstruccionista social consiste en los esfuerzos para garantizar que el contenido curricular de la formación del profesorado refleje las perspectivas de diversas tradiciones y disciplinas intelectuales y de grupos que, por regla general, no suelen estar bien representados en el *curriculum* de la escuela ni de la universidad. Como ejemplos de este elemento, podemos citar: los esfuerzos de Lanny BEYER en los *colleges Knox* y *Cornell* para ampliar los fundamentos de la educación trascendiendo la atención exclusiva que se prestaba a la psicología de la educación; la inclusión de cuestiones relacionadas con el género en el *curriculum* de *Lewis and Clark* por TETREAULT y BRAUNGER; el trabajo de Dan LISTON en la *Washington University,* pidiendo a los alumnos que examinaran los problemas y las prácticas desde las perspectivas conservadora, progresista y radical, y el trabajo de Sue ADLER y Jesse GOODMAN en sus clases de métodos en ciencias sociales, incluyendo la idea de "historia social", en la que se estudiase la vida y la historia de personas diferentes de los varones blancos, héroes militares, dirigentes políticos y líderes industriales. Otro ejemplo de esta atención prestada a las perspectivas no bien representadas en el *curriculum* de formación del profesorado consiste en la inclusión de los escritos de profesores en activo entre las lecturas recomendadas en los seminarios de alumnos en prácticas en la *University of Wisconsin-Madison*[33].

---

[33]No hace mucho, varias universidades, como la *University of Wisconsin-Madison* y la *University of California-Berkeley,* han incluido el requisito de los "estudios étnicos" en su *curriculum* de enseñanza general, tratando de garantizar que todos los alumnos adquieran algunos conocimientos de perspectivas que no suelen estar bien representadas en los *curricula.* En Wisconsin, el departamento de educación del Estado ha exigido también que los futuros profesores cursen una asignatura sobre historia no occidental o sobre la cultura contemporánea y que los formadores de profesores incluyan contenidos relativos a los tratados de derechos de los indígenas norteamericanos en el *curriculum* de formación del profesorado. Asimismo,
(Continúa en la página siguiente)

No obstante, la inclusión de estas voces olvidadas en el *curriculum* de la formación del profesorado supone mucho más que la mera adición de contenidos sobre la mujer, los latinos y los indígenas norteamericanos, por ejemplo, a lo ya existente para proporcionar un enfoque más "equilibrado". Como indican MAHER y RATHBONE (1986), una vez incluidas en el *curriculum* diversas perspectivas hasta entonces excluidas, se cuestionan las generalizaciones que orientan determinados campos de estudio, haciéndose necesario un replanteamiento fundamental del *curriculum*.

Una característica última de los proyectos reconstruccionistas sociales de formación del profesorado —que subyace a las demás características— consiste en el reconocimiento del carácter fundamentalmente político de la enseñanza y de la formación del profesorado y la importancia que se otorga deliberadamente a los cursos y a la supervisión de las experiencias de campo en cuestiones y prácticas que pongan de manifiesto factores de injusticia y desigualdad para someterlos a examen[34]. Los formadores de profesores de orientación reconstruccionista social sostienen la convicción de que la enseñanza y la formación del profesorado pueden contribuir, junto con otros proyectos educativos y políticos, a la creación de una sociedad más justa y acogedora. Aunque no creemos que los proyectos educativos puedan transformar por sí mismos el orden social, los formadores de profesores de orientación reconstruccionista social reconocen que sus propias acciones y las de los docentes están relacionadas en gran medida con la creación de una situación en la que *todos* los niños puedan aspirar a una vida decente y remuneradora.

Este compromiso para someter las realidades políticas de la escolarización a un análisis más cuidadoso supone ocuparse de cuestiones como el carácter sexuado de la enseñanza y del trabajo de los profesores, las relaciones entre raza y clase social, por una parte, y el acceso al conocimiento escolar y al aprovechamiento en la escuela, por otra, y la influencia de intereses externos en los procesos de elaboración del *curriculum*, a medida que aparecen en las prácticas de los estudiantes de profesorado. Por ejemplo, en el programa de prácticas de alumnos de profesorado de Wisconsin, es muy corriente que las situaciones del aula de los alumnos reflejen las mismas disparidades de clase social en el *curriculum* y en las relaciones entre profesor y alumno que ANYON (1980) encontró en sus investigaciones sobre la enseñanza de ciencias sociales. Cuando éstas y otras cuestiones surgen en las prácticas de enseñanza de los estudiantes y en las condiciones sociales de su ense-

---

(viene de la página anterior)
en Wisconsin, el profesorado de la *University of Wisconsin-Madison* ha decidido hace poco añadir créditos teóricos a la asignatura de enseñanza general que cursan los estudiantes de enseñanza elemental y a las asignaturas complementarias que hagan hincapié en las perspectivas de los grupos menos representados.

[34]Hay pruebas recientes que indican que este aspecto no suele tratarse en la actualidad en los programas de formación del profesorado en los Estados Unidos. Véanse GRANT y SECADA (1990) y SADKER y SADKER (1985).

ñanza, los formadores de profesores de Wisconsin centran la atención de sus alumnos sobre estos temas.

Este esfuerzo deliberado para llamar la atención sobre cuestiones relevantes que ponen de manifiesto las diferencias entre géneros, clases sociales, razas y otras en relación con el *curriculum,* la enseñanza y la estructura y organización de la escuela es fundamental para este enfoque. Gran parte del léxico utilizado en la tradición reconstruccionista social —como "reflexivo", "cooperativo", "dialógico" e incluso "crítico"— se ha utilizado también al servicio de otras tradiciones de reforma. Estamos de acuerdo con CALDERHEAD (1989), que observa que nos hallamos en un momento en el que todo el conjunto de creencias de la comunidad de formación del profesorado sobre la enseñanza, el aprendizaje, el sistema escolar y el orden social se han incorporado al discurso sobre la práctica reflexiva en la enseñanza y la formación del profesorado[35].

Estamos convencidos de que, a menos que los formadores de profesores comiencen a dialogar a propósito sobre las dimensiones éticas de las cuestiones y prácticas que surgen del trabajo de los estudiantes en las escuelas, muchos casos de discutible valor ético pasarán desapercibidos o no serán estudiados por los alumnos con un mínimo de seriedad[36]. Este interés deliberado por el dominio crítico de la reflexión, que permite la justificación de la práctica y reconoce el contexto social general, no significa que los dominios de reflexión técnica y práctica carezcan de importancia, sino que la consideración de los problemas de acuerdo con criterios técnicos, como la eficacia, debe extenderse hasta las deliberaciones que contemplen también su valor educativo y categoría moral.

Por ejemplo, los estudiantes de profesorado de la *University of Wisconsin-Madison* tienen que hacer frente con bastante regularidad al problema de la desproporcionada cantidad de alumnos de color asignada a los niveles inferiores de los programas escolares y su inclusión en categorías de recuperación del tipo de "mal dotado para el aprendizaje". En la zona local (Madison), los alumnos de color ostentan también una tasa de suspensos superior a la media, así como una tasa de graduaciones inferior al promedio. Esta situación es muy corriente en todos los Estados Unidos (OAKES, 1985).

---

[35]Existen grandes diferencias, por ejemplo, entre las propuestas de reflexión de orientación académica, como la de SHULMAN (1987); las desarrollistas, como la de DUCKWORTH (1987); las orientadas en el sentido de la eficacia social, como la de BERLINER (1985), y las propuestas reconstruccionistas, como la de BEYER (1988). Cada una de estas líneas de trabajo dirige las reflexiones de los profesores hacia determinados aspectos de la práctica docente (por ejemplo, hacia las representaciones de la materia, al pensamiento de los niños, al contexto social o a determinadas estrategias docentes sugeridas por la investigación sobre la enseñanza). Cada una de estas visiones de la práctica reflexiva establece ciertas prioridades respecto a la enseñanza y la sociedad que surgen de una determinada filosofía educativa y social. Dadas estas distintas orientaciones de la práctica reflexiva en la formación del profesorado, el término "reflexión" queda casi vacío de significado, si carece de otras determinaciones.

[36]En ZEICHNER (1990b) pueden verse ejemplos de esta postura de dejar de lado las cuestiones problemáticas, desde el punto de vista ético, en las reuniones de supervisión.

En un proyecto de formación de profesorado de orientación reconstruccionista social, estos así llamados "hechos" del contexto de trabajo de los alumnos en prácticas que ponen de manifiesto las diferencias raciales y de clase social se elevarían a la categoría de problema, sometiéndose a examen como parte del proceso de reflexión sobre la enseñanza. Estas cuestiones y otras semejantes suelen dejarse como telón de fondo en las deliberaciones de los alumnos de profesorado[37]. Los proyectos de formación de profesorado de orientación reconstruccionista social ponen en primer plano estos tipos de problemas y los utilizan para estimular el estudio de posibilidades alternativas que puedan paliar los efectos dolorosos de estas prácticas.

Por suerte, el examen de las condiciones concretas de la escuela que pueden relacionarse con las desigualdades entre los alumnos a causa de su género, raza, clase social u otras características se va haciendo más habitual en las escuelas públicas. Por ejemplo, en Madison, una comisión nombrada recientemente por el consejo escolar elaboró un informe exhaustivo que reclama cambios fundamentales en las prácticas escolares de todo el distrito (por ejemplo, prácticas de agrupación, de enseñanza, pautas de relaciones entre escuela y hogar) para paliar las desigualdades raciales presentes en el distrito (*Madison Metropolitan School District*, 1989). En Milwaukee, el grupo de profesores que publica *Rethinking Schools* ha promovido en gran medida el diálogo y el debate en el distrito sobre determinados factores contextuales como los tests normalizados, los libros básicos de lectura y los sistemas de dirección de la conducta, como el de "disciplina asertiva".

---

[37]Uno de nosotros (ZEICHNER) tuvo no hace mucho una experiencia en la que participó con otros tres formadores de profesores a quienes se pidió que reaccionaran en una reunión de éstos ante las transcripciones de tres entrevistas de supervisión. El interés de este ejercicio consistía en lo que los supervisores decían a los profesores principiantes y a los alumnos en prácticas. En uno de los tres casos aparecían comentarios muy preocupantes respecto a un grupo de octavo grado, compuesto en su mayoría por alumnos latinos, a los que daba clase de recuperación de inglés un profesor principiante. En esta entrevista, el supervisor promovió y reforzó activamente la orientación del déficit respecto a los orígenes y familias de los alumnos, expresando unas expectativas muy limitadas en relación con lo que podría conseguirse. Por ejemplo, en varios momentos, el supervisor le dijo al profesor principiante cosas de este estilo: "No creo que debas esperar mucho de un grupo como éste", y "en casa, siempre habrá alguien pegándoles gritos". El supervisor reforzó también los comentarios del profesor acerca de que los padres de estos alumnos latinos eran analfabetos, aunque es probable que este presunto analfabetismo se limitara en algunos casos al inglés. En esta entrevista, el principal problema consistía en encontrar el modo de mantener al grupo ocupado y contento. Esta visión de los niños y de sus familias relacionada con un déficit, según la que no había que hacer esfuerzo alguno para tratar de adaptar la escuela a la cultura propia de los estudiantes, es muy cuestionable, teniendo en cuenta cualquier norma moral y ética razonable (véase un análisis más completo de este caso en ZEICHNER, 1990b).

Se pidió a los cuatro formadores de profesores que hicieran un comentario sobre el análisis de los tres casos, de quince minutos de duración. Lo verdaderamente asombroso de esta experiencia es que ninguno de los formadores de profesores, con la excepción de ZEICHNER, *mencionó siquiera* las cuestiones de equidad implicadas en el caso. Una razón que explica que los estudiantes de los programas de formación del profesorado de los Estados Unidos dejen con tanta frecuencia al margen las cuestiones de justicia social es que sus formadores así lo hacen.

Estos profesores han facilitado también un rico conjunto de recursos e ideas sobre prácticas alternativas que tratan de superar las desigualdades por razones de género, raza, etnia o clase social que impiden a muchos estudiantes de Milwaukee recibir una educación equitativa y eficaz. Por último, BASTIAN y cols. (1985) proporcionan gran cantidad de informaciones útiles sobre grupos ciudadanos a favor de la escolarización democrática por todos los Estados Unidos que combaten los mismos problemas. Además de las fuentes académicas más convencionales, los proyectos reconstruccionistas sociales de formación del profesorado, en teoría, se fundamentan en gran medida en estos movimientos de base para llevar a cabo la reforma reconstruccionista social, porque, como expondremos en el capítulo siguiente, una de las tareas más importantes para quienes se encuentran en esta tradición consiste en ayudar a sus alumnos a establecer contactos con las fuerzas progresistas y reconstruccionistas que ya funcionan en las escuelas.

El éxito de los proyectos reconstruccionistas sociales de formación del profesorado

Hemos de tener mucho cuidado para no mostrarnos triunfalistas con los resultados de los proyectos reconstruccionistas sociales de formación del profesorado en el pasado ni con los que probablemente se cumplan en el futuro. Los proyectos educativos, con independencia de lo bien que se hayan concebido y desarrollado, pueden, en el mejor de los casos, desempeñar un papel complementario en la transformación de las estructuras sociales injustas e inhumanas. En último extremo, estas acciones en el campo educativo han de unirse a las de activistas políticos en otras esferas de la sociedad, como salud, infancia, vivienda, acciones de afirmación, medio ambiente, política de producción y distribución de alimentos, etc. Como dice Ira SHOR (1987, pág. 190): "las aulas individuales no pueden cambiar un sistema social desigual; sólo los movimientos políticos pueden transformar la desigualdad." Los formadores de profesores reconstruccionistas sociales deben abandonar su situación normal de neutralidad política en el campo académico y poner de manifiesto sus conexiones con proyectos políticos más generales de los que su propio trabajo educativo forma parte.

Todos los formadores de profesores relacionados con los proyectos expuestos en este capítulo se han referido a las distintas dificultades que han encontrado para poner en práctica sus reformas. Ninguno de los participantes en este conjunto de proyectos ha pretendido en ningún momento que el trabajo que se llevaba a cabo no fuese extremadamente complejo y difícil. Entre estas dificultades hay que señalar el rechazo de los estudiantes de las oportunidades puestas a su disposición en un proyecto para participar en análisis críticos, y los fracasos a la hora de desarrollar un proyecto de forma coherente con las intenciones de los formadores de profesores. Un caso de contradicción entre los contenidos del curso y la pedagogía del mismo está constituido por la situación mencionada en relación con *Lewis and Clark*. Allí, en un seminario para profesores tutores y a pesar del contenido emancipador del curso, los formadores universitarios de profesores no consiguieron situar su enseñanza en conexión con las preocupaciones y realidades de los docentes. Otro caso de esta diferencia entre las aspiraciones reconstruccionistas y la realidad de sus programas de formación de profesorado[38] es el de la *Deakin University*. La presentación detallada de las tareas a los estudiantes y el sistema de evaluación competitiva utilizado en todas las instituciones australianas[39] provocaron el fracaso del intento de los profesores universitarios de promover entre los alumnos una perspectiva crítica o politizada en relación con su práctica y con el contexto social de la misma.

> El requisito de las tareas, aunque justificado por el interés de llamar la atención sobre la relación entre comprensión, contextualización y práctica, fue considerado (por los alumnos) como indicativo de una directriz impuesta, contraria a la proclamada sensibilidad de la investigación participativa. Aunque abrazamos el paradigma de la independencia profesional en forma de investigación participante, los detalles de los requisitos de la tarea, unidos a la evaluación competitiva del curso, se convirtieron en indicios del paradigma convencional de competencia técnica. (ROBOTTOM, 1988, pág. 112).

Otro aspecto que ha provocado dificultades en estos proyectos ha sido la tensión entre escuelas y universidades. Estas tensiones se agudizan por la presencia de un programa de formación del profesorado que adopta explícitamente una postura crítica, cuando no de oposición, ante gran parte de lo que parece natural en el *status quo* de las escuelas y de la sociedad. Aunque todos estos proyectos han adoptado la postura de tratar de preparar profesores que puedan trabajar de manera satisfactoria en el actual sistema educativo con el fin de modificarlo (y han procurado establecer alianzas con docentes, administradores y padres que también pretenden cambiar algunas de las condiciones que en el *curriculum* de formación del profesorado se han considerado problemáticas) no ha sido posible soslayar las tensiones y conflictos suscitados al poner en duda lo que se daba por sentado. Lanny BEYER describe con toda claridad la "profunda antipatía" que surgió entre la perspectiva básica orientada en sentido crítico, incluida en los principios

---

[38]Esta distancia entre la retórica y la realidad de los programas de formación del profesorado es una consecuencia inevitable de la complejidad e incertidumbre inherentes a los asuntos humanos (TABACHNICK, 1981). En estos tiempos de ascenso de los empresarios educativos que han comercializado con éxito "soluciones" para las escuelas y universidades en forma de programas curriculares prefabricados, la gestión de la conducta basada en la competencia y los sistemas de evaluación del profesorado, resulta especialmente importante tener presente este hecho.

[39]En Australia, los profesores son contratados por las administraciones educativas de los estados y no por los distritos escolares locales. En el estado de Victoria, por ejemplo, en donde está situada la *Deakin University,* todos los graduados en las instituciones de formación del profesorado del Estado reciben, al graduarse, una puntuación numérica basada en las calificaciones obtenidas en el programa de formación del profesorado. Los puestos docentes se adjudican a los candidatos según el número de orden que tengan en esta lista. Es fácil comprobar cómo esta situación externa puede debilitar los intentos que los formadores de profesores de instituciones como *Deakin* hacen para implantar formas cooperativas de aprendizaje.

© Ediciones Morata, S.L.

fundamentales de los programas de formación de profesores de primaria en los *colleges* Knox y *Cornell* y los contextos de trabajo de sus alumnos de profesorado. Las presiones ejercidas sobre los estudiantes en estas escuelas concretas, dominadas por prácticas no profesionales y patriarcales, hicieron difícil a los formadores de profesores crear la necesaria distancia respecto de estas prácticas de manera que fuese posible el análisis y la crítica. Por ejemplo, los alumnos de estos programas se sienten a menudo obligados a implementar *curricula* preelaborados en sus clases prácticas de forma mecánica y rutinaria a pesar de que, en algunos casos, desearían desempeñar un papel activo en la configuración del *curriculum* del aula. Estas presiones hacen difícil que estos alumnos, así como quienes estaban contentos con la situación de sus clases, imaginen o implementen alternativas a lo que han vivido en sus prácticas porque su "éxito" (tal como se medía en las evaluaciones de la enseñanza, por ejemplo) dependía de que hiciesen bien muchas cosas que, según el *curriculum* de su programa de formación deberían considerarse problemáticas.

Las escuelas primarias y secundarias en las que se desarrollan las experiencias de formación clínica de profesores no son los únicos lugares en los que aflora la oposición a la formación del profesorado de orientación reconstruccionista social. Por ejemplo, en un artículo anterior sobre el programa de prácticas de Wisconsin, describimos una situación corriente en muchas instituciones de los Estados Unidos en donde las normas académicas y el sistema de recompensas y promociones contrarrestaba los esfuerzos de los formadores de profesores para desarrollar un programa coherente durante un período de formación profesional de dos años (ZEICHNER y LISTON, 1987). Esta coherencia es aún más difícil de imaginar si consideramos la totalidad del *curriculum* de formación del profesorado y la intención, de algunos profesores universitarios de facultades distintas de la de educación, de acabar con la formación del profesorado. En el próximo y último capítulo estudiaremos con mayor profundidad estos problemas, que nacen de la categoría marginal de la formación del profesorado en la universidad.

Aparte de éstas y otras dificultades manifestadas por quienes han tratado de implementar proyectos reconstruccionistas sociales en los programas de formación del profesorado, también hay informes de otros muchos casos en los que los formadores de docentes han tenido éxito a la hora de ayudar a sus alumnos a examinar su enseñanza y las condiciones sociales de la escolarización del modo que hemos indicado. Todos estos proyectos han presentado, al menos, algunos casos en los que las acciones o expresiones de los alumnos revelan una ruptura con la aceptación irreflexiva de las perspectivas preponderantes respecto a la escolarización y la sociedad (GREENE, 1973), la adquisición de confianza y capacidad de los estudiantes para hacer sus propios juicios sobre su enseñanza, y la adopción, por parte de los estudiantes, de un sano escepticismo respecto a las proposiciones y prescripciones educativas procedentes de otros. A pesar de esta documentación relativa a la maduración de los alumnos de profesorado durante su participación en proyectos reconstruccionistas sociales de formación de profesores, no es evidente que los éxitos de los que se informa puedan atribuirse a la participación en tales proyectos. En algunos casos de éxitos documentados en la bibliografía, por ejemplo, hay muchas posibilidades de que los estudiantes adoptasen perspectivas críticas, desde el punto de vista social, antes de su ingreso en el proyecto (véase ZEICHNER, 1987). Hay muchas cosas que desconocemos respecto a la influencia de estos esfuerzos de reforma.

Un modo de hacer frente a esta situación consiste en tratar el proyecto mismo de formación del profesorado como un tipo de investigación o de acción estratégica abierta a continua revisión y crítica. En un reciente informe de investigación-acción en el programa de prácticas docentes de Wisconsin (LISTON y ZEICHNER, 1989) y en otro informe anterior del mismo programa (ZEICHNER y LISTON 1987), describimos los esfuerzos realizados durante la última década para desarrollar investigaciones sobre diversos aspectos del programa de formación del profesorado. Aparte de las informaciones fundamentales que obtuvimos sobre la influencia de nuestros esfuerzos en nosotros mismos y en nuestros alumnos (que nos impulsan continuamente a revisar nuestra práctica), esta investigación llevada a cabo por los formadores de profesores sobre sus propias prácticas transmite un mensaje importante a los alumnos de profesorado sobre el valor de las disposiciones, conocimientos y destrezas que se citan de forma reiterada en el *curriculum* formal del programa de formación del profesorado. Por ejemplo, si los alumnos pueden contemplar a sus tutores y a los supervisores de la universidad ocupados en el análisis de su propia enseñanza y de las condiciones sociales de la enseñanza y de la formación del profesorado (utilizando algunas de las mismas estrategias que se pide a los estudiantes que utilicen), es más probable que éstos se sientan estimulados a analizar sus propias situaciones[40].

Nos parece ciertamente improbable que un proyecto reconstruccionista social de formación del profesorado pueda tener mucho éxito sin este esfuerzo para demostrar la postura crítica y afectiva que pretende adopten sus alumnos. Consideraremos a continuación con mucho más detalle en qué medida creemos es posible realizar el plan reconstruccionista social de formación del profesorado en estos tiempos de restauración conservadora (SHOR, 1987) y las estrategias que nos parecen necesarias, en diversos niveles, para avanzar más allá de lo que, con sentido realista, es posible en el momento actual.

---

[40]Una práctica corriente en la actualidad de los supervisores de la universidad que trabajan en el programa de prácticas docentes de Wisconsin consiste en desarrollar la investigación-acción en sus prácticas de supervisión. Ken ZEICHNER favorece este tipo de actuación en el curso de supervisión de nivel de posgrado que realiza la mayoría de los supervisores universitarios del programa (véase LISTON y ZEICHNER, 1989).

CAPÍTULO VII

El plan reconstruccionista social en la formación del profesorado

Nos ocuparemos ahora de lo que, con sentido realista, podemos esperar conseguir del plan reconstruccionista social de formación del profesorado en esta época de restauración conservadora en los Estados Unidos. Aunque estamos de acuerdo con las advertencias de APPLE (1986) en contra de un optimismo superficial, tenemos también razones para esperar conseguir objetivos importantes, al menos con ciertas condiciones. Primero: dadas las orientaciones políticas de la mayoría de los formadores de profesores de las 1.200 instituciones, más o menos, de formación del profesorado en los Estados Unidos (LANIER, 1986) y el continuado predominio de las tradiciones académica y de eficacia social de reforma en este campo (CLARK y McNERGNEY, 1990), es poco probable que el plan reconstruccionista social llegue a ser una fuerza dominante en la formación del profesorado en los Estados Unidos en un futuro previsible, aun en el mejor de los casos. Aunque es importante seguir imaginando posibilidades más allá de lo que podemos conseguir en sentido realista[1], y tratar de llevar los límites más allá de lo obtenido en las presentes circunstancias, es también esencial que el discurso reconstruccionista social empiece a tener más en cuenta la cultura y las condiciones sociales de la formación del profesorado. Gran parte de la actual retórica reconstruccionista sobre dicha formación refleja cierta insensibilidad frente a las realidades culturales y políticas de este campo en los

---

[1]Las propuestas de GIROUX y McLAREN (1987) para construir la formación del profesorado como política cultural y las de SHOR (1987) para una formación igualitaria del profesorado constituyen ejemplos del tipo de trabajo que conviene para llevar nuestra visión más allá de nuestros límites actuales. Aunque ambos programas de formación de profesores consideran y tienen en cuenta la restauración conservadora vigente en la sociedad en general, ninguno de los dos se enfrenta de manera significativa con las realidades de la formación del profesorado en los Estados Unidos de hoy día, con sus estudiantes, profesores, su categoría marginal en la universidad y con su susceptibilidad frente al control estatal.

Estados Unidos. Asimismo, a pesar de la importancia que los estudios reconstruccionistas otorgan a cuestiones como la enseñanza basada en el diálogo, la comunicación intercultural y la pedagogía contextualizada, hay muy pocas pruebas de que muchos de los reformadores hayan hecho suyas estas ideas en su modo de manifestar sus propios argumentos respecto a la formación del profesorado[2]. Una consecuencia de esta insensibilidad y la evidencia del fracaso de los estudiosos reconstruccionistas de la formación del profesorado para llevar a la práctica en su propia enseñanza las pedagogías que proponen para otros, consiste en que sus argumentos siguen siendo ignorados por la corriente principal de formadores de profesores de los Estados Unidos o los han puesto al servicio de otros intereses al elegir expresiones del léxico democrático, como "enseñanza reflexiva" y "pedagogía crítica"[3].

Si no es posible aprender de éstos y de otros errores de estrategia del pasado y comenzamos a convertirnos en una fuerza más activa a favor del cambio en nuestro campo (en vez de observarlo desde fuera y decir a los demás lo que deben hacer), al tiempo que actuamos con mayor fuerza para combatir las condiciones contextuales de la formación del profesorado que impiden la realización de nuestras aspiraciones democráticas, tendremos razones para un auténtico optimismo. El ingrediente esencial para el establecimiento de un plan reconstruccionista social como fuerza más activa a favor del cambio de la formación del profesorado de los Estados Unidos es la participación e implicación de los formadores de docentes en distintos campos interrelacionados. Los formadores reconstruccionistas sociales de profesores deben: 1) participar directamente en un programa de formación de profesorado con cierta capacidad de acción (por ejemplo, como profesores o administradores); 2) participar en actividades políticas en los centros universitarios; 3) apoyar activamente los esfuerzos que se lleven a cabo en las escuelas públicas para crear ambientes de trabajo y aprendizaje más democráticos; 4) participar en actividades políticas en las asociaciones profesionales y en relación con los organismos educativos estatales, y 5) trabajar a favor de los cambios democráticos orientados a lograr una mayor justicia social en otras áreas sociales y políticas.

Tras una exposición de cada uno de estos campos de acción, evaluaremos las relaciones entre los actuales impulsos reconstruccionistas sociales a favor del cambio de la formación del profesorado y los impulsos predominantes en algunos informes de entre los que han sido más divulgados que se orientan hacia la eficacia social y el sentido académico. Estudiaremos después la relación que guardan todas estas tendencias con la mejora de la situación de crisis de desigualdad en nuestras escuelas y en la sociedad: nuestra preocupación inicial. Con ello, pediremos nuevos esfuerzos para

---

[2]Véase en GORE (1990) una exposición de esta visión de la pedagogía en la que el modo de enseñar es inseparable de lo que se enseña y de cómo se aprende.

[3]En ZEICHNER y LISTON (1990) puede verse una exposición acerca de cómo han adoptado la "enseñanza reflexiva" los formadores de profesores de las distintas tradiciones de reforma.

establecer enlaces entre las tradiciones de reforma y para romper el aislamiento ideológico que en la actualidad aqueja a nuestro campo. Aunque es importante articular con claridad y defender con vigor un plan para la reforma democrática educativa y social, no tenemos por qué rechazar a potenciales aliados entre los formadores de profesores cuyas ideas correspondan a otras tradiciones de reforma[4]. Una de las tareas más importantes de las que hemos de ocuparnos consiste en establecer nuevos puentes entre las tradiciones de reforma que puedan ayudar a centrar la atención de cada una en la creación de escuelas más democráticas; debe producirse un cambio respecto a la atención casi exclusiva que en la actualidad se presta a la competencia académica.

Participación directa en la formación del profesorado

A pesar de la importante necesidad de elaboraciones conceptuales que amplíen nuestros limitados horizontes actuales, creemos que, para quienes abrazan elementos de la plataforma reconstruccionista social para la formación del profesorado, es esencial también participar directamente en algún aspecto de la práctica de la formación de los docentes. Esta llamada a la participación directa en la formación del profesorado debe construirse con gran amplitud, de manera que abarque el trabajo docente con los alumnos de formación de profesores, tanto dentro como fuera de las unidades docentes universitarias (por ejemplo, como profesores de un curso de educación o de artes liberales con alumnos de profesorado o como supervisor de prácticas, ya sea dependiente de una escuela o de universidad) o en algún puesto administrativo de un programa de formación del profesorado. Sea cual sea el papel específico que se desempeñe en dicha formación, es fundamental que ese compromiso se mantenga a largo plazo y no sólo durante un tiempo limitado. Dada la dificultad del trabajo que realizar y la probabilidad de que haya que llevarlo a cabo en un plazo largo, no podemos tolerar que quienes participan en él, ante todo para "hacer *curriculum*" aca-

---

[4]Por ejemplo, en los círculos reconstruccionistas, ha sido muy corriente despreciar en general cualquier cosa o persona que pueda asociarse con la tradición de reforma de eficacia social de la formación del profesorado. Esta postura es errónea por dos razones, al menos: 1) los supuestos que se hacen sobre los motivos y sentimientos de los formadores de profesores que patrocinan las reformas orientadas hacia la eficacia social asumen que éstos se despreocupan de la mejora de las situaciones de desigualdad e injusticia que existen en la escolarización y en la sociedad. Aunque puede que algunos de ellos sólo se ocupen de su beneficio personal y se despreocupen del bien social general, es injusto dar por supuesto que esta postura caracteriza a todos aquellos cuyas reformas puedan categorizarse como de eficacia social (véase GAGE, 1989). 2) El rechazo sistemático, el desconocimiento de las propuestas de reforma de la enseñanza y de la formación del profesorado orientadas hacia la eficacia social, o ambas cosas a la vez, impiden utilizar el tremendo potencial de investigaciones como las realizadas sobre las expectativas de los profesores (GOOD, 1987) o la distribución de contenidos (BERLINER, 1984), para ayudar a los estudiantes a que se hagan más sensibles a las injusticias e inhumanidades que existen en la escolarización.

démico, puedan aprovecharse de ello permaneciendo personalmente al margen de las consecuencias de sus propuestas para la preparación de los profesores.

Muchos de quienes hacemos nuestros los objetivos reconstruccionistas sociales para la formación del profesorado debemos ir más allá del mero decir *a otros* lo que deben hacer, y empezar a desarrollar propuestas concretas de programas que sean sensibles a las realidades culturales y sociales de la formación de los docentes. De lo contrario, los estudios de esta tradición seguirán siendo despreciados, como ahora, por muchos de quienes se identifican a sí mismos con la práctica de la formación del profesorado de los Estados Unidos en la actualidad y participan en ella, incluyendo a quienes muestran su simpatía con nuestros objetivos[5]. En la mente de muchos formadores de profesores, esta tradición se asocia con cierto elitismo y arrogancia, asociación que perdurará mientras permanezcamos personalmente al margen de las consecuencias de nuestras propuestas. La formación del profesorado no puede reformarse mirándola desde fuera.

Es más, como señala APPLE (1986), las propuestas reconstruccionistas sociales para la educación en general se han expresado con frecuencia en un lenguaje místico y misterioso, inaccesible para muchos de los que se sitúan en la esfera de la práctica, aparte de un pequeño sector universitario. De nuevo, aunque el trabajo conceptual sin restricción que "interrumpe" las normas vigentes y nos empuja más allá de nuestros actuales horizontes limitados (LATHER, 1989) ocupa un lugar importante, el carácter democrático de gran parte del discurso reconstruccionista actual sobre la formación del profesorado contradice de forma patente la naturaleza de las propuestas de reforma, y hemos de modificarlo, si de verdad pretendemos influir en quienes llevan a cabo la formación del profesorado:

> La manera de dirigirnos a otros que trabajan en la educación y el léxico que utilizamos para describir y criticar las actuaciones de las instituciones educativas crea nuestro público. El léxico que utilizamos incluye una política en sí y de sí mismo... Lleva consigo una visión del lector, un conjunto de relaciones sociales entre autor y lector. Y con demasiada frecuencia esa relación es demasiado elitista. (APPLE, 1986, pág. 199)

Esta desvinculación de los pretendidos reformadores de la formación del profesorado hacia la práctica real del trabajo de dicha formación constituye un problema que no es exclusivo de los reformadores de orientación reconstruccionista social. Como indican SARASON y cols. (1986):

---

[5]Este desprecio de la tradición reconstruccionista de reforma se pone de manifiesto en parte por la ausencia de voces reconstruccionistas en las dos principales asociaciones dedicadas en exclusiva a la formación del profesorado en los Estados Unidos: la *Association of Teacher Educators* (antes *Association of Student Teaching*) y la *American Association of Colleges for Teacher Education* (AACTE). Aunque hay más voces representantes de esta tradición presentes en las reuniones anuales de la *American Educational Research Association*, son relativamente pocos quienes trabajan en la formación del profesorado en los Estados Unidos y pertenecen a la AERA.

Como grupo, los investigadores de la educación no tienen nada que hacer en la preparación de los profesores... en nuestras prestigiosas universidades, quienes reclaman de manera más organizada la elevación del nivel de los programas para la preparación de profesores y la supresión de programas que, según su criterio, no llegan al nivel mínimo, no emplean siquiera una parte de su tiempo en la barahunda de la formación del profesorado. (Pág. XIX)

La participación directa de los reformadores reconstruccionistas en la práctica de la formación del profesorado, con independencia de su manifestación concreta, debe tratar de reflejar las mismas cualidades (por ejemplo, de diálogo y colaboración) que procuramos adopten los alumnos de profesorado como fundamento de su trabajo. La investigación reciente ha dejado muy claro la importante influencia que la pedagogía de la formación del profesorado desempeña en la socialización de los docentes. Algunos llegan aún más lejos, afirmando que ese aspecto que llamamos "*curriculum* oculto" de los programas de formación del profesorado (la forma de actuar con nuestros alumnos y de ellos con los demás) se sitúa en el núcleo central de la socialización del profesor (GINSBURG y CLIFT, 1990)[6]. NODDINGS (1987) expresa muy bien nuestros sentimientos sobre esta cuestión en su exposición de una ética de atención al otro y de la importancia de mantener la fidelidad a las personas en la formación del profesorado:

Es tentador suponer que, si la atención a la persona es fundamental en la enseñanza, debemos luchar para producir profesores atentos, demostrando después, por supuesto, que lo hemos hecho. En consecuencia, nuestro objetivo en toda la educación debe consistir en conseguir personas atentas, morales, pero no podemos cumplir este propósito estableciendo un fin y yendo de cabeza hacia él. Tenemos, en cambio, que enfocar nuestro objetivo viviendo con aquéllos a quienes enseñamos en una comunidad de atención, mediante el ejemplo, el diálogo, la práctica y la confirmación... El mejor modo de garantizar que traten a los niños como queremos que sean tratados consiste en demostrar, en nuestra propia enseñanza, cómo transmiten los docentes su atención. Por tanto, el ejemplo es fundamental en la formación del profesorado. (Págs. 390-391)

La necesidad de coherencia entre la retórica y la pedagogía de los proyectos de formación del profesorado de orientación reconstruccionista social provoca ciertas dificultades para la realización de nuestras aspiraciones democráticas, dadas las características y disposiciones de muchos estudiantes que se matriculan en los programas de formación de profesores y la influencia que estas características ejercen en el proceso de aprendizaje del futuro docente. En primer lugar, la evidencia empírica de los estudios realizados durante la última década demuestra con toda claridad que las perspectivas,

---

[6]GINSBURG y CLIFT (1990) presentan una exposición muy completa del "*curriculum* oculto" de los programas de formación del profesorado. Además de las relaciones entre profesores y estudiantes y entre estos mismos, también revisan cómo determinados sesgos tendenciosos del contenido de los cursos de formación del profesorado influyen en los futuros profesores. Véanse también las descripciones sobre el *curriculum* oculto en la formación del profesorado de BARTHOLOMEW (1976), DALE (1977) y POPKEWITZ (1987b).

concepciones y disposiciones con las que llegan los estudiantes a los programas de formación del profesorado influyen en gran medida en la determinación de lo que los estudiantes aprendan en esos programas[7]. Cuando, en los últimos años, han empezado a acumularse los estudios de casos de estudiantes matriculados en programas de formación del profesorado, hemos visto cada vez más casos de alumnos que interpretan los mensajes de los cursos de formación de profesores de manera que refuercen las perspectivas y disposiciones que tenían cuando ingresaron en el programa (aun cuando esas interpretaciones supongan la deformación de los mensajes que pretendían transmitir los formadores de profesores). En el estudio del caso de Janice, de FEIMAN-NEMSER y BUCHMANN (1986), podemos encontrar un ejemplo sorprendente de este proceso. En este caso, Janice, estudiante matriculada en uno de los programas alternativos de formación de profesores de la *Michigan State University*, interpretó la crítica que planteaba una de las lecturas del curso sobre la distribución desigual del conocimiento según las clases sociales de origen de los alumnos como un argumento a favor de cómo debían ser las cosas. En este caso, el mensaje emancipador de los formadores de profesorado de Janice se malinterpretó por completo.

No debe sorprendernos que las concepciones y expectativas que los alumnos tienen sobre la enseñanza, el aprendizaje, la escolarización, la formación del profesorado y la sociedad cuando se matriculan desempeñen un papel importante en la determinación de lo que aprenden, ni que los estudiantes de profesorado estructuren los significados de forma activa y no sean meros consumidores de conocimientos. Hay gran cantidad de trabajos procedentes de la ciencia cognitiva (REILLY, 1989), de la bibliografía de orientación sociológica sobre la producción y reproducción social y cultural (WEILER, 1988) y de la bibliografía sobre la socialización de los profesores incluso (ZEICHNER y GORE, 1990) que demuestra convincentemente la validez de esta visión interactiva del aprendizaje para enseñar. Cuando tenemos en cuenta las expectativas, creencias y disposiciones con las que muchos estudiantes de profesorado inician sus programas de formación, se plantea un serio dilema para los formadores de profesores reconstruccionistas sociales.

Aparte de la importante cuestión de la competencia intelectual de los alumnos de profesorado (sobre la que existe en la actualidad un amplio desacuerdo[8]), hay un elevado grado de consenso entre los estudiosos de la

---

[7]Esto no significa que estas disposiciones iniciales no puedan modificarse como muestran algunos escenarios de socialización de profesores (véase ZEICHNER y TABACHNICK, 1981).

[8]KERR (1983) resume datos que apoyan la opinión de que, en cuanto grupo, los estudiantes de formación del profesorado son inaceptablemente incompetentes según los criterios académicos tradicionales. LANIER (1986) examina éstos y otros datos similares con una visión crítica y suscita diversas cuestiones sobre el modo de interpretarlos. Aunque no rechaza las conclusiones generales de KERR sobre la poca preparación académica de muchos estudiantes de formación del profesorado, LANIER indica que el gran número de estudiantes de formación del profesorado hace que se noten más que en otros casos los que están peor preparados, desde el punto de vista académico. Este hecho es responsable de gran parte de las generali-
(Continúa en la página siguiente)

formación del profesorado respecto a las orientaciones conformistas, desde el punto de vista político, y al aislamiento cultural de muchos estudiantes de profesorado. A pesar de la presencia de, al menos, algunos "opositores" (LORTIE, 1975) que llegan a los programas de formación de profesores con una postura en algún sentido crítica del *status quo* de la escolarización y de la sociedad, es obvio que la inmensa mayoría de los futuros docentes no ingresan en los programas de formación con una disposición para reestructurar la escolarización y la sociedad de manera que se opongan las estructuras institucionales en las que se desarrolla su trabajo (LANIER, 1986; GINSBURG, 1988). Por otra parte, los estudiantes tampoco se matriculan esperando aprender mucho sobre la enseñanza en su curso universitario (BOOK, BYERS y FREEMAN, 1983).

Un reciente estudio de ámbito nacional sobre la formación del profesorado en los Estados Unidos describe a la mayoría de los estudiantes de profesorado como mujeres blancas, monolingües, procedentes de comunidades rurales (ciudades pequeñas) o suburbanas, que prefieren enseñar en ambientes tradicionales de aula con niños de familias de renta media y de capacidad media (ni superdotados ni minusválidos). Sólo al 15% de este grupo le gustaría enseñar en áreas urbanas en las que fuese más perceptible la diversidad cultural y las desigualdades (ZIMPHER, 1989). Por tanto, los estudiantes de profesorado constituyen un grupo muy homogéneo y orientado hacia el trabajo en escuelas con alumnos muy parecidos a ellos mismos. Como indica ZIMPHER (1989), esta situación contrasta claramente con los perfiles demográficos actuales y futuros, que muestran que nuestras escuelas públicas van a tener cada vez más alumnos de color, procedentes de zonas pobres[9].

Dadas la aparente homogeneidad y las tendencias hacia el conservadurismo político de los estudiantes de profesorado y su deseo deliberado de evitar enseñar en escuelas en las que sean patentes las desigualdades, los formadores de profesores de orientación reconstruccionista social nos enfrentamos con un serio dilema. Si, dada nuestra actual población estudian-

---

(viene de la página anterior)
zaciones excesivas sobre esta cuestión. Se refiere también a la gran variación que existe entre estudiantes de diferentes instituciones. En ZEICHNER (1988a), puede verse también una exposición de algunos aspectos problemáticos de la opinión bastante generalizada de que los estudiantes de formación del profesorado son inferiores, desde el punto de vista intelectual, que los de otros campos.

[9]Un ejemplo de la creciente distancia entre los profesores y sus alumnos es el carácter esencialmente monolingüe del personal docente en una situación en la que crece el número de alumnos con un dominio limitado del inglés (LAFONTAINE, 1988). Las recientes encuestas nacionales sobre la formación del profesorado, patrocinadas por la AACTE pusieron de manifiesto que dos tercios, aproximadamente, de los estudiantes de profesorado sólo hablaban inglés y, del otro tercio, cuyos integrantes decían tener cierto conocimiento de otro idioma, menos del 15% consideraban que utilizaban ese idioma con fluidez (ZIMPHER, 1989). Estos hallazgos no pueden sorprendernos, dado que, en 1988, todavía era posible graduarse en carreras de cuatro años en cerca del 80% de las instituciones de los Estados Unidos sin ninguna asignatura de idioma extranjero (JOHNSTON y cols., 1989). En EUBANKS (1988), puede verse un análisis detallado de las tendencias socioeconómicas del personal docente y de la población estudiantil.

til, tratamos verdaderamente de responder a nuestros alumnos y estructurar el *curriculum* de formación del profesorado desde esa base, es decir, sobre las experiencias y preocupaciones de nuestros alumnos, es difícil que las cuestiones sobre la desigualdad basada en la raza, la clase social, las características étnicas y el género salgan a relucir para su discusión y análisis[10]. Si, por el contrario, tratamos de imponer una perspectiva crítica sobre la escolarización y la sociedad, mediante métodos adecuados para un adoctrinamiento deliberado, tampoco conseguiremos mucho, porque los alumnos tenderán a rechazar los mensajes con derivaciones políticas claras o bien a reestructurar esos mensajes de manera que refuercen sus propias perspectivas iniciales. En muchos casos, esas perspectivas refuerzan implícitamente el *status quo* al no reconocer su carácter político (FEIMAN-NEMSER y BUCHMANN, 1986; GINSBURG, 1988).

Al poner de manifiesto lo que consideramos constituyen las características fundamentales de las prácticas de formación del profesorado de orientación reconstruccionista social en los capítulos anteriores (II, III, IV y VI), tratamos de articular una postura de base intermedia, entre las extremas de adoctrinamiento y de respuesta plena a los alumnos, implícitas en muchos planes actuales de reforma[11]. Hemos presentado un marco para una pedagogía de formación del profesorado que se contextualiza en la realidad de los alumnos y responde a sus preocupaciones pero, al mismo tiempo, los lleva a trascender sus horizontes actuales, considerando perspectivas y problemas de los que no suelen ocuparse[12]. En este marco, los formadores de

[10]En ZEICHNER (1989) y ZEICHNER (1990b) pueden verse dos ejemplos de este abandono de las cuestiones relacionadas con la equidad en la formación del profesorado, tal como suele desarrollarse ésta por regla general. El primer caso expone los métodos de instrucción en el aula que no plantean explícitamente preguntas relacionadas con la distribución diferencial de conocimientos sobre escritura entre los alumnos de enseñanza primaria, según su clase social de origen. En consecuencia, los estudiantes en prácticas adquieren una visión de la enseñanza de la escritura que sirve para reforzar las desigualdades de clase. En el segundo caso, expuesto en el Capítulo VI, un supervisor de un programa alternativo de formación del profesorado refuerza las bajas expectativas ante los alumnos latinos, aceptando la opinión de la deficiencia cultural de los latinos expresada por un profesor principiante. Es probable que las cuestiones relativas a la discriminación por el género padezcan menos este abandono que las relativas a la equidad. Como muestra MCCARTHY (1986), los estudiantes de formación del profesorado de enseñanza primaria, cuya mayoría son mujeres, quizá en parte sean sensibles a la cuestión de la desigualdad de géneros en la enseñanza porque ellos mismos hayan sido víctimas de esa desigualdad.

[11]ELLSWORTH (1989) muestra que aún en situaciones en las que la orientación de los estudiantes está completamente dirigida hacia una postura radical en cuestiones de raza, clase social y género, no es posible una "disposición plena a la respuesta" a causa de las diversas subjetividades de los estudiantes del grupo. En realidad, cuando todos los estudiantes que participan en una situación de aprendizaje están directamente relacionados por sus propias vidas con diversas formas de opresión y dominación, tanto en calidad de opresores como de oprimidos, no es posible siquiera concebir qué pueda significar "disposición plena a responder".

[12]Existen otras formas de pensar respecto al tratamiento de este problema, más allá de las consideraciones de la pedagogía de la formación del profesorado. Un ejemplo de otros cambios necesarios es la modificación de las normas de admisión al programa, de manera

(Continúa en la página siguiente)

profesores deben capacitar a los futuros docentes para que articulen justificaciones susceptibles de defensa de sus acciones educativas, tengan en cuenta los contextos institucionales y sociales más generales de la escolarización y examinen sus propias creencias implícitas sociales, culturales y políticas. Los formadores de profesores deben mantener una dirección deliberada incluyendo ciertos tipos de cuestiones y perspectivas en el *curriculum* de formación del profesorado (por ejemplo, el trabajo de los docentes, las desigualdades en el acceso a los conocimientos por razones de la clase social de procedencia, la raza y el género. Véase el Capítulo IV) e insistiendo en el análisis de las cuestiones que plantean las consecuencias morales y políticas de ciertas prácticas y estructuras institucionales[13]. Aunque no

---

(viene de la página anterior)
que facilite el ingreso de un conjunto de composición diferente de estudiantes de profesorado. En la actualidad, la mayoría de las instituciones (aun teniendo en cuenta las recientes modificaciones estimuladas por el *Holmes Group* y otros esfuerzos reformistas) utiliza sólo los criterios académicos tradicionales para admitir a estudiantes en los programas de formación del profesorado (CLARK y McNERGNEY, 1990). Si, por otra parte, empezamos a tener en cuenta las advertencias de HABERMAN (1987) y otros e introducimos en las normas de admisión de alumnos a los programas criterios que cuenten con elementos de conciencia social (así como de competencia intelectual), podremos modificar la composición del grupo de estudiantes de formación del profesorado en una medida que haría patente la presencia de estudiantes que, desde el principio, están preocupados por las cuestiones de equidad. Dado el enorme tamaño de la formación del profesorado en los Estados Unidos, no podemos esperar, con una visión realista, que estos estudiantes con perspectivas reconstruccionistas sociales lleguen a predominar en nuestros programas, pero creemos que su presencia visible pondría de manifiesto la diferencia (por ejemplo, véase ELLNER y BARNES, 1977).

Otro problema relacionado con éste se refiere a la composición étnica y racial del grupo de estudiantes de profesorado. Una forma de contrarrestar lo que ZIMPHER (1989) ha denominado estrechez cultural de miras del actual grupo de estudiantes consiste en hacer esfuerzos deliberados para que nuestros programas reúnan a estudiantes de distintas culturas y razas. Aunque muchas de las normas actuales de los departamentos estatales de educación, *colleges* y universidades siguen haciendo difícil de lograr esta realidad multicultural (por ejemplo, SMITH, 1987), esta área merece que los formadores de profesores reconstruccionistas sociales le presten gran atención.

[13]También tenemos que ayudar a nuestros mayoritarios alumnos blancos y de clase media a que descubran las muchas formas en que sus vidas y los privilegios de que disfrutan están relacionados con cuestiones de raza, clase social, género y etnia, cómo los beneficios que con frecuencia disfrutan (por ejemplo, en su dieta, guardarropa, lugar de residencia y actividades recreativas) ayudan a menudo a mantener las auténticas opresiones que dicen les molestan. Tienen que ver cómo las injusticias e inhumanidades de la escolarización y de la sociedad no constituyen algo "exterior" que hay que arreglar, sino situado en el mismo centro de su experiencia. Agradecemos a Kathleen DENSMORE el habernos recordado la importante tarea de los formadores de profesores de ayudar a nuestros estudiantes a ver sus propias conexiones personales con las desigualdades existentes en la escolarización y en la sociedad, en cualquier lugar en donde enseñen. A pesar de la categoría relativamente privilegiada de los estudiantes de formación del profesorado, es probable que se encuentren en el extremo que soporte determinadas formas de opresión, como consecuencia, por ejemplo, de ser mujeres en una sociedad dominada por los varones. Una parte importante de la movilización del compromiso de los estudiantes para trabajar a favor de la eliminación de las opresiones consiste en llamar su atención sobre ambos aspectos de sus roles constradictorios.

podemos garantizar que los alumnos adopten las posiciones críticas, desde el punto de vista social, que personalmente preferiríamos, sí podemos aspirar a garantizar que, al menos, sean conscientes de las consecuencias morales de determinadas prácticas y estructuras escolares. Asimismo, podemos tratar de garantizar, como dicen ADLER y GOODMAN (1986), que los alumnos sean conscientes de las prácticas que les parezcan discutibles u objetables y desarrollen las capacidades necesarias para implementar alternativas a las mismas. Como tratamos de señalar antes, una clave del éxito de esta pedagogía consiste en la capacidad de los formadores de profesores para mantener la integración de teoría y práctica, llamando la atención sobre los problemas de equidad y justicia cuando surjan de las experiencias de los alumnos en las escuelas.

Esta tensión entre una orientación hacia la respuesta a los estudiantes y la que tiende al examen detenido de las cuestiones sociales críticas ha estado presente en la tradición reconstruccionista social de reforma de la formación del profesorado a lo largo del siglo XX y, en su forma más general, en las reformas "progresistas" dirigidas a todos los sectores del sistema educativo[14]. Con independencia de nuestras propuestas concretas para resolver esta tensión, debe tenerse en cuenta que también hacemos una advertencia más general respecto a que los reformadores reconstruccionistas sociales de la formación del profesorado no conseguirán nada de importancia trascendental mientras permanezcan como observadores externos de lo que ocurre en el interior. Estamos convencidos de que el distanciamiento actual de la práctica de la formación del profesorado de muchos reformadores pertenecientes a esta tradición es en parte responsable de la falta de sensibilidad cultural de algunas propuestas reconstruccionistas sociales de reforma. Aunque, en sentido realista, no esté en nuestras manos crear una situación en la que los alumnos de profesorado estén, como grupo, en la vanguardia de los esfuerzos para reestructurar la sociedad, podemos hacer progresos importantes en vistas a esa reestructuración si presentamos nuestras propuestas de manera que sean sensibles a las condiciones políticas y estructurales a las que tienen que hacer frente los formadores de profesores en su trabajo cotidiano. La participación directa y la disposición a responder a las demandas culturales no tienen por qué ser sinónimas y, por supuesto, en nada garantizan que nuestras propuestas tengan éxito. Pero parece que la marginación a la que muchos de los que trabajan en este campo someten la perspectiva reconstruccionista social persistirá, a menos que hagamos el esfuerzo de dirigirnos a quienes trabajan en ese campo de manera más adecuada.

---

[14]Cuando hablamos de "progresista", nos referimos a lo que hemos denominado como desarrollista y reconstruccionista social. Esta tensión constituye, por ejemplo, una de las cuestiones principales de las que se ocupa DEWEY (1938) en su clásico *Experience and Education*. Puede verse, en APPLE (1986), una exposición sobre esta tensión desde un punto de vista radical y, en un sentido más general, trascendiendo las cuestiones relacionadas con la formación del profesorado en sí.

El trabajo en el contexto universitario

El segundo campo importante de acción para los formadores de profesores reconstruccionistas sociales está constituido por los ambientes universitarios en los que se desarrolla la mayoría de los programas de formación del profesorado[15]. No es ningún secreto que dichos programas constituyen tareas de bajo prestigio y reducido coste en la mayor parte de las 1.200 instituciones, más o menos, de enseñanza superior de los Estados Unidos que ofrecen a sus alumnos la opción de formación del profesorado (CLARK y MARKER, 1975; ZEICHNER, 1986b). Hay muchos trabajos recientes que ponen de manifiesto de manera convincente que la baja categoría y el limitado prestigio de la formación del profesorado en la universidad ha constituido un problema durante todo el siglo XX y que las instituciones han tratado de adquirir categoría y lograr el reconocimiento público haciendo hincapié en áreas más prestigiosas que la formación del profesorado (POWELL, 1976; JUDGE, 1982; KERR, 1983; SCHNEIDER, 1987; CLIFFORD y GUTHRIE, 1988; HERBST, 1989). Como demuestran CLIFFORD y GUTHRIE, esto se aplica especialmente a las universidades de investigación más prestigiosas:

> Muy pronto y por su cuenta, las facultades de educación de prestigio eliminaron la formación del profesorado o la redujeron a un papel limitado o periférico en sus organizaciones, cada vez más orientadas a los graduados. Las facultades de educación centraron la profesionalidad en quienes *abandonaban* la enseñanza, en vez de en quienes ingresaban en las aulas. (Pág. 115)[16]

Ya en 1933, en el informe de la primera *National Survey of Teacher Education in the U.S.*, patrocinado por la *U.S. Office of Education,* era evidente

---

[15]Por supuesto, hablamos de "la mayoría" a causa de la creciente presencia de programas alternativos, en algunos de los cuales no participan en absoluto *colleges* ni universidades (UHLER, 1987).

[16]Este distanciamiento voluntario de los profesores y escuelas y departamentos de educación de la formación del profesorado no se limitaba a estas prestigiosas universidades de investigación. En realidad, como HERBST (1989) ha documentado, incluso las escuelas normales del siglo XIX eran culpables de esta "traición al profesorado", mediante su expansión más allá de su misión tradicional como instituciones de preparación de maestros. Sin embargo, la situación era más compleja que el mero abandono entusiasta de la formación del profesorado. HERBST (1989) describe la reacción del profesorado de la escuela normal de principios del siglo XX y del *college teacher* con un único objetivo ante la transformación de sus instituciones en otras tan multifuncionales como ambivalentes: "Las reacciones de los educadores de las normales fueron ambivalentes. Se oponían a esta tendencia si eso suponía traspasar influencia institucional a colegas de otras partes de su *college* o universidad. Era bienvenida si podían dedicar sus energías a la investigación educativa, a la formación permanente y las consultas y a la preparación de especialistas curriculares y profesionales, administradores y profesores de facultades y *colleges* de educación. Para la mayoría de los formadores de profesores, el prestigio profesional que lograrían al cambiar la formación de docentes no universitarios por la oportunidad de pasar a la enseñanza de posgrado y profesional era irresistible. Para ellos, la profesionalización llegaría a significar la relegación de la formación de maestros al lugar menos valorado de los departamentos y *colleges* de educación" (pág. 161).

la falta de compromiso de los docentes universitarios con la tarea de la formación del profesorado:

> El profesorado universitario de cualquier institución cuyos graduados sean aptos para la obtención del permiso para el ejercicio profesional deben poseer un elevado grado de entusiasmo contagioso respecto de la enseñanza y un interés sincero por los estudiantes en cuanto futuros docentes de las escuelas públicas. Los datos de la encuesta indican que la mayoría de los profesores de muchas de estas instituciones no están ni primordial ni siquiera seriamente interesados por los problemas profesionales de preparar a los docentes para distintos tipos de situaciones. (*National Survey,* vol. 6, 1933, pág. 180)[17]

Desde entonces, ha ido quedando absolutamente claro que cuanto más participe una persona en la preparación de profesores, más difícil le será ascender de categoría en la universidad. En muchas instituciones de formación del profesorado de los Estados Unidos, un docente universitario asciende de categoría y adquiere prestigio demostrando su capacidad para desarrollar investigaciones y garantizar financiación externa. En la mayoría de los casos, la demostración de su capacidad para concebir e implementar programas de formación del profesorado de gran calidad no se remunera e, incluso, puede servir para reducir su categoría en la universidad:

> Hay una relación inversa entre el prestigio de un profesor universitario y la intensidad de su participación en la educación formal de los docentes... Es sabido que los profesores universitarios de artes y ciencias se arriesgan a perder el respeto académico, incluyendo en ello las posibilidades de promoción y el mantenimiento de su puesto de trabajo, si muestran un claro interés por las responsabilidades de la formación del profesorado. Los que ostentan algún cargo académico en las facultades de educación tienen aún mayor riesgo de perder el respeto de sus homólogos académicos de la universidad, porque su proximidad a la formación del profesorado hace más fácil asociarlos con ella. Y, por último, los profesores de educación que supervisan a los docentes futuros o en ejercicio en las escuelas primarias o secundarias están situados, por supuesto, al final de la escala. (LANIER, 1986, pág. 530)

Esta baja categoría y escaso prestigio de la formación del profesorado en la enseñanza superior, que pone graves obstáculos a la reforma de sus programas, tiene diversas consecuencias visibles. Una de ellas, relacionada con la baja categoría, ha consistido en las crónicas dificultades de financiación de los programas de formación del profesorado en relación con otros dedicados a la preparación profesional de las universidades de los Estados Unidos (BUSH, 1987). Los estudios longitudinales de PESEAU y ORR (1979, 1980 y 1981) de los modelos de financiación de 73 instituciones de 37 estados

---

[17]Otra encuesta nacional al profesorado de *colleges* y universidades, que corrió a cargo de la *Study Commission on Undergraduate Education* (1976), llegó a conclusiones similares: "Por desgracia, muchos profesores de *college* consideran que la enseñanza a pregraduados tiene consecuencias triviales, y la mayor parte de los profesores de educación de los *colleges* consideran que enseñar a los docentes a enseñar tiene un nivel secundario de prioridad tanto para ellos mismos como para sus centros."

han documentado de forma convincente lo que ellos llaman "déficit insultante de financiación" de la formación del profesorado, cuando, como concluye PESEAU (1982), el coste directo anual medio de la enseñanza por estudiante no graduado de profesorado asciende, como máximo, al 50% del gasto medio de enseñanza pregraduada en cualquier disciplina universitaria. Con respecto a la formación clínica del profesorado, en concreto, la *Study Commission on Undergraduate Education and the Education of Teachers* (1976), patrocinada por la *U.S. Office of Education,* concluyó que, en la mayor parte de las instituciones, las prácticas de formación del profesorado estaban menos financiadas que las correspondientes a la mayoría del resto de los campos con prácticas de tipo clínico, como enfermería, ingeniería y trabajo social[18].

Se han dado diversas explicaciones a este fenómeno de la baja inversión financiera en la formación de los profesores. Algunos han criticado las fórmulas de financiación estatal y las normas internas de las instituciones universitarias, que tratan los programas de formación del profesorado como cualquier otro programa subgraduado, sin tener en cuenta la necesidad de apoyar unos estudios clínicos complejos y exigentes (KERR, 1983; PALMER, 1985). Otros han dicho que la limitada asignación de fondos a la formación del profesorado refleja las condiciones presentes en la sociedad en general, que tiende a infravalorar todo lo que se asocie con mujeres y niños, como en el caso de la enseñanza (CLIFFORD y GUTHRIE, 1988; GOODMAN, 1988)[19], o que es el reflejo de la falta de confianza en los conocimientos básicos que subyacen

---

[18]GUYTON y MACINTYRE (1990), en una revisión reciente de las prácticas de formación del profesorado, concluyen que la situación ha llegado a ser aún peor en los últimos años, con la expansión de cursos de prácticas para obedecer las órdenes de los departamentos estatales y la reducción de los presupuestos de los programas, si se tiene en cuenta la inflación.

[19]SCHWEBEL (1989) toma el argumento en un sentido diferente, al incluir la dimensión de clase social en relación con los distintos sectores de población a los que atienden la formación del profesorado y otras áreas de la universidad: "En una universidad, sus distintos componentes no prestan servicio a los mismos sectores de la población nacional... las facultades de artes y ciencias y la facultad de educación tienen públicos diferentes. El cuerpo estudiantil de las facultades de artes y ciencias, así como de algunas facultades profesionales también, está compuesto por futuros dirigentes y ejecutivos de empresas y del gobierno. La investigación de estas facultades se ajusta a las necesidades del gobierno y de la economía. La facultad de educación, en cambio, tiene como núcleo de sus alumnos a quienes servirán como profesores a las multitudes que se convertirán en trabajadores industriales, operadores de procesadores de textos o pasarán a engrosar las estadísticas del desempleo. La investigación educativa se orienta presumiblemente hacia los problemas de enseñar a estudiantes que enseñarán a la gran masa de jóvenes" (págs. 61-62). Aunque la descripción que hace de la división de elite y no elite en las universidades y entre los centros públicos y privados esté excesivamente simplificada, SCHWEBEL (1989) apoya con toda claridad el punto de vista que sostiene que una de las razones de la categoría marginal de la formación del profesorado en la universidad consiste en que presta servicio a una población concreta de niños en las escuelas públicas, sin que exista un compromiso serio de la sociedad respecto a la educación de muchos de ellos. SCHWEBEL (1982) dice en otro lugar que ésta es una cuestión especialmente difícil de solucionar porque el verdadero compromiso de la sociedad con la educación para el liderazgo se plasma en el sector privado, en un grupo de centros privados e independientes de elite.

a la formación del profesorado (LANIER, 1986). Aunque se debatan mucho las causas específicas de los actuales modelos de financiación, no se discute que la retórica sobre la importancia de la formación del profesorado en la enseñanza superior no suele corresponderse en la práctica con el compromiso de adjudicación de recursos financieros que apoyara propuestas concretas[20].

Otra consecuencia de la baja categoría concedida a la formación del profesorado en la enseñanza superior consiste en que los docentes universitarios que se identifican con los programas de dicha formación y están más relacionados con ellos tienen que hacer frente a mayores exigencias de dedicación a la enseñanza y a la supervisión de los estudiantes en las escuelas y, a la vez, menos tiempo para los asuntos académicos, entre los que están las actividades de investigación y desarrollo relacionadas con sus programas de formación del profesorado (SCHNEIDER, 1987). Muchas veces se ha reconocido que la excesiva carga educativa de los docentes de formación de profesores constituye un grave impedimento estructural para la mejora de la calidad de sus programas, reconocimiento que hace incluso alguno de sus detractores más duros, que achacan la baja calidad de los mismos sobre todo a las deficiencias de los individuos (por ejemplo, KOERNER, 1963). Las exigencias que se derivan de la supervisión de los estudiantes de profesorado, especialmente en las prácticas, no tienen parangón en ningún otro tipo de escuela profesional (FULLER y BOWN, 1975). Y, en muchas instituciones, esta supervisión se deja por regla general en manos de los profesores más modernos y de estudiantes graduados (LAZERSON, 1989). Es más, el apoyo financiero que se concede a la investigación en la formación del profesorado es relativamente pequeño, aunque los docentes universitarios tuvieran más tiempo para llevarla a cabo y estuviesen dispuestos a ello (KOEHLER, 1985).

La baja categoría que la formación del profesorado tiene en la universidad es, en parte, responsable también del carácter fragmentario del *curriculum*

---

[20]También se ha dicho que las diferencias económicas y de clase social entre los profesores de educación y los de otras áreas de la universidad constituyen el origen de algunos de los problemas de la categoría de la formación del profesorado en el ámbito universitario. FULLER y BOWN (1975) observaban: "Los formadores de profesores proceden, en general, de clase social humilde y de baja categoría social, en comparación con sus colegas universitarios. Con mucha frecuencia trabajan al mismo tiempo que estudian para obtener un título, entran más tarde en la universidad, quizá con el *Ed. D.* (Doctor en Educación), y, por tanto, es menos probable que hayan adquirido las credenciales académicas valoradas por los universitarios" (pág. 29). Desde entonces, otros estudios han confirmado y ampliado estas observaciones sobre los orígenes de clase social relativamente humilde de los formadores del profesorado. En DUCHARME y AGNE (1989) puede verse un resumen de esta bibliografía. Estas diferencias de clase social entre los profesores universitarios se hacen más profundas a causa de los salarios relativamente bajos de los profesores de educación, comparados con los de sus colegas de otros campos. En el curso 1987-1988, los salarios medios de los profesores ayudantes y de los docentes con dedicación exclusiva de los departamentos de educación estaban clasificados en los puestos decimoséptimo y vigésimo, respectivamente, de entre veintiún niveles (*American Association of University Professors*, 1988). Citado también en GINSBURG y CLIFT (1990).

de muchos programas de formación de docentes de los Estados Unidos y de la falta de estilo característico y de coherencia de los programas. En un artículo anterior, que analizaba diversos aspectos del programa de prácticas docentes de enseñanza primaria de la *University of Wisconsin-Madison* (ZEICHNER y LISTON, 1987), describimos una situación que sigue siendo muy típica en los Estados Unidos, salvo en aquellas instituciones cuyos programas de formación de profesores son muy pequeños y cuentan con muy pocos docentes universitarios (GOODLAD, 1990). En esta situación cada componente de la parte de formación profesional del programa está bajo el control de profesores diferentes que, a su vez, pertenecen a una o más áreas de conocimientos (por ejemplo, enseñanza de las matemáticas, enseñanza de las ciencias sociales). Aunque los docentes universitarios participan de manera muy limitada en el programa de formación del profesorado y dentro de su propia área de conocimientos (por ejemplo, un curso de métodos de enseñanza de las matemáticas), muy pocos profesores piensan en el conjunto del programa, relacionando más su actividad en el mismo con su materia que con la formación de los profesores:

> Al identificarse ante todo con sus materias, los docentes que enseñan asignaturas fundamentales a los futuros docentes (por ejemplo, psicología, sociología, historia o filosofía de la educación) tienden a pasar por alto su papel en la formación de profesores, considerando que los verdaderos formadores de éstos son quienes imparten asignaturas metodológicas y supervisan las prácticas docentes. Pero la mayoría de los profesores de metodología están en desacuerdo. Ellos se identifican con las materias escolares de su campo, tienden a considerarse a sí mismos como formadores de ciencias, profesores de matemáticas o formadores en lectura y señalan como auténticos formadores de docentes a quienes coordinan y supervisan a los alumnos de profesorado. Es probable que los únicos docentes universitarios que, como grupo, se identifican públicamente como formadores de profesores sean quienes supervisan el trabajo de campo en las escuelas. (LANIER, 1986, pág. 8)

En esas condiciones, es muy difícil que los profesores universitarios participen en los esfuerzos dirigidos al desarrollo del programa que les aparten de sus propias áreas de conocimiento y que contribuyan a la coherencia general del mismo. La desgana de los docentes universitarios para emplear mucho tiempo trabajando en desarrollar los mejores programas de formación del profesorado que puedan es muy comprensible, habida cuenta de los sistemas de remuneración de las instituciones que, o bien valoran la enseñanza (en el caso de pequeños *colleges* de artes liberales y algunas universidades), o valoran ante todo las becas y ayudas de investigación (como ocurre en un número creciente de universidades). El resultado es un *curriculum* de formación del profesorado muy fragmentario, mal articulado y coordinado entre las diversas áreas de conocimiento y en el tiempo.

Salvo que los formadores de profesores comiencen a afrontar de manera más adecuada el contexto inmediato de su trabajo, seguirán pesando limitaciones muy graves sobre los cambios que puedan hacerse en los programas de formación del profesorado. Las innovaciones que se produzcan seguirán siendo asimiladas por los planes actuales y proporcionando credibilidad a las prácticas que se pretenden modificar (POPKEWITZ, 1987). Vemos la necesidad de que los formadores de profesores consigan garantizar una financiación más adecuada para sus programas, en especial para sus componentes clínicos. Estos supone que los docentes universitarios adopten una postura más claramente politizada y activista que la habitual. El refuezo de la posición de la formación del profesorado en los centros universitarios requiere también, como muchos han puesto de manifiesto, modificaciones en las estructuras de recompensas de dichos centros, de manera que valoren más que en la actualidad los esfuerzos para desarrollar un trabajo ejemplar en la formación del profesorado (CLIFFORD y GUTHRIE, 1988).

Aunque hay quien dice ahora que la única forma de conseguir un apoyo adecuado para la preparación de los profesores consiste en elevar el nivel de su formación desde el ciclo inicial de enseñanza universitaria al de posgrado (por ejemplo: KERR, 1983) o mediante el establecimiento de una escuela profesional autónoma de educación, fuera de la esfera de los centros universitarios (HEDGES, 1989), creemos que, habida cuenta de las cuestiones de equidad relacionadas con estos posibles cambios, han de debatirse mucho más los modelos institucionales específicos que merezcan aprobarse[21]. Teniendo en cuenta el contexto universitario actual de la formación del profesorado y las dificultades para elevar programas al nivel de posgrado o trasladarlos a escuelas profesionales independientes, hay importantes reformas que pueden llevarse a cabo hasta que se produzca un debate más adecuado sobre las formas de organización.

Algo que sí hay que hacer es conseguir que el profesorado universitario de educación participe más en la política universitaria, introduciéndose en comisiones clave de la universidad y, en general, convirtiéndose en participantes más activos en la elaboración de las normas por las que se rigen las instituciones de enseñanza superior. Por regla general, esto no se cumple respecto al profesorado universitario de educación en su conjunto, sobre todo en las grandes universidades investigadoras:

En general, las facultades, *colleges* y departamentos de educación son impotentes, desde el punto de vista político. La mayor parte de sus profesores son figuras marginales en la política institucional e ingenuos en relación con los procesos institucionales. (CLIFFORD y GUTHRIE, 1988, pág. 40)

---

[21]Puede verse, en APPLE (1987) y ZEICHNER (1988a), un análisis de algunas de las cuestiones relativas a la equidad que plantea el traslado de la formación del profesorado a un contexto distinto del actual, de cuatro años de carrera en el nivel de pregrado. Aunque una oferta sustancial de becas para quienes pudieran quedar excluidos con mayor facilidad de la participación en programas más largos paliaría sus consecuencias negativas, no está claro que este compromiso de financiación tuviera la magnitud que sería precisa a largo plazo.

Esta mayor participación en la política institucional[22] es sólo una de las vías que podemos utilizar para garantizar la concesión de recursos más adecuados para apoyar unos programas de formación del profesorado de alta calidad. También hace falta mayor interacción entre los profesores de artes y ciencias y de educación tanto respecto a la formación de docentes como a la pregraduada en general[23]. Los formadores de profesores han señalado reiteradamente la necesidad de establecer esas relaciones, a causa, en parte, de que los responsables de elaborar las normas actúan como si desconociesen el hecho de que los estudiantes de profesorado emplean la mayor parte del tiempo de preparación para la enseñanza con los profesores de artes y ciencias. Hoy día, en la mayoría de los lugares de los Estados Unidos, los problemas de la formación del profesorado son, fundamentalmente, los problemas de la enseñanza universitaria de primer ciclo en general. Los mismos problemas expuestos en relación con la formación del profesorado (por ejemplo, un *curriculum* fragmentario y excesivamente especializado) también se han señalado como problemas generales de la enseñanza universitaria de primer ciclo en informes recientes sobre la educación universitaria pregraduada en los Estados Unidos (por ejemplo, BOYER, 1987).

Otra forma de combatir el limitado prestigio concedido a los estudios educativos y a la formación del profesorado en muchas instituciones consiste en poner a disposición de los estudiantes que no se matriculan en programas de formación de profesorado cursos seleccionados de educación, utilizando fórmulas del tipo de matrículas conjuntas, validación de créditos de otros departamentos y cursos interdisciplinarios y secundarios de especialización. No tiene sentido asumir, como se ha dicho durante muchos años (BORROWMAN, 1956), que los estudios sobre la educación son necesariamente técnicos o profesionales en su más estricto sentido. Se ha demostrado que estos cursos, cuando están bien impartidos, pueden ser tan liberalizadores como los de artes y ciencias impartidos con la misma calidad (véanse: BEYER, 1988; TRAVERS y SACKS, 1987). La mayor participación de los alumnos de formación de profesorado de primaria en asignaturas de artes y ciencias, que forman parte de las propuestas de reforma más actuales, debería tener el complemento de la mayor participación de alumnos matriculados en otras carreras en asignaturas de estudios educativos. En la actualidad, sólo un 36% de las instituciones de educación superior de los Estados Unidos

---

[22]TAYLOR (1983) confirma que esto constituye un problema, tanto en Inglaterra como en los Estados Unidos, y dice que "las personas que están en las facultades de educación han de ser vistas y oídas en y en relación con todas las cuestiones que afectan a su universidad" (pág. 48).

[23]Como señalamos en el Capítulo Primero, el cultivo de estas relaciones ha constituido un objetivo de gran importancia en los proyectos de reforma de la formación del profesorado durante muchos años. Pueden citarse como ejemplos los programas TTT (PROVUS, 1975), financiados por el gobierno federal, y el proyecto *Project 30* (GIVENS, 1988), actualmente en curso, financiado por *Carnegie*. en JOHNSTON y cols. (1989), pueden verse muchos ejemplos de estrategias para resaltar la importancia de la formación del profesorado ante los docentes de artes liberales.

ofrece asignaturas relacionadas con la educación válidas como créditos para la enseñanza general (JOHNSTON y cols., 1989).

En el contexto universitario, hay otra cuestión que conviene tratar si tomamos en serio nuestra pretensión de hacer que la perspectiva reconstruccionista social se convierta en una fuerza más activa a favor del cambio de la formación del profesorado. En concreto, si queremos preparar profesores socialmente conscientes, capaces de trabajar en contra de las características antidemocráticas de la escolarización y de la sociedad, tenemos que examinar la auténtica composición de nuestra propia comunidad de formación del profesorado. Recientes análisis de la formación inicial de docentes de los Estados Unidos han puesto de manifiesto que las relaciones de género entre profesores y estudiantes y entre formadores de docentes, reflejan las relaciones de tipo patriarcal de las escuelas entre administradores y profesores. DUCHARME y AGNE (1989) resumen del siguiente modo estos hallazgos:

> Las encuestas al profesorado de educación ponen de manifiesto que la mayoría de los formadores de profesores son varones. Los docentes de educación que representan diversas disciplinas dentro de la formación del profesorado se distribuyen, aproximadamente, entre un 65% de varones y un 35% de mujeres. En 1986, la *American Association of Colleges of Teacher Education* (AACTE) realizó un estudio de los programas de enseñanza secundaria de cerca de 90 instituciones miembros y descubrió que el profesorado se distribuía entre un 70% de varones y un 30% de mujeres (AACTE, 1987). La encuesta *Research About Teacher Education* (RATE) de 1987, que recabó datos sobre el profesorado que impartía clases en las asignaturas introductorias básicas, encontró un 72% de varones y un 28% de mujeres. En resumen, una encuesta tras otra muestra que el profesorado de educación masculino supera el 65%, situación que contrasta de forma radical con la población de estudiantes de formación del profesorado que, aproximadamente, en un 70% es femenina... En cuanto a la distribución de los profesores por categorías, aparecen claras diferencias en relación con el género. Por ejemplo, mientras las mujeres llegan al 30% del profesorado de enseñanza secundaria en la encuesta RATE, sólo constituyen el 16% de la categoría de profesor universitario. Nuestro estudio del profesorado halló una distribución semejante: el 14% de los docentes universitarios era femenino y el 86%, masculino. En el nivel de profesores ayudantes, aparecía una distribución más equilibrada, con un 46% de mujeres y un 54% de varones. Esta representación más equilibrada proporciona ciertas esperanzas de cambio, pues el conjunto de mujeres que ingresan como profesoras en la actualidad es mayor que en el pasado... A pesar de esta tendencia positiva, hay que hacer una advertencia: otros datos de nuestro estudio indican que las mujeres ingresan como profesoras más tarde, enseñan más y publican menos. (Págs. 74-75)

Cuando consideramos las dimensiones raciales del grupo de formadores de profesores, el problema es aún más grave. DUCHARME y AGNE (1989) resumen algunos de estos datos del siguiente modo:

> Las minorías están mucho menos representadas en el profesorado de educación que las mujeres. En la encuesta RATE, el 2,9% de docentes pertenecía a grupos minoritarios; el 6,4% en el nivel de asociados, y el 9,9% en el nivel

de profesores ayudantes. La representación de las minorías parece ir aumentando, pero este crecimiento puede no durar mucho, dado que estas instituciones arrojan un total de sólo un 8% de alumnos procedentes de minorías en los programas de doctorado. (Pág. 75)[24]

Estos problemas se completan con el tantas veces aireado del desequilibrio entre el número de personas procedentes de minorías que ingresa en los programas de formación del profesorado y la demografía general de la población. Aunque algunos han realizado la proyección de que, hacia el año 2000, en los Estados Unidos, una de cada tres personas puede ser no blanca (HODGKINSON, 1985), la cantidad de estudiantes pertenecientes a minorías matriculados en programas de formación de profesorado en los Estados Unidos es patéticamente baja y en disminución. Según los datos nacionales de 1985 (*The Condition of Education*, 1988), el 88,3% de los estudiantes de formación del profesorado era blanco; el 6,2% afroamericano; el 2,9% hispano, y el 1,4% asiáticoamericano e indígena norteamericano. Aunque hay ciertas variaciones en relación con estos porcentajes según el área geográfica del país, el campo de estudio y el tipo de institución, la situación es mala y va a peor en todas partes. Además del bajo número general de candidatos a la docencia entre los grupos minoritarios, se registra una concentración extrema de estos estudiantes que provienen de grupos minoritarios y se matriculan en formación del profesorado en relativamente pocas instituciones. Esta concentración de estudiantes de grupos minoritarios en un número limitado de instituciones de formación de profesores hace muy difícil atajar el problema de la infrarrepresentación de aquéllos en los restantes centros de todo el país. Aunque, desde el punto de vista histórico, las facultades, *colleges* y departamentos de educación negros constituyen el 4% de las instituciones que tienen programas de formación del profesorado, reúnen el 30% de los alumnos afroamericanos matriculados en programas de formación del profesorado (AACTE, 1988). Muchas de las normas de reforma vigentes, como las de los tests de competencia para los futuros profesores están empeorando esta ya deteriorada situación (por ejemplo: WITTY, 1982; SMITH, MILLER y JOY, 1988).

Aunque el predominio de los varones blancos en el profesorado de los centros universitarios de educación, así como el existente en el grupo de futuros docentes no es exclusivo de la formación del profesorado (HOWEY y ZIMPHER, 1990), esta situación no debería tolerarse en nuestro campo durante mucho más tiempo. En los últimos años, han surgido numerosas propuestas para la captación de alumnos procedentes de grupos minoritarios para los programas de formación del profesorado en la mayoría de los "informes" al respecto, así como en las acciones de los organismos

---

[24]Estos problemas tienen otra dimensión relacionada con los limitados tipos de experiencias que muchos profesores de educación aportan a los programas de formación del profesorado. HABERMAN (1988) estima, por ejemplo, que menos del 5% de los 45.000 profesores de educación, más o menos, que hay en los Estados Unidos ha dado clase durante un año en alguno de los 120 mayores distritos escolares urbanos.

educativos del Estado, centros universitarios y grupos independientes como la red de alumnos del *Teacher Corps*[25]. La bibliografía ha prestado mucha menos atención al predominio masculino blanco en el profesorado de las facultades de educación, habiéndose tratado sobre todo en los planes de acción afirmativa de cada institución. Los formadores de profesores reconstruccionistas sociales tienen que trabajar de manera activa y visible apoyando estos esfuerzos para diversificar la comunidad de formadores de profesores. Una distribución de raza y de género más equilibrada en los docentes universitarios, así como una presencia mayor de estudiantes de color en las instituciones de formación de docentes es crítica para el éxito de la pedagogía reconstruccionista en la formación del profesorado que hemos expuesto en este libro. Una de las formas más eficaces de presentar a los estudiantes de esta especialidad las diversas perspectivas sobre los problemas educativos y de sensibilizarlos ante los problemas de equidad y dignidad humana consiste en que nuestros programas de formación del profesorado reflejen el carácter racial y étnico de la sociedad, así como la equidad de géneros que procuramos que promuevan en las escuelas primarias y secundarias de la nación[26]. Es muy difícil imaginar que pudiéramos tener éxito llevando a nuestros alumnos a adoptar papeles activos en las escuelas públicas, trabajando a favor de la justicia y la dignidad humanas si no ponemos nuestra propia casa en orden. Debemos recordar continuamente que el *curriculum* oculto de nuestros programas de formación del profesorado habla a menudo con voz mucho más potente que nuestra retórica (GINSBURG y CLIFT, 1990). Estamos completamente de acuerdo con el consorcio del *Holmes Group* (1990), cuando dice que

> debemos atraer a la enseñanza, tanto en la universidad como en la escuela pública, más profesores de todo el arco iris de naciones y pueblos de Norteamérica. Esto ayudaría a reducir los poderosos mensajes negativos sobre la justicia, la igualdad y sobre la autoridad y el poder, sobre la integración y la participación, que están implícitos en la monocromía imperante en el cuadro docente de nuestra nación. Ello permitirá que se escuchen voces diferentes y que se compartan visiones distintas... La situación actual reclama una acción radical de las universidades, *colleges* de educación y sistemas escolares. (Pág. 40)

El apoyo a los esfuerzos para democratizar las escuelas

En la exposición precedente sobre el contexto universitario de la formación del profesorado, señalamos que el *curriculum* fragmentario de sus programas en los Estados Unidos constituía un grave problema. Un aspecto

---

[25]Pueden verse ejemplos de planes para atraer a la formación del profesorado a estudiantes pertenecientes a grupos minoritarios en MIDDLETON y MASON (1988).

[26]Una de las principales ventajas de ciertos aspectos del *National Teacher Corps,* por ejemplo, consistía en el ambiente multirracial presente tanto entre los alumnos como entre los profesores. Véase, por ejemplo, TABACHNICK y LEMES (1975).

concreto en el que la falta de coordinación y de coherencia ha sido mayor es el de la relación entre los componentes teóricos (dentro de la universidad) y el trabajo de campo. Aparte de su categoría marginal en los centros universitarios que comentamos antes, la formación de los profesores no suele constituir una prioridad en las escuelas primarias y secundarias que sirven como sedes para la realización de los módulos prácticos de sus cursos. Y esto ocurre incluso en las escuelas "buenas", en donde las prácticas son coherentes con las preconizadas por los docentes de los centros universitarios. Los profesores tutores que trabajan con los alumnos de profesorado desconocen con frecuencia lo que les han enseñado en las clases teóricas y lo que los centros universitarios esperan de las prácticas (por ejemplo: GRIFFIN y cols., 1983); reciben un complemento de alrededor de cincuenta dólares por un semestre completo de trabajo con un estudiante y, en la mayoría de los casos, asumen el rol de formador de profesores con una preparación mínima, además de tener que asumir con dedicación completa sus responsabilidades de enseñar a los alumnos (GUYTON y MCINTYRE, 1990). En la mayoría de los casos, en la estructura de trabajo de los docentes no se tiene en cuenta su dedicación como formadores de profesores[27].

La actual corriente de reforma educativa ha hecho hincapié en la mejora general de las relaciones entre la escuela y la universidad (SIROTNIK y GOODLAD, 1988). Muchos de los informes actuales sobre la formación del profesorado de los Estados Unidos se refieren a los beneficios que supondría para los programas de formación de profesores la mejoría de las relaciones entre las escuelas y la universidad[28]. Aparte del actual interés por las colaboraciones entre las mismas, que abarca muchas áreas de conocimiento, además de la formación del profesorado, se han hecho progresos significativos en los últimos años en las relaciones entre ambas instituciones, en concreto en la esfera de la formación del profesorado. Por ejemplo, en la actualidad, el personal de la escuela pública participa mucho más que antes en la planificación y evaluación de los programas de formación de docentes. Las comisiones asesoras de prácticas y de formación de profesores, compuestas sobre todo por docentes de primaria y de secundaria y por administradores, son habituales en la actualidad (ZEICHNER, 1986a)[29]. Aunque gran

---

[27]Véase en ZEICHNER (1986a; 1990c) una descripción de los problemas de la estructura de la formación práctica del profesorado en los Estados Unidos.

[28]Por ejemplo, véase *Holmes Group* (1990).

[29]Debemos señalar que una de las razones que explica la mayor utilización de las comisiones asesoras escolares y otros mecanismos de colaboración con las escuelas con respecto a la formación del profesorado consiste en que las normas de aprobación de sus programas en muchos estados, así como las del *National Council for the Accreditation of Teacher Education* (NCATE), obligan a establecer actividades de colaboración con las escuelas. Debe señalarse también que la creciente participación de docentes no universitarios en los programas de formación del profesorado de centros universitarios no tiene relación directa con los sindicatos que representan a esos profesores. Esta situación, en la que se ha prescindido de cultivar relaciones con la profesión docente organizada, aparte de las mantenidas con profesores concretos, ha tenido, en algunos casos, graves consecuencias. Por ejemplo, en una
(Continúa en la página siguiente)

parte de esta actividad cooperativa ha dado voz al personal de la escuela pública en los trabajos de formación del profesorado, en términos de poder formal, les ha dejado en muchos casos en situación de inferioridad ante sus colegas universitarios. Las comisiones asesoras aconsejan. No es normal que puedan poner en práctica sus consejos, de forma directa, ni que la voz de la escuela tenga el mismo peso que la voz de la universidad a la hora de las decisiones sobre normas y programas (ERVAY, 1985). No obstante, en los últimos años, el personal de la escuela ha ganado terreno en su capacidad de influir en la formación del profesorado tomando parte en las normas estatales para la aprobación de programas al respecto y en las de certificación profesional estatal[30].

La cuestión de las relaciones entre la escuela y la universidad reviste especial dificultad para los formadores de profesores de orientación reconstruccionista social que, por definición, adoptan una postura escéptica, si no de oposición, ante gran parte de lo que se acepta como contexto establecido de las escuelas públicas. En estas condiciones, un elemento clave respecto a la "mejora de las relaciones entre la escuela y la universidad" para los formadores de profesores reconstruccionistas sociales debe ser el desarrollo de mejores relaciones con aquellos individuos que, en las escuelas públicas, trabajan a favor de los tipos de cambios democráticos que dan oportunidad de expresarse a mayor número de personas respecto a la determinación de las normas escolares y una educación mejor a más estudiantes.

Las oportunidades para desarrollar estas relaciones con las fuerzas progresistas para el cambio de las escuelas públicas ha aumentado en los últimos años, cuando las normas externas y el clima general se ha orientado en cierta medida hacia la descentralización de las decisiones escolares y a favor de menores controles respecto a lo que hacen y enseñan los profesores (DARLING-HAMMOND y BERRY, 1988)[31]. "Reestructuración" se ha con-

---

(viene de la página anterior)
reciente controversia habida en Wisconsin, en donde el departamento de educación del Estado trataba de dictar de manera más minuciosa el *curriculum* de los programas de formación del profesorado que se desarrollasen en el Estado, el mayor sindicato de profesores del mismo, el *Wisconsin Education Association Council,* apoyó activamente estos esfuerzos del departamento estatal debido, en parte, a que se consideraba excluido de la formación del profesorado impartida por la universidad en el Estado. (Véase PRESTINE, 1989).

[30]La presencia dominante del *National Board for Professional Teaching Standards (Carnegie,* 1989), patrocinado por *Carnegie,* constituye otro ejemplo de cómo la profesión docente organizada ha aumentado su capacidad de influir en el desarrollo de los programas de formación del profesorado. Quienes se han asociado al proyecto esperan que las nuevas normas nacionales de titulación profesional de los docentes, aunque no obligatorias y sin requerir haber aprobado ningún programa de formación de profesores, tendrán mayor influencia en el *curriculum* de la formación inicial del profesorado de los Estados Unidos a causa de la posible incluisión de una declaración sobre los conocimientos y destrezas específicos que se creen necesarios en un paradigma de profesor en los distintos niveles de escolarización y en diferentes asignaturas. (Correspondencia personal, David MANDEL, enero de 1990.)

[31]Aunque, como indican DARLING-HAMMOND y BERRY (1988), estas normativas que reducen la reglamentación de la enseñanza van parejas a una mayor reglamentación de los propios
(Continúa en la página siguiente)

vertido en la nueva palabra mágica de la educación en los Estados Unidos (FISKE, 1990). Esto no supone negar la influencia de los procesos de desprofesionalización e intensificación del trabajo de los profesores que siguen debilitando los esfuerzos democratizadores de la escuela (APPLE, 1986; DENSMORE, 1987)[32]. No obstante, cremos que, a pesar de los continuados esfuerzos para centralizar el control y normalizar la práctica escolar, la legitimidad de la "reestructuración de las escuelas", derivada en parte de los análisis efectuados por grupos poderosos, como *Carnegie* y la *National Governor's Association*[33], han apoyado cada vez más las fuerzas que buscan el cambio democrático en las escuelas públicas. Los formadores de profesores reconstruccionistas sociales deben prestar su apoyo decidido y vigoroso a estos esfuerzos[34].

Como dijimos en el Capítulo VI, en nuestros comentarios sobre el *curriculum* y las prácticas docentes de los programas de formación, nos parece esencial que profesores y administradores (como los que participan en el *Institute for Democratic Education and Rethinking Schools*)[35] ocupen un lugar más destacado en dichos programas, mediante su participación directa en los mismos (por ejemplo, como supervisores de las prácticas de los alumnos) o a través del empleo de sus escritos en los cursos de formación. Aunque no debemos limitarnos a interactuar sólo con los profesores y administradores que piensan de este modo, los individuos que trabajan a favor de la democratización del sistema escolar son especialmente importantes para el éxito de los proyectos reconstruccionistas sociales de formación de profesores. Por ejemplo, es fundamental contar con estos profesores y administradores para que nuestros alumnos puedan establecer relaciones con estas voces alternativas dentro del sistema, de forma que tomen conciencia de la diversidad de perspectivas que mantienen profesores y administradores y no crean que la pedagogía progresista y las prácticas democráticas de organización sólo existen en la mente de los estudiosos universitarios o en las escuelas privadas para la clase profesional.

Además de establecer estas conexiones entre los educadores progresis-

---

(viene de la página anterior)
docentes a través de normas más rigurosas para los programas de formación del profesorado y la titulación profesional de los docentes.

[32]Esto tampoco significa negar la influencia de las concentraciones de poder y de autoridad en "centros invisibles de poder privado" (como los editores de libros de texto y las empresas de distribución y corrección de tests), cuyo personal no ha sido elegido ni responde ante ninguna persona seleccionada (COHEN, 1978).

[33]*Carnegie* (1986); *National Governor's Association* (1986).

[34]Deberíamos apoyar de modo especial estos esfuerzos que, defendiendo unas escuelas más democráticas, prestan atención a los intereses legítimos de todas las partes en los temas de normativa escolar: administradores, profesores, padres y alumnos. Véase la exposición de esta cuestión que hace ZEICHNER (1990a).

[35]El *Institute for Democratic Education* está coordinado por George WOOD, de la *Ohio University* y publica la revista *Democratic Education*. El grupo *Rethinking Schools* está coordinado por profesores no universitarios de Milwaukee (Wisconsin) y publica un periódico del mismo nombre.

tas de las escuelas públicas y nuestros programas de formación del profesorado, tenemos que apoyar activamente los esfuerzos que se llevan a cabo a favor del cambio democrático. Por todos los Estados Unidos se encuentran profesores, administradores y padres que, desde el nivel de base, trabajan de distintas maneras en contra de la centralización de los *curricula* escolares, los tests normalizados, las malas condiciones de trabajo de los profesores, y cuestiones por el estilo, y para promover el desarrollo de un *curriculum* multicultural y no sexista y prácticas docentes que respondan más a las necesidades, como una enseñanza lingüística comprensiva. Aunque, a menudo, estos esfuerzos no atacan de forma directa las raíces sistémicas de los problemas de la misma sociedad, son compatibles con el plan reconstruccionista social y han de recibir nuestro apoyo[36].

Un ejemplo del papel reforzador que los formadores de profesores reconstruccionistas sociales tienen que desempeñar en relación con las reformas democráticas que se lleven a cabo en escuelas concretas se encuentra en la reciente experiencia que uno de nosotros (ZEICHNER) ha vivido con profesores de un distrito escolar local. Desde 1988 hasta 1990, los profesores de primaria del *Madison Metropolitan School District* trataron de conseguir del consejo escolar más tiempo dedicado a la "planificación" durante su jornada escolar, que les permitiese realizar una serie de tareas, como reuniones entre ellos para realizar actividades de desarrollo profesional en un plano cooperativo. En realidad, pretendían conseguir un tiempo adicional para planificación que los equiparase con los profesores del nivel de escuela media del mismo distrito. Formando parte de su estrategia, querían documentar cómo empleaban habitualmente el tiempo los profesores. Un director escolar y un grupo de docentes acudieron a Ken ZEICHNER y le pidieron ayuda para recoger información y documentar el tipo de trabajo desarrollado por los profesores de primaria en todo el distrito. Durante dos semestres, ZEICHNER coordinó los trabajos de diversos profesores universitarios y estudiantes graduados, así como de muchos alumnos no graduados del programa de formación de profesorado de primaria, para "seguir como una sombra" a los profesores y registrar el tiempo que cada uno dedicaba a diversos tipos de actividades, dentro y fuera de la escuela[37]. ZEICHNER y un grupo de docentes desarrollaron de forma conjunta una serie de categorías

---

[36]Al prestar nuestro apoyo a estas prácticas docentes que responden a las necesidades e intereses de los alumnos, como toda la enseñanza de la lengua y el enfoque de la escritura considerada como proceso, no debemos perder de vista la necesidad de comprobar que los alumnos adquieren las destrezas técnicas que tendrán que dominar y practicar en el resto de las áreas. Esta tensión entre la adquisición de destrezas técnicas y el desarrollo de la capacidad para pensar crítica y creativamente sobre el *curriculum* escolar cobra especial importancia en nuestras escuelas urbanas (DELPIT, 1986).

[37]Estas actividades de "seguir como una sombra" han llegado a formar parte del *curriculum* en algunas asignaturas universitarias, continuándose con exposiciones en clase centradas en diversos aspectos del trabajo de los profesores, utilizando los estudios de casos como datos. Los estudiantes pregraduados sabían que los datos que obtuvieran se utilizarían para apoyar a los profesores y podían optar con toda libertad por no participar.

© Ediciones Morata, S.L.

para utilizar en el análisis. A continuaciónm, se recopilaron los datos, utilizándose para presentarlos al consejo escolar y en las negociaciones contractuales. Los profesores volvieron a pedir ayuda a Zeichner para diseñar estrategias alternativas para estructurar la jornada de los que enseñaban en primaria, con el fin de ajustar el tiempo extra de planificación y elaborar un horario en el que se integrase el tiempo dedicado a planificación para presentarlo al distrito.

Aunque el acuerdo contractual de enero de 1990 sólo proporcionó a los profesores una hora semanal extra para "planificación", se logró dar un paso importante en el sentido adecuado, haciendo que los de primaria, como grupo, se esforzaran por mejorar sus condiciones de trabajo[38]. Asimismo, ayudó a los miembros del consejo escolar a conocer mucho mejor los tipos de demandas que planteaban los profesores de primaria en relación con su jornada diaria. A nuestros efectos, lo importante de este caso es que ilustra de qué modo los formadores de profesores de la universidad pueden desempeñar un papel de apoyo a los esfuerzos de docentes y administradores para crear unas condiciones más democráticas y humanas en nuestras escuelas públicas. Este tipo de actividad requiere que los formadores de profesores de la universidad abandonen sus roles habituales de consultores expertos y bien pagados. Es importante que el personal de las escuelas dirija estos trabajos y que el uso que pueda hacerse de los conocimientos y destrezas del profesorado universitario dependa de los docentes y administradores escolares.

Además de estos esfuerzos para apoyar a quienes ya trabajan a favor de los cambios democráticos en las escuelas, los formadores de profesorado reconstruccionistas sociales deben trabajar activamente en contra de las fuerzas que obstaculizan la educación democrática en las escuelas públicas. Un ejemplo de lo que decimos, y que hay que contrarrestar, consiste en la utilización generalizada que los distritos escolares hacen de los "agentes para el perfeccionamiento de la escuela y el desarrollo del profesorado". Estos agentes independientes, muchos de los cuales son antiguos docentes de universidad, venden "soluciones" prefabricadas a los problemas de las escuelas, como la *Assertive Discipline,* el *Project T.E.A.C.H.* y la *Instructional Theory into Practice*[39]. Todos estos programas absorben una enorme cantidad de recursos públicos que, de lo contrario, podrían emplearse para apoyar los esfuerzos de reestructuración de las escuelas que casi todas las propuestas de reforma escolar albergan en sus correspondientes planes[40]. Esta men-

---

[38]Podríamos decir que, durante todo este siglo, los profesores han estado trabajando por medio de sus sindicatos para mejorar su situación profesional. Aunque, en algunos aspectos, esto es cierto, también es verdad que muchos de estos esfuerzos se han centrado en los salarios y beneficios, dejando de lado sus condiciones laborales cotidianas. En el caso concreto descrito, el sindicato de profesores se mostró reacio en principio a ocuparse de la cuestión del tiempo para planificación que propuso un grupo de profesores y hubo que persuadirle para que incluyera la cuestión en el proceso de negociación.

[39]Véanse: Canter y Canter (1983), *Performance Learning Systems* (1986) y Gentile (1988).

[40]Por ejemplo, el inspector de los profesores de primaria de Madison les dijo que no había suficiente dinero disponible para apoyar la concesión del tiempo adicional para planificación.

(Continúa en la página siguiente)

talidad de "lo que funciona"[41] y las soluciones prefabricadas a los problemas de las escuelas que surgen de ella refuerzan, en general, la desprofesionalización del profesorado que debe poner en práctica cualquier reforma. Estas "soluciones" quitan de las manos del personal de las escuelas el proceso de definir el carácter de los problemas que resolver y la naturaleza de las soluciones adecuadas. El conocimiento experto de los problemas de la enseñanza se reconoce en los consultores externos. Esta confianza en los expertos de fuera, en vez de en el conocimiento experto del profesorado de los centros, se justifica a menudo en términos de la relación coste/eficacia. Por ejemplo, *Performance Learning Systems* (1986) afirma:

> No es preciso que el distrito pierda tiempo y dinero creando sus propios diseños de formación comprensiva. *Performance Learning Systems* ya ha creado programas complejos que han demostrado su valor. Los diseños de formación de *Performance Learning Systems* suponen 28 personas-año de investigación, desarrollo y comprobación de campo. El programa completo de 180 horas de formación y asesoramiento garantiza el dominio eficaz del aula. (Pág. 8)

Deberíamos haber aprendido ya de los fracasos del pasado reciente que esta estrategia de reforma escolar, esencialmente de arriba abajo, en último término fracasa siempre, salvo para quienes se benefician de la venta de estas soluciones educativas (SARASON, 1971). Aparte del hecho de que hay muy pocos casos de evaluación sistemática de los numerosos caprichos o manías que aparecen y desaparecen en los distritos escolares, siguiendo ciclos previsibles[42], la venta de soluciones educativas constituye un gran negocio. Por ejemplo, el primer artículo publicado evaluando el *Instructional Theory into Practice* (ITIP), de Madeline HUNTER, una de las manías actuales más controvertidas, apareció 16 años después de que el programa se estableciera en muchas escuelas y entonces sólo se evaluó el modelo establecido en una escuela de Napa (California) (STALLINGS, 1985). SLAVIN (1989) resume las tres únicas evaluaciones significativas llevadas a cabo sobre este programa desde su iniciación y concluye que:

> El caso del ITIP constituye un vívido ejemplo del péndulo educativo en acción. Resulta especialmente instructivo a causa de la extendida adopción del modelo ITIP, la falta de pruebas de evaluación hasta hace muy poco y el rotundo fracaso

---

(viene de la página anterior)
Aunque no decimos que los distritos escolares deban prescindir por completo de los consultores externos, creemos que habría que reducir drásticamente el recurso a ellos.

[41]Un buen ejemplo del deseo de encontrar soluciones sencillas a problemas complejos lo tenemos en la reciente publicación del *U.S. Department of Education* titulada: *What Works* (1986).

[42]Véase en SLAVIN (1989) una descripción del ciclo de desarrollo seguido por muchas de estas manías recientes.

del programa para influir en la única variable sobre la que tenía que actuar, según el diseño: el aprovechamiento del alumno. (Pág. 755)[43]

Aunque es difícil obtener datos muy precisos sobre la medida en que se adoptan programas como el ITIP y la cantidad de recursos por ellos consumidos, no hay duda de que dichos programas han sido adoptados por muchos distritos escolares. RENDER y cols. (1989) comentan el programa *Assertive Discipline*, por ejemplo:

> Parece que la técnica en cuestión ha experimentado un crecimiento meteórico. Según los materiales publicitarios de *Canter and Associates*, más de 500.000 profesores han sido entrenados en las técnicas de *Assertive Discipline* en incontables seminarios y en miles de escuelas. *Assertive Discipline* se ha extendido más allá de los límites de las aulas, estando ya a disposición de para-profesionales como personal de patios de recreo y cafetería, auxiliares del profesorado y conductores de autobuses escolares. También existen materiales dirigidos a los padres. (Pág. 607)

Los materiales publicitarios de *Performance Learning Systems,* distribuidores de una serie de programas de entrenamiento en técnicas docentes, entre los que está el *Project T.E.A.C.H.* (*Performance Learning Systems,* 1986), afirman que más de 160.000 profesores han sido entrenados con sus programas. Se estima que cientos de distritos escolares y decenas de miles de educadores han participado en el llamado *Hunter model* (GOLDBERG, 1990). Los distritos escolares que alquilan los servicios de una de estas empresas no han tenido inconveniente en pagar más de 3.000 dólares diarios por los servicios de conocidos consultores y charlatanes como Madeline HUNTER (STOVER, 1988). Según STOVER, el seminario básico de un día correspondiente a la *Assertive Discipline* cuesta un mínimo de 1.500 dólares por 50 participantes. *Performance Learning Systems* cobra también 1.500 dólares, más gastos, por su seminario básico de un día. Su curso inicial de 44 horas, *Project T.E.A.C.H.,* le cuesta a un distrito entre 4.000 y 4.500 dólares, más los gastos de un instructor.

Aparte de las críticas específicas de la naturaleza de estos programas que sólo en los últimos años han empezado a aparecer en la bibliografía[44], no cabe duda del carácter exagerado de las afirmaciones que hacen los defensores de dichos programas, tanto por lo que se refiere a la investigación en la que se basan como respecto a su impacto en los profesores. Por ejemplo, en *We Can Show You the Secrets of Creating a Championship Teaching Staff,* el folleto de propaganda de *Performance Learning Systems,* se dice que:

> *Performance Learning Systems* ofrece una serie comprensiva completa de cursos de formación de profesores que facilita los pasos necesarios para hacer de cada docente de su plantilla un campeón. *Performance Learning Systems* ha estado

---

[43]RENDER y cols. (1989) proporcionan datos similares sobre la falta de investigación (a pesar de las protestas en contra) que apoyase la *Assertive Discipline*.
[44]Véanse: RENDER, PADILLA y KRANK (1989) y SLAVIN (1989).

investigando durante 15 años qué hacen en sus clases los profesores de valía que los convierte en campeones. Más de un cuarto de siglo en horas-hombre se han dedicado a convertir nuestros descubrimientos en técnicas concretas al alcance de todos los profesores... Analizamos la práctica de docentes ejemplares... con quienes aprenden los alumnos y que saben salir airosos ante incidentes críticos y problemas de aprendizaje. Identificando sus técnicas, estrategias y protocolos de decisión, hemos podido aislar técnicas y prácticas y plasmarlas en un formato a partir del cual pueden aprender todos los profesores. Nuestro modelo es el del profesional pragmático 100% congruente con los descubrimientos de la investigación educativa. (Págs. 4, 18)

Pocos de quienes se han dedicado durante los últimos 25 años a desarrollar investigaciones sobre las conductas eficaces de los profesores, como Jere BROPHY, Tom GOOD, David BERLINER o Jane STALLINGS, harían suyas unas afirmaciones tan exageradas como éstas. Aunque la presentación de estos seminarios es muy elegante y refinada (STOVER, 1988) y aunque en la publicidad correspondiente no escaseen los testimonios que ponderen las maravillas producidas por estos programas, el análisis de SLAVIN (1989) sobre los realizados por HUNTER y el de los datos de *Assertive Discipline,* efectuado por RENDER y cols. (1989), dejan pocas dudas acerca de que estos programas no consiguen los efectos que prometen. Debe tenerse en cuenta que los agentes para la mejora de la escuela representan sólo un ejemplo de los tipos de tendencias antidemocráticas presentes en las escuelas a las que deben oponerse los formadores de profesores reconstruccionistas sociales.

El trabajo con las organizaciones profesionales y estatales de educación

Los gobiernos estatales de los Estados Unidos tienen autoridad sobre todos los niveles de la educación, incluida la formación del profesorado, dentro de sus fronteras. A lo largo de la historia de la formación del profesorado en los Estados Unidos, el Estado ha ido incrementando su influencia en los programas al respecto y actuado como elemento normalizador en este campo (CREMIN, 1953). Esta influencia se ha ejercido mediante la promulgación de normas estatales para la expedición de los certificados profesionales y la autorización de los programas de formación del profesorado. Durante el siglo XX, las normas impuestas por el Estado ha sido en gran medida responsables de los requisitos, cada vez más rigurosos, para el ingreso en la docencia en el nivel inicial[45].

---

[45]La elevación al nivel universitario de la formación de los docentes ha constituido uno de los mayores logros de la formación del profesorado norteamericano estimulado por los requisitos impuestos por los estados (MONROE, 1952). Desde 1970, todos los estados han exigido

(Continúa en la página siguiente)

A pesar del importante papel que los estados han desempeñado para elevar la categoría de la docencia, elaborando normas más rigurosas para acceder a la profesión, en la formación del profesorado ha sido con frecuencia obieto de críticas procedentes tanto del interior como del exterior de la comunidad de dicha formación. Durante los últimos años cincuenta y los sesenta, hubo muchos que, desde fuera de la comunidad de formación del profesorado (por ejemplo: LYND, 1953 y KOERNER, 1963), acusaron a los estados de formar parte de un directorio compuesto por grupos como la *National Education Association,* la *American Association of Colleges for Teacher Education* (AACTE) y el *National Council for the Accreditation of Teacher Education* (NCATE), de los que se sospechaba conspiraban para proteger los intereses de las asignaturas de educación en el *curriculum* de la formación del profesorado, impidiendo a quienes no hubiesen cursado la totalidad de esas asignaturas el acceso a la docencia. James CONANT (1963), en su estudio sobre el papel desempeñado por los organismos de educación de 16 estados, rechazó estas teorías de la conspiración de los estudiosos de la educación. Descubrió que las relaciones entre estas diversas organizaciones eran bastante menos estrictas de lo que muchos decían, y que existían variaciones significativas entre las políticas de formación del profesorado de estos 16 estados. El análisis de CONANT (1963) recibió el apoyo de otros muchos que rechazaron la idea de que las relaciones de colaboración existentes entre aquellas organizaciones desempeñaran algún papel en la formación del profesorado (CLARK y MARKER, 1975; LANIER, 1986).

Desde los primeros años setenta, en que los estados empezaron a ampliar significativamente su control sobre los programas de formación del profesorado (ATKIN y RATHS, 1974; DRUMMOND y ANDREWS, 1980; CRONIN, 1983; TATE, 1988; CLARK y MCNERGNEY, 1990), las críticas del papel desempeñado por los organismos estatales de educación en la formación del profesorado comenzaron a provenir del interior de la comunidad de formadores de docentes. No hay mucho que decir sobre la forma en que los estados fueron siendo cada vez más agresivos en los últimos años, promulgando normas más específicas y detalladas para la aprobación de los programas de formación de profesorado[46]. Estas normas han impuesto requisitos más rigurosos

---

(viene de la página anterior)
el título de *bachelor* (licenciatura) para la obtención del título profesional de enseñanza primaria. En la actualidad, en muchos casos, los estados obligan a ampliar la preparación inicial de los profesores, llegándose a superar los cuatro años de formación pregraduada. Pör ejemplo, en Wisconsin, la implementación de las nuevas normas de expedición del título profesional de docente y de aprobación de programas de 1986 ha llevado a cumplir un mínimo de cinco años en los programas de formación del profesorado.

[46]CLARK y MCNERGNEY (1990) dicen que este aumento del rol que desempeñan los estados en la formación del profesorado constituye, en parte, una respuesta a la disminución del papel desempeñado por el gobierno federal en la educación durante el mandato del presidente Reagan
(Continúa en la página siguiente)

para el ingreso y la superación de ciertas pruebas como notas medias más elevadas y tests de competencia, el reflejo de determinadas "competencias" en el *curriculum* de formación del profesorado y una permanencia más larga de los estudiantes en los programas, como consecuencia de la mayor exigencia de los requisitos (LEATHERMAN, 1988). Estos requisitos más exigentes no suelen ir acompañados de mayores recursos estatales que los respalden[47]. El aumento de la intervención del Estado en la formación del profesorado ha sido rápido y radical. Por ejemplo, en relación con los tests de competencia impuestos por el Estado, en 1979, sólo 6 estados exigían algún tipo de test de competencia para ingresar en un programa de formación, terminarlo o para expedir el certificado profesional de docente. Sin embargo, en 1986, 46 estados obligaban a realizar tests de competencia sobre destrezas básicas, temas propios de la asignatura o conocimientos profesionales (SANDEFUR, 1986).

Aunque la mayoría de los estados ha adoptado un papel más agresivo en la regulación de la formación del profesorado, todavía subsisten grandes variaciones entre sus normativas específicas (COLEY, 1985). Por ejemplo, en algunos estados, como Wisconsin, las normas más recientes han incrementado en gran medida el trabajo que desarrollar en las asignaturas profesionales ofrecidas por facultades, *colleges* y departamentos de educación, así como en las asignaturas académicas (PRESTINE, 1989). En otros estados, como Texas, las normas vigentes han aumentado los requisitos académicos a expensas de las asignaturas de los centros de educación (SIMMS y MILLER, 1988)[48]. A pesar de estas variaciones, en general, se han incrementado los requisitos académicos a expensas de las asignaturas de educación:

Si ha habido un aspecto conceptual identificable en los cambiantes requisitos programáticos para los profesores en los últimos años, éste es el de dominio de los contenidos. La competencia docente, sobre todo en el nivel del bachillerato, se define en primer lugar por la adquisición de conocimientos en la propia materia. Esto se ha reflejado en los procedimientos del Estado para la aproba-

---

(viene de la página anterior)
en los años ochenta. También concuerda con los intentos de regular más estrictamente la enseñanza superior en general en los Estados Unidos (NICKERSON y STAMPEN, 1978) y con los recientes esfuerzos realizados en otros países para ejercer un control gubernamental más rígido sobre la enseñanza universitaria en general y sobre la formación del profesorado en particular. Por ejemplo, en ASPIN (1988) y en WHITTY, BARTON y POLLARD (1987), puede verse una descripción de los recientes acontecimientos del Reino Unido que han supuesto una reglamentación gubernamental más exhaustiva de los programas de formación del profesorado. SYKES (1986) dice que la historia de la reglamentación estatal de la formación del profesorado refleja la opinión disconforme del público a este respecto y la falta de confianza general hacia los profesores.

[47]Como indicamos antes, DARLING-HAMMOND y BERRY (1988) dicen que la mayor reglamentación estatal de los programas de formación del profesorado y de los docentes tiene la contrapartida de una reducción de la reglamentación de la enseñanza media.

[48]El *Senate Bill 994* de Texas, promulgado como ley en 1987, deroga la titulación de grado medio en educación y limita los requisitos pedagógicos para la expedición del título profesional a 18 créditos, incluyendo en ellos las prácticas de enseñanza.

ción de programas al hacer hincapié en las artes liberales y en las ciencias y reducir la importancia de la formación profesional. (CLARK y McNERGNEY, 1990, pág. 104)

Aunque los aspectos específicos de estas modernas reglamentaciones estatales han tratado de atajar problemas de la formación del profesorado dejados de lado durante mucho tiempo, como el de proporcionar mayor ayuda a los profesores principiantes, y han procurado garantizar que todos los futuros docentes de un mismo estado cursen asignaturas comunes relacionadas con determinadas cuestiones críticas como los derechos tribales reconocidos en tratados, la protección del medio ambiente y las distintas culturas, hay muchos aspectos de las recientes intervenciones del Estado en la formación del profesorado a los que deberían oponerse vigorosamente los formadores de docentes, tanto los reconstruccionistas sociales como otros[49].

Un aspecto concreto de las normativas más recientes que debería suscitar una oposición activa es su calidad a veces elitista. Ha quedado documentado con toda claridad que determinadas normas recientes, como las relativas a los tests de competencia y la mayor duración de los programas anulan los esfuerzos para crear una fuerza docente más diversificada[50]. Aunque pocos respaldarían una política que permitiese ingresar en la profesión docente sin alcanzar una mínima capacitación académica, hay normas, como las de puntuaciones mínimas elevadas en el test de admisión a la formación del profesorado, que son claramente restrictivas porque no permiten que estas instituciones trabajen con estudiantes que llegan en situación de inferioridad a causa de la enseñanza pública recibida. Las normas que dan prioridad exclusivamente a la competencia intelectual de los profesores dejan de lado las dimensiones morales de la formación del profesorado y muchas de las cualidades que necesitan los docentes para que puedan impartir una educación que se caracterice tanto por su equidad como por su elevada calidad (SIROTNIK, 1990)[51]. Por último, como señala APPLE (1987), el ampliar

---

[49]Un fallo de la lógica de estas órdenes de los estados (aun cuando los requisitos específicos apoyen la justicia social y la equidad) consiste en que las prescripciones no se plantean qué sentido tiene convertir el aprender a enseñar en un proceso que abarque una carrera larga. Si se decide que los profesores necesitan adquirir determinados tipos de información o enfrentarse a ciertas clases de problemas, los estados asumen automáticamente que necesitan esas experiencias, conocimientos, etc., antes de acceder a la enseñanza. Desde nuestro punto de vista, la decisión de que los profesores necesiten algo no significa automáticamente que lo precisen durante la formación inicial específica. Quizá fuese una estrategia más razonable distribuir, al menos, algunos de estos requisitos durante los primeros años de la carrera docente, formando parte de los programas de desarrollo del profesorado de los distritos. Esto aligeraría la carga de un *curriculum* de formación inicial del profesorado ya sobrecargado y sería más congruente con lo que sabemos acerca de cómo aprenden los profesores a enseñar.

[50]En DILWORTH (1984), SMITH (1987) y WITTY (1982), pueden verse descripciones de algunos de los efectos discriminatorios de las normas estatales de formación del profesorado.

[51]Por ejemplo, la práctica corriente de admitir estudiantes en los programas de formación del profesorado sobre la única base de las puntuaciones en tests y las notas medias no contempla el compromiso moral de los candidatos a profesores con la justicia social (por

(Continúa en la página siguiente)

los programas de formación del profesorado a más de cuatro años, como ha llegado a ser corriente en la actualidad, sólo tendrá efectos elitistas, salvo que se empleen grandes sumas de dinero que permitan a los individuos menos pudientes convertirse en profesores.

Otra consecuencia negativa de la intervención estatal en la formación del profesorado es el modo en que las órdenes estatales han contribuido a la fragmentación del *curriculum* de formación del profesorado y frustrado los esfuerzos para elaborar programas más coherentes. El planteamiento típico de los funcionarios estatales, en respuesta a los argumentos de los distintos grupos de intereses, consiste en tomar determinaciones respecto a áreas adicionales que deban incluirse en el *curriculum* de formación del profesorado. Hay algún caso raro en el que el correspondiente departamento del Estado ha ordenado eliminar algo de los programas. Como ha señalado CRONIN (1983), estas órdenes sucesivas han llevado con los años a sobre-cargar el *curriculum,* del que han desaparecido las opciones para los alum-nos. Además de eliminarse muchas asignaturas optativas, estas órdenes estatales, cada vez más específicas y detalladas, sobre el *curriculum* de formación del profesorado han ahogado el proceso de innovación en el desarrollo de programas. Cuando los formadores de profesores, tanto de las universidades como de las escuelas, han contemplado la posibilidad de ela-borar programas nuevos y creativos, a menudo se han encontrado con los obstáculos derivados de la necesidad de incluir numerosos temas obligato-rios en el *curriculum* o de no superar determinado número de créditos en ciertos tipos de asignaturas.

Esta creciente intervención de los organismos de educación del Estado en el *curriculum* y la organización de los programas de formación del profe-sorado no es totalmente una consecuencia de las actuaciones de los fun-cionarios estatales de educación. La descripción de este estado de cosas como una cuestión de "nosotros contra ellos" sería una simplificación de-masiado fácil. Por ejemplo, como señala LEVIN (1990), en muchos casos, han sido los formadores de profesores universitarios, como representantes nom-brados o invitados en diversas comisiones estatales, quienes han propuesto en primer lugar las reglamentaciones controvertidas. En Wisconsin, por ejemplo, muchas personas que manifestaron su apoyo a las normas de ex-pedición de certificados profesionales de docentes implementadas hace poco eran formadores de profesores de universidad de sedes distintas de la de Madison (PRESTINE, 1989). Además, algunas personas que trabajan en aque-llos organismos, sobre todo en los niveles inferiores, han defendido a veces propuestas progresistas de formación de profesorado, como los programas de tutela de los docentes principiantes, programas para atraer a más perso-nas de color a la enseñanza y programas para ayudar a los estudiantes de profe-

---

(viene de la página anterior)
ejemplo, para proporcionar una educación equitativa a todos los alumnos; su conocimiento de las distintas tradiciones culturales y su sensibilidad respecto a ellas, etc.) (véase HABER-MAN, 1987).

sorado a sensibilizarse respecto a tradiciones culturales distintas de la propia[52]. Al menos, existe la posibilidad de establecer alianzas con funcionarios de los organismos estatales de educación para apoyar normas y programas específicos orientados a la promoción de ambientes escolares más humanos y justos.

No obstante, para influir en la elaboración de sus normas, los formadores de profesores han de trascender estas cuestiones concretas y apoyar las normativas estatales que aborden cuestiones de justicia social. Los formadores de profesores de orientación reconstruccionista social han de comprometerse más de lo que en la actualidad está la mayoría en el campo político de la formación del profesorado, presionando para colocar en las comisiones clave que elaboran la política a docentes universitarios progresistas e influyendo sobre los legisladores estatales a favor de determinados programas. Cuando los funcionarios estatales solicitan consejo sobre programas concretos u ofrecen oportunidades para pronunciarse públicamente sobre ciertos programas o políticas, es importante que las perspectivas reconstruccionistas sociales estén representadas en el discurso. No somos tan ingenuos que creamos que los problemas actuales surgidos de la intervención de los estados en el *curriculum* de la formación del profesorado puedan resolverse por la fuerza de la razón, la lógica y la evidencia en conversaciones con los funcionarios estatales. El juego es político y no académico. Creemos, no obstante, que es importante poner de manifiesto las consecuencias morales de la política del Estado tanto ante los funcionarios públicos electos como ante el público en general. Cuando estados como Wisconsin, por ejemplo, implementan normas de aprobación de programas que hacen más difícil (a pesar de las declaraciones en contra) el ingreso y la permanencia hasta el final de personas de color en los programas de formación de profesorado, hay que dar la máxima publicidad a tales consecuencias.

Hay muchos indicios en la creciente politización de los formadores de profesores en los últimos años. Don CRUICKSHANK, de la *Ohio State University,* que suele manifestarse públicamente como apolítico, no hace mucho ha pedido que las dos organizaciones profesionales que en los Estados Unidos representan a los departamentos estatales de educación ejerzan mayores presiones[53]. En 1987, el decano de la *School of Education at the University of Wisconsin-Madison* designó a algunos profesores para que ejercieran presión sobre determinados legisladores del Estado que deberían votar sobre la propuesta de normas de aprobación de programas de formación de profesorado. La *Association of Teacher Educators* (ATE) patrocinó, en julio de 1989, un seminario sobre la comunicación eficaz con los funcionarios

---

[52]Por ejemplo, en Wisconsin, el *Department of Public Instruction* ha proporcionado apoyo público y financiero a un programa desarrollado por Linda POST y Martin HABERMAN, de la *University of Wisconsin-Milwaukee,* para proporcionar experiencias estructuradas en las escuelas del centro de la ciudad a los estudiantes de los alrededores del estado de Wisconsin.

[53]Se trata del *Council of Chief State School Officers* y el *National Council of State Directors of Teacher Education* (véase CRUICKSHANK y ARMALINE, 1986).

electos. Hendrick GIDEONSE presentó una demanda ante el *National Council of Accreditation in Teacher Education* en contra de la aprobación de las instituciones de formación del profesorado en el estado de Texas, debido a la drástica reducción del componente de formación profesional aprobado en la *Senate Bill 994* (IMIG, 1988). Como estas maniobras políticas se llevan a cabo ante la probable continuación de las agresivas intervenciones estatales en la formación del profesorado, es importante que se hagan oír las voces reconstruccionistas sociales desde el interior de la comunidad de formación de profesorado.

Así, también es importante que se susciten y defiendan las perspectivas reconstruccionistas sociales en las asociaciones profesionales en las que participan quienes trabajan en la formación de docentes, como la *Association of Colleges for Teacher Education,* de ámbito nacional, y sus filiales estatales y la *Association of Teacher Educators* y los grupos de formación del profesorado de las diversas asociaciones correspondientes a distintas materias o especialidades, como el *National Council of Teachers of English and Mathematics,* el *National Council for the Education of Young Children* o el *Council for Exceptional Children*[54]. Aunque es importante que los análisis reconstruccionistas de los problemas de la formación del profesorado hayan adquirido mayor relieve público en los últimos años en las reuniones de la *American Educational Research Association* (AERA), muchos de quienes se reconocen como formadores de profesores (LANIER, 1986), sobre todo los primordialmente relacionados con la formación práctica, no asisten a las reuniones de la AERA ni leen sus revistas. La asistencia a las reuniones anuales de la AACTE o de la ATE, las dos organizaciones principales de los Estados Unidos dedicadas en exclusiva a la formación del profesorado, las publicaciones en sus revistas *(Action in Teacher Education* y *Journal of Teacher Education)* o ambas cosas cumplen un objetivo político de especial importancia. Por una parte, las fuerzas progresistas ya presentes en estas organizaciones (como las comisiones de equidad y de educación multicultural de la AACTE), recibirían mayor apoyo. Desde nuestro punto de vista, no tiene mucho sentido decir que estamos a favor de la implantación de la justicia social y la equidad y no apoyar a aquellas fuerzas ya presentes en el sistema que trabajan en esa misma dirección. Por otra parte, como en el ejemplo citado antes sobre el castigo de un grupo de estudiantes latinos de octavo grado por parte de su profesor y su supervisor (véase la nota 37 de la pág. 203), en las reuniones de formadores de profesores deberían sus-

---

[54]La única asociación profesional en la que siempre han destacado las perspectivas reconstruccionistas sociales es la *American Educational Studies Association,* organización compuesta por profesores universitarios que participan en los cursos de fundamentos de la educación dentro de los programas de formación del profesorado. Como señalamos en el Capítulo Primero, los cursos de fundamentos sociales dentro de los programas de formación del profesorado surgieron del reconstruccionismo social de los años treinta (véase, en BORMAN, 1990, una exposición más detallada de las relaciones entre los fundamentos de la educación y el reconstruccionismo social).

citarse las cuestiones de justicia social que, de lo contrario, es improbable que surgieran[55].

El apoyo a los movimientos políticos progresistas

Aunque es importante que los formadores de profesores reconstruccionistas sociales participen en los campos hasta aquí mencionados (programas de formación del profesorado; política escolar, universitaria y estatal, y asociaciones profesionales de formadores de docentes), también es esencial que participemos activamente en una amplia serie de luchas políticas que tienen lugar en la sociedad en general, en especial las que tratan de modificar las desigualdades en las relaciones económicas, sociales, raciales y étnicas y de género. Como indicamos al comienzo de este libro, nuestra sociedad está en crisis. En ella hay gran cantidad de niños a los que, desde el momento de su nacimiento, se les niega la oportunidad de asegurarse sus derechos básicos como seres humanos en cuanto a una vivienda adecuada, una atención sanitaria decente, una dieta correcta, el acceso a una educación de calidad y la promesa de un trabajo significativo por el que reciba un salario decente. La distancia que hay entre ricos y pobres en los Estados Unidos es la mayor que ha existido en 40 años y crece sin cesar a medida que seguimos asistiendo a una inadecuada distribución de los recursos nacionales a los servicios sociales de casi cualquier tipo[56]. Vivimos en una nación en la que el gobierno gasta aproximadamente 290 veces más en investigación para la defensa que en la relacionada con la educación (BIDDLE, 1989) y emplea al año miles de millones de dólares en sistemas de armas, en el apoyo a dictaduras de todo el mundo y en "exenciones de impuestos" a los ricos del interior y del extranjero. Los Estados Unidos ocupan el décimocuarto lugar entre los 16 países más industrializados en la proporción de la renta nacional destinada a la enseñanza preuniversitaria (MISHEL y RASELL, 1989). Por supuesto, no sólo damos dinero para las dictaduras, las grandes empresas y la preparación militar, pero damos lo bastante para hacer virtual-

---

[55]Nuestra postura consiste en que los formadores de profesores reconstruccionistas sociales tienen que participar en una de las dos orgnanizaciones (o en ambas) que se dedican en exclusiva a la formación del profesorado (AACTE o ATE), además de tomar parte en las diversas asociaciones relacionadas con las distintas asignaturas o especialidades. Esto reviste una importancia especial para los miembros de la *American Educational Studies Association,* en la que están bien representadas las perspectivas reconstruccionistas sociales.

[56]En 1987, según el *Center on Budget and Policy Priorities,* de Washington, la quinta parte más pobre de las familias norteamericanas recibió sólo el 4,6% de la renta familiar nacional, mientras que la quinta parte superior de la escala llegó al 43,7%. Esta distancia fue la mayor en cuarenta años, como también lo fue el número de norteamericanos mal alojado, mal escolarizado y sin atención sanitaria (CAPLAN, 1990). Por ejemplo, se ha estimado que sólo un quinto de los niños seleccionables para el programa federal *Head Start* está siendo atendido (FISKE, 1990) y que 35 millones de norteamericanos carecen de todo tipo de seguro médico.

mente imposible el cumplimiento de nuestros objetivos educativos y sociales más nobles, en las actuales condiciones[57]. No hay modo de construir un sistema escolar público decente ni una sociedad que proporcione a cada uno el acceso a una vida remuneradora y decente sin desviar mayor cantidad de nuestros recursos de actividades como la preparación militar y modificar el tipo de política fiscal y económica que, durante la última década, ha permitido la extinción de programas sociales de todo tipo y que sigue permitiendo la existencia de obscenos contrastes del tipo de la reciente construcción del casino de juego Taj Mahal, por valor de mil millones de dólares, en medio de la pobreza de Atlantic City (GOLDBERGER, 1990).

Aunque en los últimos años ha proliferado la retórica acerca de la creación del *Tomorrow's Teachers* y *Tomorrow's Schools,* poco se ha hablado de *Tomorrow's Society* ni de los tipos de cambios fundamentales en las estructuras e instituciones sociales necesarios para la realización de las reformas propuestas de la enseñanza y la formación del profesorado. No podemos construir las escuelas del mañana en la desigual sociedad de hoy[58] Con independencia de que el problema consista en la política de producción y distribución de los alimentos y eliminación del hambre, la erradicación de la falta de vivienda, el trabajo para mejorar las relaciones raciales y contra la discriminación por razones de género, la acción para la desmilitarización de la economía, el apoyo a las inversiones y negocios llevados a cabo con responsabilidad social, el trabajo hacia la consecución del pleno empleo o la preservación del medio ambiente, los formadores de profesores reconstruccionistas sociales han de mostrarse activos para trabajar en las cuestiones que contribuyan a una transformación fundamental de las estructuras económicas, sociales y políticas de la sociedad, de manera que todos nosotros y nuestros hijos puedan tener acceso a una vida remuneradora y decente[59].

---

[57]Se estima, por ejemplo, que, para elevar el gasto en enseñanza no universitaria en los Estados Unidos hasta el nivel medio de los otros quince países del mundo mencionados en el estudio citado de MISHEL y RASELL (1989), tendríamos que elevar el gasto público más de 20.000 millones de dólares al año, cantidad más o menos igual al presupuesto completo del *U.S. Department of Education* (MILLER, 1989).

[58]Esto ha sido cierto respecto a todos los informes importantes que se han centrado en la formación del profesorado en los Estados Unidos hasta el final de 1989 (por ejemplo: *National Commission for Excellence in Teacher Education,* 1985; *Holmes Group,* 1986; *Carnegie Forum on Education and the Economy,* 1986). Aunque los informes más recientes del *Holmes Group Consortium —Tomorrow's Schools* (1990)— y el informe de la comisión sobre el *curriculum* nacional del *Holmes Group* (1990) prestan mayor atención explícita a las cuestiones de justicia social y equidad en la escolarización que los anteriores, ninguno de ellos se ocupa con detalle de los prerrequisitos sociales (o sea, los cambios de las estructuras economicas, políticas y sociales) que son necesarios para realizar los tipos de reformas escolares que defienden (ZEICHNER, 1990a).

[59]Aunque aquí no nos hemos centrado en los tipos de cambios concretos de las estructuras económicas, políticas y sociales de la sociedad que personalmente defenderíamos, en las

(Continúa en la página siguiente)

Es obvio que todos no podemos participar en todos los frentes. Tenemos que seleccionar los problemas concretos en los que podamos volcar nuestras energías.

Es importante recordar que estas grandes luchas políticas contra problemas como hambre, la falta de vivienda, el desempleo, el racismo, el sexismo, la discriminación por la edad, la homofobia están íntimamente relacionados con nuestro trabajo como formadores de profesores. Es una absoluta tontería o una completa falta de honradez hablar de la reestructuración de las escuelas y los programas de formación de docentes y de la profesionalización de la enseñanza, como hemos estado haciendo, sin reconocer explícitamente la necesidad de grandes transformaciones sociales y económicas (precondiciones sociales para la realización de la reforma escolar) que hay que apoyar de forma activa. Gran parte de la bibliografía actual sobre la reforma de la formación del profesorado nada dice, por ejemplo, de la necesidad de transformación alguna más allá de los muros de la escuela y de facultar a los profesores para que tengan mayor voz respecto al funcionamiento de las mismas. Aunque apoyamos los numerosos esfuerzos efectuados en los últimos años para realzar la dignidad del trabajo de los profesores, creando ambientes escolares más participativos y cooperadores, estos esfuerzos no llegan mucho más allá y, en algunos casos, pueden incluso hacer más profundas las divisiones entre escuelas y comunidades que contribuyen al fracaso escolar de miles de niños (COMER, 1988)[60]. Esta ampliación de la separación entre escuela y comunidad puede producirse, por ejemplo, en aquellos casos en los que los profesores, dotados de mayores poderes, no consigan responder mejor a las comunidades a las que prestan sus servicios, utilizando, en realidad, su reforzado carácter profesional para alejar más a los padres de los procesos de decisión (ZEICHNER, 1990a).

Ni que decir tiene que las diversas propuestas para la reestructuración escolar, que constituyen el elemento central de casi todos los informes contemporáneos sobre la reforma de la enseñanza y de la formación del profesorado, requerirán una redistribución fundamental de los recursos de la nación. Si tenemos en cuenta las precondiciones sociales de la reforma escolar señaladas antes, esta necesidad de redistribución de recursos se hace irrefutable. Pedir una reforma de la escolarización y de la formación del profesorado sin señalar la necesidad de grandes cambios sociales y económicos en la sociedad no es sino apoyar el punto de vista, impreso con notable éxito en la conciencia pública en los últimos años (véase SHOR, 1986), que sostiene

---

(viane de la página anterior)
propuestas de RASKIN (1986) para promover el "bien común" en nuestra sociedad puede encontrarse un ejemplo de las clases de programas en los que pensamos. Aunque no estemos de acuerdo con todo lo que propone RASKIN, sobre todo respecto a la educación, en conjunto, sus ideas se acercan mucho a las nuestras.

[60]En ZEICHNER (1990a) puede verse una descripción de las contradicciones y tensiones que existen en los movimientos para dar mayor fuerza a los profesores y para reestructurar las escuelas.

que lo que no marcha bien en la sociedad en general se debe en gran medida al fallo de las escuelas o sería susceptible de corrección en ellas (APPLE y cols., 1989)[61]. Rechazamos esta exportación de nuestros problemas económicos, políticos y sociales a las escuelas y a las instituciones de formación del profesorado, así como la idea de que la reforma educativa podría, por sí sola, resolver nuestra crisis social. Aunque apoyamos muchas propuestas de reestructuración escolar contenidas en informes recientes, pocas de ellas llegan incluso a mencionar el amplio espectro de nuestras dificultades y lo que haría falta para superarlas.

Además de no mencionar la necesidad de las reformas sociales que nosotros ponemos aquí de manifiesto, muchos informes recientes sobre la formación del profesorado prestan sólo una atención mínima, en el mejor de los casos, a los problemas de desigualdad educativa. El *Carnegie Report* (1986) dice, por ejemplo, que "Norteamérica debe proporcionar ahora a la mayoría la misma calidad de educación reservada en la actualidad a la minoría más afortunada" (pág. 14). *Tomorrow's Teachers* (*Holmes Group*, 1986) reconoce también el problema cuando afirma que los docentes profesionalmente formados y titulados que se gradúan en sus instituciones deben aceptar la responsabilidad de que todos los niños aprendan. Sin embargo, ninguno de los informes de 1986 elabora propuestas concretas que muestren cómo cumplir esos objetivos relacionados con la equidad. Casi todas las propuestas específicas que hacen están relacionadas con el refuerzo de las dimensiones intelectuales de la enseñanza y la formación del profesorado, prestando poca atención al problema de garantizar que todos los niños, y no sólo algunos, se beneficien de sus mejoras. Muchos de los "informes" sobre la formación del profesorado, como el elaborado por la *AACTE Commission on Excellence in Teacher Education* (1986) nada dicen sobre estas cuestiones. Las propuestas son conocidas: niveles más elevados para ingresar y graduarse en los programas de formación del profesorado, más asignaturas de artes liberales y ciencias para los futuros docentes de primaria, mayor uso de la investigación sobre la enseñanza en el *curriculum* de la formación del profesorado; orientadas todas ellas, como afirma *Tomorrow's Teachers,* a hacer más sólida la formación intelectual de los profesores. El único lugar en el que se habla de la equidad en muchos informes contemporáneos sobre la formación del profesorado es en las propuestas para que accedan más personas de color a la fuerza docente.

---

[61]Pensamos también que hay que pagar un precio por permanecer en silencio respecto a la necesidad de transformación social y aceptar después dinero procedente de intereses corporativos para financiar determinadas reformas de la enseñanza y la formación del profesorado. Por ejemplo, aunque es encomiable que los formadores de profesores del estado de Michigan hayan conseguido hace poco 48 millones de dólares, procedentes de diversas fuentes, para financiar el funcionamiento de escuelas de desarrollo profesional en todo el estado (Michigan, 1990), la caridad de los magnates industriales, aun por valor de 48 millones de dólares, no va a permitirnos solucionar los tipos de problemas educativos y sociales tratados en este libro. Necesitamos cambiar las condiciones que permiten que un solo empresario (como otros muchos) amase una fortuna individual tan enorme mientras muchos más tienen tan poco.

© Ediciones Morata, S.L.

Aunque apoyamos muchas de las propuestas concretas contenidas en estos informes, incluyendo las orientadas a diversificar la plantilla docente y a aumentar la competencia intelectual de los profesores, rechazamos con fuerza la casi completa ausencia en algunos informes de propuestas orientadas a reforzar la conciencia moral, el compromiso social y político, y la capacidad de los profesores para trabajar a favor de la eliminación de las desigualdades sociales, educativas, económicas y políticas. Debemos empezar a cambiar la situación actual, en la que sólo unos pocos futuros profesores desean trabajar con niños de color y en condiciones económicas precarias. Asimismo, debemos modificar las circunstancias, tanto internas como externas a la escuela, relacionadas con la omnipresencia de desigualdades basadas en la clase social, raza, etnia y género. De lo contrario, todas nuestras pretendidas reformas de la formación del profesorado quedarán en papel mojado.

En los Estados Unidos, la formación del profesorado cuenta con una larga historia de reformas que benefician primordialmente a los estudiantes que están ya en una situación bastante buena (KEPPEL, 1986; ZEICHNER, 1987)[62]. Como hemos señalado e insistido en este libro, la educación dirigida a los pobres urbanos y rurales no ha constituido una preocupación evidente en nuestro campo. Salvo que en los Estados Unidos empecemos a dar prioridad al desarrollo de un sistema de formación de profesorado según el cual centremos lo mejor que podamos dar en aquellos cuyas necesidades básicas no estén satisfechas, tanto nuestro sistema escolar público como nuestra nación estarán en auténtica situación de peligro. Lo que ha colocado a nuestra nación en esta situación no es, como han dicho algunos[63], nuestro fracaso para competir con otras naciones en los niveles más elevados del aprovechamiento académico, en ciencias o en matemáticas, sino nuestro fracaso como pueblo para satisfacer las necesidades humanas básicas de todos nuestros ciudadanos. No quiere decir esto que nos opongamos a los cambios que tratan de reducir el ejercicio monótono, los trabajos pesados y las superficialidades burocráticas que tienen que soportar tantos profesores y sus alumnos, aún en las escuelas públicas para quienes se encuentran en una buena posición relativa. Las condiciones para la enseñanza y el aprendizaje en todas nuestras escuelas públicas necesitan grandes mejoras (MOORE-JOHNSON, 1990). Deberíamos proporcionar a nuestros profesores una preparación mejor en sus asignaturas y aprovechar los conocimentos sobre

---

[62]Esto incluye también la falta de disposición (incluso en instituciones situadas en zonas urbanas) a enviar a estudiantes en prácticas a aulas urbanas de culturas diferentes (GOODLAD, 1990).

[63]Estamos de acuerdo con las críticas del *Holmes Group* sobre la estrechez de miras del movimiento de reforma educativa de los años ochenta, del que dicen se ocupó en gran medida de hacer más competitivos económicamente los Estados Unidos en los mercados mundiales. Plantean una importante pregunta a quienes sólo han insistido en aumentar la competitividad económica como justificación de la reforma educativa: "¿Qué objetivos cumple una nación que es más competitiva en términos económicos si sus ciudadanos están divididos entre ellos por las duras realidades del racismo y la pobreza?" (pág. 2).

la enseñanza y el aprendizaje que ha producido la investigación en los últimos años, como han indicado informes recientes. No nos oponemos a estos esfuerzos. No obstante, debemos caer en la cuenta de que "la revolución cognitiva" y "los conocimientos básicos" no proporcionan, de por sí, el fundamento de nuestro trabajo como formadores de profesores. Estamos de acuerdo con Ken SIROTNIK (1990) cuando afirma que la formación del profesorado es más un proceso de desarrollo moral que un proceso de construcción de conocimientos básicos, destrezas y dominio de materias. En estos tiempos, lo que más necesitamos en los Estados Unidos es un cuerpo de profesores apasionadamente comprometido para trabajar dentro y fuera de las escuelas a favor de una sociedad más razonable, humana y justa y para crear las condiciones que apoyen estos esfuerzos, en las escuelas y en la sociedad. Asimismo, estamos de acuerdo con Constance CLAYTON (1989), inspectora escolar de Filadelfia, que dice que el futuro de nuestras escuelas públicas depende menos del desarrollo de una nueva pedagogía mediante la investigación y el desarrollo que de la aparición de una nueva política. Reiterando la postura de Ron EDMONDS, dice que ya sabemos mucho más de lo que necesitamos enseñar a todos los alumnos de forma satisfactoria. La cuestión fundamental sigue siendo si, como sociedad, estamos de verdad comprometidos en crear las condiciones que nos permitan eliminar para siempre la subclase que hemos creado[64].

Es obvio que la formación del profesorado y la escolarización no pueden resolver por sí mismas los problemas que están enraizados en la misma estructura de nuestra sociedad, pero cada cual puede poner de su parte.

La preocupación de los formadores de profesores debe seguir siendo normativa, crítica e, incluso, política. Ni los centros de formación de profesorado ni las escuelas pueden cambiar el orden social ni pueden legislar la democracia. Pero sí pueden hacer algo para impulsar a los profesores a que reflexionen sobre sus propias situaciones vitales, manifiesten las carencias que, a su juicio, han de repararse, las posibilidades de actuar en nombre de lo que estimen razonable, humano y justo. (GREENE, pág. 71)

Para quienes estamos involucrados en la formación del profesorado de los Estados Unidos, ha llegado el momento de insistir con fuerza en nuestra escolarización y en nuestras numerosas actividades profesionales en los cambios sociales, económicos y políticos que deben producirse más allá de la escuela si queremos que se lleven a la práctica los nobles tópicos sobre la excelencia y la equidad en la que todos estamos de acuerdo en el terreno escolar. Si no lo hacemos y no ponemos de manifiesto las dimensiones

---

[64]Esto no niega la necesidad de continuar las investigaciones. CLAYTON (1989) afirma, sin embargo —y estamos de acuerdo—, que toda la investigación del mundo no dejará huella alguna en la crisis de desigualdad en las escuelas y en la sociedad salvo que tengamos la voluntad política de iniciar los tipos de transformaciones sociales y políticas redistributivas que permitan a todos los estudiantes beneficiarse de la investigación.

políticas de nuestro trabajo, no haremos sino ayudar al mantenimiento de las auténticas opresiones e injusticias que decimos nos ofenden.

Epílogo

Hemos defendido en este libro una presencia más visible de las perspectivas reconstruccionistas sociales en la comunidad de formadores de profesores de los Estados Unidos y hemos presentado un conjunto de propuestas específicas, tanto nuestras como de otros colegas, que contribuirían, unidas a los esfuerzos desarrollados en otras esferas de actividad, a la realización de una sociedad más justa y humana. Aunque estemos apasionadamente comprometidos con el programa de trabajo expuesto en este libro, no queremos que nuestras propuestas favorezcan aún más la estrechez ideológica de miras que invade nuestro campo. Esta limitación de pespectivas sigue siendo uno de los impedimentos más graves para el perfeccionamiento de la formación del profesorado en los Estados Unidos. La pauta de comportamiento habitual de diversas subcomunidades de formadores de profesores sigue siendo la de actuar de forma relativamente independiente de las demás. Hay poca intercomunicación esencial de ideas, con la correspondiente fertilización, entre las distintas tradiciones de práctica. Los miembros de esas subcomunidades sólo suelen leer, dialogar, debatir y citar trabajos encuadrados en su misma tradición y despreciar o pasar por alto cualesquiera otros. Al presentar nuestras propuestas de inspiración reconstruccionista social para la formación del profesorado en los Estados Unidos, esperamos facilitar el diálogo tanto dentro de cada una de las tradiciones de reforma que hemos descrito en este libro como entre ellas. No quiere decir esto que aspiremos a establecer una combinación ecléctica de ideas y prácticas que trate de complacer a todos sin molestar a nadie. La imparcialidad ideológica y el relativismo moral no hacen justicia a ninguna tradición. Todos tenemos pasiones y compromisos moralmente justificables por los que estamos dispuestos a trabajar. No obstante, esto no debe cerrarnos de manera que perdamos de vista las limitaciones de nuestra perspectiva particular, sea cual sea. Los costes del fracaso son demasiado elevados para nosotros como para que nos preocupemos por las disputas académicas. El plan reconstruccionista social de formación del profesorado debe seguir vigorosamente adelante, pero de manera que trate de apelar a los impulsos más nobles de todos nosotros.

Bibliografía

ADLER, S. y GOODMAN, J. (1986). "Critical Theory as a foundation for methods courses". *Journal of Teacher Education 37*(4), págs. 2-8.

ALLEN, D. y RYAN, K. (1969). *Micro teaching.* Compilación, Mass.: Addison-Wesley.

ALTHUSSER, L. (1971). *Lenin and philosophy.* Nueva York: Monthly Review Press.

AMAREL, M. (1988). "Developmental teacher education". En *Dialogues in teacher education* (Documento publicado 88-4). East Lansing, Mich.: National Center for Research on Teacher Education.

American Association of Colleges for Teacher Education (1988). *Teacher education pipeline: Schools, colleges, and departments of education enrollments by race and ethnicity.* Washington, D.C.: AACTE.

American Association of University Professors (1988). "Mastering the academic marketplace: The annual report of the economic status of the profession". *Academe 74*(2), págs. 3-16.

American Federation of Teachers (1986). *The revolution that is overdue: Looking toward the future of teaching and learning.* Washington, D.C.: American Foundation of Teachers.

AMMON, P. y BLACK, A. (1988). "A response to M. Amarel". En *Dialogues in teacher education* (Documento publicado 88-4). East Lansing, Mich.: National Center for Research on Teacher Education.

ANYON, J. (1979). "Ideology and U.S. history textbooks". *Harvard Educational Review 49*(3), págs. 361-386.

——— (1980). "Social class and the hidden curriculum of work". *Journal of Education 162,* págs. 67-92.

APPLE, M. (1972). "Behaviorism and conservatism: The educational views in four of the 'systems' models of teacher education". En *Perspective for reform in teacher education,* editado por B. Joyce & M. Weil, págs. 237-262. Englewood Cliffs, N.J.: Prentice-Hall.

——— (1979). *Ideology and Curriculum.* Boston: Routledge and Kegan Paul. (Trad. cast.: *Ideología y currículo.* Madrid, Akal, 1986.)

——— (1982). *Education and power.* Boston: Routledge and Kegan Paul. (Trad. cast.: *Educación y poder.* Barcelona, Paidós-M.E.C., 1987.)

——— (1986). *Teachers and texts: A political economy of class and gender relations in education.* Boston y Londres: Routledge and Kegan Paul. (Trad. cast.: *Maestros y textos. Una economía política de las relaciones de clase y de sexo en educación.* Barcelona, Paidós-M.E.C., 1989.)

——— (1987). "Will the social context allow a tomorrow for tomorrow's teachers?" En *Reforming teacher education,* editado por J. Soltis, págs. 20-27. Nueva York: Teachers College Press.

———, CORNBLETH, C. WEIS, L., WEXLER, P. y ZEICHNER, K. (1989). *Toward tomorrow's schools.* Buffalo, N.Y.: State University of New York en Buffalo, School of Education.

ARFEDSON, G. (1979). "Teachers' work". En *Code, context and curriculum processes,* editado por U. Lundgren y S. Patterson. Lund, Suecia: Gleerup.

ARMALINE, W. y HOOVER, R. (1989). "Field experience as a vehicle for transformation: Ideology, education and reflective practice". *Journal of Teacher Education 40*(2), págs. 42-48.

ASHCROFT, K. y GRIFFITHS, M. (1989). "Reflective teachers and reflective tutors: School experience in an initial teacher education course". *Journal of Education for Teaching 15*(1), págs. 35-52.

ASPIN, D. (1988). *Teacher education: Reforms and strategies. Some U.K. perspectives.* Documento presentado a the First Asia-Pacific Conference on Teacher Education, Bangkok, Tailandia.

ASPIRA (1983). *Racial and ethnic high school dropout rates in New York City.* Nueva York: Author.

Association of Teacher Educators (1986). *Visions of reform: Implications for the education profession.* Reston, Va.: Association of Teacher Educators.

ATKIN, J. M. (1973). "Practice Oriented Inquiry: A third approach to research in education". *Educational Researcher* (Julio).

——— y RATHS, J. (1974). *Changing patterns of teacher education in the U.S.* París: Organization for Economic Co-operation and development.

AYER, A. (1931). "Freedom for the student teacher". *Progressive Education 8*(3), págs. 256-260.

AYERS, W. (1989). "Headaches: On teaching and teacher education". *Action in Teacher Education 11*(2), págs. 1-7.

——— (1989). "Reforming schools and rethinking classrooms: A Chicago chronicle". *Rethinking Schools 4*(1), págs. 6-10.

BALL, D. L. y McDIARMID, G. W. (1990). "The subject-matter preparation of teachers". En *Handbook of research on teacher education,* editado por W. R. Houston, págs. 437-449. Nueva York: Macmillan.

BAPTISTE, H. P., BAPTISTE, M. y GOLLNICK, D. (1980). *Multicultural teacher education: Preparing educators to provide educational equity.* Vol. 1. Washington, D.C.: American Association of Colleges of Teacher Education.

BARTHOLOMEW, J. (1976). "Schooling teachers: The myth of the liberal college". En *Explanations in the politics of school knowledge,* editado por G. Whitty y M. Young, págs. 114-124. Driffield, Inglaterra: Nafferton.

BASTIAN, A., FRUCHTER, N., GOTTELL, M., GREER, C. y HASKINS, K. (1985). *Choosing equality: The case for democratic schooling.* Filadelfia: Temple University Press.

BEATTY, W. (1933). "Training the teacher for the new school". *Progressive Education 10*(5), págs. 248-253.

BELENKY, M. F., CLINCHY, B. M., GOLDBERGER, N. R. y TARULE, J. M. (1986). *Women's ways of knowing: The development of self, voice, and mind.* Nueva York: Basic Books.

BEN-PERETZ, M. (1984). "Curriculum theory and practice in teacher education". En *Advances in teacher education,* editado por L. Katz y J. Raths. Vol. 1, págs. 9-27. Norwood, N.J.: Ablex. [Trad. cast.: "Teoría y práctica curriculares en programas de formación del profesorado" en L. M. Villar Angulo (Comp.): *Conocimiento, creencias y teorías de los profesores.* Alcoy, Marfil, págs. 239-258, 1988.]

BERGER, J. (1990). "New York city fails to train many of its novice teachers". *New York Times,* Febrero 22, A21.

BERLAK, A. y BERLAK, H. (1981). *Dilemmas of schooling.* Nueva York: Methuen.

BERLINER, D. (1984). "The half-full glass: A review of research on teaching". En *Using what we know about teaching,* editado por P. Hosford, págs. 51-77. Alexandria, Va.: Association of Supervision and Curriculum Development.

——— (1985). "Laboratory settings for the study of teacher education". *Journal of Teacher Education 36*(6), págs. 2-8.

BERNSTEIN, R. (1978). *The reconstruction of social and political theory.* Filadelfia: University of Pennsylvania Press.

BESTOR, A. (1953). *Educational wastelands.* Urbana, Ill.: University of Illinois Press.

——— (1955). *The restoration of learning.* Nueva York: Knopf.

BEYER, L. (1984). "Field experience, ideology, and the development of critical reflectivity". *Journal of Teacher Education 35*(3), págs. 36-41.

BEYER, L. (1988). *Knowing and acting: Inquiry, Ideology, and Educational Studies.* Londres: Falmer Press.

BIDDLE, B. (1989). "Implications of government funding policies for research on teaching and teacher education". *Teaching and Teacher Education 5*(4), págs. 275-282.

BIGELOW, D. (ed.) (1971). *The liberal arts and teacher education.* Lincoln, Nebr.: University of Nebraska Press.

BLOOM, A. (1987). *The closing of the American mnd.* Nueva York: Simon and Schuster. (Trad. cast.: *El cierre de la mente humana.* Barcelona, Plaza & Janés, 1989.)

BODE, B. (1935). "Dr. Bode replies". *The Social Frontier 2*(2), pág. 42.

——— (1938). *Progressive education at the crossroads.* Nueva York: Newson and Company.

BOLSTER, A. Jr. (1983). "Toward a more effective model of research on teaching". *Harvard Educational Review 53*(3), págs. 294-308.

BONSER, G. (1929). "The training of teachers for the new education". *Progressive Education* págs. 111-121.

BOOK, C. (1983). "Alternative programs for prospective teachers". *Action in Teacher Education* págs. 57-62.

———, BYERS, J. y FREEMAN, D. (1983). "Student expectations and teacher education traditions with which we cannot live". *Journal of Teacher Education 34*(1), págs. 9-13.

BORG, W. (1970). *The minicourse.* Bevely Hills, Calif.: Macmillan Educational Services.

BORMAN, K. (1990). "Foundations of education in teacher education". En *Handbook of research on teacher education,* editado por W. R. Houston, págs. 393-402. Nueva York: Macmillan.

BORROWMAN, M. (1956). *The liberal and technical in teacher education.* Nueva York: Teachers College Press.

——— (1965). "Liberal education and the professional preparation of teachers". En *Teacher education in the U.S.: A documentary history,* editado por M. L. Borrowman, págs. 1-53. Nueva York: Teachers College Press.

BOWERS, C. A. (1969). *The progressive educator and the depression: The radical years.* Nueva York: Random House.

BOWLES, S. y GINTIS, H. (1974). *Schooling in capitalist America.* Nueva York: Basic Books. (Trad. cast.: *La instrucción escolar en la América capitalista. La reforma educativa y las contradicciones de la vida económica.* México, Siglo XXI Editores, 1981.)

BOYER, E. (1987). *College: The undergraduate experience in America.* Nueva York: Harper & Row.

BRAMELD, T. (1947). "Philosophy of education in an age of crisis". *School and Society.* LXV (1695), pág. 452. Junio 21.

——— (1955). *Philosophies of education in cultural perspective.* Nueva York: The Dryden Press.

——— (1962). *Toward a reconstructed philosophy of education.* Nueva York: Holt, Rinehart and Winston.

BRENTON, M. (1970). *What's happened to teacher?* Nueva York: Avon Books.

BROSIO, R. (1990). "Teaching and learning for democratic empowerment: A Critical Evaluation". *Educational Theory 90*(1), págs. 69-82.

BROUDY, H. (1973). *A critique of PBTE.* Washington, D.C.: American Association of Colleges of Teacher Education.

——— (1990). "Case studies: Why and how". *Teachers College Record 91*(3), págs. 449-459.

BROWN, H. (1938). "A challenge to teachers' colleges". *Social Frontier 4*(37), págs. 327-329.

BUCHMANN, M. (1984). "The use of research knowledge in teacher education and teaching". *American Journal of Education 92*(4), págs. 421-434.

——— (1986). "Role over person: Morality and authenticy in teaching". *Teachers College Record 87* (4), págs. 529-543.

——— (1987a). "Impractical philosophizing about teachers' arguments". *Educational Theory 37*(4), págs. 409-412.

——— (1987b). "Teaching knowledge: The lights that teachers live by". *Oxford Review of Education 13*(2), págs. 151-164.

BULLOUGH, R. (1990). *Personal history and teaching metaphors in preservice teacher education.* Documento presentado a la Asamblea Anual de American Educational Research Association, Boston.

© Ediciones Morata, S.L.

BUSH, R. (1987). "Teacher education reform: Lessons from the past half century". *Journal of Teacher Education 38*(3), págs. 13-19.

BUTT, R., RAYMOND, D. y YAMAGISHI, L. (1988). "Autobiographic praxis: Studying the formation of teachers' knowledge". *Journal of Curriculum Theorizing 1*(4), págs. 87-164.

CABELLO, B. y DASH, R. (1988). *Programs for the recruitment, preparation and retention of teachers to work with diverse student populations.* San Francisco: Far West Laboratory for Educational Research and Development.

CALDERHEAD, J. (1989). "Reflective teaching and teacher education". *Teaching and Teacher Education 5*(1), págs. 43-51.

California Commission on the Teaching Profession (1985). *Who wil teach our children?* California: Author.

CANTER, L. y CANTER, M. (1983). *Assertive discipline.* Santa Monica, Calif.: Canter and Associates, Inc.

CAPLAN, A. (1990). "Health care for poor shames America". *Wisconsin State Journal.* Febrero 25: 19A.

Carnegie Foundation for the Advancement of Teaching (1988). *An imperiled generation: Saving urban schools.* Lawrencevill: N.J.: Princeton University Press.

Carnegie National Board for Professional Teaching Standards (1989). *Toward high and rigorous standards for the teaching profession.* Washington, D.C.

Carnegie Task Force on Teaching as a Profession (1986). *A nation prepared: Teachers for the 21st Century.* Nueva York: Carnegie Corporation.

CARNOY, M. y LEVIN, H. (1985). *Schooling and work in the democratic state.* Stanford, Calif.: Stanford University Press.

CARR, W. y KEMMIS, S. (1986). *Becoming critical: Education, knowledge, and action research.* Londres: Falmer Press. (Trad. cast.: *Teoría crítica de la enseñanza. La investigación-acción en la formación del profesorado.* Barcelona, Martínez Roca, 1988.)

CHARTERS, W. W. y WAPLES, D. (1929). *Commonwealth teacher-training study.* Chicago: University of Chicago Press.

CHILDS, J. (1956). *American pragmatism and education.* Nueva York: Henry Holt and Company.

CLANDININ, D. J. (1986). *Classroom practice.* Londres: Falmer Press.

CLARK, C. (1988). "Asking the right questions about teacher preparation: Contributions of research on teacher thinking". *Educational Researcher, 17*(2), págs. 5-12.

CLARK, D. y GUBA, E. (1976). *Institutional self-reports on knowledge production and utilization* (RITE Colección de documentos multicopiados). Bloomington, Ind.: Indiana University School of Education.

——— y MARKER, G. (1975). "The institutionalization of teacher education". En *Teacher Education,* editado por K. Ryan, págs. 53-86. Chicago: University of Chicago Press.

——— y McNERGNEY, R. (1990). "Governance of teacher education". En *Handbook of research on teacher education,* editado por W. R. Houston, págs. 101-118. Nueva York: Macmillan.

CLARKE, S. C. T. (1969). "The story of elementary teacher education models". *Journal of Teacher Education 20*(3), págs. 283-293.

CLAYTON, C. (1989). "We can educate all our children". *The Nation,* Julio 24, 31, págs. 132-135.

CLEGG, S. R. (1989). *Frameworks of power.* Newbury Park, Calif.: Sage.

CLIFFORD, G. J. (1987). "Gender expectation and American teachers". *Teacher Education Quarterly, 14*(2, Primavera), págs. 6-16.

——— y GUTHRIE, J. W. (1988). *ED school.* Chicago: University of Chicago Press.

COCHRAN-SMITH, M. y LYTLE, S. (1990). "Research on teaching and teacher research: The issues that divide". *Educational Researcher 19*(2), págs. 2-11.

COHEN, D. (1978). "Reforming school politics". *Harvard Educational Review 48,* págs. 429-447.

COHEN, S. (1976). "The history of the history of American education". *Harvard Educational Review 46*(3), págs. 298-330.

COHN, M. (1979). *The interrelationship of theory and practice in teacher education: A description and analyses of the LITE program.* Tesis Doctoral, Washington University, Graduate Institute of Education.

COHN, M. (1981). "A new supervision model for linking theory to practice". *Journal of Teacher Education 32*(3), págs. 26-31.

——— y GELLMAN, V. C. (1988). "Supervision: A developmental approach for fostering inquiry in preservice teacher education". *Journal of Teacher Education 39*(2), págs. 2-8.

COLE, A. (1989). "Researcher and teacher: Partners in theory building". *Journal of Education for Teaching 15*(3), págs. 225-237.

COLEY, R. (1985). *State policies affecting teacher education and certification: Status, variations, and changes.* Documento presentado a la Asamblea Anual de American Educational Research Association, Chicago.

——— y THORPE, M. (1986). *A look at the M.A.T. model of teacher education and its graduates: Lessons for today.* Princeton, N.J.: Educational Testing Service.

COMBS, A. (1972). "Some basic concepts for teacher education". *Journal of Teacher Education 22*, págs. 286-290.

———, BLUME, R., NEWMAN, A. y WASS, H. (1974). *The professional education of teachers: A humanistic approach to teacher education.* Boston: Allyn & Bacon.

COMEAUX, M. (1991). "But is it teaching? The use of collaborative learning in teacher education". En *Issues and practices in inquiry-oriented teacher education,* editado por B. R. Tabachnick y K. Zeichner, págs. 151-165. Londres: Falmer Press.

COMER, J. (1988). "Educating poor minority children". *Scientific American 259*(5), págs. 42-48.

Committee for Economic Development (1987). *Children in need: Investment strategies for the educationally disadvantaged.* Washington, D.C.: Author.

Committee on Policy for Racial Justice (1989). *Visions of a better way: A black appraisal of public schooling.* Washington, D.C.: Joint Center for Political Studies Press.

CONANT, J. (1963). *The education of American teachers.* Nueva York: McGraw-Hill.

CONFREY, J. (1987). "Bridging research and practice". *Educational Theory 37*(4), págs. 383-394.

CONNELL, R. W. (1985). *Teacher's work.* Boston: George, Allen and Unwin.

CONNELLY, F. M. y CLANDININ, D. J. (1988). *Teachers as curriculum planners.* Nueva York: Teachers College Press.

CORCORAN, T., WALKER, L. y WHITE, J. L. (1988). *Working in urban schools.* Washington, D.C.: Institute for Educational Leadership.

CORWIN, R. (1973). *Reform and organizational survival: The Teacher Corps as an instrument of educational change.* Nueva York: Wiley-Interscience.

COUNTS, G. (1932). *Dare the schools build a new social order?* Nueva York: The John Day Co.

COWLEY, M. (1934). *Exile's return.* Nueva York: Viking Press.

CREMIN, L. (1953). "The heritage of American teacher education". *Journal of Teacher Education 4*(2), págs. 163-170.

——— (1961). *The transformation of the school: Progressivism in American Education, 1876-1957.* Nueva York: Vintage Books.

——— (1988). *American education: The metropolitan experience 1876-1980.* Nueva York: Harper and Row.

———, SHANNON, D. y TOWNSEND, M. E. (1954). *A history of Teachers College, Columbia University.* Nueva York: Columbia University Press.

CRITTENDEN, B. (1973). "Some prior questions in the reform of teacher education". *Interchange 4*(2-3), págs. 1-11.

CRONBACH, L. J. (1982). "Prudent aspirations for social inquiry". En *The social sciences,* editado por W. Kruskal, págs. 61-82. Chicago: The University of Chicago Press.

CRONIN, J. (1983). "State regulation of teacher preparation". En *Handbook of teaching and policy,* editado por L. Shulman y G. Sykes, págs. 171-191. Nueva York: Longman.

CROOK, P. (1974). A study of selected teacher training programs in the U.S. committed to a philosophy of "open education". Tesis Doctoral, Syracuse University.

CRUICKSHANK, D. R. (1974). "The protocol materials movement: An exemplar of efforts to wed theory and practice in teacher education". *Journal of Teacher Education 25*(4), págs. 300-311.

——— (1984). *Models for the preparation of America's teachers.* Bloomington, In.: Phi Delta Kappa Educational Foundation.

——— y ARMALINE, W. (1986). "Field experiences in teacher education: Considerations and recommendations". *Journal of Teacher Education 37*(3), págs. 34-40.

© Ediciones Morata, S.L.

CRUICKSHANK, D. (1987). *Reflective teaching.* Reston, Va.: Association of Teacher Educators.
CUBAN, L. (1984). *How teachers taught: Constancy and change in American classrooms, 1890-1980.* Nueva York: Longman.
——— (1989). "The 'at risk' label and the problem of urban school reform". *Phi Delta Kappan 70*(10), págs. 780-784, 799-801.
CURRENT, L. y HIRABAYASHI, J. (eds.) (1989). *Teachers as researchers: Documentos y comentarios de la 10th annual northern California conference of Division G of the American Educational Research Association.* Oakland, Calif.: Mills College.
CUSHMAN, M. (1975). "Influences on teacher education by funding agencies". En *The governance of teacher education,* editado por M. Cushman, págs. 113-135. Berkeley, Calif.: McCutchan.

DALE, R. (1977). "Implications of the rediscovery of the hidden curriculum for the sociology of teaching". En *Identity and structure: Issues in the sociology of education,* editado por D. Gleason. Driffield, England: Naferton.
DAMERELL, R. (1985). *Education's smoking gun: How teachers colleges have destroyed education in America.* Nueva York: Freundlich Books.
DARLING-HAMMOND, L. y BERRY, B. (1988). *The evolution of teacher policy.* Washington, D.C.: Rand.
DECHARMS, R. (1968). *Personal causation.* Nueva York: Academic Press.
DELPIT, L. (1986). "Skils and other dilemmas of a progressive black educator". *Harvard Educational Review 56*(4), págs. 379-385.
DENSMORE, K. (1987). "Professionalism, proletarianization, and teacher work". En *Critical studies in teacher education,* editado por T. Popkewitz, págs. 130-160. Londres: Falmer Press.
DEVANEY, K. (1989). "Liberal arts curricula and pedagogy pondered at third annual meeting". *Holmes Group Forum 3*(3), pág. 9.
DEWEY, J. [1902] (1956). *The child and the curriculum/the school and society.* Chicago: The University of Chicago Press. (Trad. cast.: *El niño y el programa escolar. Mi credo pedagógico.* Buenos Aires, Losada, 6ª edición, 1967.)
——— (1916). *Democracy and education.* Nueva York: The Free Press. (Trad. cast.: *Democracia y educación.* Buenos Aires, Losada, 9ª edición, 1982.)
——— (1938). *Experience and education.* Nueva York: Collier Books. (Trad. cast.: *Experiencia y educación.* Buenos Aires, Losada, 8ª edición, 1967.)
DICHIRO, G., ROBOTTOM, I y TINNING, R. (1988). "An account of action research in a tertiary context". En *The action research planner,* 3ª ed. editada por S. Kammis y R. McTaggart. Geelong: Deakin University Press.
DILWORTH, M. (1984). *Teachers' totter: A report on teacher certification issues.* Washington, D.C.: Harvard University Institute for the Study of Educational Policy.
DRUMMOND, W. y ANDREWS, T. (1980). "The influence of federal and state governments on teacher education". *Phi Delta Kappan 62*(2), págs. 97-99.
DUCHARME, E. y AGNE, R. (1989). "Professors of education: Uneasy residents of academe". En *The professors of teaching,* editado por R. Wisniewski & E. Ducharme, págs. 67-86. Albany: State University of New York Press.
DUCKWORTH, E. (1987). *The having of wonderful ideas.* Nueva York: Teachers College Press. (Trad. cast.: *Cómo tener ideas maravillosas.* Madrid, Visor, 1988.)

EATON, W. (1975). *The American Federation of Teachers 1916-1961.* Carbondale, Ill.: Southern Illinois University Press.
EDELMAN, M. W. (1989). "Children at risk". En *Caring for America's children,* editado por F. Macchiarola y A. Gartner, págs. 20-30. Nueva York: Academy of Political Science.
EDMUNDSON, P. (1990). "A normative look at the curriculum in teacher education". *Phi Delta Kappan 71*(9), págs. 717-723.
ELBAZ, F. (1983). *Teacher thinking: A study of practical knowledge.* Londres: Croom Helm.
ELISBERG, J. (1981). "A study of selected master of arts in teaching programs in the U.S." Tesis Doctoral, Northwestern University.
ELLIOTT, J. (1985). "Educational action research". En *Research, policy and practice: World year-*

book of education, editado por J. Nisbet y S. Nisbet, págs. 231-250. Londres: Kegan Page, Nichols Publishing. (Trad. cast.: "La investigación-acción educativa", en J. Elliott, *La investigación-acción en educación.* Madrid, Morata, págs. 82-102, 1990.)

ELLIOTT, J. (1990). "Teachers as researchers: Implications for supervision and for teacher education". *Teaching and Teacher Education 6*(1), págs. 1-26.

ELLNER, C. y BARNES, B. J. (1977). *Schoolmaking: An alternative in teacher education.* Lexington, Mass.: Lexington Books.

ELLSWORTH, E. (1989). "Why doesn't this feel empowering? Working through the repressive myths of critical pedagogy". *Harvard Educational Review 59*(3), págs. 297-324.

EMMER, E., EVERTSON, C., SANFORD, J., CLEMENTS, B. y WORSHAM, M. (1984). *Classroom management for secondary teachers.* Englewood Cliffs, N.J.: Prentice-Hall.

ERVAY, S. (1985). "Campus-field compatibility in student teaching". *Action in Teacher Education 7*(3), págs. 37-42.

EUBANKS, E. (1988). Diciembre. *Socio-economic trends and education in the 21st century: A mission in search of a culture.* Documento presentado a the University of Wisconsin System Steering Committee on Strategic Planning in Teacher Education. Madison: University of Wisconsin System.

FAY, B. (1987). *Critical social science: Liberation and its limits.* Ithaca, N.Y.: Cornell University Press.

FEIMAN-NEMSER, S. (1990). "Teacher preparation: Structural and conceptual alternatives". En *Handbook of research on teacher education,* editado por W. R. Houston, págs. 212-233. Nueva York: Macmillan.

——— y BUCHMANN, M. (1985). "Pitfalls of experience in teacher education". *Teachers College Record 87,* págs. 49-65. [Trad. cast.: "Lagunas en las prácticas de enseñanza de los programas de formación del profesorado" en L. M. Villar Angulo (Comp.): *Conocimiento, creencias y teorías de los profesores.* Alcoy, Marfil, págs. 301-314, 1988.]

——— y ——— (1986). "The first year of teacher preparation: Transition to pedagogical thinking". *Journal of Curriculum Studies 18*(3), págs. 239-256.

——— y FLODEN, R. (1980). *A consumer's guide to teacher development.* East Lansing, Mich.: Institute for Research on Teaching, Michigan State University.

——— y ——— (1986). "The cultures of teaching". En *Handbook of research on teaching,* editado por M. C. Wittrock, págs. 505-526. Nueva York: Macmillan.

FEINBERG, W. (1983). *Understanding education.* Nueva York: Cambridge University Press.

FEISTRITZER, C. E. (1985). *The condition of teaching: A state by state analysis.* Princeton, N.J.: Carnegie Foundation for the Advancement of Teaching.

FENNEMA, E., CARPENTER, T. y PETERSON, P. (1989). "Teachers' decision making and cognitively guided instruction: A new paradigm for curriculum development". En *Facilitating change in mathematics education,* editado por K. Clements y N. F. Ellerton, págs. 174-187. Geelong, Australia: Deakin University Press.

FENSTERMACHER, G. D. (1980). "On learning to teach from research on teacher effectiveness". En *Time to learn,* editado por C. Denham y A. Lieberman. Washington, D.C.: National Institute of Education.

——— (1986). "Philosophy of research on teaching: Three aspects". En *Handbook of research on teaching,* editado por M. C. Wittrock, págs. 37-49. Nueva York: Macmillan. [Trad. cast.: "Tres aspectos de la filosofía de la investigación de la enseñanza" en M. C. Wittrock (Comp.): *La investigación de la enseñanza. Vol. 1. Enfoques, teorías y métodos.* Barcelona, Paidós-M.E.C., págs. 149-179, 1989.]

——— (1987). "A reply to my critics". *Educational theory 37*(4), págs. 413-421.

——— (1988). "The place of science and epistemology in Schon's conception of reflective practice". En *Reflection in teacher education,* editado por P. Grimmett y G. Erickson, págs. 39-46. Nueva York: Teachers College Press.

FINE, M. (1987). "Contexts that constrict and construct the lives and minds of public-school adolescents". En Council of Chief State School Officers, *School success for student at risk,* págs. 89-119. Orlando, Fla.: Harcourt Brace Jovanovich.

FISKE, E. (1990). "Finding a way to define the new buzzword of American education: How about perestroika?" *New York Times,* Febrero 14, B8.

© Ediciones Morata, S.L.

FLEXNER, A. (1930). *Universities: American, English, German.* Oxford: Oxford University Press.

FLORIO-RUANE, S. (1989). "Social organization of classes and schools". En *Knowledge base for the beginning teacher,* editado por M. Reynolds, págs. 163-172. Nueva York: Pergamon Press.

FREEDMAN, S., JACKSON, J. y BOLES, K. (1983). "Teaching: An imperiled profession". En *Handbook of teaching and policy,* editado por L. Shulman y G. Sykes, págs. 261-299. Nueva York: Longman.

———, ——— y ——— (1986). *The effect of teaching on teachers.* Grand Forks, N.D.: University of North Dakota Press.

FREIRE, P. (1973). *Education for critical consciousness.* Nueva York: Seabury Press.

——— (1974). *Pedagogy of the oppressed.* Nueva York: Seabury Press. (Trad. cast.: *Pedagogía del oprimido.* Madrid, Siglo XXI, 11ª edición, 1988.)

FULLER, F. (1972). *Personalizing teacher education.* Austin, Tex.: Research and Development Center for Teacher Education.

——— (1974). "A conceptual framework for a personalized teacher education program". *Theory into Practice 13*(2), págs. 112-122.

——— y BOWN, O. (1975). "Becoming a teacher". En *Teacher Education,* editado por K. Ryan, págs. 25-52. Chicago: University of Chicago Press.

GAGE, N. (1970). *Teacher effectiveness and teacher education.* Palo Alto, Calif.: Pacific Books.

——— (1989). "The paradigm wars and their affermath". *Teachers College Record 91*(2), págs. 135-150.

——— y WINNE, P. (1975). "Performance-based teacher education". En *Teacher education,* editado por K. Ryan, págs. 146-172. Chicago: University of Chicago Press.

GALLUZZO, G. R. y ARENDS, R. I. (1989). "The RATE Project: A profile of teacher education institutions". *Journal of Teacher Education 40*(4), págs. 56-58.

GARFINKEL, I. y MCLANAHAN, S. (1985) Abril. *The feminization of poverty: Nature, causes and a partial cure.* Madison: University of Wisconsin Institute for Research on Poverty.

GAY, G. (1986). "Multicultural teacher education". En *Multicultural education in western societies,* editado por J. Banks y J. Lynch, págs. 154-177. Nueva York: Praeger.

GENTILE, J. R. (1988). *Instructional improvement: Summary and analysis of Madeline Hunter's essential elements of instruction and supervision.* Oxford, Ohio: National Staff Development Council.

GIDDENS, A. (1979). *Central problems in social theory.* Berkeley, Calif.: University of California Press.

GIDEONSE, H. D. (1982). "The necessary revolution in teacher education". *Phi Delta Kappan 64*(1), págs. 15-18.

GIFFORD, B. (1986). "Excellence and equity in teacher competency testing: A policy perspective". *Journal of Negro Education 55*(3), págs. 251-271.

GINSBURG, M. (1988). *Contradictions in teacher education and society: A Critical Analysis.* Londres: Falmer Press.

——— y CLIFT, R. (1990). "The hidden curriculum of preservice teacher education". En *Handbook of research on teacher education,* editado por W. R. Houston, págs. 450—468. Nueva York: Macmillan.

GIROUX, H. y MCLAREN, P. (1987). "Teacher education and the politics of engagement: The case for democratic schooling". En *Teaching, teachers, and teacher education,* editado por M. Okazawa-Ray, J. Anderson y R. Traver, págs. 157-182. Cambridge, Mass.: Harvard Educational Review Reprint.

——— (1988). *Teachers as intellectuals.* Granby, Mass.: Bergin & Garvey. (Trad. cast.: *Los profesores como intelectuales. Hacia una pedagogía crítica del aprendizaje.* Barcelona, Paidós-M.E.C., 1990.)

GITLING, A. y TEITELBAUM, K. (1983). "Linking theory and practice: The use of ethnographic methodology by prospective teachers". *Journal of Education for Teaching 9,* págs. 225-234.

GIVENS, S. (1988). "Thirty institutions chosen for project to redesign teacher education". *AACTE Briefs 9*(5-6), págs. 4, 12.

GLASSBERG, S. y SPRINTHALL, N. (1980). "Student teaching: A developmental approach". *Journal of Teacher Education 31,* págs. 31-38.

GOLBY, M. (1989). "Teachers and their research". En *Quality in Teaching: Arguments for a reflective profession,* editado por W. Carr, págs. 163-72. Londres: Falmer Press.

GOLD, A. (1988). "Boston schools set to overhaul busing policies". *New York Times,* Diciembre 28, A18.

GOLDBERG, M. (1990). "Portrait of Madeline Hunter". *Educational Leadership 47*(5), págs. 41-43.

GOLDBERGER, P. (1990). "Taj Mahal: Part Vegas, Part Disney, All Trump". *New York Times,* Abril 6, B1.

GOLDHAMMER, R. (1969). *Clinical supervision.* Nueva York: Holt, Rinehart and Winston.

GOLLNICK, D. (1978). *Multicultural education in teacher education: The state of the scene.* Washington, D.C.: American Association of Colleges of Teacher Education.

———, OSAYANDE, K. y LEVY, J. (1980). *Multicultural teacher education: Case studies of thirteen programs,* Vol. 2. Washington, D.C.: American Association of Colleges of Teacher Education.

GOMEZ, M. L. (1990). "Reflections on research for teaching: Collaborative inquiry with a novice teacher". *Journal of Education for Teaching 16*(1), págs. 45-56.

GOOD, T. (1987). "Two decades of research on teacher expectations". *Journal of Teacher Education 38*(4), págs. 32-48.

GOODLAD, J. (1990). *Teachers for our nation's schools.* San Francisco: Jossey-Bass.

———, SODER, R. y SIROTNIK, K. (eds.) (1990). *Places where teachers are taught.* San Francisco: Jossey-Bass.

GOODMAN, J. (1986a). "Making early field experiences meaningful: A critical approach". *Journal of Education for Teaching 12*(2), págs. 109-125.

——— (1986b). "Teaching prospective teachers a critical approach to curriculum design". *Curriculum Inquiry 16*(2), págs. 179-201.

——— (1988). "Masculinity, feminism and the male elementary school teacher: A case study of preservice teachers' perspectives". *Journal of Curriculum Theorizing 7*(2), págs. 30-60.

——— (1991). "Using a methods course to promote reflection and inquiry among preservice teachers". En *Issues and practices in inquiry-oriented teacher education,* editado por B. R. Tabachnick y K. Zeichner, págs. 56-76. Londres: Falmer Press.

GORE, J. (1990). The struggle for pedagogies: Critical and feminist discourses as "regimes of truth". Tesis Doctoral, University of Wisconsin-Madison.

——— y ZEICHNER, K. (1990). *Action research and reflective teaching in preservice teacher education.* Documento presentado a la Reunión Anual de la American Educational Research Association, Boston.

GOSWAMI, D. y STILLMAN, P. (1987). *Reclaiming the classroom: Teacher research as an agency for change.* Montclair, N.J.: Boynton Cook.

GRAHAM, P. (1988). *Revolution in pedagogy.* Documento presentado a the University of Wisconsin System Conference on Future Societal Trends: Implications for Teacher Education in the 21st Century, Madison, University of Wisconsin System.

GRANT, C. y KOSKELLA, R. (1986). "Education that is multicultural and the relationship between preservice campus learning and field experiences". *Journal of Educational Research 79,* págs. 197-203.

——— y SECADA, W. (1990). "Preparing teachers for diversity". En *Handbook of research on teacher education,* editado por W. R. Houston, págs. 403-422. Nueva York: Macmillan.

GREEN, T. (1971). *The activities of teaching.* Nueva York: McGraw-Hill.

——— (1976). "Teacher competence as practical rationality". *Educational Theory 26,* págs. 249-258.

GREENE, M. (1979). "The matter of mystification: Teacher education in unquiet times". En *Landscapes of learning,* págs. 53-73. Nueva York: Teachers College Press.

——— (1989). "Social and political contexts". En *Knowledge base for the beginning teacher,* editado por M. Reynolds, págs. 143-154. Nueva York: Pergamon Press.

GRIFFIN, G. y cols. (1983). *Clinical preservice teacher education: Final report of a descriptive study. Austin, Tex.:* University of Texas Research and Development Center for Teacher Education.

GRUNDY, S. (1982). "Three modes of action research". *Curriculum Perspectives 2*(3), págs. 23-34.

GUTMANN, A. (1987). *Democratic Education.* Princeton, N.J.: Princeton University Press.

GUYTON, E. y MCINTYRE, D. J. (1990). "Student teaching and school experiences". En *Handbook of research on teacher education,* editado por W. R. Houston, págs. 514-534. Nueva York: Macmillan.

© Ediciones Morata, S.L.

HABERMAN, M. (1983). "Research on preservice laboratory and clinical experiences". En *The education of teachers: A look ahead,* editado por K. Howey y W. Gardner, págs. 98-117. Nueva York: Longman.

——— (1987). *Recruiting and selecting teachers for urban schools.* Nueva York: ERIC Clearing-house on Urban Education, Institute for Urban and Minority Education.

HAHN, A., DANZERGER, J. y LEFKOWITZ, B. (1987). *Dropouts in America.* Washington, D.C.: Institute for Educational Leadership.

HALLINAN, M. (1984). "Summary and implications". En *The social context of instruction,* editado por P. Peterson, L. Wilkinson y M. Hallinan. Nueva York: Academic Press.

HANDAL, G. y LAUVAS, P. (1987). *Promoting reflective teaching: Supervision in action.* Milton Keynes, UK: Open University Press.

HEATH, R. W. y NIELSON, M. (1974). "The research basis for performance-based teacher education". *Review of Educational Research 44*(4), págs. 463-484.

HEATH, S. B. (1982). "Questioning at home and at school. A comparative study". En *Doing the ethnography of schooling,* editado por G. Spindler, págs. 102-131. Nueva York: Holt, Rinehart & Winston.

——— (1983). *Ways with words.* Nueva York: Cambridge University Press.

HEDGES, W. (1989). "We must remove elementary teacher training from the state universities". *Phi Delta Kappan 70*(8), págs. 623-625.

HENDERSON, J. (1989). "Positioned reflective practice: A curriculum decision". *Journal of Teacher Education 40*(2), págs. 10-14.

HENDRICK, I. (1967). "Academic revolution in California". *Southern California Quarterly 49*(2, 3, 4), págs. 127-166, 253-295, 359-406.

HERBST, J. (1989). *And sadly teach: Teacher education and professionalization in American culture.* Madison, Wis.: University of Wisconsin Press.

HIRSCH, E. D. Jr. (1988). *Cultural literacy.* Nueva York: Vintage Books.

HIRST, P. (1965). "Liberal education and the nature of knowledge". En *Philosophical analysis of education,* editado por R. D. Archambault, págs. 113-138. Nueva York: Humanities Press.

HITCHCOCK, G. y HUGHES, D. (1989). *Research and the teacher: A qualitative introduction to school-based research.* Londres: Routledge.

HOCHSCHILD, A. y MACHUNG, A. (1989). *Second shift: Inside the two-job marriage.* Nueva York: Penguin.

HODGKINSON, H. (1985). *All one system: Demographics of education.* Washington, D.C.: Institute for Educational Leadership.

HOLMES, H. (1932). "The teacher in politics". *Progressive Education 4,* págs. 414-418.

The Holmes Group (1986). *Tomorrow's teachers.* East Lansing, Mich.: The Holmes Group, Inc., Michigan State University, School of Education.

——— (1990). *The preparation and continuing education of tomorrow's teachers: Toward a community of learning.* East Lansing, Mich.: Author.

——— (1990). *Tomorrow's Schools: Principles for the design of professional development schools.* East Lansing, Mich.: The Holmes Group, Inc., Michigan State University, School of Education.

HOOK, S. (1989). "Civilization and its malcontents". *National Review 41*(19), págs. 30-33.

HOPKINS, D. (1985). *A teacher's guide to action research.* Milton Keynes, U.K.: Open University Press. (Trad. cast.: *Investigación en el aula: Guía del profesor.* Barcelona, PPU, 1989.)

HOUSTON, W. R. (ed.) (1990). *Handbook of research on teacher education.* Nueva York: Macmillan.

——— y HOWSAM, R. (1972). *Competency-based teacher education.* Chicago: Science Research Associates.

HOWEY, K. (1989). "Research about teacher education: Programs of teacher preparation". *Journal of Teacher Education 40*(6), págs. 23-25.

——— y ZIMPHER, N. (1989). *Profiles of preservice teacher education.* Albany: State University of New York Press.

——— y ——— (1990). "Professors and deans of education". En *Handbook of research on teacher education,* editado por W. R. Houston, págs. 349-372. Nueva York: Macmillan.

HUSTLER, D., CASSIDY, T. y CUFF, T. (eds.) (1986). *Action research in classrooms and schools.* Londres: Allen & Unwin.

HUTCHINS, R. M. (1947). *Education for freedom.* Baton Rouge, La.: Louisiana State University Press.

IMIG, D. (1988). "Texas revisited". *AACTE Briefs 9*(7), pág. 2.

ISSAC, J. y ASHCROFT, K. (1988). "A leap into the practical.: A BEd (Hons) programme". En *The enquiring teacher: Supporting and sustaining teachers' research,* editado por J. Nias y S. Groundwater-Smith, págs. 85-92. Londres: Falmer Press.

JACKSON, P. (1968). *Life in classrooms.* Nueva York: Holt, Rinehart & Winston. (Trad. cast.: *La vida en las aulas.* Madrid, Morata-Paideia, 2ª edición, 1991.)

JAMES, S. (1984). *The content of social explanation.* Nueva York: Cambridge University Press.

JOHNSON, D. (1990). "Milwaukee plans college guarantee". *New York Times,* Febrero 7, B7.

JOHNSTON, J., SPALDING, J., PADEN, R. y ZIFFREN, A. (1989). *Those who can: Undergraduate programs to prepare arts and science majors for teaching.* Washington, D.C.: Association of American Colleges.

JOYCE. B. (1975). "Conceptions of man and their implications for teacher education". En *Teacher Education,* editado por K. Ryan, págs. 111-145. Chicago: University of Chicago Press.

———, YARGER, S. y HOWEY, K. (1977). *Preservice teacher education.* Palo Alto, Calif.: Booksend Laboratory.

———, HERSH, R. y MCKIBBIN, M. (1983). *The structure of school improvement.* Nueva York: Longman.

——— y SHOWERS, B. (1984). *Power for staff development through research on training.* Washington, D.C.: Association for Supervision and Curriculum Development.

——— y CLIFT, R. (1984). "The phoenix agenda: essential reform in teacher education". *Educational Researcher 13*(4), págs. 5-18.

———, WEIL, M. y WALD, R. (1974). "Models of teaching in teacher education: An evaluation of instructional systems". *Interchange 4,* págs. 47-73.

JUDGE, H. (1982). *American graduate schools of education: A view from abroad.* Nueva York: Ford Foundation.

KANTER, R. M. (1979). *Men and women of the corporation.* Nueva York: Basic Books.

KATZNELSON, I. y WEIR, M. (1985). *Schooling for all: Class, race, and the decline of the democratic ideal.* Berkeley, Calif.: University of California Press.

KELLY, G. y NIHLEN, A. (1982). "Schooling and the reproduction of patriarchy". En *Cultural and economic reproduction in education,* editado por M. Apple, págs. 162-180. Boston: Routledge & Kegan Paul.

KEMMIS, S. (1985). "Action research and the politics of reflection". En *Reflection: Turning experience into learning,* editado por D. Boud, R. Keogh y D. Walker, págs. 139-164. Londres: Croom Helm.

——— y MCTAGGART, R. (1988). *The action research planner,* 3ª ed. Geelong: Deakin University Press. (Trad. cast.: *Cómo planificar la investigación-acción.* Barcelona, Laertes, 1988.)

KENNEDY, M. y ZEICHNER, K. (1989). "Ken Zeichner reflecting on reflection". *Colloquy 2*(2), págs. 15-21.

KEPPEL, F. (1986). "A field guide to the land of teachers". *Phi Delta Kappan 67,* págs. 18-23.

KERR, D. (1983). "Teaching competence and teacher education in the U.S.". En *Handbook of teaching and policy,* editado por L. Shulman y G. Sykes, págs. 126-149. Nueva York: Longman.

KILPATRICK, W. (ed.) (1933). *The educational frontier.* Nueva York: The Century Co.

KING, J. E. y LADSON-BILLINGS, G. (1990). "The teacher education challenge in elite university setting: Developing critical perspectives for teaching in a democratic and multicultural society". *European Journal of Intercultural Studies 1*(2), págs. 15-30.

KIRK, D. (1986). "Beyond the limits of theoretical discourse in teacher education: Towards a critical pedagogy". *Teaching and Teacher Education 2,* págs. 155-167.

KLIEBARD, H. (1975). "The rise of scientific curriculum making and its aftermath". *Curriculum Theory Network 5*(1), págs. 27-38.

——— (1986). *The struggle for the American curriculum 1893-1958.* Boston: Routledge & Kegan Paul.

© Ediciones Morata, S.L.

KNELLER, G. F. (1964). *Introduction to the philosophy of education*. Nueva York: John Wiley and Sons.

KNIESNER, T., MCELROY, M. y WILCOX, S. (1986) Septiembre. *Family structure, race, and the feminization of poverty*. Madison: University of Wisconsin Institute for Research on Poverty.

KOEHLER, V. (1985). "Research on preservice teacher education". *Journal of Teacher Education 36*(1), págs. 23-30.

KOERNER, J. (1963). *The miseducation of American teachers*. Boston: Houghton Mifflin.

KOFF, R. (1985). *The politics of reform in teacher education*. Albany, N.Y.: State University of New York at Albany, School of Education.

KOLBERT, E. (1988). "Albany report says schools are split into rich and poor". *New York Times*, Noviembre 22, A9.

KOZOL, J. (1980). *The night is dark and I am far from home*. Nueva York: Continuum.

LAFONTAINE, H. (1988). "Educational challenges and opportunities in serving limited-English-proficient students". En Council of Chief State School Officers, *School success for students at risk*, págs. 120-153. Orlando, Fla.: Harcourt Brace Jovanovich.

LAIRD, S. (1988). "Reforming 'woman's true profession': A case for feminist pedagogy in teacher education". *Harvard Educational Review 58*(4), págs. 450-463.

LANIER, J. (1986). "Research on teacher education". En *Third handbook of research on teaching*, editado por M. Wittrock, págs. 527-568. Nueva York: Macmillan.

LATHER, P. (1989). "Postmodernism and the politics of enlightenment". *Educational Foundations 3*(3), págs. 7-28.

LAWN, M. (1989). "Being caught in school work: The possibilities of research in teachers work". En *Quality in teaching: Arguments for a reflective profession*, editado por W. Carr, págs. 147-162. Londres: Falmer Press.

LAYDER, D. (1981). *Structure, interaction and social theory*. Boston: Routledge and Kegan Paul.

— — (1985). "Power, structure and agency". *Journal of the theory of social behavior 15*(2), págs. 131-149.

LAZERSON, M. (1989). "Research and teacher education in the American University". En *Fit to teach: Teacher education in international perspective*, editado por E. Gumbert, págs. 65-86. Atlanta: Center for Cross-Cultural Education, Georgia State University.

LEACH, M. (1988). "Teacher education and reform: 'What's sex got to do with it?' " *Educational Foundations 2*(2), págs. 4-14.

LEATHERMAN, C. (1988). "Reforms in education of school teachers face tough new challenges". *The Chronicle of Higher Education*, Abril 20, 34(32), págs. A1, A30-A36.

LEINHARDT, G. y SMITH, D. (1985). "Expertise in mathematics instruction: Subject matter knowledge". Journal of Educational Psychology 77, págs. 247-271.

LEVIN, R. (1990). "Recurring themes and variations". En *Places where teachers are taught*, editado por J. Goodlad, R. Soder y K. Sirotnik. San Francisco: Jossey-Bass.

LICKONA, T. (1976). "Project change: A person-centered approach to CBTE. *Journal of Teacher Education 27*(2), págs. 122-128.

LIGHTFOOT, S. L. (1978). *Worlds apart*. Nueva York: Basic Books, Inc.

— — (1983). *The good high school*. Nueva York: Basic Books.

LIMBERT, P. (1934). "Political education at New College". *Progressive Education 11*(2), págs. 118-124.

LINDBLOM, C. y COHEN, D. K. (1979). *Usable knowledge*. New Haven: Yale University Press.

LINDSEY, M. (1961). *New horizons for the teaching profession*. Washington, D.C.: National Commission on Teacher Education and Professional Standards of the National Education Association.

LISTON, D. P. y ZEICHNER, K. (1987a). "Critical pedagogy and teacher education". *Journal of Education 169*(3), págs. 117-137.

— — y — — (1987b). "Reflective teacher education and moral deliberation". *Journal of Teacher Education 38*(6), págs. 2-8.

— — (1988a). "Faith and evidence. Examining Marxist explanations of schools". *American Journal of Education 96*(3), págs. 323-350.

— — (1988b). *Capitalist schools*. Nueva York: Routledge.

— — y ZEICHNER, K. (1989). *Action research and reflective teaching in preservice teacher education*. Documento presentado a la Asamblea Anual de la American Educational Research Association. San Francisco.

LORTIE, D. (1975). *School teacher: A sociological study*. Chicago: University of Chicago Press.

LOVIN, R. (1988). "The school and the articulation of values". *American Journal of Education 96*, págs. 143-161.

LUCAS, P. (1988). "An approach to research-based teacher education through collaboration inquiry". *Journal of Education for Teaching 14*(1), págs. 55-73.

LUKES, S. (1978). The underdetermination of theory by data. *Actas de Aristotelian Society 3* (suplemento), pág. 98.

LYND, A. (1953). *Quackery in the public schools*. Boston: Little Brown.

MAAS, J. (1991). "Writing and reflection in teacher education". En *Issues and practices in inquiry-oriented teacher education*, editado por B. R. Tabachnick y K. Zeichner, págs. 211-225. Londres: Falmer Press.

MACINTYRE, A. (1984). *After virtue*. South Bend, Ind.: University of Notre Dame Press. (Trad. cast.: *Tras la virtud*. Barcelona, Crítica, 1987.)

——— (1988). *Whose justice? Which rationality?* South Bend, Ind.: University of Notre Dame Press.

MACMILLAN, C. J. B. (1987). "Defining teaching: Role versus activity". En *Philosophy of education 1987*, editado por B. Arnstine y D. Arnstine, págs. 363-372. Normal, Ill.: Philosophy of Education Society.

Madison Metropolitan School District (1989). *Elementary minority student achievement committee report*. Madison, Wis.: MMSD.

MAHER, F. (1991). "Gender, reflexivity, and teacher education". En *Issues and practices in inquiry-oriented teacher education*, editado por B. R. Tabachnick y K. Zeichner, págs. 22-34. Londres: Falmer Press.

——— y RATHBONE, C. (1986). *"Teacher education and feminist theory: Some implications for practice"*. *American Journal of Education 94*(2), págs. 214-235.

MARTIN, J. R. (1981). "The Ideal of the Educated Person". *Educational Theory 31*(3), págs. 97-109.

——— (1985). *Reclaiming a conversation: The ideal of the educated woman*. New Haven: Yale University Press.

——— (1987). "Reforming teacher education: Rethinking liberal education". *Teachers College Record 88*(3), págs. 406-410.

MCCARTHY, C. (1986). "Teacher training contradictions". *Education and Society 4*(2), págs. 3-15.

MCDONALD, F. (1973). "Behavior modification and teacher education". En *Behavior modification en education*, editado por C. Thoresen, págs. 41-76. Seventy-second Yearbook of the National Society for the Study of Education. Chicago: University of Chicago Press.

MCLAUGHLIN, M. W., PFEIFER, R. S., SWANSON-OWENS, D. y YU, S. (1986). "Why teachers won't teach". *Phi Delta Kappan 67*(6), págs. 420-426.

MCPHERSON, G. (1972). *Small town teacher*. Cambridge, Mass.: Harvard University Press.

METZ, M. (1989). How Social Class Differences Shape the Context of Teachers' Work, Manuscrito inédito.

The Michigan partnership for new education (1990). East Lansing, Mich.: Michigan State University, School of Education.

MIDDLETON, E. y MASON, E. (eds.) (1988). *Recruitment and retention of minority students in teacher education*. Dubuque, Iowa: Kendall/Hunt.

MILLER, M. (1989). Peer supervision in a prestudent teaching practicum. Tesis Doctoral, University of Wisconsin-Madison.

MISHEL, L. y RASELL, E. (1989). *Shortchanging education: How U.S. spending on grades K-12 lags behind other industrialized nations*. Washington, D.C.: Economic Policy Institute.

MITCHELL, L. S. (1931). "Cooperative schools for student teachers". *Progressive Education 8*, págs. 251-255.

MOHR, M. y MACLEAN, M. (1987). *Working together: A guide for teacher-researchers*. Urbana, Ill.: National Council of Teachers of English.

MONROE, W. (1952). *Teaching-learning theory and teacher education 1890 to 1950*. Urbana, Ill.: University of Illinois Press.

MOORE-JOHNSON, S. (1990). *Teachers at work: Achieving success in our schools.* Nueva York: Basic Books.

MURRAY, F. y FALLON, D. (1989). *The reform of teacher education for the 21st century: Project 30 year one report.* Newark, Del.: University of Delaware College of Education.

NASH, R. y AGNE, R. (1971). "Competency in teacher education: A prop for the status quo". *Journal of Teacher Education 22*(2), págs. 147-156.

National Center for Education Statistics (1977). *The state of teacher education.* Washington, D.C.: NCES.

National Center for Research on Teacher Education (1988). "Teacher education and learning to teach: A research agenda". *Journal of Teacher Education 39*(6), págs. 27-32.

National Coalition of Advocates for Students (1985). *Barriers to Excellence: Our Children at Risk.* Boston: National Coalition of Advocates for Students.

National Commission on Excellence in Education (1983). *A nation at risk.* Washington, D.C.: U.S. Government Printing Office.

National Commission for Excellence in Teacher Education (1985). *A call for change in teacher education.* Washington, D.C.: American Association of Colleges for Teacher Education.

National Educational Association (1982). *Excellence in our schools: Teacher education.* Washington, D.C.: Author.

National Governors' Association (1986). *Time for results.* Washington, D.C.: National Governors' Association.

National Institute of Education (1984). *Involvement in learning: Realizing the potential of American higher education.* Washington, D.C.: U.S. Department of Education.

National Survey of the Education of Teachers (1933). E. S. Evenden, Director. *Boletín N.º 10, Vol. 6: Summary and Interpretation.* Washington, D.C.: U.S. Office of Education.

NECKERMAN, K. M. y WILSON, J. (1988). "Schools and poor communities". En Council of Chief State School Officers, *Schools success for students at risk,* págs. 25-44. Orlando, Fla.: Harcourt Brace Jovanovich.

New College (1936). *Teachers College Record 38*(1), págs. 1-73.

NICKERSON, J. y STAMPEN, J. (1978). "Political and programmatic impacts of state-wide governance of higher education". En *The changing politics of education,* editado por E. Mosher y J. Wagoner, Jr., págs. 274-281. Berkeley, Calif.: McCutchan.

NIXON, J. (ed.) (1981). *A teacher's guide to action research.* Londres: Grant McIntyre.

NODDINGS, N. (1987). "Fidelity in teaching, teacher education and research for teaching". En *Teachers, teaching, and teacher education,* editado por M. Okazawa-Rey, J. Anderson y R. Traver, págs. 384-400. Cambridge, Mass.: Harvard Educational Review (Colecciones reeditadas N.º 19).

NOFFKE, S. (1990). *Action research: A multidimensional analysis.* Tesis Doctoral, University of Wisconsin-Madison.

——— y BRENNAN, M. (1991). "Action research and reflective student teaching at the University of Wisconsin-Madison: Issues and examples". En *Issues and practices in inquiry-oriented teacher education,* editado por B. R. Tabachnick y K. Zeichner, págs. 186-201. Londres: Falmer Press.

——— y ZEICHNER, K. (1987). *Action research and teacher thinking.* Documento presentado a la Asamblea Anual a la American Educational Research Association, Washington, D.C.

OAKES, J. (1985). *Keeping track: How schools structure inequality.* New Haven: Yale University Press.

O'BRIEN, M. (1982). "Feminist theory and dialectical logic". *Signs 1,* págs. 144-157.

OGBU, J. (1987). "Variability in minority school performance: A problem in search of an explanation". *Anthropology and Education Quarterly 18,* págs. 312-334.

OJA, S. N. y SMULYAN, L. (1989). *Collaborative action research: A developmental approach.* Londres: Falmer Press.

OLSON, L. (1988). "Work conditions in some schools said 'intolerable' ". *Education Week 8*(4), págs. 1, 21.

ORFIELD, G. (1988). "Race, income, and educational inequality". En Council of Chief State School Offices, *School success for students at risk,* págs. 45-71. Orlando, Fla.: Harcourt Brace Jovanovich.

ORNSTEIN, A. y LEVINE, D. (1989). "Social class, race, and school achievement: Problems and prospects". *Journal of Teacher Education 40*(5), págs. 17-23.

PALEY, V. G. (1981). *Wally's stories*. Cambridge, Mass.: Harvard University Press.
——— (1989). *White teacher*. Cambridge, Mass.: Harvard University Press.
PALLAS, A., NATRIELLO, G. y McDILL, E. (1989). "The changing nature of the disadvantaged population: Current dimensions and future trends. *Educational Researcher 18*(5), págs. 16-22.
PALMER, J. (1985). "Teacher education: A perspective from a major public university". En *Colleges of education: Perspectives on their future*, editado por C. Case y W. Matthes, págs. 51-70. Berkeley, Calif.: McCutchan.
Performance Learning Systems (1986). *We can show you the secrets of creating a championship teaching staff*. Emerson, N.J.: Author.
PERRONE, V. (1989). *Working papers: Reflections on teachers, schools, and communities*. Nueva York: Teachers College Press.
PERSELL, C. H. (1977). *Education and inequality*. Nueva York: The Free Press.
PESEAU, B. (1982). "Developing an adequate resource base for teacher education". *Journal of Teacher Education 33*(4), págs. 13-15.
——— y ORR, P. (1979). *An academic and financial study of teacher education programs through the doctoral level in public state universities and land-grant colleges*. Montgomery: University of Alabama, College of Education.
——— y ——— (1980). "The outrageous underfunding of teacher education". *Phi Delta Kappan 62*(2), págs. 100-102.
——— y ——— (1981). *Second annual academic and financial study of teacher education programs in senior state universities and land-grant colleges*. Montgomery: University of Alabama College of Education.
Philadelphia Teachers Learning Cooperative (1984). "On becoming teacher experts: Buying time". *Language Arts 6*(1), págs. 731-735.
PHILLIPS, D. C. (1978). "A skeptical consumers' guide to educational research". *The Andover Review 5*(2), págs. 39-53.
——— (1980). "What do the researcher and the practitioner have to offer each other?" *Educational Researcher 9*(11), págs. 17-20, 24.
POLLARD, A. (1982). "A model of classroom coping strategies". *British Journal of the Sociology of Education 3*, págs. 19-37.
——— (1988). "Reflective teaching: The sociological contribution". En *Sociology and teaching: A new challenge for the sociology of education*, editado por P. Woods y A. Pollard, págs. 54-75. Londres: Croom Helm.
POLLITZER, M. (1931). "Growing teachers for our schools". *Progressive Education 8*(3), páginas 247-250.
POPKEWITZ, T. (1987a). "Improving teaching and teacher education". *Social Education 51*(7), págs. 493-495.
——— (1987b). "Ideology and social formation in teacher education". En *Critical studies in teacher education*, editado por T. Popkewitz, págs. 2-34. Londres: Falmer Press. [Trad. cast.: "Ideología y formación social en la educación del profesorado" en T. S. Popkewitz (ed.) *Formación del profesorado. Tradición. Teoría. Práctica*. Valencia, Servei de Publicacions de la Universitat de València, págs. 6-34, 1990.]
POWELL, A. G. (1976). "University schools of education in the twentieth century". *Peabody Journal of Education 54*(1), págs. 3-20.
——— (1980). *The uncertain profession*. Cambridge, Mass.: Harvard University Press.
PRESTINE, N. (1989). "The struggle for control of teacher education: A case study". *Educational Evaluation and Policy Analysis 11*(3), págs. 285-300.
"Progresive Education" (1931) Editorial. *Progressive Education 8*, págs. 280-281.
PROVUS, M. (1975). *The grand experiment: The life and death of the TTT program as seen through the eyes of its evaluator*. Berkeley, Calif.: McCutchan.
PTAK, D. (1988). *Report on the achievement of black high school students in the Madison Metropolitan School District, 1987-1988*. Madison, Wisc.: Urban League.

© Ediciones Morata, S.L.

RASKIN, M. (1986). *The common good: Its politics, policies, and philosophy.* Nueva York: Routledge.

RAUTH, M., BILES, B., BILLIES, L. y VEITCH, S. (1983). *Executive summary, training and research manual.* American Federation of Teachers Educational Research and Dissemination Program (NIE 6-81-0021). Washington, D.C.: American Federation of Teachers.

RAWLS, J. (1971). *A theory of justice.* Cambridge, Mass.: Harvard University Press. (Trad. cast.: *Teoría de la justicia.* Madrid, Fondo de Cultura Económica, 1979.)

REILLY, D. (1989). "A knowledge base for education. Cognitive science". *Journal of Teacher Education 40*(3), págs. 9-13.

RENDER, G. F., PADILLA, J. M. y KRANK, H. M. (1989). "Assertive discipline: A critical review and analysis". *Teachers College Record 90*(4), págs. 607-630.

REYNOLDS, M. (ed.) (1989). *Knowledge base for the beginning teacher.* Nueva York: Pergamon Press.

RHOADES, G. (1985). *The costs of academic excellence in teacher education* (Documento de trabajo # 5). Los Angeles: Comparative Higher Education Research Group, UCLA, Graduate School of Education.

RICHERT, A. (1991). "Case methods and teacher education: Using cases to teach teacher reflection". En *Issues and practices in inquiry-oriented teacher education,* editado por B. R. Tabachnick y K. M. Zeichner. Londres: Falmer Press.

RIST, R. (1970). "Student social class and teacher expectations". *Harvard Educational Review 40,* págs. 411-451.

ROBOTTOM, I. (1988). "A research-based course in science education". En *The enquiring teacher: Supporting and sustaining teacher research,* editado por J. Nias y S. Groundwater-Smith, págs. 106-120. Londres: Falmer Press.

ROSEN, H. (1987). "The Voices of Communities and Language in Classrooms". En *Teachers Teaching and Teacher Education,* editado por M. Okazawa-Rey, J. Anderson y R. Traver, págs. 443-452. Cambridge, Mass.: Harvard Educational Review.

ROSEWATER, A. (1989). "Child and family trends: Beyond the numbers". En *Caring for America's children,* editado por F. Macchiarola y A. Gartner, págs. 4-19. Nueva York: Academy of Political Science.

ROSS, D. (1987). "Action research for preservice teachers: A description of why and how". *Peabody Journal of Education 64*(3), págs. 131-150.

——— y KYLE, D. (1987). "Helping preservice teachers learn to use teacher effectiveness research". *Journal of Teacher Education 38,* págs. 40-44.

RUDDICK, J. (1985). "Teacher research and research-based teacher education". *Journal of Education for Teaching 11*(3), págs. 281-289.

RUDDICK, S. (1989). *Maternal thinking.* Boston: Beacon Press.

RUGG, H. (1931). *Culture and education in America.* Nueva York: Harcourt, Brace & Co.

——— (1952). *The teacher of teachers.* Nueva York: Harper and Brothers Publishers.

SADKER, D. y SADKER, M. (1985). "The treatment of sex equity in teacher education". En *Handbook for achieving sex equity through education,* editado por S. Klein, págs. 145-161. Baltimore: Johns Hopkins University Press.

SANDEFUR, J. T. (1986). "State assessment trends". *AACTE Briefs 7,* págs. 12-14.

SANDEFUR, W. S. y NICKLAS, W. L. (1981). "Competency-based teacher education in AACTE institutions: An update". *Phi Delta Kappan 62,* págs. 747-748.

SARASON, S. (1971). *The culture of the school and the problem of change.* Boston: Allyn and Bacon.

———, DAVIDSON, K. y BLATT, B. (1986). *The preparation of teachers: An unstudied problem,* 2ª ed. Nueva York: Wiley.

SAXE, R. (1965). "Evaluating the breakthrough programs". *Journal of Teacher Education 16,* págs. 202-209.

SCHAEFER, R. (1967). *The school as a center of inquiry.* Nueva York: Harper and Row.

SCHNEIDER, B. (1987). "Tracing the provenance of teacher education". En *Critical studies in teacher education,* editado por T. Popkewitz. Londres: Falmer Press.

SCHÖN, D. (1983). *The reflective practitioner.* Nueva York: Basic Books.

Schön, D. (1987). *Educating the reflective practitioner*. San Francisco: Jossey-Bass, Inc. (Trad. cast.: *La formación de profesionales reflexivos. Hacia un nuevo diseño de la enseñanza y el aprendizaje en las profesiones.* Barcelona, Paidós-M.E.C., 1992.)

Schorr, L. (1988). *Within our reach: Breaking the cycle of disadvantage*. Nueva York: Anchor Books.

Schram, P., Wilcox, S., Lanier, P. y Lappan, G. (1988). *Changing mathematical conceptions of preservice teachers* (Informe de investigación N.° 88-84). East Lansing, Mich.: National Center for Research on Teacher Education.

Schwab, J. J., Westbury, I. y Wilkof, N. (eds.) (1978). *Science, curriculum and liberal education*. Chicago: University of Chicago Press.

Schwebel, M. (1982). "Research productivity of education faculty: A comparative study". *Educational Studies 13*, págs. 224-239.

——— (1989). "The new priorities and the education faculty". En *The professors of teaching,* editado por R. Wisniewski y E. Ducharme, págs. 52-66. Albany: State University of New York Press.

Sears, J. (1985). "Rethinking teacher education: Dare we work toward a new social order? *Journal of Curriculum Theorizing 6*(2), págs. 24-79.

Shannon, P. (1977). "Reading instruction and social class". *Language Arts 62*(6), págs. 604-613.

Shor, I. (1987). "Equality is excellence: Transforming teacher education and the labor process". En *Teaching, teachers, and teacher education,* editado por M. Okazawa-Rey, J. Anderson y R. Traver, págs. 183-203. Cambridge, Mass.: Harvard Educational Review.

Shulman, L. (1986). "Paradigms and research programs in the study of teaching". En *Third Handbook of Research on Teaching,* editado por M. Wittrock, págs. 3-36. Nueva York: Macmillan. [Trad. cast.: "Paradigmas y programas de investigación en el estudio de la enseñanza: una perspectiva contemporánea" en M. C. Wittrock (Comp.): *La investigación de la enseñanza. Vol. 1. Enfoques, teorías y métodos.* Barcelona, Paidós-M.E.C., págs. 9-91, 1989.]

——— (1987). "Knowledge and teaching: Foundations of the new reform". *Harvard Educational Review, 57,* págs. 1-22.

Sikes, P. y Troyna, B. (1990). *Life history and critical reflection for beginning teachers*. Documento presentado a la Asamblea Anual de la American Educational Research Association, Boston.

Simms, R. y Miller, J. (1988). "Assault on teacher education in Texas". *Journal of Teacher Education 39*(6), págs. 17-20.

Simon, A. y Boyer, G. (1967). *Mirrors for behavior*. Filadelfia: Research for Better Schools.

Sirotnik, K. (1990). "Society, schooling, teaching and preparing to teach". En *The moral dimensions of teaching,* editado por J. Goodlad, R. Soder y K. Sirotnik, págs. 296-328. San Francisco: Jossey Bass.

——— y Goodlad, J. (1988). *School-university partnerships in action*. Nueva York: Teachers College Press.

Slavin, R. (1989). "'PET and the pendulum: Faddism in education and how to stop it". *Phi Delta Kappan 70*(10), págs. 752-758.

Smith, B. O. (1969). *Teachers for the real world*. Washington, D.C.: American Association of Colleges of Teacher Education.

——— (1980). *A design for a school of pedagogy*. Washington, D.C.: U.S. Department of Education.

Smith, G. P. (1987). "The impact of competency tests on teacher education: Ethical and legal issues in selecting and certifying teachers". En *Advances in teacher education,* editado por M. Haberman y J. Backus, Vol. 3, págs. 218-247. Norwood, N.J.: Ablex.

———, Chang Miller, M. y Joy, J. (1988). "A case study of the impact of performance-based testing on the supply of minority teachers". *Journal of Teacher Education 34*(4), páginas 45-53.

Smith, L. y Geoffrey, W. (1968). *The complexities of an urban classroom*. Nueva York: Holt, Rinehart and Wiston, Inc.

———, Klein, P., Prunty, J. y Dwyer, D. (1986). *Educational innovators: Then and now*. Londres: Falmer Press.

———, ———, ——— y ——— (1987). *The fate of an innovative school*. Londres: Falmer Press.

———, ———, ——— y ——— (1988). *Innovation and change in schooling*. Londres: Falmer Press.

© Ediciones Morata, S.L.

SMITH, R. y SACHS, J. (1988). "It really made me stop and thing: Ethnography in preservice teacher education". En *The enquiring teacher: Supporting and sustaining teacher research,* editado por J. Nias y S. Groundwater-Smith, págs. 71-84. Londres: Falmer Press.

SMITH, W. (1980). "The American Teacher Corps Programme". En *Professional development of teachers,* editado por E. Hoyle y J. Megarry, págs. 204-218. Londres: Nichols.

SMYTH, J. (1984). *Case studies in clinical supervision.* Geelong, Australia: Deakin University Press.

——— y GITLIN, A. (1989). *Teacher evaluation: Educative alternatives.* Londres: Falmer Press.

SOLTIS, J. (ed.) (1987). *Reforming teacher education.* N.Y.: Teachers College Press.

SOMERSAN, A. (1988) Noviembre. *The rural development challenge: Agriculture's place in strategies to strengthen the rural economy.* Documento presentado a the Council on Agricultural Research, Extension, and Teaching Annual Meeting, Dallas, Texas.

SPRINTHALL, N. y THIES-SPRINTHALL, L. (1983). "The teacher as an adult learner: A cognitive developmental view". En *Staff development,* editado por G. Griffin, págs. 13-35. Chicago: University of Chicago Press.

STALLINGS, J. (1985). "A study of the implementation of Madeline Hunter's model and its effects on students". *Journal of Educational Research 78,* págs. 325-337.

STANLEY, W. B. (1985). "Social reconstructionism for today's social education". *Social Education 49*(5), págs. 384-389.

STINCHCOMBE, A. (1986). "Milieu and structure updated". *Theory and Society 15,* págs. 901-913.

STONE, J. C. (1968). *Breakthrough in teacher education.* San Francisco: Jossey Bass.

STONES, E. (1984). *Supervision in teacher education.* Londres: Methuen.

STOVER, D. (1988). "Those in-service hotshots: Are they worth what they charge?" *The Executive Educator 10*(1), págs. 15-18, 29.

STRANG, H. R., BADT, K. y KAUFFMAN, J. (1987). "Micro-computer-based simulations for training fundamental teaching skills". *Journal of Teacher Education 38*(1), págs. 20-26.

STROH, M. (1931) Sin título. *Progressive Education 8*(3), pág. 260.

Study Commission on Undergraduate Education and the Education of Teachers (1976). *Teacher education in the U.S.: The rsponsibility gap.* Lincoln, Neb.: University of Nebraska Press.

SYKES, G. (1984). "Teacher education and the predicament of reform". En *Against mediocrity,* editado por C. E. Finn, D. Ravitch y R. Fancher, págs. 172-194. Nueva York: Holmans and Meier.

TABACHNICK, B. R. (1980). "Intern-teacher roles: Illusion, disillusion and reality". *Journal of Education 162,* págs. 122-137.

——— (1981). "Teacher education as a set of dynamic social events". En *Study teaching and learning: Trends in Soviet and American research,* editado por B. R. Tabachnick, T. Popkewitz y B. Szekely, págs. 76-86. Nueva York: Praeger.

———, POPKEWITZ, T. y ZEICHNER, K. (1979). "Teacher education and the professional perspectives of student teachers". *Interchange 10,* págs. 12-29.

——— y ZEICHNER, K. (eds.) (1991). *Issues and practices in inquiry-oriented education.* Londres: Falmer Press.

——— y MA-LUK LEMES, B. (1975). *Together: A photographic essay of the Corps Member Training Institute.* Madison: University of Wisconsin-Madison School of Education.

TATE, P. (1988). "Whale or shark? A description of state policy domains for teacher education". *Journal of Teacher Education 39*(6), págs. 21-26.

TAYLOR, C. (1983). "Political theory and practice". En *Social theory and political practice,* editado por C. Lloyd, págs. 61-85. Oxford: Clarendon Press.

TAYLOR, W. (1983). "The crisis of confidence in teacher education: An international perspective". *Oxford Review of Education 9*(1), págs. 39-49.

TEITELBAUM, K. y BRITZMAN, D. (1991). "Reading and doing ethnography: Teacher education and reflective practice". En *Issues and practices in inquiry-oriented teacher education,* editado por B. R. Tabachnick y K. M. Zeichner, págs. 166-185. Londres: Falmer Press.

TETREAULT, M. K. (1985). "Feminist phase theory: An experience-derived evaluation model". *Journal of Higher Education 56,* págs. 363-384.

——— (1987). "The scholarship on women and teacher education". *Teacher Education Quarterly 14*(2), págs. 77-83.

TETREAULT, M. K. y BRAUNGER, J. (1989). "Improving mentor teacher seminars: Feminist theory and practice at Lewis and Clark College". En *Building bridges for educational reform: New approaches to teacher education,* editado por J. De Vitis y P. Sola, págs. 63-86. Ames, Iowa: Iowa State University Press.

TOM, A. (1980). "The reform of teacher education through research: A futile quest". *Teachers College Record 82*(1), págs. 15-30.

—— (1984). *Teaching as a moral craft.* Nueva York: Longman.

—— (1988). "The practical art of redesigning teacher education: Teacher education reform at Washington University, 1970-1975". *Peabody Journal of Education 65*(2), págs. 158-179.

TRAVERS, E. y SACKS, S. (1987). *Teacher education and the liberal arts: The position of the Consortium for Excellence in Teacher Education.* Swarthmore, Pa.: Swarthmore College.

TRAVERS, R. (1973). *The second handbook of research on teaching.* Chicago: Rand McNally.

TURNEY, C. (1977). *Innovation in teacher education.* Sydney, Australia: Sydney University Press.

—— y cols. (1982). *The practicum in teacher education.* Sydney, Australia: Sydney University Press.

UHLER, S. (1987). *Alternative paths to entry: New Jersey and elsewhere.* Documento presentado a the Annual Meeting of the American Educational Research Association, Washington, D.C.

University of Wisconsin System (1990). *Strategic planning in teacher education.* Madison, Wis.: University of Wisconsin.

URBAN, W. (1982). *Why teachers organized.* Detroit: Wayne State University Press.

—— (1989). "Essay review: Old and new problems in teacher unionism". *Educational Studies 20*(4), págs. 355-364.

U.S. Department of Education (1986). *What works: Research about teaching and learning.* Washington, D.C.: Author.

—— (1988). *The condition of education.* Washington, D.C.: Office of Educational Research and improvement.

U.S. House of Representatives (1987). *U.S. children and their families: Current conditions and recent trends.* Informe de Select Committee on Children, Youth and Families, Washington, D.C., U.S. Government Printing Office.

VAN MANNEN, M. (1977). "Linking ways of knowing with ways of being practical". *Curriculum Inquiry,* 6205-6228.

WALKER, R. (1985). *Doing research: A handbook for teachers.* Londres: Methuen. (Trad. cast.: *Métodos de investigación para el profesorado.* Madrid, Morata, 1989.)

WARNOCK, M. (1975). "The neutral teacher". En *Philosophers discuss education,* editado por S. Brown, págs. 159-171. Totowa, N.J.: Rowman and Littlefield.

WASS, H. BLUME, R., COMBS, A. y HEDGES, W. (1974). *Humanistic teacher education.* Fort Collins, Colo.: Shields.

WEILER, K. (1988). *Women teaching for change: Gender, class and power.* Massachusetts: Bergin and Garvey.

WEINSHANK, A., TRUMBULL, E. y DALY, P. (1983). "The role of the teacher in school change". En *Handbook of teaching and policy,* editado por L. Shulman y G. Sykes, págs. 300-314. Nueva York: Longman.

WHITE, W. T., Jr. (1982). "The decline of the classroom and the Chicago Study of Education, 1909-1929". *American Journal of Education, 90*(2), págs. 144-174.

WHITTY, G., BARTON, L. y POLLARD, A. (1987). "Ideology and control in teacher education: A review of recent experiences in England". En *Critical studies in teacher education,* editado por T. Popkewitz, págs. 161-184. Londres: Falmer Press. [Trad. cast.: "Ideología y control en la educación del profesorado: análisis de la experiencia más reciente en Inglaterra" en T. S. Popkewitz (ed.) *Formación del profesorado. Tradición. Teoría. Práctica.* Valencia, Servei de Publicaciones de la Universitat de València, págs. 148-167, 1990.)

WILLIAMS, M. W. (1989). *Neighborhood organizing for urban school reform.* Nueva York: Teachers College Press.

WILSON, S., SHULMAN, L. y RICHERT, A. (1987). "150 different ways of knowing: Representations of knowledge in teaching". En *Exploring teachers thinking,* editado por J. Calderhead, págs. 104-124. Londres: Cassell.

© Ediciones Morata, S.L.

WINTER, R. (1987). *Action research and the nature of social inquiry.* Aldershot, England: Avebury Press.

WIRTH, A. (s.f.). *An inquiry-personal committment model of teacher education: The Hawthorne Teacher Education Project..* St. Louis: Washington University, Graduate Institute of Education.

WISE, A. (1979). *Legislated learning.* Berkeley: University of California Press.

WITTROCK, M. (1986). *Third handbook of research on teaching.* Nueva York: Macmillan. [Trad. cast.: *La investigación de la enseñanza.* (3 Vols.). Barcelona, Paidós-M.E.C., 1989-1990. (La edición castellana es una selección de los trabajos que aparecen en la original; no está completa.)]

WITTY, E. (1982). *Prospects for black teachers: Preparation, certification, employment.* Washington, D.C.: ERIC Clearinghouse on Teacher Education (N.º SP 019 491).

WOOD, P. (1988). "Action research: A field perspective". *Journal of Education for Teaching, 14*(2), págs. 135-150.

WOODRING, P. (1957). *New directions in teacher education.* Nueva York: Ford Foundation Fund for the Advancement of Education.

— — (1975). "The development of teacher education". En *Teacher education,* editado por K. Ryan, págs. 1-24. Chicago: University of Chicago Press.

WOODS, P. (ed.) (1980). *Teacher strategies: Explorations in the sociology of the school.* Londres: Croom Helm.

— — (1986). *Inside schools: Ethnography in educational research.* Londres: Routledge. (Trad. cast.: *La escuela por dentro. La etnografía en la investigación educativa.* Barcelona, Paidós-M.E.C., 1978.)

ZEICHNER, K. (1983). "Alternative paradigms of teacher education". *Journal of Teacher Education 34,* págs. 3-9.

— — (1986a). "The practicum as an occasion for learning to teach". *South Pacific Journal of Teacher Education 14*(2), págs. 11-27.

— — (1986b). "Social and ethical dimensions of reform in teacher education". En *Clinical teacher education,* editado por J. Hoffman y S. Edwards, págs. 87-108. Nueva York: Random House.

— — (1987). "Preparing reflective teachers". *International Journal of Educational Research 11*(5), págs. 565-576.

— — (1988a). *Understanding the character and quality of the academic and professional components of teacher education.* East Lansing, Mich.: National Center for Research on Teacher Education.

— — (1988b). "Learning from experience in graduate teacher preparation". En *Research perspectives on the graduate preparation of teachers,* editado por A. Woolfolk, págs. 12-29. Englewood Cliffs, N.J.: Prentice-Hall.

— — (1989). *Learning to teach writing in the elementary school,* Documento presentado a la Asamblea Anual de la American Education Research Association, San Francisco.

— — (1990a). *Contradictions and tensions in the professionalization of teaching and the democratization of schools.* Documento presentado a la Asamblea Anual de la American Educational Research Association, Boston.

— — (1990b). "When you've said reflection, you haven't said it all". En *Guided practice in teacher education,* editado por T. Stoddard. East Lansing, Mich.: National Center for Research on Teacher Education.

— — (1990c). "Changing directions in the practicum: Looking to the 1990's". *Journal of Education for Teaching 16*(2), págs. 105-132.

— — y GORE, J. (1990). "Teacher socialization". En *Handbook of research on teacher education,* editado por W. R. Houston, págs. 329-348. Nueva York: Macmillan.

— — y LISTON, D. (1985). "Varieties of discourse in supervisory conferences". *Teaching and Teacher Education 1*(2), págs. 155-174.

— — y — — (1987). "Teaching student teachers to reflect". *Harvard Educational Review 57*(1), págs. 1-22.

— —, — —, MAHLIAS, M. y GOMEZ, M. (1988). "The structure and goals of a student teaching program and the character and quality of supervisory discourse". *Teaching and Teacher Education 4,* págs. 349-362.

ZEICHNER, K. y LISTON, D. (1990). *Traditions of reform and reflective teaching in U.S. teacher education* (Documento publicado 90-91). East Lansing, Mich.: National Center for Research on Teacher Education.

—— y *TABACHNICK, B. R. (1981). "Are the effects of university teacher education washed out by school experience?" Journal of Teacher Education 32,* págs. 7-11.

—— y —— (1991). "Reflections on reflective teaching. En *Issues and practices in inquiry-oriented teacher education,* editado por B. R. Tabachnick y K. Zeichner, págs. 1-21. Londres: Falmer Press.

—— y TEITELBAUM, K. (1982). "Personalized and inquiry-oriented teacher education". *Journal of Education for Teaching 8*(2), págs. 95-117.

ZIMPHER, N. (1989). "The RATE project: A profile of teacher education students". *Journal of Teacher Education 40*(6), págs. 27-30.

ZUMWALT, K. (1982). "Research on teaching: Policy implications for teacher education". En *Policymaking in education,* editado por A. Lieberman y M. McLaughlin, págs. 215-248. Chicago: University of Chicago Press.

Índice de autores

Índice de materias

OTRAS OBRAS DE EDICIONES MORATA DE INTERÉS

Ball, S. (Comp.): *Foucault y la educación*, 1993.
Baudelot, Ch. y Establet, R.: *El nivel educativo sube*, 1989.
Bennett, N.: *Estilos de enseñanza y progreso de los alumnos*, 1979.
Bernstein, B.: *La estructura del discurso pedagógico*, 1993.
Bruner, J.: *Desarrollo cognitivo y educación*, 1988.
Cook, T. D. y Reichardt, Ch.: *Métodos cualitativos y cuantitativos en investigación evaluativa*, 1986.
Elliott, J.: *El cambio educativo desde la investigación-acción*, 1993.
——— *La investigación-acción en educación*, 1990.
Fernández Dols, J. M.: *Patrones para el diseño de la psicología social*, 1990.
Fernández Enguita, M.: *La profesión docente y la comunidad escolar: crónica de un desencuentro*, 1993.
Fernández Pérez, M.: *Evaluación y cambio educativo: el fracaso escolar* (2.ª ed.), 1988.
Gimeno Sacristán, J.: *El curriculum: una reflexión sobre la práctica* (3.ª ed.), 1991.
——— *La pedagogía por objetivos: obsesión por la eficiencia* (5.ª ed.), 1988.
——— y **Pérez Gómez, A.:** *Comprender y transformar la enseñanza* (2.ª ed.), 1993.
Goetz, J. P. y LeCompte, M. D.: *Etnografía y diseño cualitativo en investigación educativa*, 1988.
Grundy, S.: *Producto o praxis del curriculum*, 1991.
Hicks, D. (Comp.): *Educación para la paz*, 1993.
Inhelder, B.: *Aprendizaje y estructuras del conocimiento*, 1975.
Jackson, Ph. W.: *La vida en las aulas* (2.ª ed.), 1992.
Kemmis, S.: *El curriculum: más allá de la teoría de la reproducción* (2.ª ed.), 1993.
Lundgren, U. P.: *Teoría del curriculum y escolarización*, 1992.
Perrenoud, J.: *La construcción del éxito y del fracaso escolar*, 1990.
Pozo, J. I.: *Teorías cognitivas del aprendizaje* (2.ª ed.), 1993.
Stenhouse, L.: *Investigación y desarrollo del curriculum* (3.ª ed.), 1991.
——— *La investigación como base de la enseñanza* (2.ª ed.), 1993.
Tann, C. S.: *Diseño y desarrollo de unidades didácticas en la escuela primaria* (2.ª ed.), 1993.
Torres, J.: *El curriculum oculto* (3.ª ed.), 1992.
Tyler, W.: *Organización escolar*, 1991.
Usher, R. y Bryant, I.: *La educación de adultos como teoría, práctica e investigación*, 1993.
Walker, R.: *Métodos de investigación para el profesorado*, 1989.

Obras de la colección
EDUCACIÓN CRÍTICA

---

a — **Perrenoud, Ph.:** *La construcción del éxito y del fracaso escolar.*
b — **Jackson, Ph.:** *La vida en las aulas* (2.ª ed.).
c — **Usher, R. y Bryant, I.:** *La educación de adultos como teoría, práctica e investigación.*
d — **Bernstein, B.:** *La estructura del discurso pedagógico.*
e — **Ball, S. J.:** *Foucault y la educación.*
f — **Liston, D. P. y Zeichner, K. M.:** *Formación del profesorado y condiciones sociales de la escolarización.*
g — **Popkewitz, Th. S.:** *Una sociología política de las reformas educativas.*
h — **McCarthy, C.:** *Racismo y curriculum.*